Gerhard W. Wittkämper (Hg.)

MEDIENWIRKUNGEN IN DER INTERNATIONALEN POLITIK
Teil 1

STUDIEN ZUR POLITIKWISSENSCHAFT

Schriften des Instituts für Politikwissenschaft
der Westfälischen Wilhelms-Universität
Münster

herausgegeben von
Prof. Dr. Viola Gräfin von Bethusy-Huc, Prof. Dr. Norbert Konegen,
Prof. Dr. Wilfried Loth, Prof. Dr. Dietrich Thränhardt,
Prof. Dr. Gerhard W. Wittkämper,
Dr. Jürgen Bellers, Dr. Michael Crone

Lit

Gerhard W. Wittkämper (Hg.)

MEDIENWIRKUNGEN IN DER INTERNATIONALEN POLITIK
Teil 1

Theoretische Grundlagen und exemplarische
Entscheidungsprozessanalyse der
Ostpolitik der SPD/FDP-Koalition
Autoren:
Gerhard W. Wittkämper, Jürgen Bellers, Jürgen Grimm,
Klaus Wehmeier unter Mitarbeit von Michael Heiks
und Klaus Sondergeld

Studien zur Politikwissenschaft Bd. 1

Lit

CIP-Kurztitelaufnahme der Deutschen Bibliothek

Medienwirkungen in der internationalen Politik/
Gerhard W. Wittkämper (Hg.). - Münster: Lit.
  (Studien zur Politikwissenschaft; Bd. 1)
  ISBN 3-88660-200-1 Pp.

NE: Wittkämper, Gerhard W. [Hrsg.]; GT

Teil 1: Theoretische Grundlagen und exemplarische
Entscheidungsprozessanalyse der Ostpolitik der
SPD-FDP-Koalition. - 1986

Lit Verlag · Dieckstr. 56 · D-4400 Münster · Tel. 0251/231972

Alle Rechte vorbehalten

Gliederung:

Seite:

A 1.	Einleitung: Außenpolitiktheoretische Grundlegungen	1
1.1	Problemstellung	1
1.2	Öffentlichkeit als Bestimmungsfaktor von 'Außenpolitik' aus der Sicht der Diplomatie und der Wissenschaft der Internationalen Politik: Ein historischer und wissenschaftsgeschichtlicher Rückblick	3
1.2.1	Der geistesgeschichtliche Hintergrund	3
1.2.2	Die traditionelle Außenpolitikforschung	5
1.2.3	Die sozialwissenschaftlich orientierte Außenpolitikforschung	6
1.2.4	Die historisch orientierte Außenpolitikforschung	10
1.3	Konsequenzen aus den diplomatie- und wissenschaftsgeschichtlichen Darlegungen für den Ansatz der Untersuchung	12
1.4	Der entscheidungsanalytische, akteursorientierte Ansatz der Untersuchung	17
1.4.1	Die Entscheidungsträger	20
1.4.2	Die Definition der Situation	24
1.4.3	Die außenpolitische Entscheidung	28
1.4.3.1	Strategische, taktische und koordinative Entscheidungen	32
1.4.4	Außenpolitisches Interesse und Aufmerksamkeitsverteilung	38
1.4.5	Kommunikationsprozeß und soziale Lernfähigkeit	42
1.5	Weitere Differenzierung der außenpolitiktheoretischen Fragestellung	44
1.5.1	Außenpolitisches Handeln/Verhalten	44
1.5.2	Außenpolitische Interaktion	48
1.5.3	Außenpolitisches Verhalten an Fallbeispielen	50
1.6	Medienwirkungen in der Außenpolitik	54
1.6.1	Ergebnisse der Medienwirkungsforschung	54
1.6.2	Der 'agenda-setting'-Ansatz	56

1.6.3	Der 'Nutzen'-Ansatz	58
1.6.4	Der 'information-processing'-Ansatz	62
1.6.5	Begriffsdefinition: "Wirkung"	65
1.7	Das Forschungsleitende Projekt-Modell	70
1.7.1	Zur Funktion des Modells	70
1.7.2	Anwendung und Erweiterung des entscheidungsanalytischen Modells von Brecher auf den Gegenstandsbereich	70
1.7.2.1	Akteursorientierung als grundlegende methodische Perspektive	70
1.7.2.2	Strukturierung der entscheidungsrelevanten Umwelt des "Entscheidungszentrums"	72
1.7.2.3	Zur Funktion der Kategorie der Situationsdefinition	75
1.8	Präzisierung des Projekt-Modells	77
1.8.1	Die Beziehungen zwischen Entscheidungszentrum und Presse	77
1.8.2	Interaktion und Kommunikation zwischen außenpolitischen Akteuren und Medienakteuren	80
1.8.3	Die Funktionen der Presse bzw. der Medienakteure und deren außenpolitischer Berichterstattung für außenpolitische Akteure und deren außenpolitisches Verhalten	85
1.8.3.1	Die Funktion der Funktionsbegriffe	85
1.8.3.2	Die Ressourcenfunktion	91
1.8.3.3	Die Innovationsfunktion	98
1.8.3.4	Die operative Funktion	104
1.9	Methoden-Design - Verknüpfung der Methoden	106

B Zusammenfassender Überblick und Datenreduktion zur Rekonstruktion des deutsch-polnischen Entscheidungs- und Verhandlungsprozesses des Jahres 1970 (Außenpolitischer Teil)
Entscheidungsträger, Akteure, Argumente
Situationsdefinitionen, Entscheidungsstrukturen
Verhandlungsabläufe

1.	Methodische Vorbemerkungen: Die rezeptionshypothetische Fragestellung	113
	Die operative Umgebung	
2.	Die Struktur-, Akteurs- und Interessenanalyse	118
2.1	Die strukturellen, außenpolitischen, externen und internen Rahmenbedingungen der deutsch-polnischen Verhandlungen	118
2.1.1	Das internationale System in den sechziger und zu Beginn der siebziger Jahre	118
2.1.2	Die historischen Voraussetzungen der deutsch-polnischen Beziehungen	120
2.1.3	Die Struktur des politischen Systems der Bundesrepublik Deutschland	121
2.2	Das Interaktionsfeld der externen außenpolitischen Akteure	125
2.2.1	Der externe außenpolitische Akteur USA	125
2.2.2	Die externen außenpolitischen Akteure Großbritannien und Frankreich	126
2.2.3	Der externe außenpolitische Akteur UdSSR	127
2.3	Das Interaktionsfeld der internen außenpolitischen Akteure	128
2.3.1	Der interne außenpolitische Akteur CDU/CSU	128
2.3.2	Die internen außenpolitischen Akteure SPD und FDP	130
2.3.3	Die internen außenpolitischen Akteure: Verbände - Vertriebene - Gewerkschaften - Unternehmer - Kirchen - Rot-Kreuz-Gesellschaft - Die Bevölkerung der Bundesrepublik Deutschland	131
2.3.4	Die internen außenpolitischen Akteure Massenmedien und Medienakteure	141
2.3 5	Die realpolitische Gewichtung der Akteure	144
3.	Zusammenfassender Überblick über den Entscheidungs- und Verhandlungsprozeß zu den deutsch-polnischen Verhandlungen von 1970	146
3.1	Die historisch-chronologische Deskription und Rekonstruktion	146
3.2	Exemplarische Begründung und Auswahl einer pressewirkungsträchtigen Phase im Entscheidungsprozeß Methodische Grundsätze - Begründung	158
3.3	Definition der Kategorien des Entscheidungsprozesses	162
3.4	Bildung von Hypothesen zum wahrscheinlichen Rezeptionsverhalten von Entscheidungsträgern auf der Ba-	

	sis der Daten und Indizes des Entscheidungsprozesses	167
	<u>Die psychologische Umgebung</u>	
4.	Einstellung ausgewählter Entscheidungsträger zur Presse: Brandt, Scheel, Frank, Bahr	169
5.	Die graphen- und matrixtheoretische Rekonstruktion der Situationsdefinition (des 'cognitive map') des Entscheidungszentrums	189
5.1	Operationale Definition der Indizes zur Erfassung der 'cognitive maps'	190
5.2	<u>Empirische Ergebnisse 'Grenzfrage'</u>	195
5.2.1	Liste der während der deutsch-polnischen Verhandlungen vorgebrachten Argumente zur Grenzfrage	195
5.2.2	'Cognitive map' des Entscheidungszentrums: Grenzfrage vor April 1970	198
5.2.3	Wandel des 'cognitive map' des Entscheidungszentrums: Grenzfrage nach dem Entscheid über die neue Grenzformel am 14. April 1970	200
5.2.4	Berechnung der Distanz zwischen den Akteuren	201
5.2.5	Interpretation der Ergebnisse	203
5.3	<u>Empirische Ergebnisse 'Familienzusammenführung'</u>	206
5.3.1	Argumente zum Problembereich: Familienzusammenführung (FZF)/humanitäre Fragen im Zusammenhang mit den in Polen lebenden ausreisewilligen Deutschstämmigen	206
5.3.2	'Cognitive map' des Entscheidungszentrums im Problembereich: Familienzusammenführung (1. und 2. Jahreshälfte 1970)	208
5.3.3	Interpretation der Ergebnisse	211
5.4	<u>Empirische Ergebnisse 'taktische Fragen'</u>	214
5.4.1	Argumente zum Problembereich: taktische Fragen	214
5.4.2	'Cognitive map' des Entscheidungszentrums vor und nach September/Oktober 1970	217
5.4.3	Interpretation der Ergebnisse	219
6.	Darstellung, Auswertung und rezeptionshypothetische Interpretation von Ergebnissen der Inhaltsanalyse der polenpolitisch relevanten Äußerungen der Entscheidungsträger und Akteure in Bundestagsdebatten der Jahre 1969 und 1970	221
6.1	<u>Methodische Vorbemerkung</u>	221
6.2	<u>Zur Auswahl des Untersuchungssamples</u>	229
6.3	<u>Häufigkeitsverteilung der Argumente und Themen</u>	230
6.4	<u>Die Tendenz von Themen und Argumenten</u>	241
6.4.1	Methodische Vorbemerkung	241
6.4.2	Empirische Auswertung der Tendenz von Argumenten und Themen	245

6.5	Die Bundestagsredner und ihre Situationsdefinitionen	254
6.5.1	Methodische Vorbemerkungen	254
6.5.2	Empirische Auswertung: Rangordnung der Redner	256
	Die Situationsdefinition und Aufmerksamkeitsverteilung einzelner Redner: Barzel, Brandt, Scheel	257
6.6	Die Akteure und Interakteure	276
6.6.1	Methodische Vorbemerkung	276
6.6.2	Empirische Auswertung der Kategorien 'Akteur', 'Akteurselbstnennung' und 'Interakteur'	278
6.7	Wandel der Argumenthäufigkeiten in der Zeit	286
6.7.1	Methodische Vorbemerkung	286
6.7.2	Empirische Auswertung: Argumente im zeitlichen Ablauf (allgemein)	287
6.7.3	Empirische Auswertung: Die Tendenz im zeitlichen Ablauf (allgemein)	307
6.7.4	Empirische Auswertung: Einzelne Argumente im zeitlichen Ablauf (spezifisch)	308
6.7.5	Akteurs- und entscheidungsträgerbezogene Auswertung des Argumentenwandels in der Zeit: Barzel, Brandt, Scheel	311
7.	Zusammenfassung und abschließende Interpretation	315

A 1. Einleitung: Außenpolitiktheoretische Grundlegungen

1.1 Problemstellung

Daß die Ostpolitik der SPD/FDP-Fraktion unter Brandt/Scheel durch einen zunächst eher untergründig und dann offen wirkenden Umschwung in der öffentlichen Meinung vorbereitet und weiter getragen wurde, ist fast zu einer nicht mehr hinterfragten Selbstverständlichkeit in der Diskussion und Argumentation von Journalisten und Politikern geworden. H.-P. Schwarz (1979) bestätigt aus der Perspektive der Außenpolitikforschung dieses Urteil, wenn er sagt, daß es "... unmöglich ist, die Dynamik (der neuen Ostpolitik von 1969, d. Verf.) ohne Berücksichtigung des Klimas zu verstehen, das in diesen Jahren in der öffentlichen Meinung herrschte."
Aus der Sicht desjenigen, der die Brandt/Scheel-Ostpolitik mit durchsetzen half, meinte Klaus Schütz, damals Regierender Bürgermeister von Berlin, in ihrer Anfangsphase: "Die Schwierigkeit, vor der wir stehen, ist, daß wir es mit einer öffentlichen Meinung in der Welt zu tun haben, (...) daß wir eine öffentliche Meinung in der Bundesrepublik haben, die deutlich macht, wie polarisiert es gerade um die polnische Frage steht (...). Eine solche Politik darf nicht hinter dem Rücken eines großen Teils unserer Landsleute durchgeführt werden."
Diese eher illustrativen Beispiele mögen genügen, die Bedeutung aufzuzeigen, die von Publizisten, Wissenschaftlern und Politikern dem Faktor 'Öffentliche Meinung' auch in der Außenpolitik zugeschrieben wird. Sie weisen jedoch zugleich auf die Problematik solcher Urteile hin, denn sie arbeiten mit dem verwaschenen, normativ besetzten Begriff der öffentlichen Meinung, der mit dem der Medien gleichgesetzt wird. Damit wird die anstehende Frage zum Verhältnis zwischen Medien und außenpolitischem Entscheidungssystem eher verdunkelt als erhellt. Verdunkelt wird dieses Verhältnis in manchen Untersuchungen zudem dadurch, daß man infolge eines vereinfachenden Manipulationsansatzes nur noch monokausal zu dem Ergebnis einer "öffentlichen Meinung" über die "Außenpolitik" kam.

Im Rahmen dieser Untersuchung soll versucht werden, das Verhältnis von "Außenpolitik" und "öffentlicher Meinung" - anhand des Beispiels möglicher Einflüsse von Presseberichterstattung auf die deutsch-polnischen Verhandlungen von 1970 - unter Zuhilfenahme von Methoden der empirischen Sozialforschung zu analysieren.

Um das leisten zu können, bedarf es zur Strukturierung des Gegenstandsbereichs einer ausführlichen wissenschaftshistorischen, theoriegeschichtlichen und wissenschaftstheoretischen Ableitung der Fragestellung, insbesondere, was die Kommunikationswissenschaft und die Wissenschaft der Internationalen Beziehungen bzw. der Außenpolitik betrifft, da:

1. nur so das forschungsleitende Modell unter Vermeidung von Fehlern und Irrwegen bisheriger Untersuchungen, sinnvoll und operationalisierbar entwickelt werden kann;

2. da nur so die anhand der historischen Fallanalyse gewonnenen Daten interpretiert, in einen größeren Theorierahmen integriert und damit - unter Anknüpfung an bereits vorliegende Daten und Ergebnisse - in einem gewissen Maße auch zur Bestätigung oder Verwerfung genereller Aussagen verwendet werden können;

3. da der notwendig interdisziplinäre, sowohl kommunikations- als auch außenpolitikwissenschaftliche Ansatz der Untersuchung eines einheitlichen Begriffs- und Theorierahmens bedarf, sollen die hier benutzten Begriffe aus beiden Wissenschaften in eine geordnete Beziehung zueinander gebracht werden und soll vermieden werden, daß die intendierte "interdisziplinäre Verklammerung" bloß zu einer "multidisziplinäre(n) Aneinanderreihung" gerät.[1]

Schließlich ist gerade für den hier zu untersuchenden Gegenstandsbereich der Wirkung von Presse auf zwischenstaatliche Verhandlungen eine umfangreiche und exakte Explikation der theoriegeschichtlichen und wissenschaftstheoretischen Voraussetzungen vonnöten, da diese Wirkungen, bezogen auf au-

---

1 Auf diese Gefahr weist D. Senghaas hin: Kompositionsprobleme in der Friedensforschung, in: ders. (Hrsg.), Kritische Friedensforschung, Frankfurt a. M. 1972^2, S. 321.

ßenpolitisch Handelnde, z.T. nicht direkt beobachtbar sind.
Wirkungen in diesem Bereich müssen - aufgrund der erschwerten Zugänglichkeit - vielmehr z.T. durch theoretische Interpolationen vermittelt, aus den Daten spezifisch ansetzender, wiederum nur theoriegesteuert zu selektierender Indikatoren erschlossen werden.
Daher wird zunächst ein kritischer wissenschaftlicher Rückblick über Bedeutung und Entwicklung der Fragestellung in der Diplomatie und in der Disziplin der Internationalen Beziehungen/Außenpolitik gegeben. Dabei soll hier schon die Frage nach der Operationalisierbarkeit der in der Tradition verwandten Begriffe, insbesondere des diffusen Öffentlichkeits- und Außenpolitikbegriffs, mitbedacht werden. Z.T. in Abgrenzung von, aber auch in Anknüpfung an Ergebnisse und Begriffe bisheriger Forschungen werden dann im Kapitel A 1.4 die außenpolitiktheoretischen Begriffe, Ansätze und Theorieversatzstücke entwickelt und dargelegt, die in das forschungsleitende Modell eingehen sollen. Dieses kann jedoch erst dann im Kapitel A 1.7 voll und ganz vorgestellt werden, wenn in einem zweiten analogen Durchgang (Kapitel A 1.6) ebenfalls in einem wissenschaftlichen Rückblick die Bedeutung und Entwicklung der Fragestellung aus der Sicht der Kommunikationswissenschaft entfaltet wird.

1.2 'Öffentlichkeit' als Bestimmungsfaktor von 'Außenpolitik' aus der Sicht der Diplomatie und der Wissenschaft der Internationalen Politik: Ein historischer und wissenschaftsgeschichtlicher Rückblick

1.2.1 Der geistesgeschichtliche Hintergrund

Mit dem Aufkommen dessen, was man als Öffentlichkeit bezeichnet, war zugleich auch deren (potentiell) konflikthafte Beziehung zum absolutistischen Herrschaftsbereich, zu den ariana imperii gegeben[1], die gerade durch das Prinzip der monarchischen Alleinverfügungsgewalt und durch den damit zusammenhängenden Ausschluß des demokratischen Prinzips der Öffentlichkeit politischer Entscheidungen zu cha-

---

1 Vgl. J. Habermas, Strukturwandel der Öffentlichkeit, Neuwied/Berlin 1974⁵, S. 70 f.

rakterisieren sind.

Das galt bis zum Ende des 19. Jahrhunderts und z.T. noch bis in die Gegenwart gerade für den Bereich der Außenpolitik, die zum Kampf der Nationen ums Überleben hochstilisiert und angesichts derart stets drohender, schnelle Entscheidungen erfordernder Gefahrensituationen öffentlichen und demokratischen Verfahren für nicht zugänglich erklärt wurde und die sogar - unter der Parole des Primats von Außenpolitik - diese ihre antidemokratischen Prinzipien für den Bereich der Innenpolitik geltend zu machen versuchte.

Über die Möglichkeiten und Grenzen von Öffentlichkeit in der Außenpolitik entspann sich in den letzten 150 Jahren eine langandauernde Debatte in Wissenschaft und Politik, was nicht immer genau zu trennen ist.
So glaubten z.B. die in der Tradition der Aufklärung stehenden Liberalisten - wie z.B. J. Bentham (1843)[1] - auch für den Bereich der internationalen Politik "an die befreiende Wirkung der öffentlichen Meinung". Sie vertrauten ihr als einer "unsichtbaren Hand, die schon alles zum Guten lenken wird, wenn man sie nur ruhig gewähren läßt."[2]

Ausgehend von solchen Prinzipien waren "idealistisch" gesonnene Politiker wie der amerikanische Präsident W. Wilson weltmissionarisch davon überzeugt, daß eine in internationalen Organisationen (supranationaler Gerichtshof, Völkerbund usw.) zum Ausdruck kommende, freie, weltweite Öffentlichkeit und öffentliche Meinung als internationale volonté génèrale konstituiert werden könne, die die Außenpolitiken der Nationalstaaten im Sinne des friedlichen Miteinanders bestimmen sollte - und dazu zum Nutzen der gesamten Menschheit auch in der Lage sei. Wilson meinte sogar, die öffentliche Weltmeinung als wirksames, internationales Sanktionsmittel, als "Welttribunal" gegen völkerrechtswidrig handeln-

---

1 Vgl. J. Bentham, Principles of International Law, London 1843, zit. bei J. Fraenkel, Öffentliche Meinung und internationale Politik, Tübingen 1962, S. 21.
2 Vgl. J. Bentham, a.a.O., S. 12

de Staaten einsetzen zu können.[1]
Die liberale Auffassung vom Primat der Öffentlichkeit hatte sich im Kampf gegen die machiavellistische Tradition vom "Primat der Außenpolitik" entwickelt, wie sie vor allem im kontinentalen Europa in Form der monarchistisch-obrigkeitsstaatlichen Kabinetts- und Geheimdiplomatie à la Metternich und Bismarck praktiziert wurde und - wenn man an den in der europäischen Geistesgeschichte verwurzelten ehemaligen amerikanischen Außenminister Kissinger denkt - auch noch heute praktiziert wird. Diese latent antidemokratische, aber immer noch virulente "alte Schule" der Diplomatie sieht in der öffentlichen Meinung nur eine möglicherweise irrationale und unberechenbare Irritation des klaren Kurses des "Staatsschiffes", dessen "Kapitän" sich alleinig an dem angeblich apriorisch festliegenden Nationalinteresse, an der Staatsräson zu orientieren habe.[2] Außenpolitik - in diesem Sinne von "high-politics" - soll demnach der Stetigkeit und Kompetenz sichernden Exekutive als Prärogative reserviert werden. Nur diese könne die für außenpolitische Verhandlungen notwendige Diskretion und Geheimhaltung gewährleisten. Öffentlichkeit kann nach diesem Staatsverständnis nur operativ, funktional und technokratisch gesehen werden, als Instrument zur Realisierung des außenpolitischen Willens einer Elite.

1.2.2 Die traditionelle Außenpolitikforschung

Diese unterschiedlichen Traditionslinien fanden auch ihren Niederschlag in der wissenschaftlichen Diskussion zum Verhältnis von "Außenpolitik" und "Öffentlichkeit", so z.B. in der Wissenschaft von der Internationalen Politik mit ihrer langandauernden "Great-Debate" zwischen "Realisten"

---

[1] Die propagandistische Funktionalisierung von scheindemokratischer Massenöffentlichkeit auch zu außenpolitischen Zwecken im Faschismus steht in einer anderen als der hier aufgezeigten Tradition, sie stellt vielmehr die Perversion einer plebiszitären Demokratie zur elitegesteuerten Mobilisierung und Manipulation der Massen dar.

[2] Vgl. W. Grewe, Spiel der Kräfte in der Weltpolitik, Düsseldorf/Wien 1970, S. 421 ff.

und "Idealisten": Im machtpolitischen Ansatz des "Realismus" wird der "öffentlichen Weltmeinung" ein zweitrangiger Stellenwert im internationalen Kräftefeld eingeräumt,[1] während die "Idealisten", ausgehend vom Primat selbstregulativer, sozialer Beziehungen und konsensfördernder, funktionaler Verflechtungen auch im internationalen Bereich, der Öffentlichkeit und der öffentlichen Kommunikation große Bedeutung zumessen.

Sowohl die wissenschaftsinterne Auseinandersetzung zwischen "Realisten" und "Idealisten" als auch die Diskussion um eine "liberalistische" oder "machiavellistische" außenpolitische Praxis haben eine empirisch-systematische Analyse des Verhältnisses von "Außenpolitik" und "Öffentlichkeit" eher verhindert, als daß sie sie gefördert hätten: Zu diffus, zu umfassend sind sowohl der Öffentlichkeits- als auch der Außenpolitikbegriff. Zuweilen hat man bei den "Idealisten" den Eindruck, als übernehme die Öffentlichkeit die Funktion eines deus ex machina. Darüber hinaus wird durch die normativen Prämissen der beiden Theorien das Ergebnis, das überhaupt erst noch empirisch eruiert werden muß, quasi apriorisch als bereits bewiesen vorausgesetzt.

1.2.3 Die sozialwissenschaftlich orientierte Außenpolitikforschung

Zwar haben sich im Gegensatz hierzu empirisch-sozialwissenschaftliche Theorien und Untersuchungen von den normativen Prämissen gelöst. Aber auch sie geraten allzuleicht in die Gefahr, die Frage nach den Einwirkungsmöglichkeiten von "Öffentlichkeit" auf "Außenpolitik" und von "Außenpolitik" auf "Öffentlichkeit" mit unklaren, methodologisch obskuren und unausgewiesenen Annahmen zu beantworten - Annahmen, die oft nicht über das "Meinungsklima"-Argument hinausgehen. Zu Recht klagt Cohen[2], ein "Pionier" der Forschung zum Verhältnis von Öffentlichkeit und Außenpolitik:

---

[1] Vgl. H.-J. Morgenthau, Macht und Frieden, Gütersloh 1963, S. 230 ff.
[2] Vgl. B. C. Cohen, The Public's Impact on Foreign Policy, Boston 1973², S. 11 f.

"In the absence of precise mechanisms or procedures, one
is left with the impression that opinion is absorbed, by
osmosis into the political bloodstream. Or, if the process
of opinion-absorption is not osmotic, it is treated as
automatic, thus minimizing, in the first instance at least,
the need for further study of it."

Als Beispiel führt Cohen die Studie "National Leadership
and Foreign Policy" von Rosenau[1] an, in der dieser "is led
to speculate, by way of conclusion, on possible mechanisms
that link - or fail to link - external opinion with public
officials."

Die Problematik mancher empirischer Untersuchung ist in
ihrem Ausgangspunkt begründet, in ihrem Verständnis von
Öffentlichkeit als der Bevölkerung eines Nationalstaates
und von öffentlicher Meinung als der durch repräsentative
Umfragen erhebbaren Meinungs- bzw. Einstellungsverteilung
in dieser Bevölkerung (demoskopischer Begriff von Öffentlicher Meinung[2]).

Die Einstellung und Meinung der Bevölkerung zu außenpolitischen Fragen werden dann daraufhin analysiert, ob und
inwieweit sie Einfluß auf die Außenpolitik haben. Solche
Untersuchungen kommen im Ergebnis allerdings selten weiter als zu einer Gegenüberstellung von demoskopisch genau
erfaßter Öffentlichkeit und deren Meinung einerseits und
der Außenpolitik eines Staates andererseits. Die Beziehung
zwischen diesen beiden Größen wird dabei jedoch weder
angegeben noch so exakt formuliert, daß sie als Forschungs-
hypothese verwendbar wird. Die Vernachlässigung dieser ver-
mittelnden Beziehung führt dazu, daß man kompensatorisch
entweder begriffsrealistisch der demokratietheoretisch-nor-
mativen Annahme folgt: "the will of the people sets the

---

[1] Vgl. J. N. Rosenau, Public Opinion and Foreign Policy,
New York 1963.

[2] Einen knappen Überblick über die unterscheidbaren Begriffe
von Öffentlicher Meinung gibt: H. J. Weis, Stichwort "Öffentliche Meinung", in: K. Sontheimer/H. H. Rähring (Hrsg.),
Handbuch des politischen Systems der Bundesrepublik Deutschland, München 1977, S. 415-421. Er nennt die institutiona-
listische, die liberalistische, die demoskopische, die kri-
tisch-soziologische und die systemtheoretische Perspektive.

course of foreign policy"[1], oder daß man zu dem Resultat kommt, eine derart begriffliche Öffentlichkeit habe keinen Einfluß auf die Außenpolitik[2], was angesichts der in diesen Studien ungenügend beachteten möglichen Transmissionsmechanismen zwischen Öffentlichkeit und Außenpolitik nicht verwunderlich ist.

Auch die Hervorhebung von bestimmten, als relevant erachteten Teilen der Öffentlichkeit, wie z.B. den Eliten, dem "attentive public" etc., löst das Problem nicht, das darin besteht, daß es die Beziehung von Öffentlichkeit und Außenpolitik zu erfassen gilt und nicht nur isoliert voneinander die beiden Pole dieser Beziehung, mögen sie noch so differenziert und empirisch fundiert untersucht sein.[3]

Ebensowenig hilft das Konzept von Öffentlichkeit als eines äußeren Restriktionsrahmens der Außenpolitik weiter, eines Rahmens, der wie eine unsichtbare Linie vom Außenpolitiker nicht überschritten werden dürfte, will dieser nicht Gefahr laufen, an einer widerstrebenden Öffentlichkeit zu scheitern.[4]

Aber: Wie läßt sich eine solche Linie identifizieren? Lassen sich genügend Einzelfälle aufzeigen, aus denen ja eine solche Linie gebildet werden müßte? Können Außenpolitiker nicht solche Linien ändern? Wird hier nicht ein mechanistisch-starres Verhältnis von Öffentlichkeit und Außenpolitik unterstellt, als bestünde nicht eine soziale Interaktion zwischen Gruppen in der Öffentlichkeit einerseits und Außenpolitikern andererseits, mit den daraus folgenden

----

1 Vgl. Ch. McClelland, Theory and The International System, New York 1971, S. 128.
2 Vgl. S. Verba, Public Opinion and The War in Vietnam, in: APSR, Vol. 61, 1967, 317-333, S. 318 ff.; vgl. L. Markel, Opinion - A Neglected Instrument, in: ders. (Hrsg.), Public Opinion and Foreign Policy, New York 1949, zit. bei Cohen 1973.
3 Vgl. G. Almond, The American People and Foreign Policy, New York 1960; vgl. P. Noack, Öffentliche Meinung und Außenpolitik, in: H. P. Schwarz (Hrsg.), Handbuch der deutschen Außenpolitik, München 1975, S. 195 f.
4 Vgl. z.B. L. N. Rieselbach, Congress and Foreign Policy, in: The Journal of Conflict Resolution, Vol. 9, 1965.

gegenseitigen Anpassungs-, Lern- und Instrumentalisierungsprozessen? Hier scheint man Opfer der eigenen Begrifflichkeit geworden zu sein: Abstrakta wie "die Öffentlichkeit" und "die Außenpolitik" können natürlich nicht interagieren.

Empirisch-sozialwissenschaftliche Studien dieser Art bekommen das Beziehungsgeflecht zwischen Öffentlichkeit und Außenpolitik nicht in den Griff, weil sie die Pole der Beziehung unspezifisch und dichotomisch und die Beziehung selbst ungenügend fassen, bzw. angesichts dieser Aufgabe resignieren.[1]

Eine Konzeptualisierung dieses Beziehungsgeflechtes leistet allerdings in gewissem Grade die soziologische Theorie der transnationalen Politik von Brühl.[2] Er sieht die öffentliche Meinung als eine "Kontextvariable", als eine psychologische Prädisposition von Handlungen der außenpolitischen Elite, eine Prädisposition, die u.a. die Kriterien angibt, warum eine bestimmte Entscheidung z.B. zwischen verschiedenen außenpolitischen Bezugsgruppen getroffen wird. Durch die öffentliche Meinung finde dabei eine "typische Transformation der politischen Entscheidungen in Richtung einer größeren Dramatisierung, der Primitivierung der Alternativen und einer zyklischen Verlaufsform" statt.[3]

Ähnlich integriert Schelling[4] den Faktor Öffentlichkeit in seine strategischen Überlegungen zur Fähigkeit von Regie-

---

1 Vgl. J. N. Rosenau, Public Opinion and Foreign Policy, New York 1961, S. 9 f.; auch Galtung setzt in seiner empirischen Studie den Einfluß der "public opinion" auf die Außenpolitik nur implizit voraus: J. Galtung, Foreign Policy as a Function of Social Position, in: J. N. Rosenau (Hrsg.), International Politics and Foreign Policy, New York 1969³.

2 Vgl. W. L. Brühl, Transnationale Politik, Stuttgart 1978

3 Vgl. W. L. Brühl, a.a.O., S. 95 f.; vgl. auch M. J. Rosenberg, Images in Relation to the Policy Process: American Public Opinion on Cold-War Issues, in: H. C. Kelman (Hrsg.), International Behavior, New York 1965, S. 278-334, vgl. auch den Versuch, öffentliche Meinung als einen Faktor im Prozeß regionaler Integrationen zu konzeptualisieren: Keohane und Nye (1974).

4 Vgl. Th. C. Schelling, The Strategy of Conflict, Cambridge/Massachusetts 1969, S. 21 ff.

rungen, Verbänden und sonstigen sozialen Institutionen und
Gruppen, sich gegenüber Verhandlungspartnern mit der eigenen
Position so festzulegen, sich selbst so zu binden, daß man
ohne Prestigeverlust von ihr nicht mehr "herunterkommt",
derart dem Partner signalisierend, daß man zu Konzessionen
gar nicht mehr fähig ist. Das gelingt jedoch nur, wenn diese
Selbstverpflichtung vor der Öffentlichkeit erfolgt und damit
nur bei hohen Kosten revidierbar wird.[1]

Cohen[2] gelingt es am präzisesten, die Beziehung von Öffentlichkeit und Außenpolitik dadurch zu fassen, daß er die Analyse auf die operationalisierbare Ebene der sozialen Beziehungen zwischen Akteuren verlagert: zwischen Journalisten
und deren Berichterstattung einerseits und Außenpolitikern
und deren Entscheidungshandeln andererseits. Infolge dieser
Verlagerung wird es möglich, durch Befragung von Journalisten
und Politikern das soziale Beziehungsgeflecht zwischen beiden zu eruieren.

Aufgrund seiner empirischen Erhebnungen kommt Cohen zu dem
Schluß, daß insbesondere im Bereich der Außenpolitik, für die
es den Rezipienten an unmittelbarer Erfahrung mangelt, die
"map-making"-Funktion der Medien relevant wird, d.h. die
Journalisten konstruieren durch Selektion und Präsentation
der Nachrichten eine "Medienrealität"[3], die in die Beurteilungen der Rezipienten eingeht und dadurch deren Handeln
orientiert.

1.2.4 Die historisch orientierte Außenpolitikforschung

Auf der gleichen akteursbezogenen Ansatzhöhe wie Cohen wird
von seiten der Geschichtswissenschaft akribisch genau versucht, den Themenkomplex "Außenpolitik und Öffentlichkeit"
in einer Reihe von Monographien anzugehen. Interessant ist

---

1 Vgl. zur Bedeutung von Informationen für Verhandlungsprozesse im allgemeinen: H. Crott/M. Kutschker/H. Lamm, Verhandlungen I, Individuen und Gruppen als Konfliktparteien, Stuttgart 1977, S. 64 ff., S. 85 ff.
2 Vgl. B. C. Cohen, The Press and Foreign Policy, Princeton 1970^5.
3 Zu diesem Begriff vgl. W. Schulz, Die Konstruktion von Realität in den Nachrichtenmedien, Freiburg/München 1976, bes. S. 115 ff.

die auffallende Häufung von Untersuchungen über die Rolle
und die Bedeutung von Presse und Öffentlichkeit im Hinblick auf die politischen Entwicklungen, die während des
ersten Jahrzehnts dieses Jahrhunderts zum Ausbruch des
Ersten Weltkriegs geführt haben - eine Häufung, die wohl
mitbedingt ist durch die Debatte um die Kriegsschuldfrage.[1]
Das quellenbezogene Arbeiten zwingt die Historiker zu einer exakten Beschreibung ihres Untersuchungsgegenstandes:
Es wird demnach nicht die Öffentlichkeit im allgemeinen,
sondern konkret die Presseberichterstattung oder die Pressepolitik des Auswärtigen Amtes untersucht; es wird nicht
allgemein von der "Außenpolitik" gesprochen; es werden
vielmehr spezifisch die relevanten außenpolitischen Akteure benannt. Der in diesen historischen Studien sowie in
der Arbeit von Cohen erreichte Stand an Präzision und das
in ihnen kompilierte Datenmaterial wird - soweit es die
Voraussetzungen erlauben - in die begrifflichen und theoretischen Klärungen, wie sie im Anschluß an diesen (wissenschafts-)geschichtlichen Rückblick versucht werden sollen,
eingehen. Allerdings sind diese - entsprechend der Methodologie der Geschichtswissenschaften - historisch-ideographischen Untersuchungen nur begrenzt integrierbar in sozialwissenschaftliche, zumindest, dem Ziel nach nomothetisch
orientierte Studien. Die Möglichkeit, die historisch gewonnenen Ergebnisse mit anderen zu vergleichen, um evt. generelle Aussagen zu erhalten, ist weitgehend ausgeschlossen:
Es fehlt ein umfassendes Konzept.

An Generalisierungsmöglichkeiten mangelt es demgegenüber
den Klassifikationen, die zur begrifflichen Ordnung des Verhältnisses von "Öffentlichkeit" und "Außenpolitik" entwickelt
wurden, nicht: Sei es nun die Klassifikation von Barry Bu-

---

1 Vgl. K. Wernecke, Der Wille zur Weltgeltung. Außenpolitik
   und Öffentlichkeit im Kaiserreich am Vorabend des Ersten
   Weltkrieges, Düsseldorf 1970²; G. Ziebura, Die Deutsche Frage in der öffentlichen Meinung Frankreichs von 1911 bis
   1914, Berlin 1955; G. Jilg, Der neue Kurs in der deutschen
   Pressepolitik 1890-1914, Phil. Diss., Wien 1960; Honnings
   1943; O. J. Hale, Publicity and Diplomacy, London 1940;
   S. B. Fay, The Influence of the Pre-War Press in Europe,
   Boston 1932; P. Gruschinske, Kiderlen-Waechter und die deutschen Zeitungen in der Marokko-Krise des Jahres 1911, Phil.
   Diss., Köln 1931.

zan[1], der sechs Intensitätsstufen möglichen Einflusses von
Öffentlichkeit auf Außenpolitik unterscheidet:
1. Negligible public opinion, 2. Passive public opinion,
3. Active public opinion, 4. Credible threats of public
opinion, 5. Moderate public action, 6. Extreme public action. Oder sei es die auch auf das Verhältnis von internationaler Politik und Öffentlichkeit anwendbare Unterscheidung von Rosenau[2] zwischen einer penetrativen, reaktiven und einer emulativen Verbindung. Oder sei es das Kelmansche Konzept gesellschaftlicher, einstellungsmäßiger und struktureller Variablen, in dessen Rahmen u.a. auch der Grad der Zentralisierung der Massenmedien eines Nationalstaates ein Element zur Erklärung des Ablaufs internationaler Konflikte darstellt.[3] Jedoch - bei allem Verdienst solcher Differenzierungen - sie bleiben abstrakt. Waren die historischen Untersuchungen für sozialwissenschaftliche Zwecke kaum in einem generellen Bezugsrahmen integrierbar, dazu aber beeindruckend in der Fülle des Datenmaterials, so sind die Klassifikationen zwar zur generalisierbaren Ordnung des Materials geeignet - und das soll bei dem im nächsten Kapitel erfolgenden Definitionsversuch Berücksichtigung finden - nur fehlt das entsprechend den Klassifikationen erhobene Material.

1.3 Konsequenzen aus den diplomatie- und wissenschaftsgeschichtlichen Darlegungen für den Ansatz der Untersuchung

1. Die Entwicklung der Wissenschaftsgeschichte zum hier interessierenden Thema macht die Notwendigkeit einer klaren Begrifflichkeit deutlich, will man unnötige Irrwege und Sackgassen wissenschaftlicher Forschung vermeiden. Daher wird sich in dieser Untersuchung zunächst ausführlich der

----

1 Vgl. B. Buzan, Internal Restrains on the Use of Force, in: F. S. Northege (Hrsg.), The Use of Force in International Relations, London 1974.
2 Vgl. J. N. Rosenau, The Scientific Study of Foreign Policy, New York 1971, S. 318 ff.
3 Vgl. H. C. Kelman, Sozialpsychologische Aspekte des internationalen Verhaltens, in: U. Nerlich (Hrsg.), Krieg und Frieden im industriellen Zeitalter, Gütersloh 1966, S. 178 ff.

Definition der Begriffe gewidmet. Diese begriffliche Klärung wird sich insbesondere den Funktionen der Medien in Abgrenzung zueinander und in ihrem Verhältnis zur Außenpolitik zuwenden, drei Funktionen können aus der Theorie- und Wissenschaftsgeschichte, wie sie dargelegt wurde, als relevant für diese Untersuchung herauspräpariert werden:
a) Der Einsatz der Medien zu außenpolitischen Zwecken als Instrument einer außenpolitischen Elite: Das soll hier als operative Funktion bezeichnet werden;
b) Die Einwirkungen der Medien mit Änderungsfolgen für eine Außenpolitik: Das soll hier als innovative Funktion bezeichnet werden;
c) Die Bereitstellung, Präsentation und Selektion von Informationen durch die Medien: Das soll hier als Ressourcenfunktion bezeichnet werden.

Diese für diese Untersuchung forschungsleitenden Medienfunktionen werden im Kapitel A 1.8.3 noch ausführlicher definiert.

2. Ebenso aus dem Bemühen um eine Präzision der Begriffe sowie eingedenk des wissenschaftsgeschichtlich offenbar werdenen Scheiterns globaler catch-all-Begriffe wie "Außenpolitik" und "Öffentlichkeit" wird in dieser Untersuchung der Gegenstandsbereich durch eine problembezogene Auswahl und Definition der Begriffe möglichst spezifisch und damit auch operationalisierbar gefaßt: Den erfolgversprechenden, akteursorientierten Ansatz von Cohen aufgreifend, soll daher unter Außenpolitik ein auf andere Akteure in anderen Nationalstaaten bezogener, von einem Entscheidungszentrum (=Aktionsgruppe mit verbindlicher Entscheidungskompetenz) getragener innerstaatlicher Prozeß der Entscheidungsfindung und -ausführung verstanden werden[1], und zwar ganz konkret der westdeutsche Entscheidungsprozeß zu den deutsch-polnischen Verhandlungen des Jahres 1970.

Unter Medien wird hier spezifisch die auf dieses Thema bezogene überregionale Presseberichterstattung der Bundesrepublik (Frankfurter Allgemeine Zeitung, Frankfurter Rundschau, Süddeutsche Zeitung, Die Welt, Die Zeit, Der Spiegel, Bildzeitung und als außerdeutsche, aber auch bundesdeutsch relevante Zeitung: die Neue Zürcher Zeitung) verstanden.

---

1 Siehe hierzu Näheres auf S. 50 ff.

Deren außenpolitische Berichterstattung sollte aus Gründen der methodischen Präzision mit einer Inhaltsanalyse erfaßt werden. Das Mediennutzungsverhalten der politischen Akteure wurde mittels einer systematischen Befragung erhoben. Durch diese zeigte sich zudem eine bei Außenpolitikern im intermedialen Vergleich überdurchschnittliche Nutzung der Presse und gerade der überregionalen Presse, so daß die Auswahl sich im Nachhinein als gerechtfertigt herausstellte.

Die deutsch-polnischen Verhandlungen (methodisch durch eine systematische Entscheidungsprozeßanalyse rekonstruiert) wurden deshalb zum Untersuchungsgegenstand genommen, weil a) die öffentliche, über die Medien ausgetragene Diskussion um sie zwischen den Parteien und in der Presse besonders intensiv und emotional aufgeladen war, weil sie b) in der Bevölkerung ein hohes Maß an Aufmerksamkeit fanden und starke Meinungswechsel zur Folge hatten, wodurch auch die Presse in diesem Zusammenhang für die auf Wiederwahl bedachten Politiker, die auf diesen Meinungswechsel reagieren mußten, an Bedeutung gewann[1], weil c) die Presse durch aufsehenerregende Veröffentlichung von geheimen Verhandlungsunterlagen (Bahr-Papier) Einfluß zu nehmen versuchte, weil d) die Bundesregierung und insbesondere der im Juni 1970 neu zum Parlamentarischen Staatssekretär im Auswärtigen Amt bestellte ehemalige Journalist K. Moersch in Reaktion auf die Presseangriffe pressepolitisch aktiv wurde, u.a. durch Konferenzen mit Chefredakteuren im Auswärtigen Amt, um das Verständnis für die neue Ostpolitik zu vergrößern.

Die deutsch-polnischen Verhandlungen wurden einer Behandlung der deutsch-sowjetischen deshalb vorgezogen, weil a) die Polenverhandlungen bisher in der wissenschaftlichen Analyse nicht so intensiv wie die Moskauer bearbeitet wurden, b) weil die im Rahmen der deutsch-polnischen Verhandlungen auftretende Themenvielfalt (Grenzfrage, Familienzusammenführung, deutsches Schuld- und Sühnebekenntnis) größer war als die der Moskauer Verhandlungen, sodaß der Presseberichterstattung ein größeres Reservoir an unterschiedlichen potentiell wirkungsrelevanten Themen und Argumenten

---

1 Vgl. E. Noelle und E. P. Neumann (Hrsg.), Jahrbuch der öffentlichen Meinung, 1968-1973, Allensbach/Bonn 1974, S. 283 und S. 525 ff.

zur Verfügung stand, und c) weil die deutsch-polnischen Beziehungen aufgrund der besonderen historischen Belastungen (Teilungen Polens, polnischer Rapallo-Komplex, Nazi-Terror, Auschwitz, Zwangsumsiedlung der Deutschen nach 1945) sozialpsychologisch insbesondere für die Polen, aber auch für die deutschen Vertriebenen, sehr sensibel waren, auch sensibel gegenüber Äußerungen der deutschen Presseberichterstattung. "Bei den deutsch-sowjetischen Verhandlungen ging es um prinzipielle Fragen der Politik (...) die Verhandlungen zwischen Bonn und Warschau dagegen wurden im In- und Ausland stets auch nach moralischen Kategorien bewertet."[1] Die Wahl der deutsch-polnischen Verhandlungen als Untersuchungsgegenstand heißt natürlich nicht, daß die anderen ostpolitischen Verhandlungen (Moskau/Bonn; Bonn/Ost-Berlin) ausgeklammert werden können, zumal die Ostpolitik der Regierung Brandt/Scheel als Einheit konzipiert war. Die anderen Ebenen wurden als Einfluß- und Bezugsgrößen berücksichtigt.

3. Schließlich weisen die obigen wissenschafts- und diplomatiegeschichtlichen Darlegungen auf die Relevanz des Themas für die (a) außenpolitische und (b) journalistische Praxis wie auch (c) für das außenpolitisch interessierte, Kontrollmöglichkeiten beanspruchende Publikum hin.
(a) Die Ereignisse dieser Untersuchung können -- ihre Generalisierbarkeit vorausgesetzt - trotz der speziellen Fragestellung, ihrer regionalen und themenbezogenen Begrenztheit, Antworten geben auf Fragen, die sich dem außenpolitischen Entscheidungsträger nahezu alltäglich stellen, z.B. Fragen folgender Art: Wie kann ein Außenpolitiker am besten außenpolitische Nachrichten "pflanzen"; wie kann er - bei Kenntnis des typischen Diffusionalprozesses außenpolitischer Nachrichten - einer solchen Diffusion entgegenwirken; welche Informationsquellen von Journalisten, bzw. Politikern muß er dazu "verstopfen"; in welchem Umfang können Medien für eine außenpolitische Signalgebung verwandt werden; ob, wie, wann und unter welchen Bedingungen können außenpolitische Entscheidungs- und Verhandlungsprozesse von Medienberichterstattung beeinflußt (beschleunigt, verzögert oder sonstwie tangiert) werden; wie kann der Politiker den Stand
----
1 Vgl. K. Moersch, Kurs-Revision, Frankfurt a. M. 1978, S. 185.

eines geheimen Entscheidungsprozesses eines anderen Staates aufgrund der über ihn erfolgenden Medienberichterstattung in diesem anderen Staat erschließen; inwieweit kann aus dem in Medienberichterstattung zum Ausdruck kommenden Vertrauen oder Mißtrauen gegenüber dem außenpolitischen Verhandlungspartner des Staates, in dem die Berichterstattung erfolgt, von einem Politiker eines dritten (unbeteiligten) Staates auf die Konflikthaltigkeit des realen Verhandlungsprozesses der beiden Staaten geschlossen werden?[1]

(b) Eine solche Skizze von Umsetzungsmöglichkeiten der Forschungsergebnisse in politische Praxis bedürfte - will man sich nicht dem Vorwurf aussetzen, auch nur irgendwie einer machiavellistischen oder zumindest technokratischen Instrumentalisierung von Medien durch die Politik Vorschub zu leisten - der Ergänzung um praxeologische Vorschläge für Journalisten, die - fundiert in den Forschungsergebnissen - diesen u.a. dabei helfen könnten, sich gegen politische Einwirkungsversuche zu wehren. Dazu würde allein schon die Kenntnis des den Politikern zur Verfügung stehenden Wissens über Instrumentalisierungsstrategien beitragen, nicht minder die Kenntnis, in welchem Maße und in welchen Entscheidungsphasen Außenpolitiker aufgrund ihrer Abhängigkeit von Medieninformation und öffentlicher Themensetzung am ehesten beeinflußt werden können. Es ließen sich noch weitere Techniken dieser Art aufführen; unter dem normativen Gesichtspunkt einer demokratischen Gesellschaft befriedigen sie allerdings genauso wenig wie die Instrumentalisierungsstrategien der Politiker.

(c) Es gilt daher vielmehr, diese Ebene der Manipulation des jeweils anderen zu verlassen, um stattdessen mit den Forschungsergebnissen aus dem Gegenstandsbereich Medien/ Außenpolitik des psychischen, sozialen, ökonomischen und kulturellen Bedingungen aufzuzeigen, die - im Rahmen einer gesamtgesellschaftlichen Kommunikation freier Partner und im Rahmen einer demokratischen Außenpolitik - sowohl in der Berichterstattung der Journalisten als auch im Entscheidungs-

---

[1] Vgl. O. H. Agha, The Role of Mass Communication in Interstate Conflict: The Arab-Israeli War of October 6, in: Gazette, Vol. 24/1978, S. 193 f.

prozeß der Außenpolitiker die Widerspiegelung der idealiter in beidem gleichermaßen repräsentierten sozialen Kommunikation und Interessenartikulation des außenpolitisch interessierten Publikums ermöglichen. Mit den Forschungsergebnissen müßte versucht werden, die Möglichkeiten und evt. die Grenzen weiterer Demokratisierung oder zumindest Transparenz der außenpolitischen Praxis in einer Demokratie - bei Wahrung der außenpolitischen Funktionsfähigkeit - zu umreißen. Das außenpolitisch interessierte Publikum könnte dann vielleicht zur Einflußnahme auf und Kontrolle von außenpolitischen Entscheidungsprozessen motiviert werden, indem ihm deren Möglichkeit (z.B. durch Presseberichterstattung) verdeutlicht wird. Außenpolitischen Entscheidungsträgern könnte die - wie auch immer begründete - Furcht vor einer demokratisierteren Außenpolitik genommen werden, indem man deren Funktionsfähigkeit aufweist. Das ist um so notwendiger, als gerade vom außenpolitischen Sektor mit einer bis heute z.T. noch bewahrten obrigkeitsstaatlichen Tradition immer wieder entdemokratisierende Wirkungen auf andere gesellschaftliche, innenpolitische Sektoren ausgehen oder auszugehen drohen; beispielsweise dafür war u.a. die erst durch Nixons Sturz gestoppte fortschreitende Entwicklung der amerikanischen Demokratie zu einer "imperial presidency".

1.4 Der entscheidungsanalytische, akteursorientierte Ansatz der Untersuchung

Unterscheidet man unter den Theorien und Ansätzen der internationalen Beziehungen einerseits zwischen solchen, die das außenpolitische Handeln von Nationalstaaten quasi objektivistisch durch Kenntnis und Erkenntnis des Forschers oder durch angeblich den Akteuren apriorisch vorgegebenen Nationalinteressen[1], oder durch die Konkurrenznatur des internationalen Systems, die "situation hobbêsienne"[2] erklären,

---
1 Vgl. H. J. Morgenthau, Macht und Frieden, Gütersloh 1963; G.-K. Kindermann, Zur Methode der Analyse zwischenstaatlicher Politik, in: ders. (Hrsg.), Grundelemente der Weltpolitik, München 1977, S. 48-78, hier: S. 53/54.
2 Vgl. R. Aron, Frieden und Krieg, Frankfurt a. M. 1963, S. 27.

und andererseits solchen, die es quasi subjektivistisch
vor allem abhängig sehen von den Entscheidungen, Sichtweisen und Umweltwahrnehmungen der außenpolitisch verantwortlichen Entscheidungsträger selbst, so verweisen Anlage und
Gegenstand dieser Untersuchung notwendig auf den entscheidungs- und perzeptionsbezogenen Ansatz: Denn Strukturen des
internationalen Systems lassen sich aufgrund ihrer Größe empirisch nur schwer fassen, erst recht nicht das oft versteckt
normativ-metaphysisch konzipierte Nationalinteresse.[1]
Vor allem deshalb, weil Wirkungen und Presseberichterstattung sowieso nur schwer, wenn überhaupt zu messen sind, bedarf es daher insbesondere für den Bereich der Außenpolitik
eines klar eingrenzbaren Bezugspunktes, auf den hin Wirkungen
ausgeübt worden sein können. Diese Bedingung kann - mit einem hohen Grad wahrscheinlicher heuristischer Fruchtbarkeit -
nicht vom schwer operationalisierbaren, strukturanalytischen
Konzept, auch nicht vom Konzept des Nationalinteresses erfüllt werden, sondern nur vom Konzept der einen außenpolitischen Entscheidungsprozeß tragenden Akteure, einer abgrenzbaren Gruppe, die u.a. aufgrund ihrer Umweltwahrnehmung (auf
die Presseberichterstattung durch die von ihr vorgenommene
Selektion und Präsentation von Informationen wirken kann),
und u.a. aufgrund der auf sie über ihre Umweltwahrnehmung
einwirkenden sonstigen Akteure und sonstigen Einflußfaktoren (neben anderen auch der Presse als Institution) eine Entscheidung fällen, die wiederum operativ - das sei hier als
problemrelevantes Beispiel angeführt - auf die Beeinflussung
der Presse und der Presseberichterstattung abzielen kann.
Zentral für diesen Ansatz ist die Umweltwahrnehmung der außenpolitischen Akteure, von der ihr Handeln und Entscheiden
bestimmt wird. Da Umweltwahrnehmung ein Prozeß der Informationsaufnahme ist, gewinnen im entscheidungsanalytischen Ansatz Kommunikationsprozesse aller Art eine wesentliche Bedeutung. Bezogen auf den außenpolitischen Organisationsbereich,
reicht die Skala möglicher diesbezüglicher Informationsver-

---

1 Vgl. J. E. Dougherty/R. L. Pfaltzgraff, Contending Theories
of International Relations, Philadelphia, New York, Toronto 1971, S. 315.

mittler und -träger von Botschaftsberichten über persönliche, informelle Kontakte und Gespräche bis zur Medien- und vor allem der Presseberichterstattung, der hier das besondere Augenmerk gelten soll. Wie ersichtlich, sind die vom entscheidungsanalytischen Ansatz bereitgestellten Kategorien wie Umweltwahrnehmung, Einflußfaktor und Entscheidung so definiert, daß mit ihnen schon auf der kategorialen Ebene Ansatz- und Verbindungspunkte zur Presse und zur Presseberichterstattung gegeben sind. Festzustellen, ob und wie das auch empirisch der Fall ist, wird eine der Untersuchungsaufgaben sein.

Wegen des zentralen Charakters der genannten Kategorien für den Ablauf der Untersuchung sollen sie im folgenden des näheren expliziert werden. Dabei soll z.T. auf ein empirisch bewährtes Analyseraster von M. Brecher zurückgegriffen werden, das eines der wenigen Schemata zur Entscheidungsprozeßanalyse ist, die Kommunikationsprozesse mitkonzeptualisiert.[1] Brecher unterscheidet mit Bezug auf den Umweltaspekt zunächst zwischen dem operational environment (der operationalen Umgebung) und dem psychological environment (der psychologischen Umgebung). Die operationale Umgebung umfaßt eine externe außenpolitische Dimension, bestehend aus dem globalen System und dessen Systemen, bestehend auch aus den dominanten bilateralen und multilateralen außenpolitischen Beziehungen zwischen den nationalen Akteuren und Subakteuren. Diese bilden das externe außenpolitische Interaktionsfeld und die externen außenpolitischen, strukturellen Rahmenbedingungen, in die der Entscheidungsprozeß eingebettet ist. Die operationale Umgebung umfaßt des weiteren die interne außenpolitische Dimension, bestehend in unserem Fall aus den internen außenpolitischen, strukturellen Rahmenbedingungen sowie dem internen außenpolitischen Interaktionsfeld innenpolitischer Akteure wie Interessenverbänden und konkurrierenden Eliten.

---

1 Vgl. M. Brecher, Images, Process and Feedback in Foreign Policy: Israel's Decisions on German Reparations, in: APSR, Vol. LXVII, März 1973, S. 73 ff. Hier werden weitgehend die in Klammern angegebenen deutschen Übersetzungen der englischen Begriffe verwandt.

Die psychologische Umgebung, auch "attitudinal Prism" genannt, besteht aus bestimmten Ideologien, historischen Vermächtnissen und persönlichen Prädispositionen, die das außenpolitische Handeln mitbestimmen. Die psychologische Umgebung schlägt sich nieder in den "images" der außenpolitischen, "decision-making-elite", hier bezeichnet als Situationsdefinition der Entscheidungsträger (siehe genaue Definitionen auf Seite 24 ff.)
In den Situationsdefinitionen reflektiert sich das interne und externe außenpolitische Interaktionsfeld. Zwischen der operationalen und der psychologischen Umgebung finden Kommunikationsprozesse statt, die Daten "about the operational environment by mass media, internal bureaucratic reports, face-to-face-contact, etc." übermitteln.[1]
Output des Entscheidungsprozesses, der durch "decisive inputs" in Gang gesetzt wurd, sind nach Brecher strategische, taktische und Implementations(Ausführungs-)Entscheidungen. Diese sowie auch die anderen hier dargelegten Begriffe sollen nun, bezogen auf die hier interessierende Fragestellung, des näheren definiert werden.

1.4.1 Die Entscheidungsträger

Grundlegende Kategorie ist für unseren analytischen Zweck die der Entscheidungsträger, deren außenpolitisch verbindliches, autoritatives Entscheiden und Handeln - so eine prinzipielle methodologische Annahme des entscheidungstheoretischen Ansatzes - als das Handeln des Staates selbst, "to all intents and purposes", aufgefaßt wird.[2] In der gesamtgesellschaftlichen Verbindlichkeit ihrer Entscheidungen unterscheidet sich die spezifische Akteursgruppe der Entscheidungsträger von den anderen politischen und Medienakteuren, die zwar Einfluß auf die gesamtgesellschaftlich

---
1 Vgl. M. Brecher, a.a.O., S. 75
2 Vgl. "Decision-Making as an Approach to the Study of International Politics", in: R. C. Snyder/H. W. Brück/ B. Sapin (Hrsg.), Foreign Policy Decision-Making, New York 1963, S. 65.

verbindlichen Entscheidungen zu nehmen vermögen, diese
aber nicht fällen dürfen. Unter politischen Akteuren
werden hier Akteure sowohl auf der mikroanalytischen als
auch auf der makroanalytischen Ebene verstanden, d.h.
sowohl einzelne Politiker als auch Politikergruppen als
auch Großorganisationen und Nationalstaaten.
Von der Grundlagenkategorie der Entscheidungsträger sollen hier alle weiteren Kategorien abgeleitet werden. Die
für unseren Untersuchungsgegenstand relevanten Entscheidungsträger werden nach dem auch in der Eliteforschung gebräuchlichen sogenannten Entscheidungsansatz identifiziert.[1]
Demnach gelten hier diejenigen als Entscheidungsträger, die
empirisch belegbar zumindest an einer zentralen außenpolitischen Entscheidung, die die Polenverhandlungen betraf,
aktiv gestaltend (d.h. nicht nur durch extern vermittelte Einflußnahme) beteiligt waren. Sie werden bezogen auf
den hier interessierenden Fall der deutsch-polnischen Verhandlungen von 1970 und durch die Methode der historischen
Rekonstruktion des Entscheidungsprozesses bestimmt.

Folgende Politiker genügen dem oben genannten Kriterium
von Entscheidungsträgern. (Sie werden in der Reihenfolge
ihrer Bedeutung genannt.) 1. Der Bundeskanzler und SPD-Vorsitzende Willy Brandt, 2. der Außenminister und FDP-Vorsitzende Walter Scheel, 3. der Staatssekretär im Kanzleramt, engste Kanzlerberater in außenpolitischen Angelegenheiten und offizielle deutsche Delegationsleiter bei
den deutsch-sowjetischen Verhandlungen vom Frühjahr 1970,
Egon Bahr, 4. der Vorsitzende der SPD-Bundestagsfraktion
und stellvertretende SPD-Vorsitzende Herbert Wehner,
5. der Staatssekretär im Auswärtigen Amt und offizielle
deutsche Delegationsleiter bei den deutsch-polnischen Gesprächen (bis Oktober 1970), Ferdinand Duckwitz, 6. der
stellvertretende FDP-Vorsitzende und (die Verfassungsmäßigkeit auch von außenpolitischen Verträgen prüfende)
Bundesinnenminister Hans-Dietrich Genscher, 7. der (ab
Juni '70 tätige) neue Staatssekretär im Auswärtigen Amt,

---
1 Vgl. J. Radde, Die außenpolitische Führungselite der
  DDR, Köln 1976, S. 17.

Paul Frank.

Die von den von uns befragten Bonner Politikern genannten, damals (1970) relevanten außenpolitischen Entscheidungsträger sowie die, die durch Analyse der institutionellen Kompetenzverteilung festgestellt werden, sind zum großen Teil identisch mit den durch den Entscheidungsansatz eruierten, oben aufgeführten Entscheidungsträgern. Unter Bezug auf diese ihre Gemeinsamkeit, nämlich an Entscheidungen beteiligt gewesen zu sein, kann die Gruppe der Entscheidungsträger auch als Einheit unter der Kategorie 'Entscheidungszentrum' zusammengefaßt werden. Die Wahl der Entscheidungsträger als zentralem analytischen Fokus hat zur Folge, daß die möglichen Einflüsse von Presseberichterstattung nur auf diese Bezugsgruppe hin untersucht werden.
Die den Entscheidungsträgern vor- und nachgelagerten bürokratischen Strukturen können unter diesem Aspekt der Entscheidungsprozeßanalyse weitgehend vernachlässigt werden, da bei der gesamten Ostpolitik der sozial-liberalen Koalition von 1969 bis 1972 die Außenpolitik ganz in der Hand weniger Entscheidungsträger konzentriert und monopolisiert war, von Entscheidungsträgern, die außenpolitisch hoch kompetent, ein klares Konzept hatten, das sie selbstbewußt, auch gegen innerbürokratische Widerstände, durchzusetzen bestrebt waren.[1]
Allerdings muß in der durchgeführten Befragung die Bürokratie des Auswärtigen Amtes und des Bundeskanzleramtes mitberücksichtigt werden, da die befragten Beamten des Außenministeriums relevante Informationen über ihre Mediennutzung und insbesondere die der Entscheidungsträger zu geben vermochten. Die befragten Politiker und Beamten werden in der Befragung unter dem Begriff des "politisch-administrativen Teilsystems" zusammengefaßt.
Die Wirkung der Presseberichterstattung wird daher relevant werden - so kann schon hier vermutet werden - vor allem über den innenpolitischen Mechanismus und ob und in-

---
1 Vgl. G. Schmid, Entscheidung in Bonn, Köln 1979, S. 333 ff.; H. Kaak/R. Roth, Die außenpolitische Führungselite der Bundesrepublik Deutschland, in: APUZ, B 3/1972, S. 46 ff.

wieweit die Entscheidungsträger ihre u.a. auf dem Konsens der Bevölkerung (bzw. deren Mehrheit) beruhende Machtstellung durch eine kritische oder befürwortende Polen-Berichterstattung gefährdet sehen, mit den daraus folgenden Reaktionsweisen der Entscheidungsträger und den Konsequenzen für den Verhandlungsprozeß zwischen den Deutschen und den Polen. Schlagwortartig formuliert: Wenn die Bundesregierung ihre innerstaatliche Machtbasis durch bestimmte Konzessionen oder Forderungen aus den Polenverhandlungen schwinden sieht, wird sie die Konzessionen zurückziehen und die Verhandlungen verlangsamen. Beschleunigt werden können die Verhandlungen im Falle einer innerpolitischen Stützung (u.a. durch die Presse) für die Positionen der Regierung.[1]

Die Wirkung der Presse auf den deutsch-polnischen Verhandlungsprozeß selbst wird demnach hier als über diesen innenpolitischen Mechanismus vermittelt betrachtet, da diese Wirkung auf außenpolitische Verhandlungsprozesse selbst schwer zu qualifizieren sein wird (nicht nur wegen der Geheimhaltung), denn in außenpolitischen Verhandlungen kann eine negative Presseberichterstattung sowohl verhandlungsfördernd als auch verhandlungsretardierend wirken, fördernd, weil der von der negativen Berichterstattung betroffene Verhandlungspartner den anderen Verhandlungspartner auf seinen engen innenpolitischen Spielraum hinweisen kann und ihn damit zu Konzessionen zu bewegen vermag; aber auch verhandlungsretardierend kann die negative Berichterstattung wirken, wenn nämlich der davon betroffene Verhandlungspartner sich innenpolitisch derart gefährdet sieht, daß er sogar bereits bezogene Positionen wieder aufgeben muß und dadurch die Verhandlungen stark verzögert, wenn auch der andere Verhandlungspartner zum Nachgeben nicht bereit oder fähig ist. Das gleiche gilt für die Akteure, die hier ebenfalls nur als über den innenpolitischen Mechanismus vermittelt wirkend, konzipiert werden.

---
1 Vgl. H. Lamm, Analyse des Verhaltens, Ergebnisse der sozial-psychologischen Forschung, Stuttgart 1975, S. 117.

Diese eine Entscheidung und einen Verhandlungsprozeß beeinflussenden Akteure wie innerstaatliche Parteien und Verbände, ausländische Entscheidungsträger, Parteien und Verbände werden hier wiederum problemspezifisch ausgewählt, ob sie - ohne dem Entscheidungszentrum anzugehören, bzw. ohne Teilnehmer an den deutsch-polnischen Verhandlungen zu sein - vom Entscheidungszentrum nichtsdestotrotz als (potentielle) Veto- oder Einflußmacht oder als (potentieller) Unterstützungsfaktor berücksichtigt wurden und damit, wenn auch nur indirekt, Entscheidungen quasi von "außen", von außerhalb des Entscheidungszentrums beeinflußten.

Demnach kommen folgende Akteure, die mittels historischer Analyse festgestellt wurden, in Frage.
USA, UdSSR, Großbritannien/Frankreich, CDU/CSU, SPD/FDP, Unternehmer- und Arbeitgeberverbände, Kirchen, Vertriebene, Rotes Kreuz, Presse.
Die Akteure werden also nicht nach dem traditionellen, dem Nationalstaatsgedanken entsprechenden Kriterium einer Trennung von Innen- und Außenpolitik bestimmt, sondern funktional danach, ob sie für den Handlungsbereich der deutsch-polnischen Verhandlungen relevant waren.

1.4.2 Die Definition der Situation

Entscheidungsträger handeln aufgrund ihrer Umwelt- und Umgebungswahrnehmung, die hier im Sinne der phänomenologischen Soziologie nach dem Thomas-Theorem als "Definition der Situation" (auch 'cognitive map' genannt) verstanden wird.
Dem Konzept der Situationsdefinition liegt folgende wesentliche Annahme zugrunde: "...Wenn Menschen (d.h. hier: die Entscheidungsträger/d. Verf.) Situationen als wirklich definieren, (sind) sie in ihren Folgen wirklich..."[1] Außenpolitisches Handeln wird also nicht als durch objektive Gegebenheiten determiniert angesehen, wenn es so etwas überhaupt gibt, sondern durch die Art und Weise, wie der Entscheidungsträger die (Um-)Welt wahrnimmt. Durch die Art der

---
1 Vgl. W. J. und D. S. Thomas, zit. nach K. H. Wolff, Stichwort: Definition der Situation, in: W. Bernsdorf (Hrsg.), Wörterbuch der Soziologie, Bd. 1, Stuttgart 1972, S. 148.

Wahrnehmung, durch die Art der Situationsdefinition und durch die daraus resultierenden Handlungen setzt, schafft, konstruiert der Entscheidungsträger (neue) Realitäten, auf die von ihm selbst und von den anderen Akteuren Rücksicht genommen werden muß. Da alle Akteure derart handeln, kann überhaupt Realität nicht im Sinne kompakt vorliegender, objektiver, wahrnehmungsunabhängiger Substanzen begriffen werden, sondern entweder als von Akteuren gemeinsam definierte, dann meist rituell oder institutionell abgesicherte Realität oder als Konkurrenz von Realitätsdefinitionen, die allerdings, soll überhaupt eine soziale Beziehung bestehen können, auf der Basis einer zumindest minimal konsensualen Realitätsdefinition aller beruhen muß. Ein so verstandenes Konzept von teils sich überlappenden, teils gegeneinander konkurrierenden Realitätsdefinitionen entgeht dem Vorwurf der subjektivistischen oder idealistischen Überschätzung des Handlungsspielraums der Akteure.[1]
Ein Akteur - ist er mächtig - kann zwar eine gewisse Zeit lang, unabhängig von den anderen Akteuren und ohne diese zu beachten, handeln, sie quasi aus einer Situation "wegdefinieren", aber nur eine gewisse Zeit lang, wenn überhaupt, denn die von allen Akteuren als (Minimal-)Konsens gemeinsam definierten, gesamtgesellschaftlichen Funktionsmechanismen werden sich gegen den solipsistischen Akteur wenden, sei es, daß - auf individueller Ebene - die Polizei sich um ihn kümmert, oder sei es, daß - auf makrosozialer Ebene - z.B. ein außenpolitischer Entscheidungsträger aufgrund einer Außenpolitik, die nicht mit der Bevölkerung und repräsentativen Akteuren abgestimmt war, bei der nächsten Wahl abgewählt wird.
Eines kann allerdings schon jetzt gesagt werden: In einer derart durch Wahrnehmungsprozesse und Situationsdefinitionen konstruierten sozialen Welt hat Presseberichterstattung aufgrund der durch sie stattfindenden, für Wahrnehmungsprozesse unabdingbaren, Weitergabe von allerdings selektierten Informationen, aufgrund der durch sie ausgeübten Themensetzung eine relativ große Einflußchance. -

---
1 Vgl. W. L. Bühl, a.a.O., 1978, S. 100

Um einen solchen Einfluß empirisch in den (Be-)Griff zu bekommen und zwar bezogen auf die Situationsdefinition der deutsch-polnischen Verhandlungen von 1970, wird diese derart gegenstandsspezifisch verstandene Situationsdefinition hier näher bestimmt als "konkrete Lagebeurteilung im Einzelfall"[1], nicht als langfristig sich wandelndes, individualpsychologisch tiefer fundiertes "...clusters of beliefs about what has been, what is, what will be, and what ought to be"[2].

Der Begriff der Situationsdefinition grenzt sich damit ab von dem, was mit dem Konzept sich langfristig bildender und daher relativ stabiler Weltanschauungen[3] oder mit dem Bouldingschen Konzept der - auch Entscheidungsträger bestimmenden, in einem langen Sozialisationsprozeß entwickelten, oft affektiv aufgeladenen, in Stereotypen verfestigten - "National Images"[4] umrissen wird, und versucht stattdessen, den Wahrnehmungsbegriff auf einen bestimmten Zeitraum und einen bestimmten Gegenstandsbereich zu beziehen und ihn auf kognitive Wahrnehmungsprozesse und deren normative Verarbeitung zu beschränken, um ihn damit möglichst abgrenzbar und empirisch verifizierbar zu halten. Nur ein derart reduzierter Wahrnehmungsbegriff läßt sich für die hier interessierende Fragestellung operationalisieren. Denn ein möglicher Einfluß von Presseberichterstattung auf außenpolitische Entscheidungsträger muß u.a. an deren Wahrnehmung, genauer gesagt: an dem Wandel dieser Wahrnehmung feststellbar sein. Da aber ein Wandel von Weltanschauungen oder National Images in der kurzen Zeit eines Jahres (unserem Untersuchungszeitraum) nicht feststellbar sein dürfte,

---

1 Vgl. R. Meyers, Weltpolitik in Grundbegriffen, Bd. 1, Düsseldorf 1979, S. 224.

2 Vgl. O. R. Holsti, Foreign Policy Decision Makers Viewed Psychologically. "Cognitive Process" Approaches, in: J. N. Rosenau (Hrsg.), In Search of Global Patterns, New York 1976, S. 120-144, hier: S. 122.

3 Vgl. G.-K. Kindermann, Weltverständigung und Ideologie als Faktoren Auswärtiger Politik, in: ders. (Hrsg.), Grundelemente der Weltpolitik, München/Zürich 1977, S. 79-96, hier: S. 79 f.

4 Vgl. K. E. Boulding, National Images and International System, in: Journal of Conflict Resolution, Vol. 3, 1959, S. 120-131, hier: S. 121.

zumal nicht aufgrund von Presseeinflüssen, legen Untersuchungsgegenstand und Erkenntnisinteresse die Wahl des reduzierten Wahrnehmungsbegriffes im Sinne einer Situationsdefinition nahe. Um das - aufgrund ständiger Umweltveränderungen - potentiell Dynamische der Situationsdefinition begrifflich fassen zu können, wird hier der Prozeß der Perzeption, d.h. der der "Informationsaufnahme und -verarbeitung"[1] als der der Situationsdefinition zwar vorgelagerter, zu ihr aber notwendig gehörender Prozeß verstanden. Situationsdefinitionen sind ohne den Prozeß steter Informationsaufnahme und -verarbeitung nicht möglich. Die Art der Situationsdefinition entscheidet auch über Art und Maß der Informationsverarbeitung, z.B. auch über die Art des wahrscheinlichen Rezeptionsverhaltens gegenüber der Presse. In diesem Zusammenhang muß mit Jerris darauf hingewiesen werden, daß die Frage nicht lauten kann: "Was this perception correct?" but 'How was it devided from the information available?'"[2]

In dieser Untersuchung werden die Situationsdefinitionen der Entscheidungsträger mit folgenden Methoden eruiert:
1. Der historischen Rekonstruktion des Entscheidungsprozesses inklusive der auf diesen bezogenen direkten Äußerungen von Entscheidungsträgern. Hier wird der Begriff "Signal" als Konstitutionselement einer Situationsdefinition relevant (siehe Seite 79).
2. Der Inhaltsanalyse der Presseberichterstattung, soweit Äußerungen von Entscheidungsträgern Quellenmaterial sind und
3. die eigens zur Rekonstruktion der Situationsdefinitionen durchgeführte inhaltsanalytische Auswertung der relevanten Bundestagsreden der Entscheidungsträger. Mangels genügender Daten wird bei dem unter 3. genannten Verfahren z.T. nicht auf die Entscheidungsträger zurückgegriffen, sondern auf die Koalition insgesamt. Das wird zudem dadurch gerechtfertigt, daß die Bundestagsreden oder Koalitionsredner weitge-

---

1 Vgl. K. M. Schellhorn, Wie entstehen außenpolitische Entscheidungen?, in: G.-K. Kindermann, a.a.O., 1977, S. 113-126, hier: S. 118.
2 Vgl. R. Jervis, Perception on an Misperception in International Politics, Princeton, New Jersey 1976, S. 7.

hend aufeinander abgestimmt waren, bedenkt man den stark ritualisierten Charakter von Bundestagsdebatten.

Die derart gewonnenen Situationsdefinitionen werden schließlich mit graphentheoretischen Verfahren in sogenannte "cognitive maps" transformiert, die quantifizierbar sind, mit denen weitere matrixtheoretische Rechenprozesse zur Gewinnung vertiefender Informationen durchgeführt werden können, und die leichter mit der ebenfalls quantitativ arbeitenden Politikerbefragung und Inhaltsanalyse der Presseberichterstattung, den beiden anderen empirischen "Säulen" der Untersuchung, vergleichbar sind.

1.4.3 Die außenpolitische Entscheidung

Eine wesentliche Annahme entscheidungsanalytischer Ansätze ist die eines hohen Konsistenzgrades zwischen Definition der Situation und dem außenpolitischen Handeln der Entscheidungsträger.[1] Dieses Handeln äußert sich u.a. in Form gesamtgesellschaftlich verbindlicher, außenpolitischer Entscheidungen. Snyder, Brück und Sapin - Klassiker der Entscheidungsprozeßforschung - definieren Entscheidung als Prozeß: "Entscheidung ist ein Prozeß, welcher zur Auswahl eines Projektes aus einer gesellschaftlich definierten begrenzten Anzahl von in Frage stehenden, alternativen Projekten führt, um einen von den Entscheidungsträgern angestrebten zukünftigen politischen Zustand zu erreichen."[2] Diese Definition von Entscheidung ist aus mehreren Gründen auf unsere Fragestellung gut anwendbar: Snyder, Brück und Sapin verstehen unter Entscheidung nicht einen punktuellen dezisionistischen Akt ex nihil, sondern einen - sich je nach Fall mehr oder weniger länger hinziehenden - Prozeß, der in mehrere Sequenzen und Phasen unterteilt wird:

---

1 Vgl. J. Dollard, Under What Condition do Opinion Predict Behavior?, in: POQ, Vol. 12/1949, S. 625 ff.
2 Vgl. R. C. Snyder/H. W. Brück/B. Sapin, Entscheidungsanalyse und Internationale Beziehungen, in: H. Haftendorn, Theorie der Internationalen Politik, Hamburg 1975, S. 232.

1. Der Prozeß wird initiiert durch eine Umweltveränderung, einem - nach Brecher - "decisive input"; das vom Entscheidungszentrum als derart wichtig oder problematisch definiert wird, daß die routinierten, bisherigen Handlungsmuster und Situationsdefinitionen als nicht mehr problemadäquat betrachtet werden. Es ist Anlaß für eine Verunsicherung der Entscheidungsträger, die
2. zu einer Phase des Abwägens von Alternativen zu einer Phase der Diskussion, der Kontroverse und der Auseinandersetzung zwischen Gruppen und Einflüssen führt. Im Anschluß an die schon eingeführte Begrifflichkeit soll diese Phase als Phase einer Redefinition der Situation bezeichnet werden. Diese Phase wird
3. durch eine "final decision" als einer autoritativen, verbindlichen Entscheidung des Entscheidungszentrums abgeschlossen und damit
4. in die Phase der Entscheidungsführung übergeleitet, die sich in außenpolitischen Handlungen manifestiert. (Dieser Begriff der Entscheidungsausführung ist nicht identisch mit dem weiteren Begriff von M. Brecher.)

Mit der prozessualen Definition von Entscheidung als Entscheidungsprozeß wird - analog der prozessualen Definition der Perzeption - der Tatsache Rechnung getragen, daß Einflüsse von anderen Akteuren oder von Strukturen meist nicht durch punktuelle Inputs auf das Entscheidungszentrum zustandekommen.

Das gilt wahrscheinlich insbesondere für den Einfluß einer befürwortenden oder ablehnenden Presseberichterstattung und -kommentierung (sieht man von relativ seltenen punktuellen Inputs wie Presseindiskretionen ab).

Mit der prozessualen Definition des innerdeutschen Entscheidungsprozesses wird auch dessen adäquater Bezug auf die ebenfalls nur als Prozeß zu verstehenden deutsch-polnischen Verhandlungen möglich. Nur derart können Beschleunigungen oder Verlangsamungen dieses Verhandlungsprozesses überhaupt erfaßt werden, die evt. auf über den Entscheidungsprozeß vermittelt wirkende Einflüsse der Presseberichterstattung zurückgeführt werden können. Verlangsamung und Beschleunigung des Verhandlungsprozesses werden gemessen anhand der Einigungs- und Endposition. Es wird davon plausiblerweise ausgegangen, daß eine verhandlungsunterstützende Presseberichterstattung der Medienakteure die innenpolitische Stellung der Entscheidungsträger stärkt, sodaß diesen größerer Freiraum für eine evt. Beschleunigung der Verhandlungen gegeben ist, (falls dies verhandlungsopportun ist). Im Falle einer negativen Berichterstattung wird eine Reduzierung des Freiraumes vermutet und die evt. Notwendigkeit zu einer Verlangsamung der Verhandlungen.

Das Verhältnis von Entscheidungsprozeß, Perzeptionsprozeß, Situationsdefinition, Akteursebene und Verhandlungsprozeß läßt sich nach dem bisher Gesagten wie folgt graphisch veranschaulichen:

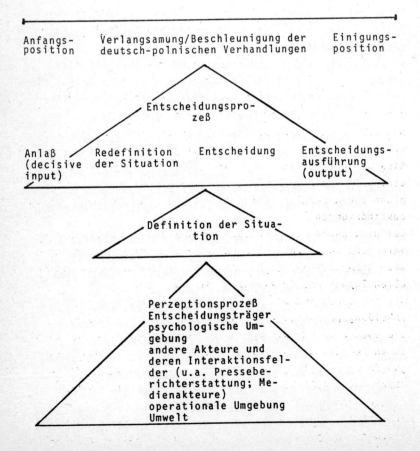

Für die verschiedenen Phasen des Entscheidungsprozesses[1] kann ein je typischer Informationsbedarf der Entscheidungsträger angenommen werden: In der Redefinitionsphase, die durch aktiv gestaltende Politik, aber auch durch ein gesteigertes Maß an Unsicherheit gekennzeichnet ist (sowie überhaupt in der hier zugrundegelegten sogenannten offenen Entscheidungstheorie von Entscheidungen unter Risiko und bei notgedrungen unvollständiger Informationslage ausgegangen wird) ist - so auch die meisten in der Wissenschaft vertretenen Klassifikationen von Entscheidungsprozeßphasen - mit einer verstärkten Nachfrage der Entscheidungsträger nach Informationen zu rechnen[2]: Welche Positionen werden insgesamt vertreten? Wie weit ist deren Spektrum? Welche beachtenswerten Alternativen gibt es? Welche wahrscheinlichen Reaktionen der Akteure sind zu erwarten? Was sind die Meinungstrends? Um dementsprechende Informationen zu erhalten, wird von den Entscheidungsträgern zuweilen über die Presse - indirekt oder direkt - mit Formeln gespielt, die noch unverbindlich sind, jedoch die anderen Akteure zu Reaktionen provozieren, die die gewünschten Informationen bringen.

Ein verstärkter Informationsbedarf ergibt sich - so kann weiter vermutet werden - auch daraus, daß bei Differenzen im Entscheidungszentrum, die gerade in Redefinitionsphasen nicht unwahrscheinlich sind, der Verweis auf eine bestimmte Presseberichterstattung als argumentative Stützung der je eigenen Position dienen kann. Allerdings muß das Maß der Unsicherheit relativ groß sein, um einen verstärkten Informationsbedarf zu provozieren, denn "foreign policy decision makes tend to avoid new interpretations of the environment, to select and act upon traditional goals, to limit the search for alternatives to a small one of moderate ones..."[3]

---

1 Vgl. zu Entscheidungsprozessen im allgemeinen: H. Crott/ M. Kutschker/h. Lamm, Verhandlungen II, Organisationen und Nationen als Konfliktparteien, Stuttgart 1977, S. 65 ff.
2 Vgl. F. Naschold, Systemsteuerung, Stuttgart 1971², S. 51; vgl. auch R. Mayntz/F. Scharpf, Kriterien, Voraussetzungen und Einschränkungen aktiver Politik, in: dies., Planungsorganisation, München 1977, S. 124.
3 Vgl. W. D. Coplin, Introductions to International Politics, Chicago 1971, S. 56.

Für die Phase nach der definitiven Entscheidung, für die
Phase der Entscheidungsausführung also ist wohl eher ein
anderes Informationsverhalten der Entscheidungsträger wahrscheinlich: nämlich eine Kontrolle darüber, wie die getroffene und veröffentlichte Entscheidung von den Akteuren und
vom allgemeinen Publikum aufgenommen wird und wie gegebenenfalls darauf durch ein verändertes Informationsverhalten
(z.B. durch Interviews der Entscheidungsträger in der Presse) zu reagieren ist. In der Nachentscheidungsphase ist also eher ein Interesse der Entscheidungsträger an der operativen Funktion der Presseberichterstattung wahrscheinlich,
vor allem dann, wenn die Entscheidung öffentlich oder veröffentlicht wurde.
Informationsverhalten und Informationsbedarf der Entscheidungsträger wird wahrscheinlich nicht nur beeinflußt von
den Charakteristika der jeweiligen Entscheidungsphase, sondern auch vom Entscheidungstyp.

1.4.3.1 Strategische, taktische und koordinative Entscheidungen

Folgende Entscheidungstypen lassen sich unterscheiden:
1. Strategische Entscheidung = grundsätzliche Entscheidung
über die Änderung des bisherigen außenpolitischen Standpunktes eines Staates. Hierzu gehört z.B. eine Entscheidung über die Neuakzentuierung einer bereits festliegenden
und weiterhin prinzipiell akzeptierten außenpolitischen
Strategie (z.B. eine neue, den Polen entgegenkommende Oder-Neiße-Grenz-Formel), oder eine Entscheidung über ein wesentliches Element im Rahmen einer außenpolitischen Strategie,
was natürlich auch Auswirkungen auf die Strategie insgesamt
hat, aber durch die Thematisierung nur des einen Elements
nicht so im Mittelpunkt steht.
Der Bedeutung strategischer Entscheidungen entsprechend
werden sie wahrscheinlich nicht im ad-hoc-Verfahren getroffen, sondern nach einem längeren Diskussionsprozeß im
Entscheidungszentrum, in dessen Rahmen Alternativen durchgespielt und abgewogen, und mögliche Reaktionen von Akteuren erkundet werden sowie überhaupt der Entscheidungsspiel-

raum durchmessen wird. Die Ergebnisse der empirischen, auf
die außenpolitische Elite bezogenen Entscheidungsprozeßforschung zeigen nun, daß, je länger sich ein Entscheidungsprozeß hinzieht (vorallem, wenn es sich um Krisenentscheidungen handelt), "the greater the sense of adequacy of the
information about it".[1] Der Informationsbedarf der Entscheidungsträger und die Stärke deren darin begründeten,
wahrscheinlichen Rezeptionsverhaltens gegenüber der Presseberichterstattung wird also bei strategischen Entscheidungen, da sie langfristige Konsequenzen haben (können), über
das bei Situationsdefinitionen hinausgehende Maß noch
gesteigert sein. Dazu kommt, daß die Einflußwahrscheinlichkeit externer Akteure auf das Entscheidungszentrum in
solchen Entscheidungsphasen größer sein wird als in anderen
Phasen: "...while the time for decision was long in months,
it was relatively crowded in terms of demands upon it."[2]
Je mehr strategische Entscheidungen allerdings im Verlaufe
eines Verhandlungsprozesses bereits gefällt worden sind,
um so geringer wird wahrscheinlich der überbleibende Entscheidungsspielraum, mit der Folge einer wahrscheinlich
sich verringernden Möglichkeit externer Einflußnahme.
Ebenso wird wahrscheinlich ein Presseeinfluß sehr gering
sein bei sogenannten konzeptionellen Entscheidungen. Das
sind solche Entscheidungen, die die Neukonzipierung eines
außenpolitischen Kurses betreffen. Darunter sind z.B. die
Planungsarbeiten von Bahr zu einer neuen Ostpolitik sowie
die Beschlußfassung über sie im Rahmen der Koalitionsverhandlungen von SPD und FDP im Oktober 1969 zu verstehen.
Da solche Entscheidungen im Zeitraum unserer Untersuchung
nicht getroffen wurden, brauchen sie hier nicht berücksichtigt zu werden.

2. Taktische Entscheidungen werden hier definiert als Entscheidungen über die operative Durchführung einer festlie-

---

[1] Vgl. G. D. Paige, The Korean Decision, June 24-30, New York 1950, S. 293.

[2] Vgl. J. A. Robinson/R. C. Snyder, Decision-Making in International Politics, in: H. C. Kelman (ed.), International Behavior, New York 1965, S. 435-463, hier: S. 442. Das hier Ausgeführte wird auch bestätigt durch Ergebnisse unserer Politikerbefragung (siehe Kapitel C 2.2, Bd. II).

genden und von keinem Entscheidungsträger in Frage gestellten außenpolitischen Strategie eines Staates. Da sie keinen grundsätzlichen Charakter haben, und da sie situationsspezifisch von der jeweiligen innen- oder außenpolitischen Konstellation abhängen, sind taktische Entscheidungen relativ beliebig, zumindest haben sie keinen derartig die Zukunft präjudizierenden Charakter wie es bei strategischen Entscheidungen der Fall ist. Dazu kommt, daß das Fällen taktischer Entscheidungen kaum den Bereich der außenpolitischen Überzeugungen und Prinzipien eines Entscheidungsträgers tangiert, sondern eher in der Sphäre liegt, die die klassische politische Philosophie mit der Tugend politischer Klugheit umschrieben hat. Der Kontingenzcharakter taktischer Entscheidungen macht es möglich, daß sie ad hoc in einem kürzeren Zeitraum getroffen werden, mit der dadurch allein zeitlich bedingten geringeren Möglichkeit der Informationsverarbeitung seitens der Entscheidungsträger. Davon wird dann auch deren wahrscheinliches Rezeptionsverhalten gegenüber der Presseberichterstattung mitbestimmt. "...Als wesentliche Variable für Ablauf und Ergebnis von Entscheidungs- und Wahrnehmungsprozessen wird (...) die zur Verfügung stehende Zeit genannt."[1] "Although the relation between time and number of alternatives is not necessarily a linear one, still, in the absence of programed decisions, short decision time reduces the opportunities to scan for different courses of action."[2] Dazu kommt, daß "(p)rocedural issues are particularly salient for mass influencers. The reason for this is that arguments over the proper way of conducting a foreign policy can be made at a higher level of generality and therefore demand less knowledge of detail on the part of the listener."[3]
Die dann verarbeiteten Informationen haben dann aber wahrscheinlich eine größere Einflußchance, da die taktische Entscheidung wegen ihres den Überzeugungsbereich nicht oder

---

[1] Vgl. W.-D. Karl/J. Krause, Außenpolitischer Strukturwandel und parlamentarischer Entscheidungsprozeß, in: H. Haftendorn u.a. (Hrsg.), Verwaltete Außenpolitik, Köln 1978, S. 139.

[2] Vgl. J. A. Robinson/R. C. Snyder, a.a.O., S. 441

[3] Vgl. W. D. Coplin, a.a.O., S. 85

kaum berührenden Kontingenzcharakters leicher änderbar ist.[1]

3. Koordinative Entscheidungen zielen auf die Abstimmung von außenpolitischen Zielen und Handlungen zwischen den für den Entscheidungs- und Verhandlungsprozeß relevanten Akteuren. Abstimmung wird hier im weitesten Sinne gefaßt: als direkte oder indirekte, explizite oder implizite, face-to-face- oder symbolisch vermittelte Treffen und Gespräche. Koordinative Entscheidungen dienen der Vor- oder Nachbereitung von taktischen und strategischen Entscheidungen: Das Entscheidungszentrum versucht, andere Akteure für seine Pläne zu gewinnen, auf mögliche Einwände und Kritikpunkte einzugehen, ehe sie in die Öffentlichkeit kommen; vertrauliche Informationen an ausgewählte Akteure weiterzugeben, zu "streuen", zu "setzen"; Informationen über mögliche oder wahrscheinliche Reaktionen anderer Akteure zu erhalten, kurz: die Legitimationsbasis für die vorzubereitende oder bereits getroffene Entscheidung zu schaffen bzw. zu verbreitern.

Der auf Informationsvermittlung und Informationsempfang abzielende Charakter von koordinativen Entscheidungen macht sie interessant für die hier interessierende Fragestellung: denn wo mit Informationen "gehandelt" wird, ist Bedarf an Informationen, die über den engeren Kreis der Akteure hinausgehen und die u.a. aus der Presseberichterstattung kommen können. Schließlich wird das Verhalten von Entscheidungsträgern gegenüber Informationen im allgemeinen und der Presse im besonderen wahrscheinlich auch von der Art des Amtes bestimmt, das sie innehaben. Es kann hier zunächst unterschieden werden zwischen Wahlämtern, d.h. den politischen Ämtern im engeren Sinne, die durch Wahl besetzt werden (Wahlen seitens der allgemeinen Bevölkerung, des Bundestages usw.) und Ernennungsämtern, die typisch für die Bürokratie sind. In sie wird man durch einen Vorgesetzten ernannt. Die Träger politischer Ämter (z.B.

------

1 Vgl. hierzu die Ergebnisse der empirischen Entscheidungsprozeßforschung, wie sie dargestellt werden in M. A. East/ S. A. Salmore/ C. F. Fermann (Hrsg.), Why Nations Act, Beverly Hills/London 1978.

Brandt, Scheel) sind in unserem Fall als "Generalisten" zu bezeichnen, die, da sie sich aufgrund der Erwartungen der Wahlbevölkerung und aufgrund von ihnen ansonsten bekleideten Ämtern (z.B. Parteivorsitz) um vielfältige sowohl innen- als auch außenpolitische Themenbereiche kümmern müssen, ihr Informationsselektionsverhalten dementsprechend weit streuen, vor allem auch auf solche Bereiche, die für ihre Wiederwahl relevant sind. Demgegenüber kann sich - im Gegensatz zum Gewählten - der Ernannte auf die Bereiche spezialisieren, für die er ernannt wurde. Zu dieser Gruppe von Entscheidungsträgern gehören in unserem Fall die beamteten Staatssekretäre und Karrierediplomaten, F. Duckwitz und P. Frank. Sie können aufgrund der ihnen möglichen Spezialisierung ihr Informationsselektionsverhalten dementsprechend auf einen Bereich (hier: den Polenverhandlungen) konzentrieren und andere, für sie nicht relevante Bereiche vernachlässigen. So ist die potentielle Wirkung von diesbezüglich polenspezifischer Presseberichterstattung wahrscheinlich viel größer als bei den politischen Entscheidungsträgern, bei denen das Thema 'Polenverhandlungen' nur ein Thema unter vielen ist.[1]

Dem läuft allerdings zumindest tendenziell entgegen, daß in der Ministerialbürokratie die "deutliche Reserve gegenüber größerer Öffentlichkeit und stärkerer parlamentarischer Kontrolle" weitertradiert wird. "...Außerdem weist das 'politische' Bewußtsein der Ministerialbürokratie insofern expertokratische Züge auf, als die Konflikte und Aushandlungsprozesse tendenziell auf das verwaltungsinterne taktische 'Geben und Nehmen' reduziert werden, aus dem sich Parteien, Verbände und andere Öffentlichkeiten am besten heraushalten. So spiegelt sich 'Politik' im Bewußtsein der Ministerialbürokratie eher als 'verwaltete Politik' denn als 'politische Verwaltung'."[2]

---
[1] Vgl. G. Schmid/H. Treiber, Bürokratie und Politik, München 1975, S. 143, 157.
[2] Vgl. ebd., S. 229

Entscheidungsträger treffen Entscheidungen und handeln gemäß diesen, um (das ist eine wesentliche politologische Grundannahme) ihre Interessen mit den ihnen zur Verfügung stehenden Techniken, Mitteln und Ressourcen durchsetzen zu können.

Die Anzahl möglicher Interessen und zugelassener Techniken zu deren Durchsetzung ist beschränkt durch gesamtgesellschaftlich verbindliche soziale Situationsdefinitionen, die auch das Entscheiden und Handeln der Entscheidungsträger bestimmen, um so mehr, da sie Repräsentanten dieser Gesamtgesellschaft sind.

Snyder führt zu diesen Beschränkungen folgendes aus: "...Diese Restriktionen sind zu einem Großteil auf die folgenden Faktoren zurückzuführen: auf die früheren Erfahrungen und Wertvorstellungen des individuellen Entscheidungsträgers, auf die Menge der verfügbaren und der verwerteten Information, auf situationsbedingte Elemente, auf die Merkmale des Organisationssystems und auf die bekannten zur Verfügung stehenden Ressourcen."[1]

Hervorgehoben sei, daß außenpolitische Entscheidungen und Handlungen auch abhängig sind von dem einem außenpolitischen Entscheidungsträger zur Verfügung stehenden Informationshaushalt sowie von der Marge gesamtgesellschaftlicher legitimer sozialer Situationsdefinitionen, die wiederum mitgeprägt werden von der Presseberichterstattung. Ein Entscheidungsträger, der außerhalb dieser Marge handeln will, muß zumindest mit starken Widerständen rechnen. Somit steckt das von der Presseberichterstattung aufgezeigte Maß von (außenpolitischen) Alternativen aber auch das Maß des außenpolitisch Realisierbaren ab. Daher ist aber auch eine Interessenwahrnehmung seitens der Entscheidungsträger nur innerhalb dieser Marge wahrscheinlich.

---

[1] Vgl. R. Snyder/H. Brück/B. Sapin, Entscheidungsanalyse und internationale Beziehungen, hier: Zitat Snyder, in: H. Haftendorn, Theorie der Internationalen Politik, Hamburg 1975, S. 233.

1.4.4 Außenpolitisches Interesse und Aufmerksamkeitsverteilung

Interesse wird hier im Sinne von K. W. Deutsch definiert: "...es bedeutet Verteilung von Aufmerksamkeit und Erwartung einer Belohnung. Wenn etwas 'unser Interesse erweckt', zieht es unsere Aufmerksamkeit auf sich, und zwar indem es uns eine tatsächliche oder symbolische Belohnung entweder unmittelbar verschafft oder verheißt.
Eine Belohnung erhalten heißt mehr von etwas bekommen, was wir wertschätzen, oder den drohenden Verlust eines Teils davon erlassen zu bekommen. Eine solche - tatsächliche oder erhoffte - Belohnung kann deshalb aus einem oder mehreren der acht für Menschen wünschenswerten Grundwerte bestehen. Diese sind: Reichtum, Macht, Ansehen (oder Status), Rechtschaffenheit (oder Gradheit), Wohlergehen (oder Befriedigung), Erleuchtung (oder Wissen), Geschicklichkeit und Affektion (einschließlich Freundschaft und Liebe). Eine Belohnung könnte auch in der Aussicht bestehen, einen dieser Werte auf eine bestimmte, gewünschte Weise zu genießen, beispielsweise langzeitig als 'Sicherheit' oder spontan, mit großem Spielraum für sinnvolle Wahl als 'Freiheit' oder unter Wahrung unserer 'Integrität' (d.h. unserer Fähigkeit, autonom zu lernen und unser eigenes Verhalten zu beherrschen) oder auch unter Wahrung unserer 'Würde' (d.h. unserer Möglichkeit, das Tempo unseres Handelns, Lernens und Wandels so einzurichten, daß unsere autonome Herrschaft über unsere eigenen Verhaltensweisen gewahrt bleibt). Schließlich haben die meisten Menschen den Wunsch, jeden erstrebten Wert 'legitim', d.h. auf eine Weise zu genießen, die unerträgliche Konflikte mit anderen ihnen wichtigen Waren ausschließt." (...) "Es gibt natürlich noch viel mehr (und vielleicht unendlich viele) Dinge, die Menschen so hoch veranschlagen, daß sie ihnen Einfluß auf ihr politisches Tun einräumen. Für die meisten praktischen Zwecke dürften jedoch die acht Grundwerte (Macht, Reichtum, Ansehen, Rechtschaffenheit, Wohlergehen, Erleuchtung, Geschicklichkeit und Affektion) und die sechs Modal- oder Instrumentalwerte (Sicherheit, Freiheit, Integrität, Würde, Legitimität und kognitive Konsonanz) den Kern des

Großteils der Interessen und interessenpolitischen Bestrebungen bilden, die in den internationalen Beziehungen eine Rolle spielen.
Die meisten dieser Belohnungen sind für die sie anstebenden Individuen und Gruppen höchst real. Ihre Einschätzung der Wahrscheinlichkeit indessen, daß eine bestimmte Maßnahme oder Politik eine solche Belohnung einbrigen könnte, ist höchst fehlbar, und ihre Aufmerksamkeit für Angelegenheiten und Ereignisse, die sie für relevant halten, kann erschreckend in die Irre gehen. Wenn eine hungrige Katze ihre Aufmerksamkeit auf ein Mauseloch konzentriert, ist meist eine Maus darin; wenn aber Regierungen großer Länder ihre Aufmerksamkeit und ihre Bemühungen auf bestimmte außenpolitische Objekte konzentrieren, war das Ergebnis erstaunlich oft nicht der Mühe wert."[1]

Bezogen auf die hier relevante Fragestellung des Einflusses von Presseberichterstattung ist die perzeptionelle Fassung des Interessenbegriffs, wie sie Deutsch vornimmt, wichtig. Interesse ist etwas, was 'unsere Aufmerksamkeit auf sich zieht'. Der Aufmerksamkeitshaushalt wird aber wahrscheinlich wiederum auch von dem mitgeprägt, was in der Presse berichtet wird, welche Themen die Presse setzt.[2]
Zum zweiten gewinnt die Presseberichterstattung für die Interessenwahrnehmung und Interessenbestimmung von Entscheidungsträgern dadurch an Bedeutung, daß die Presse durch die Art ihrer Berichterstattung bestimmten Grundwerten der Entscheidungsträger entsprechen oder widersprechen kann, und zwar vor allem den folgenden: Ansehen, Wissen, großer Spielraum für eine sinnvolle Wahl, Legitimität. Das sind im wesentlichen Grundwerte, deren Befriedigung oder Belohnung nicht durch objektive, weitgehend perzeptionsunabhängige Potentiale (wie bei den Grundwerten Macht und Reichtum) erfolgt, sondern durch wechselseitige Perzeptions-, Informations- und Kommunikationsprozesse: Ansehen ist die

---

[1] Vgl. K. W. Deutsch, Analyse internationaler Beziehungen, Frankfurt a. M. 1968, S. 75-77.
[2] Siehe zum Einfluß der Presse über Themensetzung Kapitel A 1.6.2, S. 56 ff.

soziale Wertschätzung von Personen seitens einer Personengruppe, oder bezogen auf unseren Fall: von Entscheidungsträgern seitens der Wählerschaft bzw. seitens des Publikums. Die Einschätzung des Wertes eines Entscheidungsträgers hängt von Informationen über ihn ab, womit auch hier die Presse mitspielt.

Auf ähnlich kommunikatorische Weise besteht Legitimität im wesentlichen aus dem Glauben der Herrschaftsunterworfenen an die Rechtmäßigkeit und Effektivität der Herrschaft, d.h. in dem Glauben, daß im grundsätzlichen Übereinstimmung und keine Dissonanz zwischen Herrschenden und Beherrschten besteht. Glauben ist aber ein Phänomen der Perzeption.[1]

Der kommunikative Bezug des Grundwerts: Alternativenspielraum wurde oben schon erklärt.

Zum dritten wird das Aufmerksamkeitspotential und damit die Interessenrichtung der Entscheidungsträger bestimmt durch die Belohnungen bzw. Vermeidung von Sanktionen, die von seiten der größeren organisatorischen Einheiten und Systeme auf die Entscheidungsträger wirken. Es soll hier ja kein individualpsychologischer Standpunkt vertreten werden, daß außenpolitische Entscheidungen nur durch die Perzeption der Entscheidungsträger determiniert seien. Vielmehr sind die Entscheidungsträger Mitglieder von Organisationen (z.B. Parteien) und politischen Systemen überindividueller Art, auf die sie sich als Norm gebende Instanzen beziehen. Sie sind identisch mit den außenpolitischen, internen und externen Interaktionsfeldern nach M. Brecher. Hiermit wird, wenn auch in einem anderen Zusammenhang und perzeptionell vermittelt - zurückgegriffen auf den anfangs erwähnten "objektivistischen" Ansatz, der außenpolitisches Handeln abhängig sieht von innen- und außenpolitischen Systemen, deren je eigenen spezifischen, sozial normierten Restriktionen und immanenten Tendenzen, die allerdings erst über die Situationsdefinition der Ent-

---
[1] Vgl. W. Bernsdorf (Hrsg.), Wörterbuch der Soziologie, Bd. 2, Stichwort: Legitimität.

scheidungsträger und/oder der Akteure Folgen für das außenpolitische Entscheiden zeitigen bzw. über diese überhaupt erst konstruiert werden. Im wesentlichen drei, für unseren Fall selektierte Systeme, bzw. organisatorische Einheiten und Prozesse, über die die Presseberichterstattung auch wieder einen Stellenwert für das Handeln der Entscheidungsträger erhält, sind diesbezüglich zu nennen:
1. Das interne außenpolitische Interaktionsfeld, d.h. die in der Einheit Nationalstaat inkorporierten Akteure wie Parteien, Verbände und sonstige Institutionen sowie den im Nationalstaat inkorporierten strukturellen Rahmenbedingungen. Unter der kommunikationswissenschaftlichen Analyseperspektive dieser Untersuchung wird das "interne Interaktionsfeld" als "interner Kommunikationszusammenhang" bezeichnet;
2. Das externe außenpolitische Interaktionsfeld: das internationale System mit seinen nationalstaatlichen und transnationalen Subsystemen und strukturellen Rahmenbedingungen sowie den bilateralen und multilateralen Beziehungen zwischen den Subsystemen. Unter der kommunikationswissenschaftlichen Perspektive wird das "externe Interaktionsfeld" als "externer Kommunikationszusammenhang" bezeichnet;
3. Die in allen sozialen Einheiten wirkenden Prozesse, die die Stabilität der jeweiligen Einheit, des jeweiligen Systems garantieren.

Entsprechend der soziopolitischen Lokalisierung der Entscheidungsträger und Akteure in den genannten Systemen, Einheiten und Prozessen lassen sich deren Interessen nicht nur über deren subjektive Äußerungen rekonstruieren, sondern - falls diese nicht vorliegen - subsidiär und ergänzend über diese Systeme, Einheiten und Prozesse, auf die sie sich beziehen und deren Ablaufgesetzmäßigkeiten und sozialnormierten Konstitutionsregeln gemäß sie wahrscheinlich handeln. Zusätzlich lassen sie sich durch Rationalannahmen bestimmen: So wie der als gegeben unterstellte homo oeconomicus der Wirtschaftswissenschaften stets nach Nutzenmaximierung strebt, so ließe sich für den homo politicus ein Streben nach Machtsicherung bzw. Machtmaximierung oder nach Einigung begonnener Verhandlungen hypothetisch annehmen.[1] Ähnlich verfährt ja auch die "Realistische Schule" in der Theorie der internationalen Beziehungen.[2]

Die Einheit Nationalstaat und das internationale System werden im Kapitel B 2.1 als innenpolitische Strukturen der Bundesrepublik Deutschland und als internationale Struktur des Ost-West-Entspannungssystems konkretisiert.
Wegen des übergreifenden, für Systeme und Einheiten gültigen Charakters sollen die unter 3. aufgeführten Systembedingungen schon hier behandelt werden. Es wird dabei auf die Politische Kybernetik von K. W. Deutsch zurückgegriffen, da dieser wohl der einzige ist, der in operationalisierbarer Weise und nichtsdestotrotz auf Systemebene versucht, die hier interessierenden Phänomene von Kommunikation und (Außen-)Politik in einem beide umfassenden Modell zu konzeptualisieren. (An der Fruchtbarkeit des Deutschen Ansatzes ändert auch die Tatsache nichts, daß seine Annahmen über die opinion-leaders (s.u.) mittlerweile von der kommunikationswissenschaftlichen Forschung stark relativiert wurden.)

1.4.5 Kommunikationsprozeß und soziale Lernfähigkeit

Vor dem Hintergrund seiner generellen kybernetischen Kommunikationstheorie entwirft Deutsch ein Kaskadenmodell des (außen-)politischen Entscheidungsprozesses, in das er die Massenmedien als einen wesentlichen Entscheidungsfaktor eingliedert. Fünf operational definierte Ebenen (Akteursgruppen und soziale Schichten[3]) sind in der Regel am Zustandekommen einer außenpolitischen Entscheidung beteiligt: die sozio-ökonomische Elite; die Regierung und das politische System; die Massenmedien; die sogenannten

---

1 Vgl. zu den Grenzen solcher Rationalanalysen H. Behrens, Politische Entscheidungsprozesse, Opladen 1980, S. 122 ff.
2 Vgl. H. Morgenthau, Macht und Frieden, Gütersloh 1963
3 Zum Akteurskonzept von K. W. Deutsch siehe K. W. Deutsch, Analyse internationaler Beziehungen, a.a.O., S. 73 ff.

Meinungsführer (opinion-leaders[1]) und die Bevölkerung. Alle Ebenen sind durch vielfältige, wechselseitige Kommunikationsströme miteinander verflochten. Über sie "fließen" wie in einer Kaskade die für eine Entscheidung wesentlichen Kommunikationsströme von der sozio-ökonomischen und politischen Elite zur Bevölkerung und von dort über die Zwischenebenen zur Elite zurück (Rückkoppelung). Die Medien haben hierbei durch ihre Berichterstattung u.a. die Funktion der informatorischen Vermittlung zwischen den Ebenen. Durch ein solches Vernetzungsmodell wird jeglicher Ursache-Wirkungs-Ansatz zur Konzeptualisierung des Verhältnisses von Massenmedien und Regierung ausgeschlossen, das Verhältnis beider wird vielmehr als wechselseitige Kommunikation aufgefaßt, wobei Deutsch die Massenmedien und die Regierung als solche selbst wieder als Informationsverarbeitungs- und Kommunikationssysteme versteht, mit der Fähigkeit zur Aufnahme, Selektion, Speicherung und Abgabe von Informationen.

Kommunikation ist im Sinne von Deutschs "Politischer Kybernetik" überhaupt der "soziale Kitt", der Organisationen aller Art zusammenhält. Politik (definiert als die Tätigkeit von Entscheidungsträgern, das System zumindest (über-)lebensfähig zu erhalten, wenn nicht gar fortzuentwickeln) hat demnach u.a. zur Aufgabe, die Kommunikationsströme in einem System und zwischen diesem und anderen Systemen derart zu selektieren, zu kombinieren, zu speichern, zu dosieren und zu steuern, daß zur Gewährleistung der bestandsnotwendigen Reaktionsfähigkeit genügend Informationen von außen aufgenommen und intern adäquat verarbeitet werden, ohne durch ein Zuviel an Informationen das Entscheidungssystem zu überlasten und ohne damit Gefahr zu laufen, die Selbstkontrolle zu verlieren. Durch funktionierende Rückkoppelungsprozesse, d.h. durch die systeminterne Einspeicherung extern aufgenommener Informationen derart, daß diese "auf das weitere Verhalten des Systems selbst" zurückwirken, bleibt das System gegenüber den An- und Herausforderungen

---

[1] Der opinion-leader-Ansatz, von dem Deutsch hier ausgeht, ist von der neueren Kommunikationsforschung in seiner Erklärungskraft stark angezweifelt worden. Im folgenden wird daher auf andere Ansätze zurückgegriffen.

der (internationalen) Systemumwelt reagibel und damit in
einem dynamischen Fließgleichgewicht stabil. Das setzt
allerdings die Bereitschaft der Entscheidungsträger zur
Offenheit nach außen, zur Aufnahme neuer Informationen,
zum Lernen, zur Innovation voraus, es setzt die Fähigkeit
voraus, die internen Strukturen des jeweiligen Systems
gegebenenfalls so umzuorganisieren, daß dessen grundlegende Ziele, nämlich Bestandssicherung, Fortentwicklung und
Wachstum, realisiert werden können. In diesem Zusammenhang
- der Notwendigkeit der Steuerung seitens der Politik -
gehörten dann auch z.B. die Versuche von Entscheidungsträgern, in ihrem Sinne auf die Presse operativ einzuwirken.

In diesem Rahmen wird die Bedeutung öffentlicher Kommunikation, vertreten durch die Ver- und Übermittlungsträger
Presse, Hörfunk und Fernsehen, offensichtlich: Zumindest
durch die Bereitstellung von Informationsressourcen kann
die Berichterstattung der Massenmedien über Außenpolitik
zur (reibungslosen) Kommunikation in und zwischen Systemen,
damit zu deren Lernfähigkeit, Innovation und Stabilität
sowie zur Effektivität eines (außen-)politischen Entscheidungsprozesses beitragen. Davon wird dann auch das Handeln, die Interessenstruktur und das Informationsrezeptionsverhalten der Entscheidungsträger beeinflußt.

1.5 Weitere Differenzierung der außenpolitiktheoretischen Fragestellung

1.5.1 Außenpolitisches Handeln/Verhalten

Im Hinblick auf die Rekonstruktion des deutsch-polnischen
Verhandlungsprozesses, inklusive der für ihn relevanten
Umweltfaktoren, und besonders im Hinblick auf die für die
Frage nach Medienwirkungen notwendige Integration kommunikationswissenschaftlicher Ansätze erscheint es angebracht,
drei der Grundbegriffe von Entscheidungsansätzen noch einmal zu revidieren. Als erstes führen wir "Verhalten" als
Oberkategorie für die drei Grundbegriffe "Definition der
Situation", "Entscheidung" und "Handlung" ein. Dies ist
dann möglich, wenn man "Verhalten" "als allgemeinste Bezeichnung für jede Aktivität oder Reaktion eines Organis-

mus"[1] verwendet. Für spätere Analysezwecke, insbesondere
für den Versuch, Medienwirkungen aufzuzeigen, ist es wichtig, sich von der Vorstellung eines kreiskausalen Nacheinanders von Umweltveränderung, Definition der Situation,
Entscheidung und Handlung zu lösen und die letzten drei
Begriffe horizontal, auf einer Ebene anzuordnen:

Schema: Umweltveränderung
$$\updownarrow$$
(außenpol.) Verhalten

| Definition der Situation | Entscheidung | Handlung |

Hauptgrund für diese - begriffliche - Gleichordnung ist,
daß wir nicht eine Entscheidungsanalyse in dem Sinne intendieren, daß wir das Zustandekommen einer herausragenden
außenpolitischen Entscheidung erklären wollen. Vielmehr
wollen wir einen außenpolitischen Prozeß[2], nämlich den
der deutsch-polnischen Verhandlungen, und zwar unter der
Perspektive des Verhaltens der deutschen Entscheidungsträger, rekonstruieren, um Ansatzpunkte für mögliche Medienwirkungen (unterschiedlicher Qualität) zu ermitteln. Da
nur wenige Entscheidungen feststellbar und datierbar sind,
verbreitert sozusagen die ebenbürtige Behandlung der Kategorien die Palette der Ansatzpunkte für die Untersuchung
von Medienwirkungen. An dieser Stelle kann dieses analytische Vorgehen nicht näher erläutert werden. Dies kann erst
nach der Erfüllung weiterer Voraussetzungen in der Entwicklung des eigentlichen Forschungsdesigns geschehen.

Ebenfalls, um späteren analytischen Anforderungen genügen
zu können, sollen nur der koordinative, der taktische und
der strategische Entscheidungstyp unter die Entscheidungskategorie subsumiert werden, ergänzt durch den neu einzuführenden koordinativen Entscheidungstyp (Seite 35 ff.).

Der dritte Brechersche Typ, die Implementations- oder Ausführungsentscheidung, soll mit unter den Handlungsbegriff

---
[1] Vgl. W. Fuchs, u.a. (Hrsg.), Lexikon der Soziologie, Opladen 1973, S. 823.
[2] Vgl. auch das "decision-flow"-Modell bei M. Brecher, a.a.O., S. 84.

fallen. Dafür gibt es zwei Gründe:
1. Auch bei Brecher werden die Ausführungsentscheidungen definitorisch so eng an den laufenden, alltäglichen Prozeß der Politikumsetzung aus "Aktion - Reaktion - Interaktion" geknüpft[1], daß sie nur schwer von Handlungen zu unterscheiden sind;
2. für die Rekonstruktion und Analyse des auf die deutschpolnischen Verhandlungen bezogenen außenpolitischen Verhaltens der (west-)deutschen Entscheidungsträger erwies sich die separate Einführung und Operationalisierung des Typs der Implementationsentscheidung als unbrauchbar und auch als durchaus irrelevant für unsere Fragestellung.

Mit der Einführung des Verhaltensbegriffs wird der Handlungsbegriff problematisch. Zunächst erscheint es für unsere Zwecke als sinnvoll, statt nur von Handlung auch von Handeln zu sprechen. Zum einen wird durch den Ausdruck "Handeln" der Prozeßcharakter von Außenpolitik hervorgehoben. Zum anderen ist bei der Untersuchung eines länger andauernden Verhandlungsprozesses kaum gewährleistet, daß immer eine Handlung als nicht mehr in weitere Handlungen zerlegbarer singulärer Akt gleichsam herauspräpariert werden kann. Außenpolitisches Handeln kann also als Sequenz nicht exakt bestimmbarer Handlungen aufgefaßt werden. Bei der begrifflichen Abgrenzung von "Handeln" und "Verhalten" schließen wir uns Max Webers Definition an: " 'Handeln' soll ein menschliches Verhalten (einerlei ob äußerliches oder innerliches Tun, Unterlassen oder Dulden) heißen, wenn und insofern als der oder die Handelnden mit ihm einen subjektiven Sinn verbinden."[2] Ein außenpolitisches Verhalten ohne einen von einem individuellen Akteur damit verbundenen subjektiven Sinn können wir ausschließen. Zumindest ist ein solches Verhalten - vorstellbar wäre z.B. eine rein reflexhafte, unwillkürliche Unwillensreaktion am Verhandlungstisch - aus der Warte wissenschaftlicher Draufsicht auf einen Verhandlungsprozeß nicht feststellbar. Wir ver-

---
1 Vgl. M. Brecher, a.a.O., S. 73
2 Vgl. M. Weber, Wirtschaft und Gesellschaft, Köln/Berlin 1964, S. 1 (Unterstrichenes im Original kursiv).

binden also zusätzlich mit "Handeln" und "Handlung", daß
das damit bezeichnete Verhalten außenpolitischer Akteure,
insbesondere der Entscheidungsträger, erkennbar, d.h. mit
unseren Methoden der historischen Rekonstruktion, der Befragung und der Inhaltsanalyse erhebbar und z.T. meßbar
ist.
Mithin kann nach diesen Überlegungen "Verhalten" als Sammelkategorie, wie oben eingeführt, dienen. Durch die Subsumtion der Situationsdefinition unter die Verhaltenskagegorie ist auch sichergestellt, daß Verhalten im folgenden nicht im Sinne des "älteren Behaviorismus Watsonscher
Prägung"[1] mißverstanden werden kann. In dem Bemühen, den
Handlungsbegriff für unsere eben auch interdisziplinären
Zwecke so praktikabel wie möglich zu machen, gehen wir
noch einen Schritt weiter. Außenpolitisches Verhalten,
mehr noch außenpolitisches Handeln ist nicht ohne Akteur
denkbar, ebenso ist es kaum ohne Bezug auf einen oder mehrere andere Akteure vorstellbar. Wir haben es also mit einer speziellen Form sozialen Handelns zu tun: " 'Soziales
Handeln' aber soll ein solches Handeln heißen, welches
seinem von dem oder den Handelnden gemeinten Sinn nach auf
das Verhalten _anderer_ bezogen wird und daran in seinem Ablauf orientiert ist."[2]

---

1 Vgl. R. Meyers, Die Lehre von den internationalen Beziehungen, Düsseldorf 1977, S. 80. Im Unterschied zum Watsonschen Behaviorismus, "der allein Aussagen über das äußerlich sichtbare Verhalten des Menschen machte, von dem grundlegenden theoretischen Schema des Reiz-Reaktions-Modells ausging und insofern subjektive Daten wie Wünsche, Ideen und Absichten aus der Forschung ganz ausklammerte", bezieht sich die neuere sozialwissenschaftliche, den Verhaltensbegriff verwendende Außenpolitikforschung "durchaus nicht nur auf direkt oder indirekt beobachtbare politische Handlungen, sondern auch auf deren Perzeptions-, Motivations- und Attitüdenkomponenten" (ebd.).

2 Vgl. M. Weber, a.a.O., S. 1 (Unterstrichenes im Original kursiv).

1.5.2 Außenpolitische Interaktion

Im Hinblick auf die später zu entwickelnde kommunikationstheoretische Begrifflichkeit wollen wir als Synonym für 'soziales Handeln' den Begriff der 'Interaktion' verwenden.[1] Unter welchen Bedingungen eine Interaktion als außenpolitisch gilt, kann erst nach einem Überdenken des Akteursbegriffs definiert werden. Einstweilen sieht das Schema unseres Begriffssystems folgendermaßen aus:

Schema: Umweltveränderung

                    Akteur ———→ Verhalten

Definition der Situation	Entscheiden - strategisch - taktisch - koordinativ	Interaktion - Ausführung - Handlung - Handeln

Unter außenpolitischer **Interaktion** ist also vorerst ein sinnhaftes, auf das Verhalten anderer bezogenes und (mit den von uns verwandten Methoden) rekonstruierbares bzw. erhebbares Verhalten von Akteuren im Bereich der Außenpolitik zu verstehen, wobei das mit 'Außenpolitik' Bezeichnete noch geklärt werden muß. Interaktionen unterscheiden sich von Situationsdefinitionen und Entscheidungen dadurch, daß sie von anderen Akteuren in ihrer Maßnahme- oder Tätigkeitsqualität unmittelbar wahrgenommen werden können. Zwar gehen wir davon aus, daß es in der Außenpolitik kein Handeln gibt, das nicht auf andere Akteure bezogen ist, mithin immer Interaktion vorliegt, so wollen wir uns dennoch die Begriffe 'Handlung' und 'Handeln' vorbehalten. Sie sollen verwendet werden, wenn die Aktivitäten eines einzelnen Akteurs im Mittelpunkt der Analyse stehen, ungeachtet der wie immer gearteten Reaktionen eines anderen Akteurs, ungeachtet also vor allem, ob dieser die Ausgangs-

---
1 Vgl. M. Kunczik, Massenkommunikation, Köln/Wien 1977, S. 5

handlung in erkennbarer Form erwidert.[1]
Eng mit der Frage, was unter einer außenpolitischen Interaktion zu verstehen ist, hängt die "vertikale Lokalisation"[2] der Akteure, die Bestimmung der "Akteurshöhe"[3] bzw. der Analyseebene[4] zusammen.
Seidelmann schlägt folgende Akteursklassen vor, wobei die ersten beiden Gegenstand von Mikroanalyse, die restlichen drei von Makroanalyse sind:

1. Individuum
2. Kleingruppe (z.B. Familie, Arbeitsteam)   - Mikroanalyse

---

3. nationale Untergruppe (z.B. Partei, Verband)
4. Nation   - Makroanalyse
5. internationales System

Die Akteurshöhe wird in erster Linie nach der Zahl der Betroffenen gebildet. Dieses Prinzip wird jedoch überlagert durch das "des Aufbaus oder Zergliederung des internationalen Systems in seine es konstituierende und damit seine Gestalt und seine Dynamik bestimmende Einheiten".[5]
In der jeweils höheren Ebene sind die Akteurseinheiten der jeweils unteren Ebenen enthalten, und die Einheiten sind in der jeweils nächsthöheren Ebene einander zugeordnet.[6]

---

1 Vgl. R. Seidelmann, Akteur und Interesse als analytische Konzepte zur Erfassung von Beziehungen am Beispiel USA-Südafrikanische Republik, in: ders. (Hrsg.), Interaktionen im internationalen System, PVS-Heft 3/4, 1974, S. 313-390, hier: S. 333. Seidelmann definiert Interaktionen als "sämtliche politisch relevante Verhaltensweisen mit Folgecharakter mit mindestens zwei beteiligten Akteuren. Unter Verhaltensweisen werden dabei alle Aktionen oder Non-Aktionen, d.h. bewußter Verzicht auf Aktionen verstanden." Unverzichtbares Definitionselement ist also in jedem Falle das Vorhandensein eines "Interakteurs" als zweitem Beteiligten. Welcher Art der Folgecharakter (Seidelmann) für den "Interakteur" ist, oder wie sich die Bezogenheit bzw. Orientierung (Weber) auf diesen auswirkt, bleibt dahingestellt.

2 Vgl. R. Seidelmann, a.a.O., S. 321

3 Vgl. ebenda

4 Vgl. J. D. Singer, Das Problem der Analyseebene in den internationalen Beziehungen, in: H. Haftendorn (Hrsg.), a.a.O., S. 193-207.

5 Vgl. R. Seidelmann, a.a.O., S. 321
6 Vgl. ebenda

Je nach Wahl der Analyseebene ordnen sich natürlich die zu erhebenden Daten, die zu beschreibenden Gegenstände, die zu analysierenden Beziehungen anders. Auf der Ebene der Nation ist die Definition einer <u>außenpolitischen</u> <u>Handlung</u> einfach: es ist dies eine nach außen, auf eine andere Nation oder das internationale System gerichtete Handlung. Auf den drei subnationalen Ebenen ist die Definition einer außenpolitischen Handlung als nach außen, d.h. auf eine andere Nation oder in das internationale System, gerichtet nicht zwingend. Vielmehr kann - und muß für unsere Zwecke - die außenpolitische Qualität von Interaktionen inhaltlich-thematisch bestimmt werden. Um es mit den Begriffen Brechers zu verdeutlichen: Wenn eine nationale Entscheidungselite (also eine Akteursgruppe, in vielen Fällen eben eine Kleingruppe) eine außenpolitische Entscheidung gegenüber einer kritischen Interessengruppe des 'internal operational environment' (einer nationalen Untergruppe) vertritt, so soll dies auch eine außenpolitische Interaktion darstellen, obwohl die Ebene der Nation in der Interaktion nicht verlassen wird. Wohl aber bezieht sich der Gegenstand oder das Thema, um das es bei der Interaktion geht, auf das Verhalten des Nationalstaates gegenüber einem anderen oder im internationalen System. Damit ist das 'linkage'-Problem berührt, das der eigentlichen Untrennbarkeit von Innen- und Außenpolitik: "Innenpolitische und internationale Prozesse sind auf eine Weise miteinander verzahnt, daß Außenpolitik sowohl als gesellschaftliche Bewältigung der von außen an ein System (= Nation oder Nationalstaat (d. Verf.)) herangetragenen Herausforderungen, wie auch als die Vermittlung von diesem Prozeß an seine Umwelt verstanden und untersucht werden muß."[1]

1.5.3 Außenpolitisches Verhalten an Fallbeispielen

Die folgende Erläuterung der inhaltlich-thematischen Definition von außenpolitischem Verhalten am Beispiel der deutsch-polnischen Verhandlungen dient nicht nur ihrer

---

1 Vgl. H. Haftendorn, Sicherheits- und entspannungspolitische Entscheidungsprozesse in Bonn, Köln 1978, S. 23.

weiteren Klärung, sondern unterstreicht auch ihre Nützlichkeit für unser Vorhaben: Der Versuch des bundesdeutschen Entscheidungszentrums, Einvernehmen mit der Opposition über eine bestimmte Lösung des Oder-Neiße-Problems zu erzielen, wird auch als außenpolitische Interaktion definiert. Ebenso gilt dies z.B. für die Veränderung der Situationsdefinition des Entscheidungszentrums durch die Bewertung der "Information" zur Familienzusammenführung als geeigneter Form zur Regelung dieser Frage. Beides gehört zum außenpolitischen Verhalten des Entscheidungszentrums und wird - hier wird die Funktion dieser Definition für unser methodisches Vorgehen deutlich - in die Rekonstruktion des außenpolitischen Verhaltens, das das bundesdeutsche Entscheidungszentrum im Zusammenhang mit den Polenverhandlungen an den Tag legte, aufgenommen. Beide beispielhaft genannten Verhaltensweisen können somit als Punkt dienen, an dem wir gleichsam den Hebel zur Untersuchung von Medienwirkungen ansetzen. Soweit die solcherart nach innen gerichteten Interaktionen bzw. Situationsdefinitionen oder Entscheidungen öffentlich sind, werden sie mit hoher Wahrscheinlichkeit natürlich auch von Akteuren im internationalen System, besonders von Verhandlungspartner Polen, wahrgenommen. Für Polen z.B. sind solche Verhaltensweisen - analytisch gesehen - 'Indices' oder 'Anzeichen', da diese nicht intentional auf Polen gerichtet sind.[1]
An dem nach innen gerichteten außenpolitischen Verhalten, das durch öffentliches Bekanntwerden mittelbar eben doch auf das internationale System zielt, wird eine Funktion medialer Berichterstattung für außenpolitische Prozesse noch einmal schlaglichtartig erhellt.
In dem Begriff des Entscheidungszentrums wird im übrigen die Bedeutung der Brecherschen Kategorie der "decision-making-elite" auf den vorliegenden Fall übertragen. Unter 'Entscheidungszentrum' ist die Gesamtheit derjenigen bundesdeutschen - individuellen - Akteure zu verstehen, die maßgeblich an den Entscheidungen und der Ausführung der Poli-

---

[1] Die Indexkategorie wird an späterer Stelle explizit eingeführt, siehe Kapitel B 3.3.

tik der BRD gegenüber Polen im Jahre 1970 beteiligt waren. Festzuhalten ist, daß die methodische Anlage der gesamten Untersuchung mikroanalytisch orientiert ist. Die Analyseebene ist die relativ kleine Gruppe maßgeblicher Entscheidungsträger, wobei dem individuellen Akteur als Untersuchungsgegenstand ein durchaus großes Gewicht zugemessen wird. Unser Objektbereich, in dem Medienwirkungen unterschiedlicher Art untersucht werden sollen, wird somit an der perzeptionellen Perspektive einer ausgewählten Akteursgruppe orientiert strukturiert. Die genaue Darstellung dieses methodischen Vorgehens wird Gegenstand des Untersuchungsdesigns sein. Unter Rückbezug auf den bereits dargelegten Interessen- und Struktur-/Systembegriff soll das bisher Gesagte in einem Schema graphisch zusammengefaßt werden (siehe nächste Seite).

Prinzipiell können alle Akteure A_1, A_2, ... A_n in diesem Begriffssystem allen Analyseebenen entstammen. So werden wir es auch in der späteren Durchführung der Untersuchung nicht vermeiden können, von Akteur "USA" zu sprechen, obwohl die Akteurshöhe unseres Ansatzes zur Erforschung von Medienwirkung in der Außenpolitik die der Akteursgruppe ist. Auf der Akteursebene des Forschungsansatzes interessieren uns, ausgehend von der Fragestellung nach Medienwirkungen weniger außenpolitisches Verhalten in bezug auf andere außenpolitische Akteure[1], sondern vielmehr die Beziehungen zwischen außenpolitischen Akteuren im eigentlichen Sinne und Journalisten.

Die Frage ist dann, wie sich diese Beziehungen auf die Gestaltung von Außenpolitik auswirken. Die Journalisten wollen wir im folgenden als Medienakteure bezeichnen, zum einen, um sie begrifflich mit den politischen Akteuren auf eine Ebene zu heben, zum anderen, weil der von uns gewählte, vielleicht etwas forschungsversponnen anmutende Terminus zusätzlich die Einbindung der Journalisten in ihr Medium und dessen Strukturen und Zwänge ausdrückt.

---

1 Die Akteure werden ebenso wie 'Verhalten' in bezug auf einen außenpolitischen Gegenstand als außenpolitisch qualifiziert, auch unabhängig davon, ob ihr Verhalten unmittelbar die Grenzen eines nationalen Systems überschreitet.

- 53 -

Das, was zwischen außenpolitischen und Medienakteuren besteht oder abläuft, wollen wir vorerst als "Beziehungen" bezeichnen, da weder die globale Kategorie des außenpolitischen Verhaltens noch der speziellere Begriff der Interaktion als soziales Handeln deren Verhältnis und Verhalten zu-

---

'Endgültiges' Schema des Begriffssystems im formalen Ansatz

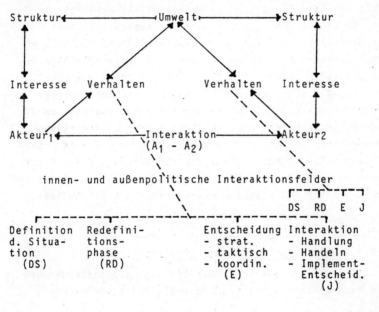

Interesse
+ Motivation
+ Erwartung

Interaktion ($A_1 - A_2$) = konkret bestimmbare Interaktion zwischen zwei benannten Akteuren

t_1 = analytisch bestimmter Anfangszeitpunkt eines außenpolitischen Prozesses

Situation = Umweltzustand im Zeitraum $t_x - t_y$

---

einander analytisch fruchtbar und erschöpfend trifft.
"Beziehung" wollen wir - und zwar nicht nur in diesem Zusammenhang - als formale Kategorie verwenden.[1] Als reale Sachverhalte oder Vorgänge können Beziehungen sehr unterschiedlich sein: Z.B. kann zwischen einem Außenpolitiker und einem Journalisten eine stabile Leser-Autor-Beziehung bestehen, oder ein bestimmter Politiker ist für einen bestimmten Journalisten eine sicher "Quelle", die er auf der Basis des Gebens-und-Nehmens gelegentlich "anzapft". Bevor wir die Beziehungen zwischen den außenpolitischen und den Medienakteuren, für die offensichtlich neben "Interaktion" Begriffe wie "Kommunikation" und "Information" eine Rolle spielen, näher, d.h. sie klassifizieren und schließlich empirisch untersuchen können, ist es unumgänglich, sich der kommunikationswissenschaftlichen Disziplin zuzuwenden. Insbesondere eine Auswertung der Medienwirkungs-, der Nachrichten- und der Kommunikatorforschung wird Ergebnisse und Forschungsperspektiven aufzeigen, die die Fragestellung nach Medienwirkung in der Außenpolitik auf der von uns gewählten Analyseebene beantwortbar erscheinen läßt.

1.6 Medienwirkungen in der Außenpolitik

1.6.1 Ergebnisse der Medienwirkungsforschung

Einmal abgesehen von der Fragestellung, daß Medienakteure die Nachrichten formulieren, die die Politiker machen[2],

---

[1] Ähnlich wie in der Systemtheorie "Beziehung" zwischen Elementen oder Teilen als allgemeinste Grundkategorie verwendet wird. Mit wechselnden Konnotationen bezeichnen verschiedene Autoren die Beziehungen zwischen Systemelementen als "Interdependenz", "Konnektivität", "Verknüpfungen", "Interaktivität" oder "Zusammenwirken". "Beziehungen sind also wohl irgendwelche Verbindungen zwischen Elementen, welche das Verhalten der Elemente und des ganzen Systems beeinflussen. Durch Beziehungsaufnahmen oder Interaktionen werden diese Beziehungen gewissermaßen aktiviert.": U. Hans, Die Unternehmung als produktives soziales System, Bern/Stuttgart 1968, S. 109; ebd., S. 105 auch die Nachweise der Verwendung von Beziehung als "Interdependenz" etc.

[2] Vgl. J. Reston, The Press, the President and Foreign Policy, in: C. S. Steinberg (Hrsg.), Mass Media and Communication, New York 1972, S. 407.

lassen sich die Beziehungen zwischen Politikern und Journalisten wohl am besten anhand des Bildes vom Kommunikations- oder Transmissionsprozess zwischen Medienakteuren (Kommunikatoren) und den von ihnen gestalteten Medieninhalten einerseits und dem Publikum (den Rezipienten) als Adressatenkreis publizistischer Aussagen andererseits darstellen. Dabei können die Medieninhalte sozusagen als die 'Kontaktstellen' der Beziehungen zwischen Journalisten und Politikern (als Teile des Publikums) bezeichnet werden.
Die Inhalte massenmedialer Berichterstattung bestehen dabei aus <u>ausgewählten</u>, selektierten Daten der Umwelt. Die Datenselektion, die aufgrund der Komplexität der Umwelt zwangsläufig vorgenommen werden muß, verläuft keineswegs zufällig ab, sondern folgt bestimmten Auswahlregeln, den sogenannten Nachrichtenfaktoren. J. Galtung/M. Holmboe-Ruge kommen bei der Analyse außenpolitischer Nachrichten zu dem Schluß, daß eine Reihe von Faktoren im Nachrichtenfluß den Ereignissen eine mehr oder minder große Chance gibt, als Nachrichten definiert und von den Medien berücksichtigt zu werden.[1]
Aufgrund der Selektion wird durch massenmediale Berichterstattung eine 'Realität konstruiert', die dem Publikum, in unserem Fall den außenpolitischen Entscheidungsträgern, als 'Wirklichkeit' zur Verfügung gestellt wird.[2] Der einzelne ist um so mehr auf diese 'Wirklichkeitsdarstellungen' der Medienberichterstattung angewiesen, je weniger er sich aus Primärerfahrungen ein eigenes - medienunabhängiges - Bild der Umwelt machen kann.
Die durch Massenmedien vermittelte Sekundärerfahrung der Wirklichkeit ist im Feld der Außenpolitik besonders relevant, da hier der Grad von Primärerfahrungen vergleichsweise gering sein dürfte[3], was nicht nur für das allgemeine Publikum, sondern auch für den Außenpolitiker selbst, wenn auch in geringerem Maße gültig ist.

---

1 Vgl. J. Galtung/M. Holmboe-Ruge, The Structure of Foreign News. The Presentation of the Congo, Cuba and Cyprus Crises in Four Norwegian Newspapers, in: Journal of Peache Research, Vol. 2/1965, S. 64-91.
2 Vgl. W. Schulz, Die Konstruktion von Realität in den Nachrichtenmedien, Freiburg/München 1976.
3 Vgl. B. C. Cohen, The Press and Foreign Policy, Princeton 19705, S. 12.

Mit der Konstruktion (außenpolitischer) Realität durch
die Medienberichterstattung wird der darauf angewiesene
Politiker konfrontiert, und zwar indem er sich im Prozeß
der Perzeption, d.h. der Wahrnehmung von Umweltdaten,
ein "Bild von der Umgebung" macht, u.a. im Verlauf dieser
ständigen Perzeption zu konkreten Lagebeurteilungen im
Einzelfall kommt ('Definition der Situation') und auch
sie zur Grundlage seiner (außen-)politischen Entscheidungen macht.[1]

Diesen Zusammenhang konstatierte W. Lippmann bereits 1922,
indem er feststellte, daß parlamentarische Regierungen
nicht funktionieren könnten, wenn es keine Organisation
gäbe, die die "... ungesehenen Tatsachen (Hervorhebung d.
Verf.) für diejenigen verständlich macht, die die Entscheidungen zu treffen haben"[2].

1.6.2 Der 'agenda-setting'-Ansatz

Die Wahrnehmung von Umweltdaten durch Medienberichterstattung im Hinblick auf außenpolitische Themen setzt
ein entsprechendes Angebot voraus. Charakteristisch für
dieses Berichterstattungsangebot ist, daß es jeweils aktualisierte Situationsdefinitionen oder 'cognitive maps' im
thematischen Bereich Außenpolitik bereitstellt: Medienberichterstattung hat die Aufgabe, "die Welt für uns zu
strukturieren".

Diese Feststellung resümiert Forschungen von B. C. Cohen
in den frühen 60er Jahren zum Verhältnis von Presseberichterstattung und Außenpolitik (= kommunikations- und politikwissenschaftliche Fragestellung), die die Gedanken Lippmanns einbezogen und die Basis für den 'agenda-setting'-Ansatz bildeten. In Abkehr von der These, daß Medien besonders Wirkungen im Meinungs- und Einstellungs- und Verhaltensbereich ('attitude change') erzielen, konstatierte
Cohen, daß die Presse "... may not be successful much of

---

1 Vgl. R. Meyers, Weltpolitik in Grundbegriffen, Bd. 1,
  Düsseldorf 1979, S. 224.
2 Vgl. W. Lippmann, Öffentliche Meinung, München 1964,
  S. 29 (original: Public Opinion, New York 1922).

the time in telling people what to think, but it is stunningly successful in telling its readers what to think about"[1].

Zielrichtung der Überlegungen ist die Wissensvermittlung durch die von den Medien bereitgestellten 'cognitive maps', die bezeichnet werden können als hierarchisierte Anzahl von Themen, die - wie oben dargestellt - durch Selektion auf die Tagesordnung ('agenda') gesetzt werden und jeweils - je nach Auftreten von Ereignissen - jeweils aktualisiert werden, was bedeutet, daß immer neue 'cognitive maps' bereitgestellt und vermittelt werden.

Der 'agenda-setting'-Ansatz bezieht über den reinen Wissensvermittlungsprozeß zwischen Massenmedien und dem (politischen) Publikum hinaus die Thematisierungs- und die Themenstrukturierungsfunktion der Massenmedien für das Publikum mit ein. Die Prämisse dieses Ansatzes, die, wie bereits erwähnt, nicht von Persuasion/Beeinflussung des Publikums durch Medienberichterstattung ausgeht, behauptet vielmehr, daß Medienberichterstattung von der Intention der Kommunikatoren aus vor allem Information zum Ziel hat, und daß damit eher kognitive Effekte wie Aufmerksamkeit, Zuwendung, Information, Wissen erzielt werden als Meinungs-, Einstellungs- und/oder Verhaltensänderungen[2] (obwohl diese nicht ausgeschlossen werden).

In diesem Wissensvermittlungsprozeß - so die 'agenda-setting'-These - wird die durch die Medienberichterstattung vermittelte Themenstruktur von den Rezipienten wahrgenommen: Thematisierung ('awareness'-Modell). Eine dauerhafte Mediennutzung führt dann zu einer Übernahme der durch Medienberichterstattung vorgenommenen Themenselektion in die Einschätzung der Bedeutung veröffentlichter Themen seitens der Rezipienten: Themenstrukturierung ('salience'-Modell)[3].

---

[1] Vgl. B. C. Cohen, a.a.O., S. 13
[2] Vgl. L. B. Becker/M. E. McCombs/J. McLeod, The Development of Political Cognitions, in: S. H. Chaffee (Hrsg.), Political Communication, Beverly Hills 1975, S. 21 ff.
[3] Vgl. D. L. Shaw/M. E. McCombs (Hrsg.), The Emergence of American Political Issues. The Agenda-Setting-Function of the Press, St. Paul, Minnesota 1977.

Die Situationsdefinition der Rezipienten (hier: der Entscheidungsträger) wird mitbestimmt durch die seitens der Presseberichterstattung bereitgestellten Situationsdefinitionen.

Dieser Wirkungsansatz mit Bezug auf Kognitionen fußt insofern auf dem ursprünglichen 'stimulus-response'-Modell der Medienwirkungsforschung, als hier die Medienaussage (der Reiz) wiederum Bezugspunkt der Analysen ist. Diese 'medienzentrierte' Betrachtungsweise wird aber insofern modifiziert, als der ursprüngliche Gedanke, daß Medienaussagen in der Intention der Kommunikatoren letztlich auf Meinungs- und Einstellungswandel beim Publikum ausgerichtet werden, zugunsten der oben dargestellten Wissensvermittlung (kognitive Ebene) aufgegeben wird.
Hierbei handelt es sich quasi um eine Modifikation der Fragestellung von Wirkungen auf Einstellungen zu Wirkungen auf Kognitionen.

1.6.3 Der 'Nutzen'-Ansatz

Die bei den Darstellungen des Ansatzes - vor allem in den Diskussionen über ihn, nicht unbedingt im Ansatz selbst[1] - vernachlässigte 'publikums-zentrierte' Betrachtungsweise (die forschungshistorisch gesehen, innerhalb der Medienwirkungsforschung durch den 'uses-and-gratifications-approach' in den 60er Jahren die Fragestellung der 40er und 50er Jahre umkehrte, indem nicht mehr gefragt wurde, "was machen die Medien mit dem Publikum?", sondern "was macht das Publikum mit den Medien?") muß gerade bei unserer Fragestellung berücksichtigt werden.
Der 'stimulus-response'-Ansatz büßt nämlich trotz der Einbeziehung intervenierender Variablen wie psychologische Dispositionen und soziologische Faktoren auf seiten der Rezipienten nichts von seiner grundsätzlichen Orientierung ein, die den Rezipienten keine <u>Eigenständigkeit</u> und <u>Zielstrebigkeit</u> im Kommunikationsprozeß zubilligt, sondern sie als abhängige Variablen in einem <u>einseitig</u> ausgerichteten Zu-

---

[1] Vgl. M. E. McCombs/D. L. Shaw, The Agenda-Setting-Function of Mass Media, in: Public Opinion Qarterly, Vol. 36/1972, S. 176-187.

sammenhang sieht.[1] Die hierbei vernachlässigten Fragestellungen nach Gründen seitens der Rezipienten, sich bestimmten Medieninhalten auszusetzen und andere Inhalte zu meiden, versucht der 'uses-and-gratifications-approach' zu erschließen. Nach diesem 'Nutzen'-Ansatz sind nicht einmal die potentesten Medieninhalte in der Lage, einen Rezipienten zu beeinflussen, "... für den sie keinen "Sinn" im sozialen und persönlichen Kontext besitzen. Vielmehr bestimmen die Ziele, Interessen, Bedürfnisse, Werte, Wahrnehmungen usw. der Rezipienten sowie ihr sozialer Kontext die Nutzung der Massenmedien. Dadurch, daß der 'Nutzen'-Ansatz dem Rezipienten Eigenständigkeit beimißt, wird der ('stimulus-response'-)Bezugsrahmen des Wirkungsansatzes aufgehoben, Massenkommunikation nicht nur als Persuasionsprozeß verstanden."[2]

Die Fragestellung des 'Nutzen'-Ansatzes lautet demnach: "Wer benutzt welche Inhalte aus welchen Medien unter welchen situativen Bedingungen aus welchen Gründen mit welchem Effekt?"[3]

In der Fragestellung wird die Abkehr von der verhaltenstheoretischen Orientierung (kausales Verständnis von Reiz und Reaktion) hin zur handlungstheoretischen Orientierung vollzogen, in der die Auffassung vorherrscht, "... daß sich Individuen in ihren Handlungssituationen nicht rein reaktiv verhalten, sondern sich in besonderem Maße um die Definition der Situation bemühen"[4]. Dieser Gesichtspunkt spielt besonders im noch darzustellenden 'information-processing'-Ansatz eine Rolle.

Für unseren zu untersuchenden Rezipientenkreis, die außenpolitischen Entscheidungsträger, lassen sich zumindest folgende Annahmen des 'Nutzen'-Ansatzes präzisieren[5], (die im

---

1 Vgl. M. Schenk, Publikums- und Wirkungsforschung, Tübingen 1978, S. 213.
2 Vgl. M. Schenk, a.a.O., S. 214
3 Vgl. M. Kunczik, a.a.O., S. 152
4 Vgl. M. Schenk, a.a.O., S. 232
5 Vgl. J. G. Blumler/E. Katz (Hrsg.), The Uses of Mass Communications. Current Perspectives in Gratifications Research, Beverly Hills 1974, besonders S. 19-32.

übrigen durch die im Untersuchungsdesign vorgesehene Befragung überprüft werden):
- Aufgrund seiner psychischen Dispositionen, seiner sozialen Rollen und seiner Situationsdefinition hat der Entscheidungsträger bestimmte Erwartungen an die Massenmedien.
- Damit wird er zur Schlüsselfigur, die bestimmt, ob ein Kommunikationsprozeß zustande kommt, also ob Beziehungen zwischen Medienakteur und politischem Akteur bestehen oder nicht.
- Massenmedien konkurrieren mit anderen Quellen, die sich Entscheidungsträger zur Bedürfnisbefriedigung heranziehen. Deshalb müssen funktionale Alternativen zur Massenmediennutzung (z.B. informeller, interpersonaler Informationsaustausch) beachtet werden.
- Die Handlungsorientierungen der Entscheidungsträger werden in deren eigenen Kategorien ermittelt, das heißt, also so, wie sie ihre Nutzung der Massenmedien selbst verstehen.[1]
Das soll über die im Forschungsdesign vorgesehene Politikerbefragung geleistet werden.
Die auf individuelles Verhalten gegenüber Medien ausgerichtete Betrachtungsweise des 'Nutzen'-Ansatzes läßt unendlich viele und unterschiedliche Nutzungsgründe möglich oder wahrscheinlich werden. Ein Kritikpunkt an diesem Ansatz ist, daß es (noch) keine allgemein gültige Theorie menschlicher Bedürfnisse gibt, sodaß die Erhebung diesbezüglicher generalisierbarer Ergebnisse erschwert wird.[2]
Immerhin wird aber durch diesen Ansatz die Möglichkeit geboten, eine erweiterte Sicht, nämlich die über das Verhalten von Menschen gegenüber Medien und Kommunikation, zu erhalten und entsprechende Erklärungsmuster zu konstruieren.
Weder der medien-zentrierte noch der publikums-zentrierte Ansatz[3] vermögen die Wirkungsprozesse (oder die Folgen massenmedialer Kommunikation) allein erschöpfend darzustellen

---

1 Vgl. A. S. Edelstein, The Uses of Communication in Decision-Making. A Comparative Study of Yugoslavia and the United States, New York/Washington/London 1974.

2 Vgl. D. L. Swanson, The Uses and Misuses of Uses and Gratifications, in: Human Communications Research, Vol. 3/1977, S. 214-221.

3 Vgl. zum Begriff K. Renckstorf, Neue Perspektiven in der Massenkommunikationsforschung, Berlin 1977, S. 10 ff.

und zu erklären: Die "Väter" der 'agenda-setting'-These fordern beispielsweise selbst - in Anlehnung an das Konzept intervenierender soziologischer und psychologischer Variablen beim klassischen 'stimulus-response'-Ansatz - die Berücksichtigung von Rahmenbedingungen ('contingent conditions') beim Rezipienten, die entweder die Themenstrukturierungseffekte der Medienberichterstattung verstärken oder abschwächen können[1]; Randbedingungen aus dem mitzuberücksichtigenden Meinungs- und Einstellungsbereich. McCombs et. al. nennen dafür Beispiele, die – streng genommen - alle als publikumsbezogen (oder -orientiert) gelten können, wie zum Beispiel:
- die Glaubwürdigkeit der Informationsquellen bzw. des Mediums (aus der Sicht des Mediennutzers);
- die Dauer der Rezeption von Informationen zu einem bestimmten Thema;
- das Ausmaß der Nutzung bestimmter Medien und die Rezeption von Informationen;
- das Ausmaß interpersonaler Kommunikation zu bestimmten Themen, das wiederum einen Einfluß auf die Nutzung hat
- sowie das jeweils unterschiedliche Orientierungsbedürfnis ('need for orientation') der Rezipienten.[2]

Je stärker das Orientierungsbedürfnis ist, desto häufiger und intensiver ist wahrscheinlich auch die Mediennutzung. Das Orientierungsbedürfnis spielt im Hinblick auf kognitive Wirkungschancen in unserem Fall eine besondere Rolle: Wir gehen nämlich davon aus, daß Politiker ihre Mediennutzung vor allem damit begründen, sich gezielt informieren zu wollen. Sie sind angesichts dieses Nutzungsgrundes offen für die Themenstruktur der Massenmedien, offener jedenfalls als diejenigen Rezipienten, die dem Informationsangebot der Massenmedien indifferent gegenüberstehen bzw. keine "neuen" Informationen suchen.[3]

---
1 Vgl. M. E. McCombs u.a. (Hrsg.), Setting the Agenda for Agenda-Setting Research. An Assessment of the Priority Ideas and Problems, Buck Falls 1979.
2 Diese Gesichtspunkte werden in der Befragung u.a. erhoben, vgl. Kapitel C 2. und C 3., Bd. II.
3 Vgl. D. W. Weaver, Political Issues and Voter Need for Orientation, in: D. L. Shaw/M. E. McCombs (Hrsg.), The Emergence of African Political Issues. The Agenda-Setting-Function of the Press, St. Paul, Minnesota 1977, S. 107-119.

Der Zusammenhang dieser psychologischen Komponente (oder Rahmenbedingung) mit der Strukturierungsfunktion der Medienberichterstattung, der im übrigen in Untersuchungen nachgewiesen wurde[1], zeigt zumindest Verbindungsmöglichkeiten des 'agenda-setting'-Ansatzes mit dem Nutzenansatz auf, so daß wir beide Ansätze in unser forschungsleitendes Modell ohne Widerspruch integrieren können.[2]

1.6.4 Der 'information-processing'-Ansatz

Die Intensität des Orientierungsbedürfnisses, die offenbar den Medienkontakt und die Medienrezeption mitbestimmt, führt uns im Zusammenhang mit dem 'Nutzen'-Ansatz zu einer weiteren "Säule" der für unsere Untersuchungen relevanten Ergebnisse der Medienwirkungsforschung.

In der publikums-zentrierten Medienwirkungsforschung herrschte lange Zeit eine konsistenztheoretische Perspektive vor, nämlich daß auf dem Gebiet der individuellen Informationsaufnahme und -verarbeitung Menschen einen gleichgewichtigen Zustand innerhalb ihrer Kognitionen anstreben, also eher Informationen suchen, die ihren Prädispositionen entsprechen, und eher Informationen meiden, die ihren Prädispositionen widersprechen.[3] Mit dieser Dissonanztheorie ist nun zwar ein bestimmtes Auswahlverhalten von Individuen zu erklären, nicht aber die Frage, wie im Massenkommunikationsprozeß Veränderungen von Kognitionen und/oder Meinungen, Einstellungen und Verhaltensweisen vor sich gehen, weil dafür neue, teilweise auch inkonsistente Informationen unabdingbare Voraussetzung sind.

---

1 Vgl. ebenda und D. H. Weaver/M. E. McCombs/C. Spellman, Watergate and the Media, in: American Politics Quarterly, Vol. 3/1975, S. 458-472.

2 Vgl. Kapitel A 1.8 ; die Verquickung medienzentrierter und publikumszentrierter Forschungsorientierung wurde übrigens als sog. "transaktionales Modell" erstmals bereits 1964 von R. A. Bauer in die Massenkommunikationsforschung eingeführt und von S. Kraus und D. Davis 1976 weiterentwickelt (vgl. dazu: K. Schönbach, Agenda-Setting im Europawahlkampf 1979: Die Funktionen von Presse und Fernsehen; in: Media Perspektiven, Heft 7/1981, S. 540.

3 Vgl. L. Festinger, A Theory of Cognitive Dissonance, Evanston 1957 und B. Berelson/G. A. Steiner, Menschliches Verhalten, Bd. 2, Weinheim 1972, S. 334.

Aus dieser Überlegung entwickelte W. J. McGuire mit seiner Komplexitätstheorie eine alternative theoretische Position, die davon ausgeht, daß Menschen nicht nur nach Konsistenz streben, sondern auch inkonsistente Informationen suchen.[1] Daraus haben L. Donohew/L. Tipton den 'information-processing'-Ansatz entwickelt. Sie sind zu dem Ergebnis gekommen, daß Individuen bisweilen auch eine gewisse Menge Inkonsistenz in ihr kognitives System lassen, besonders, wenn sie mit neuen oder sich wandelnden (sozialen) Situationen zurechtkommen müssen, wenn sie sich ihnen gegenüber unsicher fühlen, kurz, wenn sie sich mit einem "Wandel der Umwelt" auseinandersetzen müssen.[2] In dieser Lage befinden sich Politiker, besonders bei anstehenden strategischen Entscheidungen, häufig[3], wie weiter oben in Verknüpfung mit außenpolitiktheoretischen Überlegungen dargelegt wurde.

Eine solche 'Redefinition einer Situation' kann bisweilen zu einem schwierigen Unterfangen werden, wenn es Informationsprobleme gibt, die übrigens unterschiedlich gelagert sein können: "There is insufficient information to construct a definition of a situation or to select the most appropriate definition of a situation from two or more alternatives."[4] Sogenannte "aktive Informationssuche" und nicht deren Vermeidung kann helfen, diese Informationsprobleme zu lösen:
Indem nicht die konsistenztheoretische Position verfochten wird, wonach Rezipienten Inkonsistenzen, verursacht durch (sozialen) "Wandel der Umwelt", aus dem Weg gehen, sondern es wird vielmehr das Prinzip des Wandels auch auf die in-

---

1 Vgl. W. J. McGuire, The Current Status of Cognitive Consistency Theories, in: M. Fishbein (Hrsg.), Attitude Theory and Measurement, New York 1967, S. 401-421.
2 Vgl. L. Donohew/L. Tipton, A Conceptual Model of Information Seeking, Avoiding and Processing, in: P. Clarke (Hrsg.), New Models for Mass Communication Research, Beverly Hills/London 1973, S. 243-268, besonders S. 245.
3 Vgl. C. Atkin, Instrumental Utilities and Information Seeking, in: P. Clarke, a.a.O., S. 214.
4 Vgl. S. J. Ball-Rokeach, From Pervasive Ambiguity to a Definition of the Situation, in: Sociometry, Vol. 31/1973, S. 379, zit. nach M. Schenk, a.a.O., S. 86.

trapersonale Ebene der Kognitionen angewendet, also die Möglichkeit der Selektion inkonsistenter Informationen wird explizit zugelassen.

Donohew/Tipton gehen auf dieser Basis zunächst von den positiven und negativen Erfahrungen des einzelnen aus. Das dabei entstehende Muster kognitiver Elemente ergibt die Vorstellung des einzelnen von der Realität, sein Image (von der Umwelt). Auf dieser Grundlage interpretiert der einzelne seine Umwelt und wählt (dem handlungsorientierten Konzept folgend) danach Handlungsstrategien aus. Dabei sind für die Strategieselektion die Kommunikationsaktivitäten Suche, Vermeidung und das information processing grundlegend. Unter 'processing' von Informationen wird ein System verstanden, das alle Komponenten eines Kommunikationsprozesses enthält. Donohew/Tipton unterstellen, daß Individuen stets einen bestimmten Aktivitätslevel aufrechterhalten möchten und daher Abwechslung ('variety') suchen, wenn diese unter das gewünschte Maß absinkt. Als ein derartiges aktivierendes Mittel wird die Selektion von Informationen verstanden, und zwar dergestalt, daß sich Individuen bei der Informationsaufnahme kontinuierlich zwischen zwei Grenzen bewegen, nämlich zwischen Abwechslung und Konsistenz, "...deren Entfernung voneinander durch den individuellen kognitiven Stil der Person bedingt ist ('open-vs. closedmindedness'). Ausgehend von einem bestimmten 'processing state' wird die Person dann an die Auswahl von Informationen wie folgt herangehen: Befindet sie sich im Zustand höchster Erregung ('too aroused'), weil sie die bevorzugte Grenze der Abwechslung überschritten hat..., wird sie den Input an Abwechslung zu reduzieren trachten"[1] und umgekehrt.

Die dargestellten Kommunikationsaktivitäten Suche, Vermeidung und 'processing' von Informationen werden integriert in die individuelle Vorstellung von der Realität (Image) des einzelnen, die dann aus folgenden Komponenten besteht: "1. Die Ziele, Oberzeugungen und das Wissen eines Individuums aus vergangenen Erfahrungen;

---
[1] Vgl. M. Schenk, a.a.O., S. 122

2. die Selbstbewertung (eine Bewertung der eigenen Fähigkeiten, mit verschiedenen sozialen Situationen zurechtzukommen);
3. den individuellen 'information processing' Stil, der je nach der open- oder closed-mindedness' angibt, wieviel inkonsistente Informationen in das cognitive System eingelassen werden dürfen."[1]

Die aktive Informationssuche wird bei politischen Akteuren, besonders bei Entscheidungsträgern - wie schon kurz erwähnt - in der 'Redefinition der Situation' eine besondere Rolle spielen, wie wir in den Darlegungen über den entscheidungsanalytischen, akteursorientierten Ansatz festgestellt haben. Danach kann ein Entscheidungs<u>prozeß</u> in mehrere Phasen unterteilt werden:

1. Der Prozeß wird initiiert durch eine Umweltveränderung ('decisional input'), die vom Entscheidungszentrum als derart wichtig oder problematisch definiert wird, daß die routinierten, bisherigen Handlungsmuster und Situationsdefinitionen als nicht mehr problem-adäquat betrachtet werden. Dies ist Anlaß für eine Verunsicherung der Entscheidungsträger, die
2. zu einer Phase des Abwägens von Alternativen zu einer Phase der Diskussion, der Kontroverse und der Auseinandersetzung zwischen Gruppen und Einflüssen führt (= Phase der 'Redefinition der Situation'). Diese Phase wird
3. durch eine 'final decision' abgeschlossen.

Da dieser Entscheidungsprozeßverlauf fast exakt den bei Donohew/Tipton gemachten Voraussetzungen für das 'information processing' entspricht, bietet sich dieser Ansatz als dritte 'Säule' für unseren Verwendungszusammenhang insofern geradezu an, als hier ein weiterer Ansatzpunkt für die Verknüpfung kommunikations- und politikwissenschaftlicher Fragestellungen gegeben ist.

1.6.5 <u>Begriffsdefinition: "Wirkung"</u>

Allen drei hier näher vorgestellten Ansätzen ist gemein, daß sie Erklärungsversuche über Zusammenhänge von massenmedial vermittelten Kommunikationen und deren Wirkungen liefern. Aus der Vielzahl von Definitionen diesbezüglicher Prozesse wählen wir den von B. Berelson, der die Grundpositionen aller drei Ansätze berücksichtigt:

----
1 Vgl. M. Schenk, a.a.O., S. 122 f.

"Bestimmte Arten von Kommunikation über bestimmte Themenbereiche, die unter bestimmten situativen Bedingungen die Aufmerksamkeit bestimmter Individuen wecken, haben bestimmte Wirkungen."[1]
Diese Definition verdeutlicht anschaulich, daß sämtliche Faktoren und Momente des Kommunikationsfeldes über das Wirkungsproblem miteinander integrativ verbunden sind. Dem Wirkungsbegriff liegen - bei der Vielzahl entsprechender Forschungen - unterschiedliche Vorstellungen zugrunde: "Während der eine Forscher mit Wirkungen die Veränderungen der Meinungen und Attitüden des Rezipienten meint, versteht ein anderer darunter die Einflüsse auf das Verhalten, ein dritter die kognitiven Effekte; der eine bezeichnet als Wirkungen nur jene Veränderungen, die nach dem Einwirken der Aussage festzustellen sind, der andere bezieht auch Prozesse der präkommunikativen oder der eigentlich kommunikativen Phase in den Wirkungsbegriff mit ein."[2]
Wenn man bei diesem weitesten Wirkungsbegriff die präkommunikative und - auf der Ebene des Erlebens - auch die kommunikative Phase ausklammert, weil sie nur in seltenen Fällen konkret in Wirkungsuntersuchungen einbezogen werden, gelangen wir zu einem engeren Wirkungsbegriff, den G. Maletzke definiert als "...sämtliche Prozesse, die sich in der postkommunikativen Phase als Folgen der Massenkommunikation abspielen, und zum anderen in der eigentlichen kommunikativen Phase alle Verhaltensweisen, die aus der Zuwendung des Menschen zu Aussagen der Massenkommunikation resultieren."[3] Zur kommunikativen Phase zählen u.a. Wahrnehmungsprobleme, Aufmerksamkeitsverlauf, Verstehensprobleme, emotionale Prozesse und damit verbunden die psychische Distanz zum Inhalt sowie ästhetische Momente.[4]
Geht man noch einen Schritt weiter in der Einengung des Wirkungsbegriffs, kann man mit Bledjian/Stoßberg argumentie-

---

1 Vgl. B. Berelson, Communication and Public Opinion, in: W. Schramm (Hrsg.), Mass Communications, Urbana, III. 1960, S. 531, zitiert nach M. Kunczik, a.a.O., S. 121.
2 Vgl. G. Maletzke, Psychologie der Massenkommunikation, Hamburg 1963, S. 189.
3 Vgl. ebenda, S. 190
4 Vgl. M. Kunczik, a.a.O., S. 120

ren, daß als Folge (persuasiv intendierter) medialer Berichterstattung ein Meinungs-/Einstellungswandel beim Rezipienten vollzogen werden müßte. Dieser Effekt könne als Wirkung bezeichnet werden.[1] Mit dieser freilich sehr einseitigen, eingeschränkten Definition ist bereits eine der verschiedenen Wirkungsebenen angesprochen, auf denen 'Veränderungen' stattfinden können:

Neben Meinungs- und Einstellungswandel sind Veränderungen denkbar im Verhalten, im Wissen, im emotionalen Bereich sowie in den Tiefensphären des Psychischen[2], wobei als Wirk-'Objekte' das Individuum, die Gruppe oder das soziale System aufgefaßt werden können. Dabei sind im Hinblick auf die Reichweite kurz-, mittel- oder langfristige Wirkungen möglich.[3]

Für die von uns verwendeten Ansätze spielen insbesondere Veränderungen im Wissensbereich (kognitive Komponente) eine Rolle, und zwar, wie die Darlegungen zu den Funktionen der Presse zeigen wird, in unterschiedlicher Intensität, von einer Wirkung im weitesten Sinn als bloßer Zurverfügungstellung von Information bis zur Wirkung im engsten Sinne als Änderung infolge eines medialen Stimulus. Im Hinblick auf die in der prognostischen Inhaltsanalyse der Presseberichterstattung der deutsch-polnischen Verhandlungen analysierten Themen und Argumente und dem dadurch bereitgestellten Wirkpotential[4] ist auch die Analyse von Meinungs- und Einstellungsänderungen auf seiten der außenpolitischen Entscheidungsakteure bzw. des Publikums und über sie vermittelt der Entscheidungsträger, intendiert. Sie können mit unserem Analyseinstrumentarium allerdings nicht zweifelsfrei auf der Seite der Rezipienten, der Entscheidungsträger nachgewiesen, sondern nur prognostiziert werden, so daß wir uns darauf beschränken (müs-

---

[1] Vgl. F. Bledjian/K. Stoßberg, Analyse der Massenkommunikation: Wirkungen, Düsseldorf 1972, S. 23.
[2] Vgl. G. Maletzke, a.a.O., S. 192
[3] Vgl. J. Hackforth, Massenmedien und ihre Wirkungen, Göttingen 1976, S. 11 ff.
[4] Vgl. Kapitel E 1.2, Bd. II

sen), die evaluativ/affektive Komponente mehr als Konstrukt für die Analyse des Argumentenangebots der Presseberichterstattung aufzufassen. Das bedeutet, daß wir zwar das 'objektive' Angebot an Presseargumenten und vor allem deren Wirkpotentiale bestimmen können, aber des weiteren nur von einer kognitiven Aufnahme des Angebots seitens der außenpolitischen Entscheidungsträger ausgehen, also auch hier besonders die kognitive Komponente der Wissenserweiterung und/oder -veränderung durch die Perzeption von Themen und Argumenten berücksichtigen. Das hat vor allem auch seinen Grund darin, daß wir das über die Rezeption mitentscheidende Image der Entscheidungsträger nur als Situationsdefinition rekonstruieren können, die auf der kognitiven Ebene als Verteilungsstruktur deren thematischer Aufmerksamkeitszuwendung operationalisiert wird, die allerdings das Analogon zu den von der Presseberichterstattung bereitgestellten kognitiv verstandenen Situationsdefinitionen darstellen. Die Einstellungskomponente kann nur z.T. und eher am Rande mit einer Analyse der Einstellungen der Entscheidungsträger zur Presse sowie einer Entscheidungsträgerinteressenanalyse erfaßt werden (siehe Kapitel B 4.). Die evaluativ/affektive Komponente hat in dieser Untersuchung also nur eine nachrangige, weil verstärkt hypothetische Bedeutung. Sie wird daher noch nicht in dieser Einleitung eingeführt, sondern im Kapitel zur Presseinhaltsanalyse selbst.

Bei Wirkungen im Bereich des Wissens geht es nicht primär um die Frage, _daß_ Wissen vermittelt wird, sondern vielmehr darum, _wieviel_ und _was_ erworben wird und unter welchen Bedingungen der Rezipient ein bestimmtes Aussagenmaterial besser, ein anderes weniger gut perzipiert und behält. Es handelt sich dabei also vor allem um Fragestellungen nach den am Prozeß der Wissensperzeption beteiligten Faktoren, von denen Maletzke einige nennt: "etwa die Abhängigkeit dieses Prozesses vom Inhalt und der Gestaltung der Aussagen vom jeweiligen Medium (Ansatzebene des 'agenda-setting'/d. Verf.), von den personalen, sozialen und situativen Merkmalen des Rezipienten selbst, von (...) der Zugehörigkeit zu informellen Gruppen (Ansatzebene des 'uses-

and-gratifications-approach'/d. Verf.), von den Zusammenhängen zwischen der Aussage und den Prädispositionen des Rezipienten, also von dem Ausmaß, in dem die Aussage mit den Erwartungen des Rezipienten, mit seinen Interessen und Attitüden, seiner Identifikationsbereitschaft, mit dem Grade seines Involviertseins usw. konsoniert oder dissoniert (Ansatzebene des 'information-processing'/d. Verf.). Dabei wird der Prozeß des (Perzipierens/d.Verf.) und Behaltens (bzw. Vergessens) von Wissensstoff als ein selektiver Vorgang verstanden, der in hohem Maße durch all diese und zahlreiche weitere Momente gesteuert wird."[1] Diese Momente lassen sich zudem sowohl durch die Ergebnisse der Politikerbefragung als auch durch die Ergebnisse der historischen Rekonstruktion des Entscheidungsprozesses näher bestimmen.

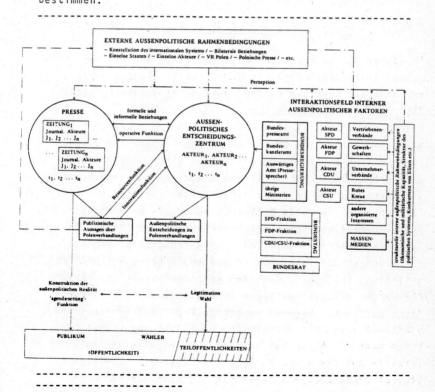

1 Vgl. G. Maletzke, a.a.O., S. 198 f.

1.7 Das Forschungsleitende Projekt-Modell

1.7.1 Zur Funktion des Modells

Die in den Eingangskapiteln hervorgehobenen Ansätze und Konzepte der Theorie der internationalen Politik und der Kommunikationsforschung werden nun so kombiniert und zum Teil umformuliert, daß sie ein geordnetes Bild des Gegenstandsfeldes ermöglichen. Erst eine solche theoriegeleitete Strukturierung des Gegenstandsfeldes erlaubt den Einsatz verschiedener, der Fragestellung nach Medienwirkungen angemessener empirischer Methoden in der Weise, daß die durch sie produzierten Ergebnisse in Beziehung zueinander analysiert werden können.

1.7.2 Anwendung und Erweiterung des entscheidungsanalytischen Modells von Brecher auf den Gegenstandsbereich

1.7.2.1 Akteursorientierung als grundlegende methodische Perspektive

An dieser Stelle erscheint es angebracht, den mit dem forschungsleitenden Modell, ja dem gesamten Theorierahmen verbundenen Zweck und dessen Funktion im Untersuchungsverlauf näher zu erläutern.

Die notwendigerweise interdisziplinäre und zugleich auf einen konkreten Fall bezogene und damit empirisch umsetzbare Analyse des Projekts erforderte einen - bildhaft ausgedrückt - mehrfach befestigten Mittelweg und eine behutsame Regelung des Verkehrs darauf. D.h. der mit dieser Untersuchung zu fahrende Mittelweg mußte den methodischen und theoretischen Stand des Forschungsfeldes Internationale Politik wie der Publikums- und Wirkungsforschung gleichermaßen berücksichtigen; es mußten in bezug auf die Fragestellung fruchtbare Methoden gefunden werden. Als solche wurden die systematische Inhaltsanalyse, die schriftliche Befragung, ergänzt um einige Experteninterviews und die historische Rekonstruktion des Falles angewendet. Die Einzelmethoden behandeln jeweils zwangsläufig nur Ausschnitte aus dem gesamten Gegenstandsbereich. Zugleich stellen diese Problemausschnitte und auch die Methoden selbst je spezifische Anforderungen, sodaß im Forschungsprozeß stets die Gefahr einer Desintegration der Teile bestand. Dieser Gefahr zu begegnen, aber ebenso den Einzelmethoden die gegenstandsbezogene notwendige Entfaltung, d.h. beispielsweise die Entwicklung spezieller Kategorien sowie die gesonderte Einbeziehung zusätzlicher theoretischer Konzepte, zu ermöglichen, bedurfte es einer - variablen - Regelungsinstanz. Als solche fungierte das forschungsleitende Modell, dessen letzter Entwicklungsstand hier dokumentiert wird. Mit Hilfe des Modells[1] wurde ein Vorverständnis des Problembereichs, jener grundlegenden Faktoren und Beziehungen, entworfen. Dieses mußte aber bei der Anwendung der Einzelmethoden auf den Problembereich zusätzliche Erkenntnisse und - primär - begriffliche Erfordernisse integrieren, sich also verändern. Entscheidend war dabei die Lösung der Aufgabe, Fragestellung, Analyse und Begrifflichkeit der im Rahmen der Einzelmethoden durchgeführten Forschungsarbeiten so zu synchronisieren - oder in ganz problematischen Fällen zumindest unter ein gemeinsames begriffliches Dach zu bringen -, daß die damit erhobenen Daten verknüpfbar blieben und im Rahmen einer gemeinsamen (das bezieht sich gerade auch konkret auf die notwendig arbeitsteilig vorgehenden Bearbeiter) theoretischen Vorstellung interpretiert werden konnten. Inwieweit die Lösung dieser Aufgabe gelungen ist, können wir nur dem Urteil des Lesers überlassen.

Grundlegend für das forschungsleitende Modell des Gegenstandsbereichs - des Prozesses der deutsch-polnischen Gespräche und Verhandlungen - ist eine entscheidungsanalytische Orientierung. Insbesondere das von Brecher entwickelte und hier ausgebaute Modell, das oben vorgestellt wurde, dient dabei als formaler Ausgangsansatz. Die damit einhergehende analytische Konzentration auf Akteure eignet sich am besten für die Bewältigung des speziellen Aspekts der Medienwirkung in einem außenpolitischen Prozeß, da auf individuelle außenpolitische Akteure Konzepte der Publikums- und Wirkungsforschung anwendbar sind.
Bei einer entscheidungsanalytisch orientierten Untersu-

---

1 Das Modell ist in visualisierter Form auf Seite 69 beigefügt. Dessen Darstellung in diesem Kapitel richtet sich im wesentlichen nach diesem visualisierten Modell.

chung von Medien- (hier enger: Presse-)Wirkungen in einem
außenpolitischen Prozeß müssen also die relevanten Akteure und deren Beziehungen im Mittelpunkt des Ansatzes stehen. Diese sind bei der gegebenen Fragestellung die mit Außenpolitik befaßten Journalisten respektive Medienakteure und die 'decision-making'-Elite, um den Terminus von Brecher zu gebrauchen, oder in unserer Terminologie: die Entscheidungsträger.

Die "Entscheidungselite" wird hier allerdings begrenzt auf die Gruppe von Politikern und Beamten, die verantwortlich an der Gesprächs- und Verhandlungsführung und den diese Gespräche und Verhandlungen betreffenden Entscheidungen beteiligt waren. Dieses Entscheidungszentrum rekrutierte sich im vorliegenden Fall primär aus der Bundesregierung. Grundsätzlich wie auch im vorliegenden Fall ist die Hinzuziehung von Akteuren aus anderen Institutionen des 'Interaktionsfeldes interner außenpolitischer Akteure' in bestimmten Situationen durchaus üblich.[1] Die Akteure im Entscheidungszentrum, die Entscheidungsträger, wurden bereits auf Seite 21 f. benannt.

1.7.2.2 Strukturierung der entscheidungsrelevanten Umwelt des "Entscheidungszentrums"

Das 'Interaktionsfeld interner außenpolitischer Akteure' stellt einen Teil des 'internal operational environment' im Brecher-Ansatz dar. Der andere Teil wird als 'interne strukturelle Rahmenbedingungen' bezeichnet. Die Ausdrücke 'Interaktionsfeld interner außenpolitischer Faktoren' und 'strukturelle intere Rahmenbedingungen' dienen der Kategorisierung der für das deutsche Entscheidungszentrum entscheidungs- und handlungsrelevanten Umwelt innerhalb der Grenzen der Bundesrepublik. Der analytische Zweck dieser, wie auch schon genannter und noch folgender Rubriken ist, Fragebereiche für die einzelnen eingesetzten Methoden (formal) zu organisieren, ein Kategorienangebot zu machen. Inwieweit außenpolitisches Verhalten von Umwelt-

---

[1] Zur Klärung sei daran erinnert, daß die Akteurskategorie zur Bezeichnung von Handlungseinheiten auf verschiedenen "Akteurshöhen" dient und nicht auf die individuelle Ebene beschränkt ist. Der Interaktionsbegriff wird weiter unten im Zusammenhang mit verwandten Begriffen geklärt.

faktoren und strukturelle Faktoren vom Entscheidungszentrum tatsächlich perzipiert wurden und in dessen außenpolitisches Verhalten eingingen, kann nur die empirische Untersuchung selbst sowie die in den nachfolgenden Kapiteln dokumentierte Umsetzung des formalen forschungsleitenden Modells durch die einzelnen Methoden und deren analytische Verknüpfung erweisen.

Zu den internen außenpolitischen Akteuren zählen die Institutionen des politischen Systems, die etablierten Parteien und Verbände sowie andere - empirisch noch ermittelbare - organisierte Interessen, inklusive der Massenmedien. Die internen strukturellen Rahmenbedingungen umfassen - in Anlehnung an Brecher - die Strukturen des internen Interaktionsfeldes, d.h. im wesentlichen die Strukturen des politischen Systems der Bundesrepublik. Darunter sind die verfassungsnormativ geregelten Kompetenzverteilungen und Interaktionsprozesse zwischen den Institutionen - speziell im Bereich Außenpolitik - zu verstehen, ebenso wie im politischen Prozeß 'eingefahrene' Interaktions- und Machtverteilungsmuster oder die zu einem großen Teil stabilen Parteipräferenzen der Wählerschaft.

Aus den strukturellen Rahmenbedingungen, soweit sie in der historischen Rekonstruktion herausgearbeitet wurden, können die innenpolitisch normativierten Interessen des Entscheidungszentrums und anderer interner außenpolitischer Akteure ermittelt werden, soweit deren Kenntnis wiederum für die Beantwortung der Fragestellung bedeutsam ist.

Die Strukturierung der für das außenpolitische Verhalten des Entscheidungszentrums analytisch für wichtig erachteten Umwelt fährt fort mit den externen außenpolitischen Rahmenbedingungen, dem 'external operational environment' bei Brecher. Auch die externen Rahmenbedingungen haben eine strukturelle und eine Akteursdimension. Es zählen dazu internationale Organisationen, Nationalstaaten, Akteure innerhalb der Staatenebene, die in Beziehung zum deutschpolnischen Verhandlungsprozeß in Erscheinung getreten sind, die Konstellation des internationalen Systems, im vorliegenden Fall insbesondere deren Veränderung durch die Détenten zwischen den Supermächten, besonders bilaterale Beziehungen der Bundesrepublik usw.

Abschließend sind die Wähler zu nennen, die zugleich das Publikum der Massenmedien ausmachen. Auch Außenpolitik muß gegenüber dem Publikum/der Wählerschaft legitimiert werden oder zumindest in dem Maße legitimatorisch abgesichert werden, daß sie kein öffentliches Konfliktpotential darstellt. Dies war allerdings im hier behandelten Fall der deutsch-polnischen Verhandlungen im Kontext der Ostpolitik gerade nicht der Fall.

Als der Politikbereich mit dem größten Nachhol- und Anpassungsbedarf neben dem der "inneren Reform" stand die Ostpolitik im Rampenlicht der Öffentlichkeit, wodurch ein zur Ostpolitik gehörender Fall sich in besonderem Maße für die Analyse von Pressewirkungen eignet.

Allerdings darf man sich das Publikum nicht unstrukturiert vorstellen. Zum einen wurde schon unter der Rubrik der strukturellen Rahmenbedingungen dessen Aufteilung in Wählerpotentiale der Parteien erwähnt. Zum anderen gilt es ein Phänomen zu berücksichtigen, das Heinrich Obereuter als Teilöffentlichkeiten des Parlaments beschreibt:
"Die Öffentlichkeit des Parlaments - verstanden als die Summe seiner kommunikativen Beziehungen - differenziert sich in eine Anzahl von Teilöffentlichkeiten, innerhalb derer sehr viel ausgeprägtere Kommunikationsstrukturen bestehen und die sich nach ganz unterschiedlichen Prinzipien konstituieren".[1] Diese Teilöffentlichkeiten hängen mit der arbeitsteiligen Bewältigung der Aufgaben des Parlaments in Ausschüssen und mit der unterschiedlichen parteipolitischen und regionalen Zugehörigkeit der Abgeordneten zusammen. Zu nennen sind: die Fach-, die Interessen-, die Partei- und die Wahlkreisöffentlichkeit.[2]

Das Problem der legitimatorischen Absicherung von Außenpolitik stellt sich somit in praxi differenzierter; ein einheitliches Publikum existiert nicht. Dies wurde bei der Be-

---
1 Vgl. H. Obereuter, Parlament und Öffentlichkeit, in: W. R. Langenbucher (Hrsg.), Politik und Kommunikation, München 1979, S. 70.
2 Vgl. ebenda, S. 71

fragung der Politiker, Beamten und Journalisten direkt berücksichtigt. Bei der Interpretation inhaltsanalytischer Ergebnisse muß eine solche Strukturierung des Publikums mitbedacht werden, ebenso wie eine Unterteilung des Publikums nach Graden der Aufmerksamkeit, die es oder vielmehr Teile davon für Politik generell und Außenpolitik speziell aufbringen. Eine solche Einteilung liegt gewissermaßen quer zu den Wählerpotentialen der Parteien. Die verschieden großen Teile des Publikums, denen ein Thema oder Problem bewußt ist, lassen sich - vom kleinsten zum größten Ausmaß reichend - charakterisieren als "Identifikationsgruppe", "Aufmerksamkeitsgruppe", "aufmerksames Publikum" und "allgemeines Publikum", wobei die ersten beiden Gruppen, vergleichbar mit den Teilöffentlichkeiten, "spezifische Öffentlichkeiten" und die letzten beiden "Massenöffentlichkeiten" darstellen.[1] Empirisch umgesetzt wurden diese letzten Überlegungen, indem der Prestigepresse, die hauptsächlich das Sample der Inhaltsanalyse ausmacht, die Bild-Zeitung hinzugefügt wurde. Allein aus der Auflage der Prestigepresse kann man schließen, daß sie eher das "aufmerksame" als das "allgemeine Publikum" erreicht. Letzteres gilt aber - neben Hörfunk und Fernsehen, die in der empirischen Untersuchung nur am Rande berücksichtigt werden konnten - für diese Boulevard-Zeitung.[2]

1.7.2.3 Zur Funktion der Kategorie der Situationsdefinition

Die Kategorie der "psychologischen Umgebung" bzw. des "Einstellungsprismas" in dem hier zur Strukturierung des Gegenstandsbereichs ausgewerteten entscheidungsanalytischen Mo-

---

1 Vgl. R. W. Cobb-Charles/D. Elder, Participation im American Politics. The Dynamics of Agenda-Building, Boston 1972, S. 105 ff.

2 Diese Unterteilungen des Publikums beabsichtigen hier keine Wertung, sondern sollen Fehlinterpretationen, die auf einer Vernachlässigung der Differenzierung des Publikums beruhen, vorbeugen. Erinnert sei in diesem Zusammenhang auch an R. Dahrendorf, Aktive und passive Öffentlichkeit, in: Merkur, Jg. 21, 1967, S. 1109-1122.

dells von Brecher findet sich im forschungsleitenden Modell unter dem Begriff der Definition der Situation als Teil des "außenpolitischen Verhaltens" des Entscheidungszentrums wieder. Nähere Erläuterungen dazu werden an Ort und Stelle der eingehenderen Untersuchung von Situationsdefinitionen außenpolitischer Akteure in der historischen Rekonstruktion gegeben.

Den Kern des forschungsleitenden Modells bilden, wie auch in der Visualisierung hervorgehoben, die Beziehungen zwischen dem Entscheidungszentrum und der Presse sowie das Verhältnis zwischen der außenpolitischen Berichterstattung, den publizistischen Aussagen zum ausgewählten Fall und dem außenpolitischen Verhalten des Entscheidungszentrums, primär dessen Entscheidungen und Handlungen.

Diese im Mittelpunkt stehenden Beziehungen müssen nun systematisch und begrifflich geklärt werden. Dies ist der unabdingbare Ansatzpunkt für die empirische und fallbezogene Überprüfung von Feststellungen wie der W. Phillips Davisons, die Presse trage zu internationalen Übereinkommen insofern bei, als sie die Verhandlungsthemen herausstelle, regierungsinterne Koordination sichern helfe, Regierungen mit interessierten Öffentlichkeiten verbinde und zusätzliche Kommunikationskanäle für Diplomatie bereitstelle.[1]

Die methodische Verengung des Blickwinkels im forschungsleitenden Modell auf die perzeptionelle Perspektive der Akteure im Entscheidungszentrum dient der kontrollierenden Anleitung der Interpretation von Daten im Rahmen der einzelnen Methoden und bei ihrer Verknüpfung. Die Kontrolle soll der Gefahr voreiliger Schlüsse im Hinblick auf die Beantwortung der Fragestellung nach Medienwirkungen in der Außenpolitik vorbeugen. Denn durch den entscheidungsanalytischen Ansatz und die Konzentration auf die tatsächlich entscheidende Akteursgruppe geraten auch alle anderen Faktoren des außenpolitischen Prozesses, seien es Akteure oder Strukturbedingungen, ins Blickfeld. Dadurch und durch die damit ein-

---

[1] Vgl. News Media and International Negotiation, in: Public Opinion Quarterly, Vol. 38/1974, S. 174.

hergehende Berücksichtigung des Umstands, daß das Entscheidungsumfeld von Entscheidungs- und Handlungsträgern kognitiv verarbeitet werden muß, um Reaktionen erzeugen zu können, kann der Faktor Medienakteure/Presseberichterstattung trotz analytischer Hervorhebung nicht unreflektiert überbewertet werden. Das heißt also, die Einzelmethoden, Inhaltsanalyse, Befragung und historische Rekonstruktion, berücksichtigen ausdrücklich auch alle anderen Faktoren, z.B. das Verhalten der Akteure 'Opposition' oder 'US-Regierung', wobei ja die Rolle der Presse gerade darin liegt, interne und externe Akteure und Rahmenbedingungen sowie deren Verhalten und Einflüsse zu perzipieren und per Berichterstattung zu vermitteln. Dadurch sind diese Akteure und Bedingungen, soweit über sie berichtet wird, durch die Daten der Inhaltsanalyse - zwangsläufig - in den empirischen Ergebnissen repräsentiert. Nur, die Interpretation der Inhaltsanalysedaten, wie auch z.B. der durch die direkt auf Pressewirkungen zielenden Fragen der Umfrage gewonnenen Daten, muß durch den "Kontrollfilter" des akteurszentrierten entscheidungsanalytischen Ansatzes.

1.8 Präzisierung des Projekt-Modells

1.8.1 Die Beziehungen zwischen Entscheidungszentrum und Presse

Die Ausgestaltung der Beziehungen zwischen jeweils betrachteten politischen Akteuren und Medienakteuren ergibt sich zum einen aufgrund ihrer jeweiligen Einbettung in die Strukturen des Gesellschaftssystems allgemein und des politischen Systems im besonderen. Als in diesem Sinne "strukturelle" Determinanten der Beziehungen zwischen politischen und Medienakteuren in der Bundesrepublik Deutschland können z.B. Art. 5 GG oder die öffentlich-rechtliche Verfaßtheit des Rundfunks gegenüber der privatwirtschaftlichen der Presse oder die Funktionsverteilung zwischen Regierung und Opposition gelten.
Solcherart strukturelle Beziehungen müssen jedoch in Interaktionen aktualisiert und konkretisiert werden, sie müssen sozusagen in (beobachtbare) Wirklichkeit umgesetzt werden, um Auswirkungen haben zu können. Als strukturell zu be-

zeichnende Beziehungen werden jedoch auch durch sich mehr
oder minder regelmäßig wiederholende Interaktionen, durch
Interaktionsmuster, aufgebaut.[1] Auch institutionalisierte Kontakte (z.B. Pressekonferenzen als Pflichtübung für
alle Beteiligten) können dazu gezählt werden.
Eine besondere Note gewissermaßen bekommen die Beziehungen zwischen (außen-)politischen und Medienakteuren dadurch, daß sie nicht primär füreinander oder aufeinander
bezogen agieren, sondern für den gleichen "Dritten", für
das Publikum bzw. die Wählerschaft[2], der gegenüber sich
die politischen Akteure in regelmäßigen Abständen legitimieren müssen. Über die Medien erfahren die politischen
Akteure, was das Publikum, ihre Wählerschaft, weiß. Das
ist wiederum relevant für das auch in der Außenpolitik
u.a. auf Wahlen bezogene Verhalten der Politiker.
Besonders der Umstand, daß die Medienakteure für ihr Publikum berichten und daß Politiker Beziehungen zu Medienakteuren aufnehmen bzw. aktualisieren, indem sie schlicht
deren Berichterstattung lesen, hat für unsere Terminologie
Folgen: Mit dem Interaktionsbegriff allein sind die Beziehungen zwischen außenpolitischen und Medienakteuren
nicht zu systematisieren und zu konkretisieren. Bei der
Rezeption der außenpolitischen Presseberichterstattung
durch Politiker handelt es sich nach allgemeinem Verständnis eher um Kommunikation denn um Interaktion. Mit dem gemeinsamen Nennen dieser beiden Begriffe befindet man sich
unversehens in der Definitionsnot, die die gesamte kommuni-

---

[1] Ähnlich wird das Verhältnis von Beziehungen und Interaktionen im oben skizzierten Akteur-Interesse-Ansatz konzipiert: "Beziehungen entstehen durch Verhaltensrepetition
in Form von Interaktionen, wobei als Motor für die Repetition die Akteursinteressen anzusehen sind. Sie sollen in
den Interaktionen realisiert werden."(R. Seidelmann,
a.a.O., S. 333). "Interesse, dies zur Erinnerung, ist die
Vermittlungskategorie zwischen Struktur und Akteur. Seidelmann konzipiert einen Kreislauf aus: Interaktionsmuster -
Beziehungen - Realisation durch Interaktionen - Interaktionsmuster (vgl. oben, S. 48 ff.).

[2] Obwohl man sich häufig nur schwer des Eindrucks erwehren
kann, Politiker agierten nur für das Medienecho, ungeachtet der Frage, ob das Medienecho mehrheitliche Bürgermeinung oder Bürgerinteressen ausdrückt oder nicht.

kationswissenschaftliche Zunft tief bewegt[1]: Setzt Interaktion Kommunikation voraus oder ist Kommunikation Folge von Interaktion? In dem Bestreben, eine möglichst klare Begrifflichkeit bei der Systematisierung der komplexen Beziehungen zwischen außenpolitischen und Medienakteuren zur Verfügung zu haben, müssen wir uns diesem terminologischen Dilemma entziehen. Wir stützen uns dabei auf Kunczik: "Interaktion und Kommunikation werden als Arten sozialen Handelns definiert. Interaktion, der umfassendere der beiden Begriffe, wird als Symbol für soziales Handeln benutzt und Kommunikation als Interaktion mittels Symbolen definiert."[2] Inhaltlich betrachtet, werden bei den Interaktionen mittels Symbolen Nachrichten und Informationen ausgetauscht bzw. übermittelt. Kommunikationen können also des weiteren als Übermittlungsvorgänge von Nachrichten definiert werden.[3] Und "Nachrichten sind sinnvolle Signale oder Signalkombinationen, solche, denen der Empfänger einen geistigen 'abstrakten' Inhalt entnehmen kann. Nachrichten 'bedeuten' etwas. Eine Nachricht wird dann zur 'Information', wenn sie für den Empfänger neu ist oder bei ihm 'Nichtwissen' über etwas beseitigt. (...) Nachrichten sind Signale, die einen Sinn ergeben, Informationen sind Nachrichten mit einem für den Empfänger neuen geistigen Gehalt."[4] Ausgerüstet mit den definierten Begriffen können wir nun Klassen von Beziehungen zwischen Medienakteuren und außenpolitischen Akteuren bilden. Ansatzpunkt der Klassifi-

---

1 Vgl. als paradigmatisch für das Problem: C. F. Graumann, Interaktion und Kommunikation, in: ders. (Hrsg.), Handbuch der Psychologie, 7. Bd.: Sozialpsychologie, 2. Halbband, Göttingen 1972, bes. S. 1110-1126.
2 Vgl. M. Kunczik, a.a.O., S. 5
3 Vgl. H. Ulrich, a. a.O., S. 129
4 Vgl. ebenda, S. 128 f. (Untersrichenes im Original kursiv). Diesen informationstheoretisch ausgerichteten Definitionen fügt Ulrich (ebenda, S. 129) noch hinzu: "Damit Kommunikation möglich ist, muß in der Regel eine latente Beziehung zwischen den betreffenden Elementen vorhanden sein."
Die unmittelbare Definition von Kommunikation durch Symbol-'Transport' bei Kunczik und die durch den Nachrichtenbegriff vermittelte als Signal-'Transport' bei Ulrich widersprechen einander nicht: "Signale, die einen Sinn geben" und "Symbole" stehen für die Zeichenhaftigkeit von Kommunikation.

zierung ist die von uns bestimmte Akteursebene und -gruppe. Aus der Perspektive des von uns identifizierten Entscheidungszentrums werden die strukturellen und aktualisierten Beziehungen in drei Funktionen, die operative, die Ressourcen- und die Innovationsfunktion, und eine Interaktionsbeziehung unterteilt. Dabei ist zweierlei zu berücksichtigen: 1. Für jede beliebige andere Akteursgruppe als das hier im Mittelpunkt stehende Entscheidungszentrum oder jeden beliebigen anderen Akteur gelten potentiell die gleichen Beziehungstypen; 2. unser Interesse richtet sich im Hinblick auf die empirische Untersuchung weniger auf die strukturelle Ebene der Beziehungen als auf deren Aktualisierungen. Im Mittelpunkt stehen mithin tatsächlich und mit einer gewissen Regelmäßigkeit stattfindende Interaktionen. Die drei Funktionen sind so konzipiert, daß sie durch den Abstraktionsgrad ihrer begrifflichen Fassung wiederum über den konkreten empirischen Bezug hinausreichen. Sie bezeichnen als klassifikatorische Kategorien auch <u>Möglichkeiten</u> für Interaktionen, und zwar entsprechend der Fragestellung nach Medienwirkungen auf außenpolitische Akteure und deren Verhalten. Die Funktion der Funktionsbegriffe wird ein gesondertes Kapitel eingehender darlegen.

1.8.2 Interaktion und Kommunikation zwischen außenpolitischen Akteuren und Medienakteuren

Die erste Klassifizierung der Beziehungen zwischen außenpolitischen und Medienakteuren ist die formelle und informelle Interaktion. Solcherart aktualisierte Beziehungen werden danach unterschieden, ob sie in einem formellen, d.h. im wesentlichen institutionellen oder öffentlichen, Rahmen, z.B. einer Pressekonferenz, stattfinden oder in einem informellen eher privaten Rahmen. Unter einer informellen Interaktion ist also etwa ein vertrauliches Gespräch zwischen einem Politiker und einem Journalisten am Rande einer Veranstaltung zu verstehen. Mithin entscheidet über den formellen oder informellen Charakter einer Interaktion zwischen Journalisten und Politikern in besonderer Weise der Publikumsbezug. Als formell gilt also eine Interaktion zwischen diesen Akteuren vor allem dann, wenn sie zum Zweck unmittelbarer Berichterstattung aufgenommen wurde oder im Extremfall vor Publikum stattfindet (z.B. Fernsehinterview).

Im Hinblick auf die empirische Untersuchung solcher Interaktionen durch die Befragung ist hier hinzuzufügen, daß Aktionen im Vordergrund stehen. "Non-Aktionen", also bewußte Unterlassungen, die mit der Seidelmann-Definition in den Begriff von Interaktionen eingegangen sind, können nur mittelbar aus den Antworten erschlossen werden.[1] In den formellen und informellen Interaktionen ist der "face-to-face contact" aus den "communications" im Brecher-Modell wiederzufinden. Die gemeinsame Nennung von "communications" und "face-to-face contact" weist schon darauf hin, daß sich zwischen außenpolitischen und Medienakteuren kaum Interaktionen lenken lassen, die nicht zugleich Kommunikation wären.[2] Kommunikation kann sich direkt und indirekt vollziehen.

Direkte oder unvermittelte Kommunikation setzt Kontakt von Angesicht zu Angesicht voraus. Indirekte Kommunikation ist durch ein Medium vermittelt. Das kann ein Telefon sein, wichtiger für unsere Belange ist jedoch die Kommunikation, die über z.B. Pressedienste eines Ministeriums oder eine Mitteilung des Pressesprechers eines Politikers an Agenturen, Rundfunk und Presse vermittelt ist. Der Terminus 'interpersonale Kommunikation' wird im übrigen gebraucht, wenn es sich bei dem zu bezeichnenden Vorgang nicht um eine Kommunikation mittels eines Massenmediums handelt. Die Distanz überbrückende Kommunikation mittels Telefon oder Briefkontakt ist also interpersonal- aber nicht direkt, sondern indirekt.

Die Beibehaltung der beiden Begriffe, Interaktion und Kommunikation, erscheint aus zwei Gründen nützlich:

1. Kommunikationslose Interaktion zwischen den uns interessierenden Akteursgruppen ist nicht unbedingt auszuschlie-

---

1 Angesichts der sich aufdrängenden Fragenfülle bei knappem Raum wurde den direkt erfahrbaren Taten mehr Beachtung geschenkt, dies auch wegen der ungleich schwierigeren Operationalisierung von Non-Aktionen.

2 Kommunikation war ja als Interaktion mittels Symbolen definiert und als Nachrichtenübermittlung charakterisiert worden.

ßen - zumindest wäre der Aufwand, dieses empirisch gültig zu tun, unangemessen hoch; 2. die Prädikate 'direkt'/'indirekt' und 'formell'/'informell' werden im gewöhnlichen Sprachgebrauch eher den Ausdrücken 'Kommunikation' bzw. 'Interaktion' zugeordnet. Bedenkt man jedoch, daß Kommunikation als Sonderfall von Interaktion definiert wurde, so steht der Qualifizierung von Kommunikation als direkt oder formell oder indirekt und informell nichts im Weg.

Mit den Prädikaten 'direkt', 'indirekt', 'formell', 'informell' läßt sich eine Vierfeldertafel konstruieren. In den Feldern werden noch einmal Beispiele zur ansatzweisen operationalen Definition der Begriffskombinationen genannt.[1]

Die Einordnung eines mündlichen Austausches zwischen einem Journalisten und einem Politiker in die Tafel als Gespräch (privater Charakter) oder Interview (zum Zwecke der Veröffentlichung) veranschaulicht den Publikumsbezug bei der Kategorisierung, während der Umstand, ob sich die beiden Beteiligten über Telefon austauschen, den Unterschied zwischen direkt und indirekt noch einmal erhellt (was eher von formal-kategorialem Interesse ist). Es wäre im übrigen einer eigenen Untersuchung wert, die Veränderungen in Interaktion und Kommunikation zwischen Journalisten und Politikern zu erheben, je nachdem, ob der Publikumsbezug unmittelbar gegeben ist, oder nicht.[2]

---

[1] Für die von uns durchgeführte empirische Erhebung werden die Operationalisierungen z.B. in den Antwortvorgaben des Politiker-Fragebogens vorgenommen.

[2] Nur ergäben sich bei diesem Unterfangen Probleme, vor denen auch unser Projekt in ähnlicher Weise stand: Bei der Untersuchung einer Interaktion ohne Publikumsbezug, würde dieser, dessen Abwesenheit ja in seinen Auswirkungen untersucht werden sollte, durch den Forscher praktisch wiederhergestellt. Aber Politiker und gar Außenpolitiker, so unsere Erfahrung, lassen den Forscher nicht erst in die Nähe dieses Problems kommen.

Vierfeldertafel zur beispielhaften Qualifizierung von Interaktion/Kommunikation

Interaktion Kommunikation	formell	informell
direkt	Interview[1]	(quasi-privates Gespräch)
indirekt	Pressedienst Pressemitteilung Telefoninterview' im Hörfunk	Nicht zur Veröffentlichung bestimmte briefliche Information (quasi-privates Telefongespräch)

Zu den indirekten kommunikativen Beziehungen zwischen Politikern und Journalisten im allgemeinen und zwischen den außenpolitischen und den Medienakteuren, die im Mittelpunkt unseres Interesses stehen, im besonderen zählt auch die Nutzung der Erzeugnisse der Presse, die Rezeption der Berichterstattung durch die Politiker.

In diesem Zusammenhang erweist es sich im übrigen noch einmal als nützlich, daß 'Kommunikation' und 'Interaktion' als Träger der Prädikate beibehalten wurden. Zwar ist die Mediennutzung der Politiker per definitionem auch Interaktion, sie kann jedoch weder als formell noch als informell bezeichnet werden. Vielmehr ist sie indirekte Kommunikation

---

[1] Auch wenn wir in die Nähe von "Begriffshuberei" geraten mögen und das folgende Hörfunkbeispiel über unsere Probanden hinausreicht: Das Interview ist eine direkte Kommunikation zwischen Journalist und Politiker, da sich beide bei dem Gespräch gegenübersitzen, es ist formell, da es zum Zweck der Veröffentlichung geführt wird. Eine indirekte Kommunikation ist es nur für den später oder 'live' teilnehmenden Rezipienten (Massenkommunikation). Beim Telefoninterview im Hörfunk ergibt sich der indirekte Charakter aus der Distanz zwischen Interviewer und Interviewten, der formelle Charakter rührt daher, daß es "über den Sender geht". Beide Interviews zählen im übrigen zur interpersonalen Kommunikation, obwohl sie vor und für Publikum stattfinden; der Publikumsbezug ist jedoch kein Kriterium für diese Klassifizierung eines Zweierkontaktes.

(damit auch Interaktion) im Feld der Massenkommunikation.
Wenn also von formeller oder informeller Interaktion die
Rede ist, kann damit nie auch die Mediennutzung gemeint
sein. Die massenkommunikativ vermittelte Kommunikation
zwischen den ansonsten auch direkt interagierenden Akteursgruppen paßt mithin aufgrund ihrer Besonderheit nicht in
die oben aufgemachte Vierfeldertafel zur Charakterisierung
von Interaktion und Kommunikation zwischen Medien- und
(außen-)politischen Akteuren.

Daß (Außen-)Politiker sowohl im Feld der Massenkommunikation mit den Medienakteuren (passiv) kommunizieren, d.h.
deren 'Produkte' rezipieren, als auch alltäglichen interpersonalen Umgang mit ihnen pflegen, ist ein Grund dafür,
daß (Außen-)Politiker als atypisches Publikum anzusehen
sind. Ein weiterer Grund ist, daß die Außenpolitiker als
direkt Beteiligte an dem Politikfeld, das Gegenstand der
außenpolitischen Berichterstattung ist, häufig selbst Betroffene sind und daß sie über eigene spezialisierte Informationsquellen verfügen. U.a. deshalb können auch Theorie- und Untersuchungsansätze aus dem Forschungsfeld 'Massenkommunikation', insbesondere aus dem Spezialgebiet der
Medienwirkungsforschung, nicht ohne zusätzliche theoretische Überlegungen und Annahmen übernommen werden, um
funktionale Beziehungen zwischen außenpolitischen und Medienakteuren herauszuarbeiten und Medienwirkungen auf außenpolitische Akteure und deren außenpolitisches Verhalten zu untersuchen.

Die (in)direkten Kommunikationen, inklusive der Mediennutzung und die (in)formellen Interaktionen sind Voraussetzungen für die drei Funktionen, als welche die Beziehungen
zwischen den außenpolitischen und den Medienakteuren geprägt sind, bezogen auf die deutsch-polnischen Verhandlungen 1970 im vorliegenden Fall zwischen dem Entscheidungszentrum und der Presse bzw. Medienakteuren, die darüber berichteten.

1.8.3 Die Funktionen der Presse bzw. der Medienakteure und deren außenpolitischer Berichterstattung für außenpolitische Akteure und deren außenpolitisches Verhalten[1]

1.8.3.1 Die Funktion der Funktionsbegriffe

Bevor wir uns der methodischen Funktion der Funktionsbegriffe im forschungsleitenden Modell zuwenden können, müssen wir definieren, wofür im folgenden der schillernde Terminus 'Funktion' stehen soll, welchen Begriff wir uns also von Funktionen machen wollen.

Kutsch und Westerbarkey haben vier Aspektbereiche des Funktionsbegriffes als vorherrschend in den Sozialwissenschaften herausgestellt, "nämlich Funktion a) als Beziehung, Interdependenz oder Verhältnis, b) als Sachgebiet oder Aufgabe, c) als Arbeit, Prozeß oder Leistung und d) als Wirkung oder Ergebnis."[2] Zwar weisen alle vier Gruppen einen Bezug zu funktionaler Methode und Systemtheorie auf, am deutlichsten ist jedoch in dem Begriff 'Leistung' und im Aspektbereich d) ein Bezug zur strukturell-funktionalen und zur funktional-strukturellen Systemtheorie.

Wenn wir den Funktionsbegriff verwenden, so stellen wir uns nicht in einen systemtheoretischen Kontext. Denn wir haben unseren Gegenstandsbereich nicht als System oder Zusammenwirken mehrer Systeme (re)konstruiert. Stattdessen sind wir gewissermaßen realistisch vorgegangen und haben ein am entscheidungsanalytischen Paradigma orientiertes Modell durch die isolierende Benennung von strukturellen Faktoren, Institutionen und Akteuren bzw. Akteursgruppen ausgefüllt.

Wenn wir nun Beziehungen zwischen zwei im Mittelpunkt unseres Interesses stehenden Akteursgruppen als Funktionen konkreter fassen, so meinen wir damit: Diese Beziehungen

---

[1] "Außenpolitische Berichterstattung" bedeutet schon eine erste Einschränkung aus Rücksicht auf die empirische Umsetzung des forschungsleitenden Modells. Natürlich ist auch denkbar, daß eine starke Stellung z.B. der Opposition auf genuin innenpolitischem Gebiet und deren enormer Widerhall in der Presse sich auf das außenpolitische Verhalten eines Entscheidungszentrums auswirkt, das sich eben in aller Regel aus der Regierung und der oder den Regierungsparteien und -fraktionen rekrutiert.

[2] Zur publizistischen Funktion von Nachrichten, in: E. Straßner (Hrsg.), Nachrichten, München 1975, S. 12.

werden durch Leistungen erfüllt, die - entsprechend unserer Fragestellung - von den Medienakteuren für die außenpolitischen Akteure erbracht werden. Je nach Charakter der Beziehungserfüllung respektive der erbrachten Leistungen werden drei Funktionen, nämlich die operative, die Ressourcen- und die Innovationsfunktion, unterschieden.
Daß im übrigen die von uns herausgehobenen Beziehungen auch unter dem Aspekt der Funktionen, die außenpolitische Akteure für Medienakteure haben, analysiert werden können, ja daß diese beiderseitigen Funktionen zum Teil nur aufgrund gegenseitigen (funktionalen) Nutzens bestehen, muß mitbedacht werden, bildet aber nicht den Kern unserer Fragestellung nach Medienwirkung auf das außenpolitische Verhalten der entscheidenden politischen Akteursgruppe.
Bevor wir die drei Funktionsbegriffe im einzelnen nominal und - ansatzweise - operational definieren, müssen wir noch einige methodologische Überlegungen über deren Funktion für das forschungsleitende Modell der vorliegenden Fallstudie und für mögliche Generalisierungen des Forschungsansatzes wie der Ergebnisse anstellen.
Die Beziehungen zwischen den außenpolitischen und den Medienakteuren erscheinen als geprägt durch deren jeweilige Beziehungen zur für Außenpolitik bedeutsamen Umwelt. Beide Gruppen stehen in Beziehungen zu den externen und internen außenpolitischen Akteuren und insbesondere zum Publikum, der Wählerschaft, - seien diese Beziehungen nun perzeptioneller, interaktioneller oder struktureller Art. Das heißt konkreter, auch die Presse nimmt z.B. das Verhalten des externen Akteurs USA wahr und berichtet darüber oder interagiert mit einem wichtigen individuellen amerikanischen Akteur, interviewt etwa den Vorsitzenden des außenpolitischen Ausschusses des US-Senats. Gerade der Umstand, daß die Presse bzw. die Medienakteure Beziehungen zur außenpolitisch bedeutsamen Umwelt haben und dies quasi vor den Augen des Publikums, macht die Relevanz der Presse für außenpolitische Akteure aus. Über diese Relevanz, die sich eben aus den Leistungen der Presse ergibt, gilt es nun Hypothesen aufzustellen. Sie werden abgeleitet aus den bisher eingeführten Theorieansätzen und werden in die Definition der

drei Funktionsbegriffe eingeführt. Bildhaft ausgedrückt fungieren die Funktionsbegriffe als Klammern, die Verbindungen herstellen zwischen den bisher eingeführten Theorieansätzen und Hypothesen über Beziehungen zwischen allen möglichen im Modell benannten Faktoren und Akteuren, und die diese Ansätze und Hypothesen gleichsam umbiegen in Richtung auf das im Mittelpunkt stehende Entscheidungszentrum und dessen außenpolitisches Verhalten.
Die Interaktions- und Kommunikationsbeziehung wurde so konstruiert und definiert, daß sie direkten empirischen Bezug zu Objekten der sozialen Wirklichkeit hat.[1] Die drei Funktionen weisen dagegen ein starkes Moment der theoretischen Vermittlung, insbesondere durch die "Konstruktionsthese", den 'agenda-setting'- und den Nutzenansatz auf.
Der empirische Bezug der Funktionen ist also zum großen Teil nicht direkt, sondern mittelbar. Natürlich beziehen sich die mediatisierenden Ansätze auch auf Objekte der sozialen Wirklichkeit. Aber Konsequenz ist, daß die Funktionen nur in dem Ausmaß der Gültigkeit der einfließenden Hypothesen empirisch gehaltvoll sind. Krass ausgedrückt heißt das: Wenn der theoretische Bezugsrahmen, in dem die jeweiligen Objekte erkannt wurden und stehen, sich als brüchig erweist, so ist deren Auswahl und Zuordnung zu einer der Funktionen fraglich.

---

1 Unter Objekten der sozialen Wirklichkeit (für wissenschaftliche Behandlung) sind Akteure, Eigenschaften, Vorstellungen, Motive, Interessen, Ereignisse, Relationen, Interaktionen usw. zu verstehen, ..., wobei hier der besondere Objektbereich 'Außenpolitik' im Vordergrund steht.

Als Merkbild kann vielleicht folgendes Schema dienen:

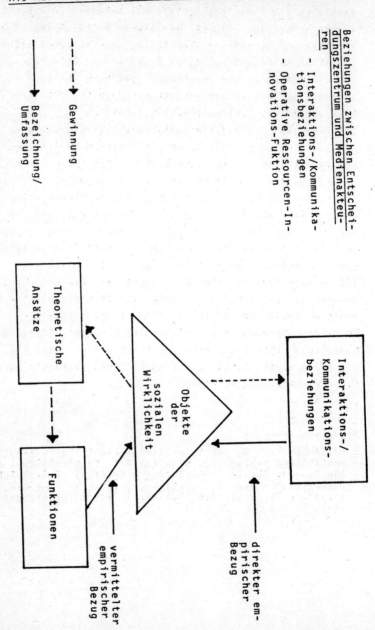

Außerdem haben die drei Funktionsbegriffe eine klassifikatorische Funktion im Hinblick auf eine durchaus angestrebte generelle Anwendbarkeit des forschungsleitenden Modells auf ähnliche Fragestellungen und auf andere Fälle, an denen Medienwirkung in der Außenpolitik untersucht werden sollen. Die drei Funktionen sollen so hinreichend formal konzipiert sein, daß alle logisch denkbaren Objekte (unterschiedliche Beziehungen zwischen außenpolitischen und Medienakteuren) in einer der drei Funktionen untergebracht werden können. Die Extension der Funktionsbegriffe ist also tendenziell unendlich.[1] Damit ist ihre vollständige operationale Definition nicht möglich, da nicht alle Objekte benannt werden können oder sollen.[2] Mithin ist die

---

[1] Extension eines Begriffs verstanden als Begriffsumfang, als Klasse der Objekte, die vom Prädikatausdruck umfaßt werden (vgl. P. Weingartner, Stichwort 'Extension/Intension', in: J. Speck (Hrsg.), Handbuch wissenschaftstheoretischer Begriffe, Bd. 1, Göttingen 1980, S. 217). "In der traditionellen Logik bilden E(xtension) und I(ntension) zusammen als 'Begriffsumfang' und 'Begriffsinhalt' den Begriff, der als Bedeutug eines Sprachzeichens aufgefaßt wird." (ebenda).

[2] Einen Begriff zu operationalisieren heißt, ihn anwendbar auf Objekte der Wirklichkeit zu machen. Eine operationale Definition gibt Antwort auf die Fragen, 'Was umfaßt der Begriff?' und 'Wie erkenne ich, daß dieses oder jenes Objekt unter den Begriff fällt?'. Ein Ausschnitt von Realität soll mit einem Begriff zur Deckung gebracht werden. "Die Gewinnung beobachtbarer Daten in allen empirischen Wissenschaften (hängt ab) von z.T. sehr komplexen Beobachtungs- und Erfahrungsprozesses (z.B. (...) die an hermeneutischen Vorverständnissen orientierten Beobachtungen in den Sozialwissenschaften), so daß die Operationalisierung eines - insbesondere sozialwissenschaftlichen - Begriffs stets neben den Beobachtungsdaten auch die Beobachtungsverfahren beinhalten muß." (Vgl. J. Klüver, Stichwort 'Operationalisierung', in: J. Speck, a.a.O.). Gerade letzteres ist, durch den Untersuchungsgegenstand dieser Fallstudie bedingt, ein Problem: Viele Objekte, insbesondere Beziehungen, Verhaltensweisen und Reaktionen speziell der Politiker sind denkbar, aus allgemeineren Theorien ableitbar und in gewandelter Form auf Außenpolitiker übertragbar oder aus der Verknüpfung von Theorien und Beobachtungen zu erschließen. Auch Beobachtungsverfahren im eigentlichen Sinne sind denkbar, nur sind sie nicht anwendbar. Nur ein Beispiel: Um sicher feststellen zu können, ob zum Zeitpunkt t_1 eine Innovation im außenpolitischen Verhalten des Entscheidungszentrums vorliegt, müßte man dessen tatsächliche Ausgangspositionen z.B. anhand von Primärquellen, wie z.B. Planungsstudien des Auswärtigen Amtes, bestimmen können. Was uns in vielen Fällen nur bleibt, ist eine "kontrollierte Spekulation".

"funktionale Dreifaltigkeit" und im Grunde auch die 'Interaktions-/Kommunikationsbeziehung' letztendlich kaum falsifizierbar. Das Kriterium der Falsifizierbarkeit wird u.a. später zur Unterscheidung zwischen den Funktionsbegriffen und dem Wirkungsbegriff, den auch wir in einer spezifischen Form verwenden wollen, dienen.

Was die Operationalisierung der drei Funktionsbegriffe jedoch leisten muß, ist die Angabe von Diskriminationskriterien, welche die operative, die Ressourcen- und die Innovationsfunktion voneinander abgrenzen. Vielleicht kann man die Eigenart der Funktionsbegriffe noch einmal erhellen, indem man sie vergleicht mit den "generalisierenden Formeln" oder "integralen Interpretationen", die Paul Lazarsfeld als die in spezifisch europäischer Entwicklung stehende Besonderheit einer der ersten und wichtigen soziographischen Untersuchungen, der über die Marienthaler Arbeitslosen herausgestellt hat: "Begriffe wie die "müde Gemeinschaft", die "Schrumpfung des psychologischen Lebensraums", der "Zusammenbruch der Zeitstruktur" gehen selbstverständlich über die konkreten Daten weit hinaus. (...) Die Basis ist immer eine Reihe von spezifischen, quantitativen Daten. Das Gemeinsame an ihnen ist herausgearbeitet und dann in ein Begriffsbild so zusammengefaßt, daß man weitere Folgerungen ableiten kann; nicht mit logischer Notwendigkeit, aber mit großer Plausibilität und geleitet von zusätzlichem Wissen und allgemeiner Erfahrung. Es handelt sich nicht um eine Theorie, eine Zurückführung auf andere Gesetze oder präzise Zusammenhänge. Es ist vielmehr ein Zwischending zwischen einer Analogie und dem, was man heute ein Modell nennt."[1]

Nur, in der vorliegenden Fallstudie dienten die "generalisierenden Formeln", als die man die 'operative Funktion', die 'Ressourcenfunktion' und die 'Innovationsfunktion' sowie in schwächerer Form die 'Interaktions-/Kommunikationsbeziehung' auch verstehen kann, schon zur Steuerung der Datenerhebung.

---
1 Vgl. Lazarsfeld/Berelson/Bernard/Gaudet/Hazel, The People's Choice, New York 1968³ (1944).

Im Kapitel zur Presseinhaltsanalyse werden die drei Funktionsbegriffe noch weiter differenziert und operationalisiert, indem die Ressourcen-, Innovations- und operative Funktion als analytische Elemente einer Skala konzeptualisiert werden, in deren Rahmen weitere, nach Wirkungs- und Analyseebenen unterschiedene, Abstufungen zwischen den Funktionen vorgenommen werden können. Das hier in der Einleitung Entwickelte stellt also nur den allgemeinen Rahmen dar, der im folgenden noch weiter konkretisiert werden soll.

Bevor nun die Funktionen - endlich, so wird der weniger an Methodologie interessierte Leser verständlicherweise meinen - definiert werden, muß noch ein kurzer Blick auf die Analyseebenen und die drei Methoden, die von uns gewählt wurden, geworfen werden. Die zentrale Analyseebene, die Medienakteure und das Entscheidungszentrum, wird noch einmal unterteilt, und zwar in die Akteure und ihre jeweiligen 'Hervorbringungen', also die publizistischen Aussagen und das außenpolitische Verhalten (im vorliegenden Fall bezüglich der deutsch-polnischen Verhandlungen). Zwischen diesen vier analytischen "Ansatzpunkten", zwei Akteursgruppen und zwei Arten von "Produkten", ergeben sich die Funktionen. Der Rückkoppelungspfeil im Modell zwischen dem außenpolitischen Verhalten und den Medienakteuren kann hier noch unberücksichtigt bleiben. Auf der Akteursebene setzt die schriftliche Befragung an. Die publizistischen Aussagen werden mittels der systematischen Inhaltsanalyse erhoben, das außenpolitische Verhalten im gesamten außenpolitischen Prozeß der deutsch-polnischen Verhandlungen, inklusive seiner Umwelteinbettung, über den ausgewählten Zeitraum hinweg, wird durch die historische Rekonstruktion ermittelt.

1.8.3.2 Die Ressourcenfunktion

In dem Maße, wie die außenpolitischen Akteure die Presse nutzen (in den abstrakteren Beziehungsbegriffen: in dem Maße, wie die außenpolitischen Akteure mit den Medienakteuren im Feld der Massenkommunikation kommunizieren/interagieren), erfüllt diese für sie eine 'Ressourcenfunktion'; d.h. je häufiger, intensiver und/oder regelmäßiger Außenpolitiker

Zeitungen lesen, um so mehr können diese als Quellen für Außenpolitiker dienen.

Als grundsätzliche situative Bedingung für die 'Ressourcenfunktion' gilt, daß außenpolitische Akteure im außenpolitischen Prozeß stehen und interagieren müssen; und Prozeß bedeutet, "that it does not have a beginning, an end, a fixed sequence of events. It is not static at rest. It is moving. The ingredients within a process interact; each affects all of the others."[1]

Außenpolitische Prozesse erzeugen für die daran beteiligten Akteure einen ständigen Wandel der für sie relevanten Umwelt[2], allerdings, so muß man einschränkend hinzufügen, verändern sich die grundlegenden Strukturen, die Konstellation des internationalen Systems, in der Regel nur allmählich.[3] Dennoch erscheint der außenpolitisch relevante Umweltwandel, zumal da die Prozeßelemente oder Umweltfaktoren für den jeweiligen Akteur von z.T. großer räumlicher, interessenbezogener und ideologischer Distanz gekennzeichnet sind, also so problematisch, daß er jeden außenpolitischen Akteur zu einer ständigen Definition der Situation, zur ununterbrochenen Aufnahme und Verarbeitung von Information zwingt.[4] Kontrolle der Umwelt ist, so kann man plausibel unterstellen, ein Bedürfnis, das außenpolitische Akteure u.a. durch Mediennutzung befriedigen.[5]

---

1 Vgl. D. K. Berlo, The Process of Communication, New York 1960, S. 24, zitiert nach: M. Schenk, a.a.O., S. 8.

2 Vgl. "Sozialen Wandel", der als Informationsproblem zur aktiven Informationssuche führt, bei: S. J. Ball-Rokeach, zitiert nach: M. Schenk, a.a.O., S. 120 (vgl. oben, Kapitel A 1.4.3; siehe auch Kapitel A 1.6.4).

3 Der außenpolitische Prozeß der Ostpolitik, darin eingebettet die Polenpolitik, war jedoch sogar Reaktion auf eine Veränderung in der internationalen Konstellation (Einleitung der Ost-West-Entspannung) und wirkte wiederum in nicht unerheblichem Maße zurück auf die Strukturverschiebungen im internationalen System.

4 Vgl. die oben eingeführten 'information-seeking'-, 'information-processing'- und Komplexitätsansätze aus dem kommunikationswissenschaftlichen Bereich sowie die korrespondierenden Elemente (Situationsdefinition, Informationsphase usw.) in den Entscheidungsansätzen aus dem Forschungsfeld 'Internationale Politik'.

5 "Kontrolle der Umwelt" ist einer von vier globalen Gratifikationstypen im 'uses-and-gratification'-Ansatz (vgl. M. Schenk, a.a.O., S. 227).

Die Presse ist allerdings ein Umweltfaktor spezifischer Art: Auch sie perzipiert die außenpolitische relevante Umwelt, sie (inter)agiert vorwiegend, indem sie ihre Perzeptionen veröffentlicht. Die allgemeine Zugänglichkeit ihrer Perzeptionen in der Form von Nachrichten (bzw. Informationen) macht die Presse zu dem spezifisch problematischen Interaktionspartner für außenpolitische Akteure, insbesondere vor dem Hintergrund des für sie bestehenden Zwanges, in parlamentarisch-pluralistischen Demokratien - zumindest bis zu einem gewissen Grade - auch Außenpolitik legitimatorisch abzusichern.

Bis jetzt haben wir uns bei der Konstruktion der Ressourcenfunktion auf den subjektiven Faktor, die die Presse rezipierenden außenpolitischen Akteure, konzentriert. Nun müssen Überlegungen zum objektiven Angebot der Presseberichterstattung folgen.

Haben wir uns schon bei der Einschätzung des Verhältnisses Presse - allgemeines Publikum der 'agenda-setting'-Hypothese angeschlossen, daß die Presse weniger durch persuasive Kommunikation im Einstellungsbereich wirke, sondern um so mehr im rein kognitiven Bereich durch die Strukturierung des Wissens um Themen, so scheint uns diese kognitive Perspektive insbesondere und zugleich in spezifischer Weise auf die Wirkung bei außenpolitischen Akteuren zuzutreffen.

Die Presse stellt dem außenpolitischen Akteur Nachrichten (im oben definierten informationstheoretischen Sinne) über die externen Rahmenbedingungen (Struktur und Akteure), das interne Interaktionsfeld, die internen strukturellen Rahmenbedingungen und, im Falle von laufenden zwischenstaatlichen Verhandlungen, über den Verhandlungspartner (hier die VR Polen) zur Verfügung. Diese Nachrichten können einen unterschiedlichen Informationsgrad haben. Eine primäre Information bieten sie jedoch immer: Der Politiker weiß, was das Publikum, alle anderen internen und externen Akteure eingeschlossen, wissen kann! Er erfährt, was öffentlich ist. Entsprechend der 'agenda-setting'-Hypothese kann als weitere Information das Vorhandensein und die Gewichtung von Themen - und auch Argumenten - sein. Im vorliegenden Fallbeispiel kann die Information für das Entscheidungszentrum in der Beantwortung der - natürlich nicht explizit formulierten, sondern als Teil der routinemäßigen Situationsdefinition unbewußt gestellten - Frage gelegen haben: Wie groß wird das Thema 'Polenverhandlungen' im Vergleich zu anderen innen- und außenpolitischen Themen herausgestellt? D.h., wie oft wird das Thema 'deutsch-polnische Beziehungen und Gesprächsverhandlungen' behandelt und in welcher Aufmachung (stets als großer Aufmacher auf der ersten Seite oder vorwiegend in kleinen Meldungen im Innenteil der Zeitungen) geschieht dies? In welcher Weise wird deren Problemstruktur thematisiert, d.h. z.B. welches Verhältnis bekommen die Themen 'Oder-Neiße-Grenzregelung', 'Familienzusammenführung' und 'Aussöhnung' in der Berichterstattung zueinander? Welche externen und internen, also ausländischen sowie inländischen Akteure werden im Zusammenhang mit den deutsch-polnischen Verhandlungen benannt? Welche Argumente werden durch welche Akteure in der Presse vorgebracht? Welche Argumente bringt die Presse bzw. einzelne Medienakteure, in Kommentaren oder interpretierenden Berichten selbst? Summa summarum, auch die Presse zeichnet ein Bild der - im vorliegenden Falle - deutsch-polnischen Beziehungen und Gespräche, gewichtet diese gegenüber anderen außen- und innenpolitischen Sachkomplexen, gewichtet aber auch deren Probleme, berichtet über die relevanten Akteure und deren außenpolitisches Verhalten (im eingangs definierten umfassenden Sinn: Definition der Situation, Entscheidung, Interaktion). Sie erbringt mithin, bezogen auf das Publikum, eine Leistung, die Cohen (vgl. oben) als "map-making function" bezeichnet hat. Für den außenpolitischen Akteur ist die Presseberichterstattung und -kommentierung ein Indikator für - so könnte man es bezeichnen - "öffentliches Wissen" und auch für öffentliche Meinung, hier durchaus verstanden als Urteile eines mehr oder minder großen Publikums zum interessierenden Problemkreis. In diesem Indizieren öffentlichen Wissens und Meinens liegt die eine Information, die die Presse den außenpolitischen Akteuren für deren Situationsdeutungen zur Verfügung stellt. Andere Möglichkeiten, öffentliches Wissen und Meinen zu erfahren, liegen für

den außenpolitischen Akteur in Primärkontakten in den Teilöffentlichkeiten, in der Zurkenntnisnahme von Briefen, Resolutionen, Parteitagsbeschlüssen, in Auftrag gegebenen demoskopischen Umfragen usw.
Weiterhin wird die Presse direkt auf die Situationsdefinitionen eines außenpolitischen Akteurs einwirken, indem sie nicht nur über strukturelle Zustände, Sachverhalte, Ereignisse und Verhalten anderer Akteure berichtet, das dem Akteur schon bekannt ist - dazu gehört auch die Darstellung eigenen Verhaltens durch die Presse; vielmehr wird sie ihm auch im strikten Sinn Neuigkeiten über Zustände und Ereignisse mitteilen, die er noch nicht aus anderen Quellen wußte oder wissen konnte.[1] Dies wird um so wahrscheinlicher, je mehr die Presse operativ von außenpolitischen Akteuren genutzt wird. An dieser Überlegung wird im übrigen der Zuschnitt der drei Funktionen auf jeweils einen Akteur oder eine Akteursgruppe deutlich: Indem sich die Presse etwa vom Oppositionsführer operativ einsetzen läßt - er hat z.B. ein Interview "bestellt", in dem er in einer bestimmten Frage überraschend Konzessionsbereitschaft signalisiert -, erfüllt sie für das Entscheidungszentrum die Ressourcenfunktion. Mit diesem Beispiel ist jedoch nicht die Vorstellung verknüpft, daß das Entscheidungszentrum unmittelbar über die Zurkenntnisnahme hinausgehend reagiert, in der Weise, daß es außenpolitische Entscheidungen revidiert oder daß es in Richtung auf den Verhandlungspartner oder das internationale System interagiert. Mit der Ressourcenfunktion ist die Konnotation von Langfristigkeit und Routine verbunden. Als unmittelbar Reaktion auslösende Wirkung wird daran nur der Umstand geknüpft, daß - im vorliegenden Fall - das Entscheidungszentrum seinerseits sich zum operativen Einsatz der

----

[1] Hier wird übrigens eines der methodischen Probleme deutlich: Um eine Erweiterung des subjektiven Wissensstandes eines politischen Akteurs durch eine Neuigkeit aus der Presse empirisch gesichert - objektiv - feststellen zu können, müßte man zumindest per teilnehmender Beobachtung in der Nähe des Politikers sein und die Möglichkeit zur ad-hoc-Befragung haben. Mit Hilfe der schriftlichen Befragung ist die Funktion der Presse als tatsächlicher Informationslieferant nur sehr global und subjektiv verzerrt zu erheben.

Presse veranlaßt sieht, sei es aufgrund des operativen Einsatzes der Presse durch einen anderen Akteur, sei es, weil das Entscheidungszentrum sich und/oder die Problem- und Argumentstruktur bezüglich der deutsch-polnischen Beziehungen falsch oder verzerrt abgebildet sieht. Die Ressourcenfunktion korrespondiert von daher nur mit dem weitesten Wirkungsbegriff. Dennoch verweist ein solch weiter Begriff auf die Messung tatsächlicher Wirkungen im vorliegenden empirisch zu untersuchenden Fallbeispiel. Damit ist nun das Problem der Operationalisierung der Kategorie der Ressourcenfunktion und ihr Verhältnis zum Wirkungsbegriff konkret gestellt. "Wirkung worauf?" - Diese Frage stellt sich zunächst bei der Inangriffnahme des Problems und wird wie folgt beantwortet: Als Faktor im außenpolitischen Prozeß wirkt die Presse auf diesen Prozeß, indem sie über ihn berichtet. Sie gestaltet also die für das außenpolitische Verhalten der im Mittelpunkt stehenden Akteursgruppe relevante Umwelt mit. In dem Ausmaß, wie sie über die deutsch-polnischen Beziehungen, Gespräche und Verhandlungen sowie die dafür bedeutsamen Umweltfaktoren berichtet, erfüllt sie im vorliegenden Fall die Ressourcenfunktion. Dies ist zunächst nur das quasi objektive Angebot an Presseberichterstattung. In dem Maße, wie sie von den außenpolitischen Akteuren genutzt und verarbeitet wird, auch im Verhältnis zu anderen Quellen, kann sie auf deren Situationsdeutungen wirken. Das heißt aber auf dem definitorischen und methodischen Niveau der Ressourcenfunktion, daß diese Wirkung, da langfristig und routinemäßig, nicht als Veränderung im außenpolitischen Verhalten empirisch feststellbar ist, sondern daß diese Wirkung mit Hilfe der eingeführten theoretischen Ansätze zunächst angenommen und zumindest ansatzweise durch die Befragung überprüft wird.
Zwei Arten von Wirkung (i.w.S.) werden also der Presse mit der Ressourcenfunktion zugeschrieben: a) Sie "wirkt" als Nachrichten vermittelnder Akteur im außenpolitischen Prozeß auf diesen selbst zurück; b) als zweite Form wird Wirkung in Nutzen umformuliert, und zwar als "Umweltkontrolle".

Die methodische Konstruktion der Ressourcenfunktion aus den integrierten Ansätzen, Inhalt und Umfang dieses Begriffs, der Bezug zum Wirkungsbegriff sowie die empirische Umsetzung läßt sich an folgendem Schema verdeutlichen:[1]

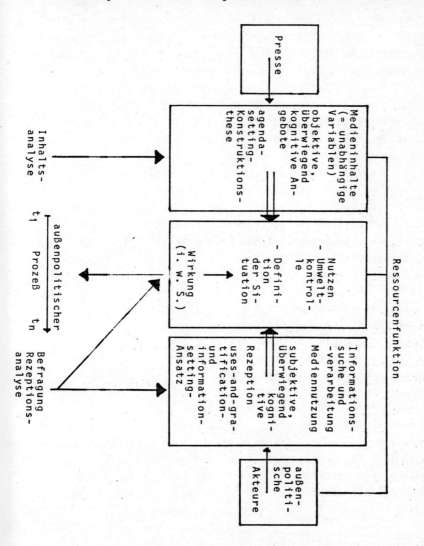

----

1 Es ist in Anlehnung an das Schema der "Zwei Grundperspektiven der Wirkungsforschung" bei Berg/Kiefer, a.a.O., S. 19, entwickelt worden. Die Ressourcen- und die nachfolgende Innovationsfunktion stellen auch den Versuch dar, beide Grundperspektiven sinnvoll in bezug auf das gestellte Problem "Medienwirkung in der Außenpolitik" zu vereinigen und dadurch auch über einen verengten Wirkungsbegriff hinauszugelangen.

Voraussetzung für die Ressourcenfunktion ist die Nutzung der Medien durch die außenpolitischen Akteure. Diese und der Nutzen, Umweltkontrolle zum Zwecke der routinemäßigen Definition der Situation, wird generell durch die schriftliche Befragung erhoben. Dazu kommt das über die Rekonstruktion des Entscheidungsprozesses erhobene wahrscheinliche Rezeptionsverhalten der Entscheidungsträger der Presse gegenüber. Damit kann jedoch für das gewählte Fallbeispiel der deutsch-polnischen Verhandlungen nicht eine Wirkung im außenpolitischen Verhalten des Entscheidungszentrums isoliert werden. Die Ressourcenfunktion gilt vielmehr in dem Maße als erfüllt, wie die Presse über die deutsch-polnischen Gespräche und Verhandlungen (inklusive relevante Umwelt) berichtet. Hier findet die Inhaltsanalyse ihre primäre Aufgabe, nämlich die Presseberichterstattung zu Polen und den damit zusammenhängenden Sachverhalten und Ereignissen systematisch und quantitativ über den ausgewählten Zeitraum zu erheben. Engere Fragestellungen und damit die Kategorien der Inhaltsanalyse sind in den zu Anfang dieses Kapitels formulierten und den Akteuren unterstellten "Definitionsfragen" schon angeklungen.

Von seiner Funktion im forschungsleitenden Modell und für die empirische Umsetzung her ermöglicht es der Begriff der Ressourcenfunktion, theoretisch begründet, zunächst einen Vergleich zwischen außenpolitischem Prozeß, darin besonders dem außenpolitischen Verhalten des Entscheidungszentrums, und der Presseberichterstattung anzustellen.

Die Deskription der Presseberichterstattung nach bestimmten theoretisch begründeten Kategorien und der zusätzliche Vergleich mit dem außenpolitischen Prozeß entlang der Zeitachse erbringen nach unseren Erwartungen Aufschlüsse über das Wirkungs p o t e n t i a l der Presse (Wirkung i.e.S.).

1.8.3.3 Die Innovationsfunktion

Die Ressourcen- und die Innovationsfunktion, vielmehr die mit diesen Begriffen bezeichneten Objekte, kann man sich auf einem Kontinuum angeordnet vorstellen. Der eine Pol dieses Kontinuums ist die allgemeinste Ausprägung der Ressourcenfunktion, das andere Extrem ist die Ausprägung der Innovationsfunktion als Wirkung im engsten Sinne.

Das linke Extrem steht für die Wirkung der Presse auf den außenpolitischen Prozeß qua Existenz als Außenpolitik perzipierender Faktor in diesem Prozeß; das rechte Extrem ist eine eindeutig auf Presseberichterstattung zurückführbare Veränderung des außenpolitischen Verhaltens der im Mittelpunkt stehenden Akteure bzw. der Akteursgruppen, im vorliegenden Fall des wie oben definierten Entscheidungszentrums. Der rechte Pol des Kontinuums repräsentiert also eine auf Veränderung im außenpolitischen Verhalten bezogene Ursache-Wirkungs-, bzw. Reiz-Reaktions-Beziehung.

Als erstes Problem stellt sich das der trennscharfen Abgrenzung zwischen Ressourcen- und Innovationsfunktion. Das Kontinuum mit dem Diskriminationsproblem läßt sich schematisch wie folgt verdeutlichen:

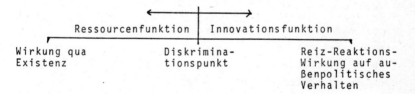

	Ressourcenfunktion	Innovationsfunktion	
Wirkung qua Existenz		Diskriminationspunkt	Reiz-Reaktions-Wirkung auf außenpolitisches Verhalten

Der erste Schritt zur Lösung des Problems ist eine Definition von Innovation in bezug auf außenpolitisches Verhalten von Akteuren: Unter Innovation wollen wir eine Neuerung verstehen, die vom Entscheidungszentrum adoptiert wird und die in dessen außenpolitischen Verhalten (Definition der Situation, Entscheidung, Interaktion) empirisch feststellbar ist.[1]

---

1 Diese Definition ist entstanden in Anlehnung an H. Reimann, Bedeutung der Kommunikation für Innovationsprozesse, in: G. Albrecht/H. Daheim/F. Sack (Hrsg.), Soziologie, Opladen 1973, S. 167: "Unter Innovation sollen dabei sowohl Gegenstände der materiellen wie der immateriellen Kultur verstanden werden, die von den betreffenden Individuen, sozialen Gruppen als neu angesehen werden. Bei solchen subjektiv als Neuerungen wahrgenommenen Kulturelementen kann es sich also sowohl um soziale Ideen als auch spezielle Praktiken, wie etwa um technologische Objekte, handeln. (...) Der Begriff umreißt dabei den individuellen Lernprozeß im Zuge der zeitlich gestreckten Rezeption (...)."

Eine Neuerung wird mithin nur dann als solche verstanden, wenn sie im außenpolitischen Verhalten sichtbar ihren Niederschlag gefunden hat.[1]

Daran lassen sich zwei weiterführende Fragen anknüpfen:

1. Welche Arten von Neuerungen kann die Presse hervorbringen?;
2. Wie und auf welchem methodischen Niveau sind diese Neuerungen empirisch feststellbar?

Zu 1.: Eine prinzipiell restriktive Bedingung für die Innovationsfunktion ist ein Tatbestand, der sich in folgender Annahme ausdrücken läßt: Die Presse ist vor allem ein spezifisch vermittelnder Faktor im außenpolitischen Prozeß, weniger ein Akteur aus eigenem Antrieb bezogen auf die ablaufende Politik (letzteres aber z.B. im Fall von Presseindiskretionen). Sie berichtet in der Regel, was andere Akteure sagen oder tun. Ihr aktives Element ist das der Auswahl und Aufmachung.[2]

Die Presse ist also Faktor in einem Feld von Wechselwirkungen, so daß bei den folgenden Ausführungen immer mitbedacht werden muß, daß gleichsam hinter der Presse in aller Regel ein oder mehrere Akteure stehen. Denkbare innovative Leistungen der Presse sind:

Durch die Veränderung der von ihr gebrachten Themenstruktur verändert sie die Problem-/Themenstruktur, die dem außenpolitischen Verhalten der außenpolitischen Akteure zugrundeliegt. Die Presse stellt möglicherweise ein Thema als verhandlungsentscheidend heraus und zwingt damit die außenpolitischen Akteure, dieses Thema als wichtig wahrzunehmen, es gegenüber dem Verhandlungspartner zusätzlich durchzusetzen und substantielle Erfolge darin zu erzielen.[3]

Ähnliches ist denkbar auf der Ebene von Argumenten zu bereits eingeführten Themen, daß also die Presse durch die

----

1 Im Unterschied zu Reimanns subjektiven Innovationsbegriff könnte man das einen objektiven Innovationsbegriff nennen. Damit ist jedoch noch nichts über die 'objektive' Feststellbarkeit des Vorliegens einer Innovation ausgesagt.

2 Die zentralen Kategorien des 'agenda-setting'-Ansatzes: "selection and display" (vgl. oben, S. 56 ff.).

3 Bei der anfänglichen Konzipierung der Innovationsfunktion gingen wir noch von der häufig geteilten Meinung aus, die Presse, insbesondere die Zeitungen des Springer-Konzerns, habe die Vernachlässigung des Themas 'Familienzusammenfüh- (siehe nächste Seite)

permanente Selektion von Argumenten, die in eine bestimmte Richtung weisen, oder durch eigene Kommentierung den außenpolitischen Akteuren eine Verhandlungsposition aufnötigt bzw. sie zur Beibehaltung einer Position zwingt, die sie zu räumen geneigt waren. Die Innovationsfunktion könnte auch dadurch erfüllt werden, daß die Presse handlungsrelevante Informationen über bisher außer Acht gelassene Faktoren, sei es ein Akteur (extern, intern, oder auch von unterschiedlicher "Akteurshöhe") oder ein struktureller Faktor, zur Verfügung stellt. Ein wahrscheinlicher Fall ist, daß Auslandskorrespondenten Informationen über - um beim Fallbeispiel zu bleiben - Auseinandersetzungen in der polnischen kommunistischen Partei darstellten, die das deutsche Entscheidungszentrum aus anderer Quelle nicht erfahren konnte. Es ist aber auch eine "negative" Innovation denkbar, dahingehend, daß die Presse ein Thema, damit einen Politik- oder Verhandlungsgegenstand, oder bestimmte Argumentationen, damit eine Verhandlungsposition, von der öffentlichen Tagesordnung streicht, dies wiederum mit Auswirkungen auf das außenpolitische Verhalten von entscheidenden Akteuren. Die gewissermaßen "härteste" Ausprägung der Innovationsfunktion wäre eine Entsprechung zum engen Wirkungsbegriff (Reiz-Reaktions-Schema): Eine Veränderung in der Einstellung des oder der untersuchten Akteure zum Verhandlungspartner oder zu bestimmten Problemkomplexen ist eindeutig auf die Presseberichterstattung als Ursache zurückzuführen.

Zu 2.: Zentrales methodisches Modell zur empirischen Erhebung innovativer Leistungen der Presse ist die Zeitachse und damit die historische Rekonstruktion des deutsch-polnischen Verhandlungsprozesses. Denn Neuerungen lassen sich immer nur als Veränderungen gegenüber einem alten Zustand feststellen. Es müssen also immer ein Ausgangszustand zu einem Zeitpunkt t_1 und ein Endzustand zu einem Zeitpunkt t_2 ermittelt werden können.

---

rung' behoben und habe dieses Thema in der Endphase der deutsch-polnischen Gespräche/Verhandlungen auf deren Tagesordnung gesetzt, um es in Anlehnung an die Terminologie des 'agenda-setting'-Ansatzes auszudrücken. Die diesbezügliche Gewißheit schwand im Laufe der Untersuchung zugunsten eines starken Zweifels an einer originären Rolle der Presse in dieser Frage.

Da aus methodischen Gründen, wie schon angemerkt (vgl. Anmerkung 1, Seite 100) subjektive Innovationen nur schwer und indirekt über die inhaltsanalytische Rekonstruktion des Rezeptionsverhaltens der Entscheidungsträger und über die Politiker- und Journalistenbefragung erhoben werden können, müssen wir aus der historischen Rekonstruktion des deutsch-polnischen Verhandlungsprozesses offenbar gewordene Neuerungen im Verhalten des deutschen Entscheidungszentrums als Ausgangspunkte für die Untersuchung der Presseberichterstattung auf ihre innovative Qualität hin entnehmen.

Dies kann wie folgt geschehen: Es wird die Definition der Situation eines Akteurs zu einem Zeitpunkt t_1 mit der zu einem Zeitpunkt t_2 verglichen. Eine signifikante Veränderung, also eine Innovation in der Situationsdefinition, wird als Ansatzpunkt gewählt. Sie kann durch die Inhaltsanalyse von Äußerungen der Entscheidungsträger eruiert werden. Gleichermaßen kann eine Entscheidung oder eine Handlung, die die bisherige Qualität des außenpolitischen Prozesses verändert, dazu dienen. Entscheidend ist die Auswahl von Zeitabschnitten vor Innovationen.[1]

Nun gibt es verschiedene Stufen der Plausibilität, mit der die Erfüllung der Innovationsfunktion festgestellt werden kann. Die erste Stufe ist: Im Zeitabschnitt vor einer Innovation, einer "Redefinitionsphase", wie wir es eingangs definiert haben, zielt die Tendenz der Berichterstattung in die Richtung der schließlich vollzogenen Innovation, ohne daß die Presse als originär innovativer Faktor isolierbar wäre. Eine diesbezügliche <u>Mitwirkung</u> der Presse an Innovationen ist wahrscheinlich, da davon ausgegangen werden kann, daß außenpolitische Akteure in Redefinitionsphasen verstärkt Informationen suchen[2], daß sie vor allem auch vor dem Hin-

---

[1] Auch der umgekehrte Fall ist möglich: Die Inhaltsanalyse der Presseberichterstattung ergibt eine signifikante Veränderung in der Themen- und/oder Argumentenstruktur. Die Rekonstruktion des außenpolitischen Prozesses wird dann auf diese presseseitige Innovation hin untersucht. Aus an dieser Stelle noch nicht benennbaren Gründen erwies sich dieser Weg als analytisch nicht so fruchtbar.

[2] Hier ist neben den schon bei der Ressourcenfunktion eingeführten Ansätzen der Gratifikationstyp der "Realitätsexplorierung" des Nutzenansatzes als Verstärkung der "Umweltkontrolle" eingeflossen (vgl. M. Schenk, a.a.O., S. 226).

tergrund des Legitimationszwanges überprüfen, inwieweit der Wähler/das Publikum mit der zur Innovation führenden Entwicklung bereits vertraut sind.
Auf diese "weichen" Formen der Erfüllung der Innovationsfunktion hin wird der gesamte Untersuchungszeitraum überprüft.
Weiterhin gilt es, und zwar in Kapitel A 1.9 (Verknüpfung), sozusagen "innovatiogene" oder "wirkungsträchtige" Redefinitionsphasen auszuwählen, die von besonders bedeutenden oder sichtbaren Innovationen abgeschlossen werden, die von daher als analytisch vielversprechend erscheinen. In diesen ausgewählten Zeiträumen soll versucht werden, durch (man könnte es "kontrollierte Spekulation" nennen) die Presse als innovativer Faktor zu isolieren. Extrem formuliert hieße das den Versuch unternehmen, eine innovative Ursache-Wirkungs-Relation zwischen Berichterstattung und außenpolitischem Verhalten herauszupreparieren und alle anderen Akteure und Faktoren in den Status von intervenierenden Variablen zu versetzen. Dies soll durch die Verknüpfung der Ergebnisse aller Methoden unter zusätzlicher Zuhilfenahme der eingeführten Theorieansätze geschehen.
Durch die zunehmende Verknüpfung soll schrittweise die Plausibilität solcher Wirkungshypothesen erhöht werden. Im Gegensatz zu den eher formal klassifizierten Ergebnissen (im Rahmen der Ressourcenfunktion bis hin zur "weichen" Ausprägung der Innovationsfunktion) sind die in die Wirkungshypothesen gekleideten Ergebnisse im strengen Sinne auf Falsifizierbarkeit angelegt. Erster Schritt von seiten der Inhaltsanalyse bei der methodischen Verknüpfung ist die Bestimmung des Wirkungs<u>potentials</u> der Presseberichterstattung. Es wird sich zeigen müssen, inwieweit a) das methodische Instrumentarium ausreicht, um über die Bestimmung des in die "innovative Richtung" weisenden Potentials, ungeachtet tatsächlicher Wirkungen auf das außenpolitische Verhalten, hinauszukommen, oder b) ob - auf wiederum möglichst hohem Plausibilitätsniveau - im vorliegenden Fallbeispiel eine Innovationsfunktion der Presse, zumindest im Sinne eines engeren Wirkungsbegriffs, ausgeschlossen werden kann.

1.8.3.4 Die operative Funktion

Sind die Ressourcen- und die Innovationsfunktion Konkretisierung der Beziehungen zwischen publizistischen Aussagen und politischen Akteuren, beziehen sich also auf den Kommunikationsaspekt von Mediennutzung, -nutzen und Wirkung, so steht bei der operativen Funktion der im eigentlichen Sinne interaktionelle Gesichtspunkt im Vordergrund, und zwar in einseitig gewichteter und spezifisch intentionaler Form. Unter der operativen Funktion werden nämlich die Interaktionen von Politikern, hier im speziellen Fall des außenpolitischen Entscheidungszentrums, subsumiert, durch die Medienakteure für die Zwecke der außenpolitischen Akteure eingespannt werden, insbesondere deren publizistische Aussagen zweckgebunden instrumentalisiert werden.

Dabei gibt es verschiedene Grade der Instrumentalisierung, die einen jeweils verschiedenen Stand der Beziehungen zwischen Medien- und außenpolitischen Akteuren sowie unterschiedliche Interaktionsformen voraussetzen. Und es gibt verschiedene Ziele des operativen Einsatzes von Medien. Dies berücksichtigend, läßt sich die operative Funktion wie folgt durch Beispiele operational definieren: Politiker berufen eine Pressekonferenz ein, um ihre Sichtweise eines Sachverhaltes darzulegen oder Informationen "fallen zu lassen". Was ihnen bei einiger Prominenz leicht gelingt. Oder Politiker erklären einem bekannten Presseorgan die Bereitschaft, ein Interview über grundsätzliche Fragen zu geben, was dieses sich natürlich nicht entgehen lassen wird. Gerade im Bereich der Außenpolitik und besonders auch im Fall der Ost-West-Beziehungen ist dies eine offenbar häufig geübte Methode, um ausländischen Verhandlungspartnern Modifikationen der eigenen Position, größere Kompromißbereitschaft oder auch nur eine beabsichtigte Verbesserung der Atmosphäre zu signalisieren. Man denke in diesem Zusammenhang an die Institution der "Spiegel-Gespräche", die besonders von Bahr und Brandt während der Entspannungspolitik zu solchen Zwecken offenbar genutzt wurden. Außerdem lösen solche Interviews häufig einen Schneeballeffekt aus, d.h. über ihre Quintessenz wird anschließend in anderen Medien, etwa in Hörfunk- und Fernsehnachrichten, berichtet. Dadurch erhalten sie intern, mittelbar auch extern, eine erhebliche Breitenwirkung.

Das Ziel solch operativen Medieneinsatzes kann jedoch in bezug auf das Verhältnis zu einem außenpolitischen Verhandlungspartner auch eine Form der Selbstverpflichtung sein; dann nämlich, wenn sich Außenpolitiker auf Positionen festlegen wollen. Indem sie intern, gegenüber den Medien, der Opposition, der Wählerschaft, Standpunkte bekräftigen, signalisieren sie nach außen Grenzen der Kompromißfähigkeit, denn das Räumen lauthals beschworener Positionen bleibt nicht ohne legitimatorische Negativeffekte. Das Signal an den Verhandlungspartner besagt: Bis hierher und nicht weiter; weiter ginge es nur um den zu hohen Preis des Gesichtsverlustes. Eigentlich müßig zu betonen ist es, daß solche Mechanismen, primär in parlamentarischen Demokratien funktionieren.

Andere Interaktionsformen sind die zwischen Politikern und vertrauten Journalisten. Wie uns in Gesprächen mit "Kommunikationsexperten", vor allem im Auswärtigen Amt, bestätigt wurde, unterhalten viele Politiker regelmäßige Beziehungen zu ausgesuchten Journalisten[1], die auf gegenseitigem Geben und Nehmen basieren: Vertrauliche Informationen gegen "Instrumentalisierungsbereitschaft".

Die unspektakuläre, alltägliche Form operativen Einsatzes der Medien besorgen dagegen die Informationsstäbe von Parteien, Ministerien und einzelnen Politikern durch die Verschickung von Stellungnahmen, Redemanuskripten, Broschüren usw., die allerdings der Routineselektion in den Redaktionen unterworfen sind.

Die die operative Funktion erfüllenden Interaktionsformen reichen also von der letztgenannten über die bewußt inszenierte Ausnutzung der journalistischen Aufmerksamkeitsstrukturen, etwa durch die groß angekündigte Rede eines prominenten Politikers, bis hin zum vertraulichen "Stecken" von Informationen. Ein solcher Vorgang verbirgt sich häufig hinter der von Journalisten angeführten Quelle der "gut informierten Kreise".

---

1 Vgl. K. Reumann, Machen Journalisten die Politiker lächerlich?, in: Frankfurter Allgemeine Zeitung vom 08.07.80, S. 5.

Empirisch wird die operative Funktion untersucht durch entsprechende Fragen in der schriftlichen Befragung, durch die Kategorie "Anlaß" in der Inhaltsanalyse, mit der die textimmanent erkennbaren Berichterstattungsanlässe, z.B. Pressekonferenzen, Pressemitteilungen, Interviews sowie durch diesbezügliche Daten und Angaben aus der historischen Rekonstruktion.

1.9 Methoden-Design - Verknüpfung der Methoden

Drei Methoden werden in dieser Untersuchung aufeinander bezogen:

1. Die historisch-deskriptive Rekonstruktion des außenpolitischen Entscheidungsprozesses "Polenverhandlungen 1969/70". Auf der Basis von Sekundärliteratur, Bundestagsprotokollen und Gesprächen mit Beteiligten, benennt diese Methode die relevanten Akteure (inklusive die sich wandelne Zusammensetzung des Entscheidungszentrums) sowie Themen, Inhalte, Probleme, Rahmenbedingungen und Determinanten des Verhandlungspozesses, beschreibt den Ablauf der Verhandlungen und stellt damit eine Zeitachse bereit. Die historische Deskription liefert quasi die Konstruktion eines "objektiven" Vergleichsmaßstabes für die anderen Methoden. Darüber hinaus werden hier vermittels der Situationsdefinition Hypothesen über das wahrscheinliche Rezeptionsverhalten der Entscheidungsträger der Presse gegenüber aufgestellt.

2. Die Inhaltsanalyse der Presseberichterstattung über die Polenverhandlungen in den Zeitungen: Frankfurter Allgemeine Zeitung, Frankfurter Rundschau, Süddeutsche Zeitung, Die Welt, Neue Zürcher Zeitung, Bild-Zeitung, Die Zeit, Der Spiegel.
Sie erfaßt, welches Bild die Presse vom Verlauf des Entscheidungsprozesses (wiederum Zeitachse) zeichnet; welche Themen hervorgehoben oder vernachlässigt werden; welches Bild davon, welche Akteure beteiligt sind, wie sie interagieren, welche Weltbilder sie haben, welche Rahmenbedingungen sie perzipieren etc. Entscheidend dafür sind die Kategorien "Argument", "Thema", "Akteur" und "Interaktionsakteur".

3. Die schriftliche Befragung. Sie stellt an sämtliche Befragte allgemeine Fragen zur Beziehung (gegenseitige Perzep-

tion, Interaktion) Journalisten - Außenpolitiker bzw. zum
Verhältnis außenpolitischer Berichterstattung - außenpolitische Entscheidung. Am untersuchten außenpolitischen Prozeß beteiligte Journalisten und Politiker bzw. Beamte werden zusätzlich zu den Polenverhandlungen und zum möglichen Medieneinfluß darauf befragt, um wiederum die historische Deskription teilweise zu kontrollieren und um direkt Medieneinfluß (allerdings aus der subjektiven Perspektive der Befragten) erheben zu können.

Einsatz und Anlage der Methoden werden gesteuert durch das forschungsleitende Modell, das zunächst zwei Analyseebenen definiert, die je zwei Faktoren umfassen:
a) außenpolitischer Akteur (genauer: die Entscheidungsträger) und Medienakteur sowie
b) außenpolitische Entscheidung (Situationsdefinition) und publizistische Aussage (Presseberichterstattung).

Die Wahl dieser Analyseebenen, d.h. die Heraushebung von vier Faktoren aus der Fülle von Faktoren ermöglicht die Systematisierung der Beziehung zwischen ihnen mit Hilfe der benannten Funktionen und die Einbeziehung der übrigen Faktoren, wie z.B. Rahmenbedingungen außenpolitischer Verhandlungen, aus der Perspektive der außenpolitischen und der Medienakteure. Dabei überwiegt die Perspektive der Entscheidungsträger usw., deren Situationsdefinition und die daraus resultierende außenpolitische Entscheidung im Mittelpunkt des Interesses steht. Außerdem ermöglicht erst die Wahl dieser Analyseebenen den Einsatz der sozialwissenschaftlich-empirischen Methoden und die Integration der kommunikationswissenschaftlichen Theorie- und Forschungsansätze.

<u>Analysetechnik: Verknüpfung der Methoden und ihrer Ergebnisse</u>

Das Analyseziel, Hypothesen über den Einfluß von Presseberichterstattung auf Situationsdefinitionen und außenpolitische Entscheidungen bzw. über Wechselwirkungen zwischen beiden und den dahinterstehenden Akteuren zu gewinnen, soll durch die Verknüpfung der durch die drei Methoden gewonnenen Daten erreicht werden. Dazu wurden schon in ihrer Anlage die Methoden, gesteuert durch das Modell, so verschränkt, daß sich ihre Fragebereiche zum Teil überlappen, zum Teil ergänzen.

Das folgende Schaubild ordnet den zwei Analyseebenen die Methoden zu: Medien- und außenpolitische Akteure werden befragt (standardisierte, schriftliche Befragung und Tiefeninterviews); die Presseberichterstattung inhaltsanalysiert, die außenpolitischen Entscheidungen und Situationsdefinitionen durch historische Deskription und eine Inhaltsanalyse von Politikeräußerungen in Bundestagsreden nachgezeichnet. Der Kern des Untersuchungsinteresses, der Einfluß, den publizistische Aussagen auf außenpolitische Akteure und damit auf deren Entscheidungen haben, wird durch die Verknüpfung der Ergebnisse der drei Methoden und zum Teil durch die Befragung (die allerdings nur die Summe subjektiver Einschätzungen von Akteuren erbringt) angegangen. Die für die Untersuchung des Prozesses unumgängliche Zeitachse mit Entscheidungshöhepunkten und den Amplituden der Berichterstattung wird aus historischer Deskription und Inhaltsanalyse konstruiert, inklusive eines gegenseitigen Vergleichs.

Im Anschluß an das Schaubild werden die vorgesehenen Analyseschritte, die auf die Verknüpfung der Ergebnisse der Methoden hinzielen, an einem hypothetischen Beispiel vorgeführt. Im Schlußkapitel (E 3., Bd.II) werden die Methoden dann aufgrund der Ergebnisse der Teilmethoden anhand empirischer Beispiele verknüpft, um zu Hypothesen wahrscheinlicher Presseeinflüsse zu kommen.

- 109 -

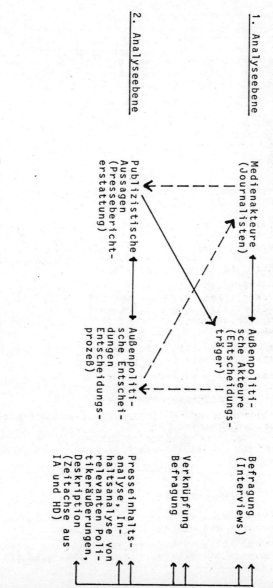

Ein hypothetisches Verknüpfungsbeispiel

Quelle: Inhaltsanalyse

1. Die Zeitung A bringt zum Zeitpunkt t_x das Argument (Thema) "Gefahr der Vorwegnahme friedensvertraglicher Regelungen" auf.

2. Im Zeitraum t_x bis t_y macht das Argument "Karriere"; viele Zeitungen greifen es auf, sie berichten häufig und intensiv darüber, daß das Argument im "Interaktionsfeld interner außenpolitischer Faktoren" breit debattiert wird; in der Berichterstattung tauchen zunehmend Gegenargumente auf, die vom Entscheidungszentrum und/oder seinem politisch-administrativen Umfeld lanciert werden, die Zeitungen berichten über vermehrte Aktivitäten des Entscheidungszentrums in Richtung USA.

3. Am Ende des Zeitraums t_x bis t_y wird das Argument "Gefahr ..." in der Berichterstattung als besonders verhandlungs- und entscheidungsrelevant hervorgehoben, wer auch immer als Akteur Träger dieses Arguments ist: Die Presse als Kommentator, die Opposition, das Entscheidungszentrum etc.

Quelle: Historisch-deskriptive Rekonstruktion und Rekonstruktion der Situationsdefinitionen

4. Der Zeitpunkt t_x fällt in die Vorbereitungsphase einer neuen Verhandlungsrunde. Eine strategische Entscheidung steht bevor; die Entscheidungsträger redefinieren ihre Situation mit der dadurch bedingten größeren Rezeptionsbereitschaft für neue Informationen.

5. Zudem kann über die Inhaltsanalyse von Äußerungen der Entscheidungsträger für die hier interessierende Phase eine verstärkte Nennung des Argumentes "Gefahr ..." und damit wahrscheinlich dessen verstärkte Rezeption festgestellt werden.

6. In dieser Phase hat das Entscheidungszentrum nur Routinekontakt auf administrativer Ebene zu den USA.

7. Im Zeitraum t_x bis t_y intensiviert das Entscheidungszentrum seine Kontakte zu den USA (z.B. fliegt der Außenminister schließlich nach Washington).

8. In der folgenden Verhandlungsrunde spielt der mit dem aufgebrachten Argument "Gefahr ..." zusammenhängende Friedensvertragsvorbehalt eine größere Rolle als erwartet, was sich schließlich auch im Vertrag am Ende niederschlägt.

Quelle: Schriftliche Befragung

9. Die Zeitung A wird von Außenpolitikern und Beamten als gut informiert und glaubwürdig angesehen.

10. Die außenpolitischen Akteure geben an, vor Entscheidungsfindungen die Presseberichterstattung sorgfältig zu beobachten.

11. Die außenpolitischen Akteure bestätigen das Problem Friedensvertragsvorbehalt und die USA als bedeutend für die Verhandlungen.

Hypothesenbildung

Die Kontingenz der Daten erlaubt die Hypothese, daß die Presse den Entscheidungsprozeß beeinflußt hat, indem sie der Agenda der Verhandlungen ein Problem (Thema) hinzugefügt oder es zumindest verstärkt hat, dadurch, daß sie es auf die öffentliche Agenda gesetzt hat (= Einbeziehung der theoretischen Annahmen des Modells: 'agenda-setting'-Ansatz, Konstruktion der außenpolitischen Realität). Sie hat im Sinne der Innovationsfunktion gewirkt.

Das hohe Plausibilitätsniveau der Hypothese ergibt sich aus der Bestätigung der Bedeutung der Presse durch politische Akteure (Befragung), dadurch, daß um das aufgebrachte Argument herum ein politischer Prozeß - im internen Interaktionsfeld sowie durch Aktivität des Entscheidungszentrums nach außen - in Gang gesetzt wurde, der wiederum in der Presse abgebildet wurde, was eine Wechselwirkung aufzeigt (Inhaltsanalyse und Bestätigung durch historische Deskription). Das Argument/Problem hat Niederschlag in den Verhandlungen gefunden (historische Deskription).

Eine weitere plausible Begründung erfährt die Hypothese aus einem Theorem des Modells: Ein außenpolitischer Faktor (eine Rahmenbedingung) gewinnt an Gewicht, wenn er öffentlich ist. Dazu kommt, daß im parlamentarisch-demokratischen System die politischen Akteure - so eine Rationalannahme - daran interessiert sein müssen, ihre von der Wählerschaft abhängige Machtbasis legitimatorisch abzusichern, indem sie die u.a. von der Presse aufgebrachte oder berichtete Kritik irgendeines Akteurs berücksichtigen und nach Möglichkeit auszuräumen versuchen.

Weitere - aus dem Modell und aus vorliegenden Theorien abgeleitete - Annahmen und Hypothesen könnten zur Stützung oder Widerlegung der Existenz von Presseeinflüssen in diesem Fall herangezogen werden.

Verläßliche Aussagen über Einflüsse von Presseberichterstattung auf außenpolitische Entscheidungsprozesse können also nur dann gewonnen werden, wenn die Ergebnisse aller drei Teilmethoden in einer interpretativen Zusammenschau verknüpft werden. Erst wenn bezogen auf einen bestimmten Fall die jeweiligen Ergebnisse in die gleiche Richtung weisen, d.h. einen möglichen Presseeinfluß indizieren, weil das Rezeptionsverhalten und die Intensität der Presseberichterstattung einander entsprechen, kann von einem wahrscheinlichen Presseeinfluß gesprochen werden. Die auf einen bestimmten Zeitraum bezogene Kumulation gleichläufiger Ergebnisse aus der voneinander unabhängigen Sicht der verschiedenen Methoden macht dabei einen Presseeinfluß um so wahrscheinlicher. Da der Gegenstandsbereich im vorliegenden Fall nur begrenzt empirisch erhoben werden kann (Presseeinfluß auf die Situationsdefinitionen ist als solcher nicht beobachtbar), können in dieser Untersuchung nur Wahrscheinlichkeitsaussagen gemacht werden, die mittels Indikatoren gewonnen werden. Zu Hilfe gezogen werden müssen dabei noch plausible oder rational rekonstruierte Annahmen über das vermutliche und wahrscheinliche Verhalten von politischen und Medienakteuren.[1]

Die Untersuchung durchläuft also mehrere Ebenen und Phasen von unterschiedlichem wissenschaftstheoretischen und methodologischen Status: Die auf der Ebene der einzelnen Methoden gewonnenen Ergebnisse über mögliche Presseeinflüsse sind als solche noch auf einem geringen Wahrscheinlichkeitsniveau, sie sind noch abstrakt, so lange sie nicht durch die Ergebnisse der anderen Methoden ergänzt und gegebenenfalls korrigiert werden.

Erst die Zusammenführung der Ergebnisse und Sichtweisen aller Methoden ermöglicht Aussagen von - in dieser Untersuchung erreichbaren - höchstem Wahrscheinlichkeitsniveau und Sicherheitsgrad.

---

1 Vgl. W. Stegmüller, Einheit und Problematik der wissenschaftlichen Welterkenntnis, München 1966.

B Zusammenfassender Überblick und Datenreduktion zur Rekonstruktion des deutsch-polnischen Entscheidungs- und Verhandlungsprozesses des Jahres 1970 (Außenpolitischer Teil)
Entscheidungsträger, Akteure, Argumente
Situationsdefinitionen, Entscheidungsstrukturen
Verhandlungsabläufe

1. Methodische Vorbemerkungen: Die rezeptionshypothetische Fragestellung

1. Der im folgenden in komprimierter Form dargestellte innerdeutsche akteurs- und entscheidungsträgerbezogene Perzeptions-, Entscheidungs- und Verhandlungsprozeß zu den deutsch-polnischen Verhandlungen vom Februar bis zum November 1970 (mit den verhandlungsentscheidenden Themen: 'Anerkennung der Oder-Neiße-Grenze' und der 'Aussiedlung von in Polen lebenden ausreisewilligen Deutschstämmigen') ist - im Rahmen der gesamten Untersuchung - das historisch rekonstruierte Bezugssystem, auf das die hier zu analysierende Presseberichterstattung Wirkung gehabt haben könnte, bzw. von dem aus Einflüsse auf die Medienakteure ausgegangen sein könnten. Zunächst wird - in der Terminologie von Brecher - die operationale Umgebung mit den internen und externen außenpolitischen Interaktionsfeldern dargestellt, dem schließt sich die psychologische Umgebung der Entscheidungsträger mit deren Situationsdefinitionen an.
Fokus der Analyse ist dabei vor allem das Verhältnis zwischen den Situationsdefinitionen der Entscheidungsträger und der Presseberichterstattung.[1]

---

[1] Vorweg sei hier schon zur Vermeidung von Mißverständnissen vermerkt: Obwohl die Bundesregierung nur das abschließende Treffen zwischen dem deutschen und polnischen Außenminister im November 1970 als "Verhandlungen" und die vorhergehenden Treffen zwischen den Delegationsleitern Duckwitz und Winiewicz als angeblich relativ unverbindliche "Gespräche" bezeichnete, sollen hier alle sechs Treffen terminologisch unter dem Begriff "Verhandlungen" rubriziert werden, da sie es realiter waren. Die Bundesregierung hatte diese Bezeichnung lediglich aus taktischen Gründen vermieden, u.a., um der Opposition keine Angriffsflächen zu bieten, indem sie sie mit der Beruhigung, es seien nur Gespräche, im Unklaren ließ, wie weit diese schon fortgeschritten waren.

2. Es wird im folgenden davon ausgegangen, daß aller Wahrscheinlichkeit nach für das Zustandekommen außenpolitischen Handelns und Entscheidens der Einfluß mehrerer Akteure zugleich und interdependent, allerdings mit unterschiedlicher Gewichtung, maßgeblich ist.[1] Die Akteure können wiederum nur im Rahmen politischer und sozialer Strukturen und deren mit Sanktionen und Belohnungen verbundenen Normen handeln, wollen sie innerhalb dieser Strukturen Erfolg haben. Der Einfluß anderer Akteure und der Einfluß der Strukturen kommt allerdings kurzfristig nur vermittels der Situationsdefinitionen (cognitive maps) der Entscheidungsträger zur Geltung. Diese werden daher im Anschluß an den zusammenfassenden Überblick über den Ablauf der deutsch-polnischen Verhandlungen von 1970 rekonstruiert werden.

3. In diesem Kapitel soll des weiteren die - mit Bezug auf die Medienwirkungsfragestellung operationale-mehrstufige - Reduktion der in der umfangreichen Rekonstruktion des Entscheidungsprozesses erhobenen Datenbasis geleistet werden, auf zunehmend aggregierterem Niveau, das einen Vergleich mit dem ebenfalls aggregierten Niveau der Befragung und der Inhaltsanalyse ermöglicht. Das erfolgt u.a. durch die Kategorien, mit deren Hilfe schon der umfassende Entscheidungs- und Verhandlungsprozeß rekonstruiert und gegliedert wurde. Basis des Reduktionsprozesses ist die umfassende Darstellung des Entscheidungsprozesses, die dem, was man "objektive Realität" nennen könnte, am nächsten kommt.

(Wegen ihres großen Umfanges konnte diese Darstellung nicht mit veröffentlicht werden.)

Die beim Reduktionsprozeß verwendeten Kategorien wie Akteur, strukturelle Rahmenbedingungen, taktische und strategische Entscheidungen, Definitionen der Situation (=cognitive map), Koordination, Interaktion usw. sind bereits im Theorie-Teil definiert worden. Der Status der Rekonstruktion im Rahmen der gesamten Arbeit soll durch beilie-

---

1 Vgl. Manfred Dormann, Faktoren der außenpolitischen Entscheidung, in: PVS, 12. Jg., Juni 1971, Heft 1, S. 25 ff.

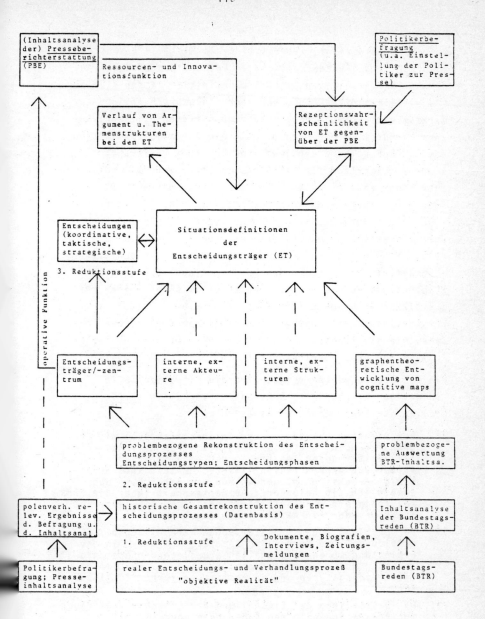

gendes Schema verdeutlicht werden:

Wie das Schema zeigt, ist das zentrale Ziel die Rekonstruktion der Situationsdefinition der Entscheidungsträger. Aus der Art der jeweiligen Situationsdefinition lassen sich auf Plausibilitätsniveau Aussagen über die wahrscheinliche Aufmerksamkeitsrichtung der Entscheidungsträger ableiten. So kann vermutet werden, daß für ein die Situationsdefinition dominierendes Thema der jeweilige Entscheidungsträger besonders aufmerksam ist, wenn dieses Thema von der Presse oder einem anderen Akteur über die Presse gebracht wird. Über die Situationsdefinition läßt sich also die wahrscheinliche Rezeptions- und Aufmerksamkeitsstärke gegenüber Thematisierungen seitens der Presse ermitteln. Ein zeitlicher Vergleich von Themenentwicklungen in den Situationsdefinitionen und in der Presse erlaubt dann evtl., Hypothesen über die Einflußstrukturen zwischen beiden aufzustellen. Es handelt sich demnach hier um eine auf die Entscheidungsträger bezogene rezeptionshypothetische Analyse, die das Pendant darstellt zur wirkungshypothetischen Analyse der Presseberichterstattung.[1]

Wie das Schema weiter zeigt, wird die Situationsdefinition und das daraus abgeleitete Rezeptionsverhalten an fünf Quellen mit fünf Methoden rekonstruiert:

I. Der Struktur-, Akteurs- und Interessenanalyse mit der grundlegenden, operationalen, aus einem Rationalitätskalkül stammenden Annahme[2], daß eine Struktur oder ein Akteur von großem realpolitischem Gewicht interessenmäßig berücksichtigt werden muß und daher auch wahrscheinlich mit besonderer Aufmerksamkeit (über die Presse) rezipiert wird, verstärkt rezipiert wird als eine Struktur oder ein Akteur von minderem Gewicht.

II. Der problembezogenen historischen Darstellung des Entscheidungs- und Verhandlungsprozesses mit den in der Einleitung schon entwickelten grundlegenden operationalen Annahmen über das Rezeptionsverhalten bei bestimmten Entscheidungstypen und in bestimmten Verhandlungsphasen.

III. Der Darstellung der Einstellung der Entscheidungsträger zur Presse anhand deren Äußerungen über sie mit der

---

1 Siehe Kapitel E 1., Bd. II
2 Vgl. Kapitel A 1.4.4, S. 41 f.

Angabe von individualpsychologischen Faktoren, die die Rezeptionswahrscheinlichkeit mitbestimmen.

IV. Der graphentheoretischen Umformulierung und matrixartigen Anordnung der während der Verhandlungen gebrauchten Argumente mit der Möglichkeit, Argumente von besonderer Bedeutung für die jeweilige, zeitgebundene Situationsdefinition zu eruieren.

V. Der inhaltsanalytischen Auswertung der Bundestagsreden der Entscheidungsträger mit der grundlegenden operationalen Annahme, daß vom Entscheidungsträger häufig genannte Themen und Argumente auch in seiner Situationsdefinition dominieren und seine Aufmerksamkeitsrichtung bestimmen.[1]

Die hiermit zu gewinnenden Hypothesen über das wahrscheinliche Rezeptionsverhalten der Entscheidungsträger sind zunächst abstrakt, solange sie nicht konfrontiert werden mit den von der Presse ausgehenden Wirkungspotentialen, die über die Inhaltsanalyse der Presseberichterstattung ermittelt werden.[2] Erst die Zusammenschau beider Prozesse erlaubt verantwortbare Aussagen über die wahrscheinlichen Presseeinflüsse. Darüberhinaus muß darauf hingewiesen werden, daß auch die über die fünf genannten Methoden ermittelten Rezeptionshypothesen zunächst als solche abstrakt sind und der wechselseitigen Ergänzung, Korrektur oder gar Revision bedürfen. Nur alle fünf Methoden zusammen vermögen ein ungefähres Bild über das Rezeptionsverhalten zu geben, das dann zudem nur mit einem hohen Grad an Plausibilität und Wahrscheinlichkeit über verschiedene Indikatoren rekonstruiert, aber nicht voll empirisch nachgewiesen werden kann.

4. Nicht zuletzt soll hier - das sei schließlich noch angemerkt - ein die Lektüre erleichternder Überblick über den Perzeptions-, Verhandlungs- und Entscheidungsprozeß gegeben werden. Aus diesem Grunde wird auf die Angabe von Literatur- und Quellenanmerkungen weitgehend verzichtet.

---

1 Auch die von uns durchgeführte schriftliche und mündliche Politikerbefragung (s. Kap. E, Bd.II) gibt weitere Hinweise auf das Rezeptionsverhalten von Politikern der Presse gegenüber.

2 Siehe Kapitel E, Bd. II

Zunächst sollen nun die strukturellen Rahmenbedingungen und die Akteure[1], die für die deutsch-polnischen Verhandlungen lang- und kurzfristig relevant waren, kursorisch dargestellt werden. Nur im Vergleich mit diesen Akteuren und Rahmenbedingungen kann eine für außenpolitisches Handeln relevante Wirkung des Akteurs und Faktors Presse adäquat gewichtet werden.

Die operationale Umgebung

2. Die Struktur-, Akteurs- und Interessenanalyse

2.1 Die strukturellen, außenpolitischen, externen und internen Rahmenbedingungen der deutsch-polnischen Verhandlungen

2.1.1 Das internationale System in den sechziger und zu Beginn der siebziger Jahre

2.1.2 Die historischen Voraussetzungen der deutsch-polnischen Beziehungen

2.1.3 Die Struktur des politischen Systems der Bundesrepublik Deutschland

2.1.1 Das internationale System in den sechziger und zu Beginn der siebziger Jahre

Seit der Kuba-Krise setzten sich, initiiert von den USA, der UdSSR und Frankreich und nur verzögert durch den Vietnam-Krieg und den sowjetischen Einmarsch in die CSSR, zunehmend Tendenzen im internationalen System durch, die auf Abbau der Kalte-Kriegs-Konfrontation auf militärischem und politischem Gebiet (nicht auf ideologischem) zielten und den Aufbau gemeinsamer Ost-West-"Sozialstrukuren" anstrebten, in deren Rahmen die weiterhin bestehenden

---
[1] Siehe Definition Theorie-Teil

Konflikte auf der Basis der Anerkennung des Status quo gewaltfrei gelöst werden sollten, in deren Rahmen auf jeden Fall die Staaten der beiden zunehmend sich lockernden Blöcke eine größere außenpolitische Bewegungsfreiheit gewannen. Diesem entspannungspolitischen Trend versuchten sich die westdeutschen Regierungen unter den CDU-Kanzlern zwar zu widersetzen; SPD und FDP hielten allerdings eine Anpassung für unvermeidbar, die, da sie schon relativ zeitverzögert erfolgte, schnell erfolgen mußte, wollte die Bundesrepublik nicht Opfer des entspannungspolitischen Ausgleichs zwischen den Supermächten werden. Diesen internationalen Trend zu ignorieren, wäre nur unter großen Kosten und Gefahren möglich gewesen, vor allem der Gefahr einer Isolierung der Bundesrepublik unter ihren Verbündeten.[1] Von hier aus ging für das westdeutsche Entscheidungszentrum ein starker Handlungsimpuls mit Zeitdruck und Erfolgszwang aus, der z.T. das schnelle Tempo der ostpolitischen Verhandlungen erklärt.

In der kommunikationswissenschaftlich-politologischen Terminologie von K. W. Deutsch, wie sie in der Einleitung dargelegt wurde, mit der Definition von Interesse durch Aufmerksamkeitsverteilung und Belohnungserwartung, könnte das Interesse der westdeutschen Entscheidungsträger mit Bezug auf das internationale System wie folgt näher bestimmt werden: Die Struktur des internationalen Systems zu Beginn der 70er Jahre war derart, daß derjenige, der konform mit dessen entspannungspolitischem Trend handelte, Belohnungen erwarten konnte, durch die er Werte wie größerer (außenpolitischer) Spielraum für eine sinnvolle Wahl erfüllt sehen konnte. Inwieweit nun dieses vom System vorgegebene "ob-

---

1 Vgl. hierzu W. Hanrieder, Compability and Consensus: A Proposal for the Conceptual Linkage of External and Internal Dimension of Foreign Policy, APSR 61 (1967), S. 971-982, insbesondere S. 977.
Hanrieder weist auf die Notwendigkeit der Kompabilität von Außenpolitik mit dem internationalen System hin, was er anhand der westdeutschen Außenpolitik der Nachkriegszeit nachweist (ders., Die stabile Krise, Ziele und Entscheidungen der bundesrepublikanischen Außenpolitik 1949-1969, Düsseldorf 1971).

jektive" Interesse von den Entscheidungsträgern und Akteuren aufgenommen wurde, ob ablehnend oder befürwortend und auf welchem Rangplatz deren Interessenhierarchie, läßt sich in unserem Forschungsdesign annähernd nur über die Analyse der thematischen Schwerpunktsetzungen der Bundestagsreden von Entscheidungsträgern und deren befürwortenden oder ablehnenden Tendenz feststellen.[1] Ausgegangen wird dabei von der in der Einleitung dargelegten Annahme, daß die Aufmerksamkeitsverteilung, wie sie in den Thematisierungsschwerpunkten zum Ausdruck kommt, mitbestimmt über die Interessenrichtung eines Entscheidungsträgers oder Akteurs. Wenn sich nun herausstellt, daß die Aufmerksamkeitsverteilung der vom internationalen System ausgehenden Belohnungserwartung entspricht, kann plausibel angenommen werden, daß diese derart belohnte Aufmerksamkeitsverteilung auch das Rezeptionsverhalten der Entscheidungsträger in Richtung des zur Belohnung anstehenden Wertes wahrscheinlich mitbestimmt hat.

2.1.2 Die historischen Voraussetzungen der deutsch-polnischen Beziehungen

Die deutsch-polnischen Beziehungen können nicht nur auf dem Hintergrund des Ost-West-Konfliktes mit seinen Folgen interpretiert werden. Was diese Beziehungen so schwierig machte, vor allem in psychologischer Hinsicht, war und ist insbesondere ihre historische Dimension, durch die den deutsch-polnischen Verhandlungen von 1970 nur schwer änderbare Bedingungen vorgegeben waren, die den Verhandlungsspielraum stark einengten: Seit dem 18. Jahrhundert hatten die Polen immer unter ihren übermächtigen Nachbarn, Rußland und Deutschland, leiden müssen, die bis zum Hitler-Stalin Pakt polnisches Territorium unter sich aufteilten. Dadurch bildete sich bei ihnen eine Art von Rapallo-Komplex heraus, der sie in Verbindung mit einem starken Nationalbewußtsein, auch nationalkommunistischer Ausprägung, sehr sensibel auch nur auf jeden Anschein eines deutsch-sowjetischen Bilateralismus rea-

---

[1] Siehe dort

gieren ließ. Darauf mußte die deutsche Verhandlungsseite Rücksicht nehmen, was sich angesichts ihres Konzeptes, primär mit der Ostblockführungsmacht UdSSR zu verhandeln, als recht kompliziert erwies.[1]

Dazu kam, daß die Deutschen sich - wegen des den Polen durch die Nazis zugefügten Leides - gegenüber den Polen moralisch schuldig fühlten und die Polen ein dementsprechendes deutsches Schuldbekenntnis auch verlangten.

Ein weiteres, historisch bedingtes, die Verhandlungen erschwerendes und verzögerndes Problem war die Frage einer deutschen Minderheit in Polen: Für diese fühlte sich die deutsche Bundesregierung verantwortlich (Stichwort: Familienzusammenführung, Lösung der humanitären Frage). Darin sahen die Polen allerdings zunächst einmal die Gefahr eines von außen gesteuerten deutschen Hineinregierens in innerpolnische Angelegenheiten, eingedenk ihrer Erinnerungen an schon von Bismarck unternommene Versuche, die deutsche Minderheit zum Widerstand gegen die polnische Regierung anzustacheln. - Schließlich seien als völkerrechtlich-historische Vorgegebenheiten der deutsch-polnischen Verhandlungen das Potsdamer Protokoll, das Görlitzer Abkommen und der Deutschlandvertrag genannt. Nur im engen Rahmen der gemeinsamen juristischen "Schnittmenge" dieser Verträge konnte eine von beiden Seiten akzeptierte Formel gefungen werden, mit der die Bundesrepublik die Oder-Neiße-Grenze als Westgrenze Polens anerkannte.

Das waren die aus dem bilateralen historischen und aktuellen Verhältnis resultierenden Bedingungen, von denen die Deutschen und Polen ausgehen mußten.

2.1.3 Die Struktur des politischen Systems der Bundesrepublik Deutschland

Im parlamentarisch-demokratischen System der Bundesrepublik mit dem in ihm institutionalisierten Mechanismus des alle

---

1 Vgl. Kontroverse um das Bahr-Papier

vier Jahre möglichen Machtwechsels durch allgemeine Wahlen sowie mit der für die föderalistische Struktur der Bundesrepublik typischen weiteren Machtkontrolle durch Landtagswahlen muß auch das außenpolitische Handeln und müssen auch die außenpolitischen Akteure und Entscheidungsträger Rücksicht nehmen auf die Notwendigkeit, sich gegenüber dem Wähler legitimieren zu können, (wenn auch auf außenpolitischem Gebiet - im Vergleich zum innenpolitischen - noch am geringsten). Dabei ist diese Art der Erfolgskontrolle relativ kurzfristig, zumal in der föderalistischen Bundesrepublik. Die Regierung ist also dazu gezwungen, in relativ kurzer Zeit Erfolge vorlegen zu müssen. Auch außenpolitisches Handeln, will es in seinen Ergebnissen innenpolitisch durchsetzbar sein, bedarf also der Zustimmung zumindest der Mehrheit der Bevölkerung. Tests darauf stellen Land- und Bundestagswahlen dar, die damit außenpolitisch handlungsrelevant sind.[1] Zustimmung und Ablehnung der Wählerschaft kommen allerdings nicht nur direkt durch Wahlen zum Ausdruck, sondern werden auch über Parteien vermittelt ins politische System eingebracht. Die Parteien handeln u.a. mit Bezug auf die ihnen nahen Wählerschichten, deren Interessen und Meinungen sie zu entsprechen suchen. So mußte z.B. 1970 die CDU/CSU, angesichts des NPD-Wählerreservoirs, auf rechtskonservative Wähler Rücksicht nehmen. Diese Rolle übernahm vor allem Strauß mit seiner Politik der Konfrontation gegenüber der Außen- und Innenpolitik der Bundesregierung. Die in sich erodierende und immer mehr Bundestagsabgeordnete verlierende FDP mußte wiederum auf die Interessen ihres nationalliberalen Flügels (und die ihm entsprechenden bürgerlichen und mittelständigen FDP-Wählerschichten) achten sowie auf das gegenüber Brandt verblassende Image von W. Scheel, der in den Hintergrund zu geraten drohte und sich daher auch außenpolitisch profilieren mußte.

---

1 Vgl. Heino Kaack, Landtagswahlen und Bundespolitik 1970-1972, in: APUZ, B. 13/74, 30.03.1974.

Und die SPD mußte ihren durch die Studentenbewegung starken linken Flügel einkalkulieren, was sie durch ein Hervorkehren ihres Reformimages auch auf dem Gebiet der Außenpolitik zu realisieren hoffte. (Zumal die innenpolitischen Reformen angesichts der Widerstände schwieriger zu verwirklichen waren.)
Die Parteien spiegeln aber nicht nur ihre jeweiligen Wählerbezugsgruppen wider, sie sind z.T. auch davon autonom handelnde Akteure, die diese Bezugsgruppen wiederum zu beeinflussen und ihre Interessen zu aggregieren versuchen, so wie sie auch die verschiedenen innerparteilichen Strömungen auf einen Nenner bringen müssen. Dabei dient Außenpolitik oft als "Instrument innerparteilicher und interfraktioneller Gruppen- und Formelkompromisse bei einem Minimum an inhaltlicher Präzision".[1] Kurz: Über Parteien vermittelte Wählerschichten, Parteien selbst und innerparteiliche Gruppierungen versuchen, auf das (außenpolitische) Entscheidungszentrum im Sinne ihrer Interessen einzuwirken. Sie sind damit (potentielle) Einflußgrößen im außenpolitischen Prozeß.
In der "Kanzlerdemokratie" (A. Baring) der Bundesrepublik mit der verfassungsmäßig vorgesehenen, vor allem in der Außenpolitik traditionell starken Stellung des Kanzlers[2] kann sich allerdings das Entscheidungszentrum kurzfristig von solchen Einflußgrößen frei machen und weitgehend autonom handeln.[3] Es besteht dann aber die Gefahr, daß die Entscheidungsträger, wollen sie nicht zu vielen Gruppen und Interessen vor den Kopf stoßen, bei den nächsten Bundestagswahlen (aber erst dann!) oder durch das relativ schwer anwendbare Instrument des konstruktiven Mißtrauensvotums von den Positionen der Macht vertrieben werden können. Dieses Risiko können die Akteure des Entscheidungszentrums zwar

---

1 Vgl. R. Roth, Außenpolitische Innovation und politische Herrschaftssicherung, Meisenheim/Glan 1976, S. 300.
2 Vgl. H. Kaack/R. Roth, Die außenpolitische Führungselite der Bundesrepublik Deutschland, in: APUZ, B. 3/72, S. 49.
3 Vgl. G. Schmid, Entscheidung in Bonn, Köln 1979, S. 327

kurzfristig eingehen, langfristig orientieren sie sich aber höchstwahrscheinlich an der Notwendigkeit, ihre eigene Machtbasis zu stabilisieren.

Das bestätigte sich auch während der deutsch-polnischen Verhandlungen von 1970, vor allem angesichts der im Juni und November '70 stattfindenden Wahlen in fünf Bundesländern, die im September '70 zu verstärkten Abstimmungsversuchen der Regierung mit der Opposition führten.

Wie nun dieses hier auf dem Spiel stehende "objektive", von der politischen Logik vorgegebene Interesse der Machtbewahrung mit welchem Stellenwert für das (außenpolitische) Handeln von den Entscheidungsträgern eingestuft wurde, soll wiederum von der Inhaltsanalyse der Bundestagsprotokolle beantwortet werden. Auf jeden Fall kann aber gesagt werden, daß die hier relevanten Grundwerte, die - in der Terminologie von Deutsch - als Belohnung anstehen (wie die wahlrelevante Legitimität und das wahlrelevante Ansehen der Entscheidungsträger) von der Presseberichterstattung beeinflußt werden.[1] Sie machen daher eine Aufmerksamkeit der Entscheidungsträger für die diesbezüglichen Argumente der Presse wahrscheinlich.

Diese nur langfristig wandelbaren und langfristig sich wandelnden internationalen, historischen und innenpolitischen Bedingungen und Potentiale struktureller Art stecken den Rahmen ab, innerhalb dessen die für den deutsch-polnischen Verhandlungsprozeß relevanten Akteure - mit einem je nach Position und Status unterschiedlichem Maß an autonomer Gestaltungsmöglichkeit - handelten und handeln mußten, wollten sie nicht Gefahr laufen, zu scheitern.[2] Das Handeln der Akteure war also zumindest z.T. von den Strukturen bestimmt, andererseits kommen aber Strukturen nicht als solche, sondern nur vermittelt über die Akteure zur Wirkung. Bei der Aktualisierung von Strukturen durch Akteure werden

---

[1] Siehe Einleitung
[2] Vgl. H. Haftendorn/W.-D. Karl/J. Krause/L. Wilker, Strukturprobleme des außenpolitischen Entscheidungsprozesses der Bundesrepublik Deutschland, in: dies., Verwaltete Außenpolitik, Köln 1978, S. 280.

die Strukturen allerdings auch wiederum modifiziert (zumindest verstärkt, wenn strukturgemäß gehandelt wird).
Im folgenden sollen die für die deutsch-polnischen Verhandlungen maßgebenden Akteure kurz dargestellt werden:
a) Die externen außenpolitischen Akteure; b) Die internen außenpolitischen Akteure.

2.2 Das Interaktionsfeld der externen außenpolitischen Akteure

2.2.1 Der externe außenpolitische Akteur USA

Die für die Außenpolitik der Bundesrepublik bestimmende Größe waren im Jahre 1970 wie auch zuvor die Vereinigten Staaten von Amerika, allein schon deshalb, weil sich die außenpolitische Führungselite, sei es nun die CDU/CSU oder auch die SPD seit 1960, nur durch das amerikanische Atomschutzschild vor als möglich perzipierten Angriffen aus dem Osten geschützt fühlte. Insbesondere Brandt gehörte schon in den 50er Jahren zu den Kräften in der Sozialdemokratie, die ein enges deutsch-amerikanisches Bündnis für notwendig hielten. Zwar gab es immer wieder Divergenzen zwischen der regionalen Mittelmacht Bundesrepublik und der global orientierten Supermacht USA, letztlich richtete aber die Bundesrepublik ihre Außenpolitik, wenn auch zuweilen nur unter Murren und mit Abstrichen, auf die der USA aus. Formalisiert wurde dieses Verhältnis in der Nato.
Auch während der ostpolitischen, vor allem der deutsch-sowjetischen, aber auch der deutsch-polnischen Verhandlungen des Jahres 1970 wurde die amerikanische Administration von seiten der Bundesregierung über den jeweiligen Verhandlungsstand informiert und konsultiert. Z.B. wurde die neue den Polen in der dritten Verhandlungsrunde angebotene Grenzformel vorher während des USA-Aufenthaltes von Brandt mit der

Nixon-Administration abgesprochen. Denn ein amerikanisches Veto hätte die neue deutsche Ostpolitik unmöglich gemacht. Ein solches Veto war jedoch auch nicht zu befürchten, da sich die deutsche Ostpolitik weitgehend in die seit Kennedy forcierte allgemeine Entspannungspolitik einfügte. Zeitweilige Unstimmigkeiten und Mißverständnisse zwischen den USA und der Bundesrepublik bezogen sich zunächst einmal auf die deutsch-deutschen Beziehungen, wie im November 1969 auf die Zwei-Staaten-in-einer-Nation-Formel, die den Amerikanern zunächst bedrohlich für ihre alliierten Rechte für Deutschland als Ganzes erschien, oder allgemein auf das Tempo und das Procedere (weniger den Inhalt) der deutsch-sowjetischen und deutsch-polnischen Verhandlungsführung, das den Amerikanern zu schnell war. Diese amerikanischen Bedenken waren nicht substantiell und konnten auch weitgehend behoben werden. Darüberhinaus tangierten sie so gut wie nicht den Inhalt der deutsch-polnischen Verhandlungen, (die Amerikaner hatten schon 1956 die Bundesrepublik zu einer Anerkennung der Oder-Neiße-Grenze gedrängt), sieht man von nicht verifizierbaren Pressespekulationen über amerikanische Einwände gegen die Vertragsformulierung "Grenze ... festgelegt" ab. Der einzige, der an hoher Stelle in der amerikanischen Administration Einwände prinzipieller, nicht nur formaler Art gegen die deutsche Ostpolitik hatte, sie eines latenten Nationalismus verdächtigte, war der Sicherheitsberater H. A. Kissinger. Diese Kritik konnte Kissinger aber z.T. nur über die Presse zum Ausdruck bringen, da ihm die normalen diplomatischen Kanäle versperrt waren: Das State Department unter Rogers stand der deutschen Ostpolitik weitgehend positiv gegenüber. Es wäre zu untersuchen, ob und inwieweit dieser operationale Einsatz von Presse durch Kissinger die prinzipiell zustimmende Haltung der Amerikaner in der Vermittlung durch die amerikanische und deutsche Presseberichterstattung zum Ablehnenden hin verzerrt hat.

2.2.2 Die externen außenpolitischen Akteure Großbritannien und Frankreich

Großbritannien und Frankreich hatten als Hauptsiegermächte des Zweiten Weltkriegs alliierte Vorbehaltsrechte inne, was

Deutschland als Ganzes betraf. Diese Rechte gaben ihnen
auch die Legitimation zur Mitsprache in Fragen der deutschen Ostpolitik. England nutzte diese Gelegenheit so gut
wie gar nicht: Es ging mit der weitgehend befürwortenden
Einstellung der USA konform. Demgegenüber brachte Frankreich aufgrund seiner traditionell guten Beziehungen zu Polen und seiner von ihm beanspruchten ostpolitischen Vorreiterrolle eine von der westdeutschen z.T. divergierenden polenpolitischen Meinung zum Ausdruck, die vor allem aufgrund
der traditionell guten polnisch-französischen Beziehungen
schon seit den 20er Jahren, die polnische Position in der
Grenzfrage zu stützen versuchte. Diese deutsch-französische
Meinungsverschiedenheit führte u.a. Anfang November '70 zu
der Reise Scheels nach Paris.
Insgesamt gesehen kann jedoch gesagt werden, daß der Einfluß der französischen und der englischen Regierungen auf
den innerdeutschen Entscheidungsprozeß eher peripher war.

2.2.3 Der externe außenpolitische Akteur UdSSR

Die Sowjetunion war zu Beginn der 70er Jahre nicht nur in
ihrer ansonsten dominanten, negativen Funktion für die deutsche Außenpolitik relevant, indem die Bundesrepublik ihr
außenpolitisches Handeln und Interesse als gegen die UdSSR
gerichtet definierte (wie z.B. überwiegend in der Zeit der
Adenauerschen "Politik der Stärke"). Im Gegensatz dazu gewann die UdSSR für die neue Ostpolitik von Brandt und Scheel
eine positive, integrale Funktion, indem durch das deutsch-sowjetische Arrangement von Bahr und Gromyko den bilateralen
Verhandlungen der Bundesrepublik mit den anderen Ostblockstaaten Vorgaben gesetzt wurden, denen diese sich fügen mußten, obwohl sie ihren Interessen z.T. widersprachen. Für die
sozial-liberale Koalition war eine Ostpolitik an der Ost-

block-Hegemonialmacht UdSSR vorbei aus rein machtkalkulatorischen Gründen nicht möglich. Dadurch wurde das, was die UdSSR im Rahmen der parallel zu den Polenverhandlungen stattfindenden deutsch-sowjetischen Verhandlungen akzeptierte, zu einem Bestimmungsfaktor der deutsch-polnischen Verhandlungen, auf den die deutsche Seite - wegen der polnischen Sensibilität in dieser Frage allerdings nur sehr vorsichtig - verweisen konnte, bzw. den die UdSSR durch direkte Intervention bei den Polen zur Wirkung zu bringen vermochte (wie z.B. in der Zeit nach der Veröffentlichung des Bahr-Papiers, als die Polen aus Empörung die Verhandlungen abzubrechen drohten, daran aber von ihren russischen Verbündeten gehindert wurden). Eine Koordination und Abstimmung zwischen der deutsch-sowjetischen und deutsch-polnischen Verhandlungsebene erwies sich stets als notwendig. Auf jeden Fall mußte die sozial-liberale Koalition auf die Interessen und Absichten der Sowjetunion Rücksicht nehmen, wenn sie ihr außenpolitisches Programm, zur Realisierung der Entspannung und zur Gewinnung eines größeren nationalen Spielraums zu einem Ausgleich mit dem Osten zu kommen, verwirklichen wollte.

2.3 Das Interaktionsfeld der internen außenpolitischen Akteure

2.3.1 Der interne außenpolitische Akteur CDU/CSU

Zu den bedeutendsten und einflußreichsten internen außenpolitischen Akteuren, auf die das Entscheidungszentrum Rücksicht zu nehmen hatte, gehörte die parlamentarische und z.T. außerparlamentarische Opposition, wie sie von der CDU und der CSU repräsentiert wurde. Zwar kann, wie dargelegt, in der "Kanzlerdemokratie" der Bundesrepublik das Entscheidungszentrum zumindest kurzfristig weitgehend autonom handeln, (was es auch in den ersten Monaten der sozial-liberalen Koalition vom Oktober '69 bis August '70 mit einer atemberaubenden Geschwindigkeit zur Überraschung der zeitweise überrumpelten CDU/CSU als auch der USA tat); die Opposition hat also in "normalen" Zeiten nur sehr geringe Einflußmöglichkeiten. Eine Modifikation dieser allgemeinen

Konstellation von Regierung und Opposition ergab sich im
Jahre 1970 und danach bis zur Bundestagswahl von 1972 aber
dadurch, daß die Opposition ungefähr seit Mitte des Jahres
1970 infolge der zunehmend erodierenden, sowieso schon knappen Koalitionsmehrheit im Bundestag reale Chancen hatte,
alsbald selbst die Regierung zu übernehmen. Das zwang das
Entscheidungszentrum um Brandt und Scheel spätestens seit
September '70, auf die Interessen und Argumente der Oppositionsvertreter verstärkt Rücksicht zu nehmen und sie in das
Verhandlungskonzept einzubauen, wollten Kanzler und Außenminister nicht Gefahr laufen, daß der Moskauer und der Warschauer Vertrag im Bundestag nicht ratifiziert werden würden. Die Opposition ging allerdings nicht auf das Kooperationsangebot ein, sie lehnte damit einen gewissen, wenn auch
wegen des fortgeschrittenen Verhandlungsstadiums nur noch
begrenzten Einfluß auf die deutsche Polenpolitik ab, weil
sie ihre vor allem vom rechten CDU/CSU-Flügel um Strauß u.a.
über die Medien betriebene öffentliche Konfrontationspolitik gegen die Regierung ("Ausverkauf deutscher Interessen")
nicht durch die Diskretion erfordernde außenpolitische Zusammenarbeit zwischen Regierung und Opposition diszipliniert
sehen wollte. Dadurch aber, daß der Fraktionsvorsitzende und
hinter ihm ein Teil der CDU/CSU die außenpolitische Konfrontation ablehnte und langfristig auf eine außenpolitisch
einvernehmliche Regelung mit der Regierung abzielte, sich
damit aber nur z.T. durchsetzte, erweckte die Opposition,
zwischen Kooperation und Konfrontation hin- und herpendelnd,
ein Bild der Unentschlossenheit und Uneinigkeit, die sowohl
die Konfrontations- als auch die Kooperationsstrategie in
ihrer Wirkung stark reduzierten und langfristig den innenpolitischen Einfluß der Opposition verringerten, wie die
Bundestagswahl von 1972 endgültig zeigte. Da half der Opposition auch nicht der Versuch, durch ihre alten Beziehungen zu - gegenüber der Ostpolitik der Bundesregierung kritisch eingestellten - Politikern des Auslands, insbesondere
der USA, die Regierung unter Druck zu setzen. Nachdem der
Vertrag einmal unterzeichnet war, konnte er nur noch schwerlich verändert werden: Nur durch Regierungssturz und die
Aufnahme von Neuverhandlungen (worauf die Polen wahrschein-

lich nicht eingegangen wären) oder durch Ergänzungen zum Vertrage, wie es dann auch im Ratifikationsprozeß auf Betreiben der CDU/CSU geschah, allerdings nur mit der völkerrechtlich unverbindlichen Allparteien-Bundestagsentschließung vom 17.05.1972.

2.3.2 Die internen außenpolitischen Akteure SPD und FDP

Im allgemeinen ist die Bedeutung von Regierungsparteien im parlamentarischen System wegen der engen personellen Verkopplung von Regierung und Regierungsparteien nicht so groß wie z.B. im präsidentiellen System, zumal nicht auf außenpolitischem Gebiet. Auch wird der Einfluß des außenpolitischen Ausschusses des Bundestages generell als recht gering eingeschätzt.[1] Nichtsdestotrotz gewannen die beiden Regierungsparteien von 1970, SPD und FDP, jedoch während dieses Jahres eine größere Relevanz für das außenpolitische Handeln, vor allem dadurch, daß einige mit der Ostpolitik nicht übereinstimmende SPD-Bundestagsabgeordnete sowie ein schon umfangreicherer, dissentierender Teil der FDP-Fraktion ihren marginalen Grenznutzen für die um jede Bundestagsstimme kämpfende Bundesregierung derart erhöhen konnten, daß auf sie Rücksicht genommen werden mußte. Allerdings nur so lange, bis deutlich wurde, daß die betreffenden Abgeordneten sowieso nicht mehr für die Regierung zu gewinnen waren. Das war spätestens im Oktober 1970 mit den Parteiaustritten der FDP-Abgeordneten Mende, Zoglmann und Starke (08.10.1970) klar. (Zum Ausgleich wurden zeitgleich dann ja auch die Bemühungen der Regierung forciert, sich mit Hilfe der Opposition die notwendige Mehrheit zu verschaffen.)

Vor diesem Hintergrund sind auch die regionalen Widerstände gegen die Ostpolitik, wie sie aus der Berliner SPD kamen, zu sehen.

---

[1] Vgl. C.-C. Schweitzer, Der Auswärtige Ausschuß des Deutschen Bundestages im außenpolitischen Entscheidungsprozeß, in: APUZ, B. 19/80.

Differenzen im Entscheidungszentrum wie z.B. die zwischen Brandt und Genscher über das Tempo und den Zeitpunkt der Polenverhandlungen oder die mit Dahrendorf über die Frage, ob die Moskauer oder die Warschauer Verhandlungen primär seien, sollen nicht, obwohl auch parteipolitisch bedingt, hier behandelt werden, da hier nur die Akteure behandelt werden sollen, die auf das Entscheidungszentrum Einfluß ausübten, nicht aber das Entscheidungszentrum selbst, auf das Einfluß ausgeübt wurde. Das Agieren und Reagieren des Entscheidungszentrums wird im Rahmen der Rekonstruktion des Entscheidungsprozesses dargestellt.

2.3.3 Die internen außenpolitischen Akteure: Verbände - Vertriebene - Gewerkschaften - Unternehmer - Kirchen - Rot-Kreuz-Gesellschaft - Die Bevölkerung der Bundesrepublik Deutschland

Die Vertriebenen-Verbände

War der Einfluß der Vertriebenen-Verbände auf das außenpolitische Entscheidungszentrum unter den CDU/CSU-Regierungen schon nur begrenzt gewesen, so sank er - durch die zunehmende wirtschaftliche und soziale Integration der Vertriebenen in die Gesellschaft der Bundesrepublik forciert und bedingt durch den ostpolitischen Einstellungswandel in der Bevölkerung überhaupt (auch bei den Vertriebenen selbst!) - seit der Regierungsübernahme durch die sozial-liberale Koalition auf ein Minimum, zumal die Sozial-Liberalen den wenn auch kleinen institutionellen Brückenkopf der Vertriebenen im Entscheidungsprozeß, das Vertriebenenministerium, direkt zu Beginn ihrer Amtszeit auflösten. Infolgedessen versuchten die Vertriebenenorganisationen über eine vehemente Konfrontation in der Öffentlichkeit, insbesondere der CSU, ihre Stimme zur Geltung zu bringen. Je mehr sich jedoch die Vertriebenen parteipolitisch mit der CDU/CSU identifizierten und je erbitterter ihr Widerstand wurde, um so geringer wurde die Chance, auf die offizielle Regierungspolitik einwirken zu können. Die Gräben waren zu tief geworden. Darüber dürfen auch die zahlreichen Gespräche zwischen Regierungsmitgliedern und Vertriebenenfunktionären, wie sie während der Polenverhandlungen stattfanden, nicht hinwegtäuschen.

Die Gewerkschaften (DGB)

Der Deutsche Gewerkschaftsbund - der SPD und auch der mit
großen Hoffnungen erwarteten sozial-liberalen Koalition sowieso positiv gegenüber eingestellt - befürwortete auch die
neue Ostpolitik der Regierung Brandt/Scheel.[1] Wenn auch der
DGB keinen Einfluß auf den ostpolitischen Entscheidungsprozeß selbst hatte, bzw. ihn sich nicht nahm, so ist doch die
positive Beurteilung der Entspannungspolitik als - vor allem für die innenpolitische Durchsetzung dieser Politik
förderliche - Hintergrundbedingung nicht zu unterschätzen.
Auch außenpolitisch versuchten Gewerkschaftsdelegationen
durch Fahrten nach Polen das Klima psychologisch zu entkrampfen.[2]

Die Unternehmerverbände (BDI)

Ein Grund für die erfolgreiche Durchführung der außenpolitischen "Reformpolitik" war - im Gegensatz zu den z.T. gescheiterten innenpolitischen Reformen der sozial-liberalen
Koalition - die ostpolitisch neutral-abwartenden, z.T. auch
- wie z.B. bei der im Ostausschuß vereinten gewerblichen
Wirtschaft - positive Haltung der deutschen Wirtschaft gegenüber der Ost- und Polenpolitik. Damit brauchte zumindest mit einer durch ihr ökonomisches Sanktionspotential
gefährlichen potentiellen Vetogruppe, die Wirtschaftsverbände, nicht gerechnet zu werden. Daran änderten auch prinzipiell nichts die Warnungen aus der Wirtschaft vor unrealistischen Erwartungen hinsichtlich einer Intensivierung

----

[1] vgl. auch G. Schmid, a.a.O., S. 241; vgl.
P. Lieser, Gewerkschaften und Außenpolitik, in: H.-P.
Schwarz (Hrsg.), Handbuch der deutschen Außenpolitik,
München/Zürich 1975, S. 215 ff.
[2] Vgl. z.B. den Besuch einer Delegation der Gewerkschaft
Leder vom 06.-12.09.1970, oder die DGB-Delegation unter
Vetter vom 08.-11.02.1970.

der Ost-West-Wirtschaftsbeziehungen.[1]

Die Kirchen

Die katholischen Bischöfe der Bundesrepublik hatten schon am 05.12.1965 zu dem Problem der Territorien jenseits von Oder und Neiße in einem Antwortbrief an die Bischöfe Polens Stellung genommen. In diesem Schreiben wiesen sie einerseits darauf hin, daß, wenn die Vertriebenen vom "Recht auf Heimat redeten, darin keine aggressive Absicht" liege. Andererseits betonten sie aber auch: Ihnen sei bewußt, "daß dort (in den Gebieten jenseits von Oder und Neiße, d. Verf.) jetzt eine junge Generation heranwächst, die das Land, das ihren Vätern zugewiesen wurde, ebenfalls als ihre Heimat betrachtet ...".[2]
Die Einstellung der Katholischen Kirche war daher abwartend-positiv. Positiver als die Deutsche Bischofskonferenz war der Vatikan selbst gegenüber der Ostpolitik eingestellt, was darin zum Ausdruck kam, daß Paul VI. während des Rom-Aufenthalts von Brandt (12.-14.07.1970) die Ostpolitik der Bundesregierung befürwortete sowie aufsehenerregend "knapp drei Wochen nach der Ratifizierung des deutsch-polnischen Vertrages, am 28. Juni 1970, ... in Polen vier Diözesen (errichtete) und zwei bereits bestehende neu einteilte".[3] Damit wurden die administrativen Grenzen der Römisch-Katholischen Kirche an die Westgrenzen des polnischen Staates angepaßt.

---

1 Vgl. H.-J. Krautheim, Ostpolitik und Osthandel: c) Das Problem von auswärtiger Politik und Außenhandel in den Publikationen der Wirtschaftspresse und des BDI (1963-1972), in: E. Jahn/V. Rittberger (Hrsg.), Die Ostpolitik der Bundesrepublik, Triebkräfte, Widerstände, Konsequenzen, Opladen 1974, S. 95 ff.
2 Zit. nach V. Kellermann, Brücken nach Polen, Stuttgart 1973, S. 108.
3 Vgl. V. Kellermann, a.a.O., S. 199

Mindestens ebenso positiv-engagiert wie der Vatikan war in Sachen Polenpolitik die Evangelische Kirche Deutschlands. Sie hatte in ihrer Denkschrift über "Die Lage der Vertriebenen und das Verhältnis des deutschen Volkes zu seinen östlichen Nachbarn" vom 01.10.1965 schon deutlich Position bezogen, indem sie hervorhob, daß es nicht genügen wird, "den deutschen Rechtsstandpunkt starr und einseitig zu betonen".[1]
Obwohl beide Kirchen in der Zeit der deutsch-polnischen Verhandlungen selbst keine Stellungnahmen mehr beschlossen, gab jedoch ihre aus der vorherigen Zeit bekannte wohlwollende Haltung der Bundesregierung einen gewissen öffentlich-psychologischen Rückhalt.

Das Rote Kreuz (DRK)

Das Rote Kreuz gewann für die deutsch-polnischen Verhandlungen dadurch eine gewisse Bedeutung, daß die Polen bestrebt waren und die Deutschen letztendlich z.T. darauf eingingen, die aus der Sicht Polens rein innerstaatlich-polnischen humanitären Fragen (wie z.B. die der Familienzusammenführung) zur Wahrung des polnischen Souveränitätsverlangen nicht in zwischenstaatlichen Verhandlungen zu regeln, sondern über die nichtstaatlichen Rot-Kreuz-Gesellschaften. Dieser Problembereich konnte dann aber auch in der vertragsnahen Formel der "Information" der polnischen an die deutsche Regierung angesprochen und abgeklärt werden; darüberhinaus waren jedoch beide Seiten im Sinne eines möglichst reibungslosen Verhandlungsablaufes auch daran interessiert, die Familienzusammenführung über einen neutralen Dritten, nämlich das DRK, lösen zu können, so wie sie auch das Problem des Friedensvertragsvorbehaltes durch Einbezug von Dritten, nämlich den Alliierten, entschärft hatten.
Die Bedeutung des Roten Kreuzes lag also vor allem in dieser seiner Funktionalisierung im Rahmen der Verhandlungsstrategie der Bundesregierung.

---

[1] Zit. nach V. Kellermann, a.a.O., S. 107. Vgl. L. Raiser, Bemühungen der Evangelischen Kirche Deutschlands zur Versöhnung mit den östlichen Nachbarvölkern, vor allem mit Polen, in: H.-A. Jacobsen/M. Tomala (Hrsg.), Wie Polen und Deutsche einander sehen, Beiträge aus beiden Ländern, Düsseldorf 1973, S. 260-269.

Das diesbezügliche Handeln des DRK war allerdings nicht immer voll mit dem der Bundesregierung koordiniert, sodaß von hieraus ein gewisser, disfunktionaler Einfluß auf die Verhandlungen ausging. So beklagte Duckwitz z.B., daß der DRK-Präsident Bargatzky durch seine Mission nach Polen "uns nicht gerade geholfen (hat). Wenn man sich nämlich die Zahlen (der Ausreisewilligen aus Polen, d. Verf.) realistisch ansieht, dann schrumpfen sie sehr zusammen."[1]
Nichtsdestotrotz überwiegt insgesamt gesehen - infolge der dargestellten Entlastungsfunktion des DRK - dessen positive, verhandlungsbeschleunigende Rolle.

Die Bevölkerung der Bundesrepublik

Die angesichts von Wahlen nicht unwichtige Einstellung der westdeutschen Bevölkerung zur Ost- und Polenpolitik und zu den diesbezüglichen Fragenkomplexen wird aus folgenden Umfrageergebnissen ersichtlich:

"Frage: "Meinen Sie, wir sollten uns mit der jetzigen deutsch-polnischen Grenze - der Oder-Neiße-Linie - abfinden oder nicht abfinden?"

	1951 März	1956 Dez.	1959 Sep.	1962 März	1964 Sep.	1966 Feb.	1967 Nov.	1969 Mai	1970 März	1972 Mai
	CC %	C %	%	%	%	%	%	%	%	%
Abfinden	8	9	12	26	22	27	46	42	58	61
Nicht abfinden	80	73	67	50	59	54	35	38	25	18
Unentschieden, kein Urteil	12	18	21	24	19	19	19	20	17	21
	100	100	100	100	100	100	100	100	100	100

"[2]

---

1 Vgl. Frankfurter Allgemeine Zeitung, 18.09.1970
2 Vgl. E. Noelle/E. P. Neumann (Hrsg.), Jahrbuch der öffentlichen Meinung 1968-1973, Allensbach/Bonn 1974, S. 525.

Der Trend zu einem zunehmenden Sich-Abfinden mit der Realität der Oder-Neiße-Grenze ist eindeutig. Interessant ist, daß diese Zunahme besonders intensiv war in den Phasen, in denen die SPD sukzessive erst 1966 und dann in der sozial-liberalen Koalition mit der FDP Regierungsmacht übernahm, wobei schwer zu sagen ist, was da Voraussetzung und was Folge ist. Wenn auch die Zunahme des Sich-Abfindens nicht unbedingt als wachsende aktive Unterstützung und Befürwortung der sozial-liberalen Polenpolitik interpretiert werden kann, so drückt sich doch in dieser Tendenz aus, daß die Bundesregierung 1970 von der Mehrheit der westdeutschen Bevölkerung keinen Widerstand gegen ihre Polen- und Grenzanerkennungspolitik, vielmehr eine Art von resignativer und diffuser Zustimmung zu erwarten hatte. Diese in gewissem Maße ambivalente Einstellung der westdeutschen Bevölkerung tritt auch in der Frage nach Hoffnungen, Befürchtungen und Skepsis gegenüber der neuen Ostpolitik zutage. Zwar steht immer-

"Frage: "Die jetzige Bundesregierung versucht ja, durch Gespräche mit dem Osten eine neue Politik anzubahnen. Sehen Sie diesen Bemühungen eher mit Hoffnung oder mit Befürchtungen entgegen?"

März 1970

	Hoffnung %	Befürchtung %	Skepsis %	Unentschieden %	%
Gesamtergebn.	44	20	26	10	= 100
Männer	48	20	27	5	= 100
Frauen	41	19	26	14	= 100
Schulabschluß:					
Volkssch.	41	20	27	12	= 100
Höhere S.	55	18	24	3	= 100
Pol. Orientierung:					
SPD-Anh.	61	11	21	7	= 100
CDU/CSU-A.	28	33	31	8	= 100
FDP-Anh.	70	14	14	2	= 100"[1]

---

[1] Vgl. E. Noelle/E. P. Neumann (Hrsg.), a.a.O., S. 569

hin schon zu Beginn der Ostpolitik im März 1970 eine große Minderheit der Befragten von 44% der neuen Ostpolitik hoffnungsvoll gegenüber, andererseits hegen jedoch insbesondere die Anhänger der CDU/CSU, aber auch eine nicht unerhebliche Minderheit der Koalitionswähler Skepsis und Befürchtungen gegenüber dem neuen Kurs. Von hier hatte die sozial-liberale Koalition also Widerstände zu erwarten.

"Frage: "Jetzt eine Frage zu den Verhandlungen, die unsere Regierung in den letzten Wochen in Moskau, in Warschau und mit der DDR geführt hat: Glauben Sie, die Regierung Brandt gibt zu rasch oder nicht zu rasch gegenüber dem Osten nach?"

März/April 1970

	Zu rasch %	Nicht zu rasch %	Unentschieden %	Kein Urteil %	%
Gesamtergebn.	23	43	18	16	= 100
Männer	24	51	15	10	= 100
Frauen	21	36	21	22	= 100
Schulabschluß:					
Volkssch.	22	40	20	18	= 100
Höhere S.	24	55	12	9	= 100
Pol. Orientierung:					
SPD-Anh.	12	62	17	9	= 100
CDU/CSU-A.	40	29	16	15	= 100
FDP-Anh.	8	64	20	8	= 100"[1]

Demgegenüber ist das Urteil der Befragten hinsichtlich des Heimatrechtes relativ eindeutig und einheitlich: Schon im November '69 befürworten nahezu 70%, daß auch die Polen ein Heimatrecht in den Oder-Neiße-Gebieten haben. (Vielleicht liegt diese hohe Zustimmungsrate daran, daß in der Frage sowohl ein deutsches als auch ein polnisches Heimatrecht zugebilligt wird.)

----

1 Vgl. E. Noelle/E. P. Neumann (Hrsg.), a.a.O., S. 569

"Frage: "Noch eine Frage zu den ehemaligen deutschen Ostgebieten: Manche Leute sagen, daß nicht nur wir einen Anspruch auf die ehemals deutschen Gebiete haben, die jetzt polnisch sind, sondern daß auch die polnischen Familien, die dort hinziehen mußten, oder die jungen Polen, die dort geboren wurden, heute ein Heimatrecht dort haben. Würden Sie sagen, auch die Polen haben inzwischen ein Heimatrecht in diesen Gebieten erworben, oder haben sie keins?"

	1967 Nov. %	1969 Nov. %
Die Polen haben inzwischen ein Heimatrecht dort	57	68
Sie haben dort kein Heimatrecht	21	18
Unentschieden, kein Urteil	22	14
	100	100

November 1969

	Die Polen haben inzwischen ein Heimatrecht dort %	Sie haben dort kein Heimatrecht %	Unentschieden, kein Urteil %	%
Gesamtergebn.	68	18	14	= 100
Männer	67	21	12	= 100
Frauen	68	16	16	= 100
Altersgruppen:				
16-29 J.	78	9	13	= 100
30-44 J.	72	16	12	= 100
45-59 J.	61	25	14	= 100
60 J. u. älter	54	26	20	= 100
Schulabschluß:				
Volksssch.	64	19	17	= 100
Höhere S.	77	17	6	= 100
Flüchtlinge u. Vertriebene	62	27	11	= 100"[1]

---

[1] Vgl. E. Noelle/E. P. Neumann (Hrsg.), a.a.O., S. 527

Wenn man die Einstellung der deutschen Bevölkerung zu den
Polen in Betracht zieht, so ist überraschend, daß zwar insgesamtgesehen die negative Beurteilung des Nachbarn im Verlauf der beginnenden Entspannungspolitik abgenommen hat, die
positive Beurteilung aber im Zeitraum von 1959 bis 1972 konstant geblieben ist und nur die ambivalente oder neutrale
Beurteilung anstieg.

"Frage: "Man hört so ganz verschiedene Ansichten über die
 Polen. Was gefällt Ihnen eigentlich an den Polen,
 und was gefällt Ihnen nicht? Was denken Sie über
 die Polen?"

	1959 Sep. %	1963 Okt. %	1972 Aug. %
Überwiegend positive Einstellung	24	24	18
Ambivalente oder neutrale Einstellung	12	23	30
Überwiegend negative Einstellung	36	18	19
Kein Urteil, weil ich die Polen nicht kenne	6	9	8
Kein Urteil	22	26	25
	100	100	100
Positive Argumente:			
Sie sind fleißig, intelligent, zuverlässig	5	7	7
Sie haben Freiheitsdrang, Nationalstolz, Patriotismus	7	6	6
Sie sind gute Menschen	x	6	4
Sonstige positive Angaben	8	8	6
Negative Argumente:			
Sie sind verschlagen, falsch, hinterlistig, unzuverlässig	12	6	3
Sie sind schlampig, rückständig	7	6	4
Ihre Politik gefällt mir nicht (Oder-Neiße-Grenze, Kommunismus)	5	2	7
Sonstige negative Angaben	10	5	3
Anderes	31	28	36
Kein Urteil	28	35	33
	113	109	109

August 1972

	Überwiegend positiv %	Ambivalent o. neutral %	Überwiegend negativ %	Kenne die Polen nicht %	Kein Urteil, keine Ang. %	
Gesamtergebn.	18	30	19	8	25	= 100
Männer	-	-	-	-	-	
Frauen	-	-	-	-	-	
Altersgruppen:						
16-29 J.	17	28	13	13	29	= 100
30-44 J.	20	31	14	9	26	= 100
45-59 J.	20	31	20	6	23	= 100
60 J. u. älter	20	28	27	5	20	= 100
Schulabschluß:						
Volkssch.	17	28	20	8	27	= 100
Höhere S.	26	35	11	9	19	= 100
Pol. Orientierung:						
SPD-Anh.	24	29	14	9	24	= 100
CDU/CSU-A.	16	29	22	8	25	= 100
FDP-Anh.	37	40	9	4	10	= 100
Flüchtlinge, Vertriebene	21	31	21	6	21	= 100
Einheimische	19	29	18	9	25	= 100 "[1]

Dieses Ergebnis kann aber nichtsdestotrotz dahingehend interpretiert werden, daß Entspannungspolitik wahrscheinlich - entgegen der Autismus-These von Senghaas - Abbau von zwischengesellschaftlichen Feindbildstrukturen zur Folge hatte. Besser sollte man hier aber nicht von einem Ursache-Wirkungsverhältnis sprechen, sondern eher von einer gegenseitig sich selbst verstärkenden Wechselbeziehung von Entspannungspolitik und psychologischer Einstellung der Bevölkerung.

---

[1] Vgl. E. Noelle/E. P. Neumann (Hrsg.), a.a.O., S. 581

2.3.4 Die internen außenpolitischen Akteure Massenmedien und Medienakteure

Medien und Medienakteure können in einer Zeit der "plebiszitären Diplomatie"[1] sowohl in ihrer Rolle als Vermittler zwischen Akteuren als auch in der Rolle als Akteur selbst, an verschiedenen Ansatzpunkten im außenpolitischen Prozeß relevant werden:

1. So wie der Kalte Krieg z.T. sozialpsychologisch durch autistische Wahrnehmungsstrukturen und durch wechselseitige Ost-West-Feindbildzuschreibungen nicht nur zwischen den Eliten, sondern auch zwischen den Bevölkerungen bedingt war, so ist umgekehrt für den Erfolg von Entspannungspolitik ein Abbau der Feindbildstrukturen notwendig. Dazu müssen u.a. auch die Medien beitragen. Das bestätigten die Ergebnisse einer Tagung der Europäischen Akademie von Otzenhausen zur "Aufgabe von Presse, Funk und Fernsehen in der Bundesrepublik Deutschland und in der Volksrepublik Polen bei der Verständigung beider Völker".[2]

2. Das gilt insbesondere für die deutsch-polnischen Entspannungsbemühungen, die, geschichtlich bedingt, eines besonders vorsichtigen sozialpsychologischen Herangehens bedurften. Da konnte schon ein falscher Zungenschlag auch der Presseberichterstattung schädlich für den zwischenstaatlichen und zwischengesellschaftlichen Normalisierungsprozeß sein. Das zeigt sich z.B. allein schon in den polnischen Klagen (u.a. der polnischen Presse) über antipolnische Kampagnen in deutschen Medien, vor allem in der Springer-Pres-

---

[1] C. Ahlers, Die Grenzen des Geheimhaltungsprinzips, in: P. F. Krogh/W. Kaltefleiter (Hrsg.), Geheimhaltung und Öffentlichkeit in der Außenpolitik, Bonn 1974, S. 33-38, hier: S. 34.

[2] Vgl. Kolloquium für deutsche und polnische Journalisten vom 08.-11. September 1978 in der Europäischen Akademie Otzenhausen, Reihe "Dokumente und Schriften" der Akademie, Nr. 35, Mai 1979.

se.[1] Diese polnischen Beschwerden zwangen wahrscheinlich die deutschen Entscheidungsträger zu einer diesbezüglich intensiveren Lektüre und Sicht der Presseberichterstattung über Polen, um wissen zu können, womit sie seitens der Polen konfrontiert werden könnten.

3. Eine weitere Bedeutung von Presseberichterstattung kann in ihrem operativen Einsatz durch einen oder mehrere Akteure bestehen, die derart ihre Positionen und Argumente öffentlich zu propagieren und zu verstärken suchen. Dieses Instrument ist vor allem für ansonsten einflußlose Akteure von Interesse, wie z.B. für die antagonistische Opposition der CDU/CSU, die insbesondere über die Medien den Schlagabtausch mit der Regierung inszenierte.

4. Die Medienakteure können selbst aktiv und initiativ werden. Es seien hier nur beispielhaft die Presseindiskretionen von geheimen Unterlagen aus den Polenverhandlungen genannt (April, Oktober 1970).

5. Die Art der Presseberichterstattung kann auch als Argument und Faktor in zwischenstaatlichen Verhandlungen (wie den deutsch-polnischen von 1970) dienen, entweder, indem mit dem Verweis auf eine auch für den Gegenpart leicht wahrnehmbare verhandlungsablehnende Berichterstattung "zu Hause" die Enge des eigenen Konzessionsspielraumes aufgezeigt werden soll, oder indem eben diese negative Presseberichterstattung den Gegenpart erkennen läßt, daß dessen Forderungen in der betreffenden nationalen Öffentlichkeit nicht durchsetzbar seien, mit der Folge, daß er die Verhandlungen als gescheitert abbricht, oder indem die Presseberichterstattung den Entscheidungsträgern dazu dient, sich vor den und während der Verhandlungen öffentlich derart festzulegen und selbst zu verpflichten, daß sie auch gegenüber dem Ver-

---

1 D. Bingen, Die Stellung der Bundesrepublik Deutschland in der internationalen Politik aus polnischer Sicht 1969-1976, Königstein/Taunus 1980, S. 80, 384.

handlungspartner von den einmal öffentlich eingenommenen Positionen gar nicht mehr "herunterkommen".[1] So praktizierte es z.B. Walter Scheel im November 1970, zur Zeit der unter seiner Leitung stehenden deutsch-polnischen Abschlußverhandlungen.

6. Innenpolitisch gesehen werden Presse und Medien überhaupt für die Politiker auch unter dem Aspekt relevant, daß Politiker sich im demokratischen System der Machtprobe regelmäßig stattfindenden Wahlen unterziehen müssen, Wahlen, die zwischen den politischen Eliten u.a. durch öffentlich stattfindende und medial vermittelte Wahlkämpfe ausgefochten werden. Es gibt - so H. C. Kelman - "keine große außenpolitische Bewegung, schon gar keine Mutation der Außenpolitik ohne eine ausreichende (...) antizipierte Unterstützung der Öffentlichkeit".[2]

7. Auch können die Medien durch den Grad an Zentralisation und durch das damit bedingte Spektrum zum Ausdruck gebrachter Argumente über das gesamtgesellschaftlich vorhandene Repertoire an Auswahlmöglichkeiten und an außenpolitischen Aktionsmöglichkeiten mitbestimmen.

8. Schließlich ist auch die Presse des Staates, mit dem Verhandlungen geführt werden, relevant für die Entscheidungsträger: Die Art der ausländischen Berichterstattung kann dem Entscheidungsträger Hinweise auf Motive und Interessen des Partners geben. Sie kann auch den Entscheidungsträger zu einer verstärkten Nutzung der eigenen innerstaatlichen Presse veranlassen, wenn nämlich die ausländische Presse die eigene kritisiert, dies (auch als Argument und Vorwurf der Gegenseite im Rahmen der Verhandlungen selbst) zu einer Verschlechterung des Verhandlungsklimas führen kann, der Entscheidungsträger daraufhin zumindest die eigene Presse genauer registriert und evt. durch Gegenmaßnahmen (Interviews, informelle Gespräche) dem ungünstigen Trend in der Presse

---

1 Vgl. E. C. Iklé, How nations negotiate, New York 1964
2 Vgl. H. C. Kelman, Social-Psychological Approaches to the Study of International Relations: Definition of Scope, in: H. C. Kelman (ed.), International Behavior, New York, Chicago 1965, S. 3-39, hier: S. 33.

entgegenzuwirken sucht. Aus diesem Grunde wurde für diese Untersuchung die "Trybuna Ludu", amtliches Organ der polnischen Vereinigten Arbeiterpartei, einer Inhaltsanalyse unterzogen, die in die historische Rekonstruktion des Entscheidungsprozesses eingebaut wurde und in einer Zusammenfassung im Anhang beigefügt ist.

Der Verhandlungspartner Polen wird hier nicht als eigener Akteur erfaßt, da die polnische Regierung unter unserer analytischen Perspektive keine Bezugsgruppe ist, auf die sich das Entscheidungszentrum wie auch auf andere externe Bezugsgruppen bezieht, bzw. die wie andere Bezugsgruppen Einfluß auf das Entscheidungszentrum ausübt. Der polnische Verhandlungspartner stellt vielmehr die andere Seite einer vom polnischen und deutschen Entscheidungszentrum gemeinsam gebildeten Interaktion dar, die u.a. in der folgenden Rekonstruktion des Entscheidungs- und Verhandlungsprozesses dargestellt wird.

2.3.5 Die realpolitische Gewichtung der Akteure

Das Gewicht der einzelnen Akteure für die Entscheidungen der Entscheidungsträger und die ihnen damit wahrscheinlich zukommende - mit zunehmendem Gewicht wachsende - Aufmerksamkeitszuwendung, die sich auch auf Pressemeldungen und -kommentare von ihnen oder über sie bezieht, läßt sich näher nach dem Maße, in dem sie für die von Deutsch angeführten Grundwerte relevant sind, qualifizieren. So ist z.B. - entsprechend der hier zugrundegelegten Rationalannahme, daß Entscheidungsträger ihre Macht erhalten wollen[1] - das Sanktions- und Belohnungspotential und die Bedeutung der Supermächte USA und UdSSR ungleich größer als die der Mittelmächte Frankreich und Großbritannien.

Für die Innenpolitik ist wohl die damalige Oppositionspartei der CDU/CSU, was ihre Bedeutung für die Legitimation, bzw. deren Bestreitung und das Ansehen der Bundesregierung angeht, einflußreicher als die der Verbände, da der Opposition über den Bundestag ein institutionalisierter Zugang zum Entscheidungszentrum gegeben ist, während die Verbände, z.B.

------

1 Siehe Einleitung

die Vertriebenen, nur vermittels der Opposition zu agieren vermochten. Zudem ist die Opposition, als potentielle Regierung von morgen, auch machtmäßig gegenüber allen sonstigen Verbänden per se in der Vorhand.

In einer von U. Hoffmann-Lange durchgeführten Befragung stufen die befragten Elitemitglieder das Gewicht des Einflusses innenpolitischer Akteure der Bundesrepublik (auf einer sechsstufigen Skala) wie folgt ein:[1]

```
SPD             = 5.2
FDP             = 4.0
CDU/CSU         = 4.5
Presse          = 4.4
Sonstige Medien = 4.15
Verbände        = 3.75.
```

Auch mit diesen, nur mit Einschränkungen auf unseren Fall übertragbaren Daten lassen sich immerhin gewisse ungefähre Anhaltspunkte für die Gewichtung der Akteure und für die ihnen gegenüber - nach unseren Annahmen - wahrscheinlich aufgebrachte Aufmerksamkeit gewinnen.

---

[1] U. Hoffmann-Lange/H. Neumann/B. Steinkemper, Konsens und Konflikt zwischen den Führungsgruppen in der BRD, Dissertation, Mannheim 1977, S. 52.
Zur Gewichtung der Akteure siehe auch die inhaltsanalytische Auswertung der (Inter-)Akteurskategorie der Bundestagsreden, Kapitel B 6.6.

3. Zusammenfassender Überblick über den Entscheidungs- und Verhandlungsprozeß zu den deutsch-polnischen Verhandlungen von 1970[1]

Konzeptionelle Entscheidungen zu einer neuen Ost- und Polenpolitik sind bereits in der Zeit vor 1969 von Bahr in seinem Planungsstab des Auswärtigen Amtes durchgespielt und von Bahr, Brandt und anderen prinzipiell befürwortet worden. Analoge Überlegungen wurden in der sozial-liberal gewordenen FDP angestellt. Sie konnten wegen des Widerstandes der CDU/CSU allerdings nicht verbindlich werden. Zu diesen Überlegungen gehörten u.a.: Verhandlungen mit dem Ostblock unter Wahrung der Ostblock-Hegemonie der UdSSR; Abbau von Verhandlungshemmnissen (Unterzeichnung des Atomwaffensperrvertrags; staatsrechtliche Anerkennung der DDR); Aufgabe des gesamtdeutschen Vertretungsanspruchs der BRD; Oder-Neiße-Grenzformel vom Nürnberger SPD-Parteitag (1968) (Anerkennung/Respektierung der Grenze bis zu einem Friedensvertrag). Diese konzeptionellen Entscheidungen bedurften allerdings im Verlauf der deutsch-polnischen Verhandlungen zu ihrer Konkretisierung noch vieler strategischer und taktischer, z.T. revidierender Entscheidungen.

3.1 Die historisch-chronologische Deskription und Rekonstruktion (Erläuterung der Abkürzungen am Ende des Abschnitts 3.1)

Tempo der Einigung Verh. zw. BRD u. P	dominante Themen	relevante Akteure (neben BRD u.P)	Position, Positionsänderung	Entscheidungstypen	Datum	Text
			Ausgangspos. Polen		17.05.69	Rede Gomulkas mit Verhandlungsangebot zur Lösung der Frage der Oder-Neiße-Grenze, die von der Bundesrepublik anerkannt werden müsse. Vorbild könne das Görlitzer Abkommen zwischen Polen und der DDR sein. Evtl. indirekte Konzession Gomulkas: Im Görlitzer Abkommen kommt der Begriff "Anerkennung" nicht vor. Zudem geht es noch von Deutschland als Ganzem aus, sodaß über diese völkerrechtliche Konstruktion eine Differenzierung zwischen Bundesregierung und Mitgliedern der Auswärtigen Bundestagsausschusses, den Vertriebenen und der CDU/CSU-Opposition, den Mitgliedern der Auswärtigen Bundestagsausschusses, den Vertriebenen und Westmächten seiner Grenzanerkennung seitens

[1] Literatur- und Quellenangaben und ausführliche Darstellung im hier nicht veröffentlichten Anhang. Die hier in den Randspalten verwandten analytischen Kategorien werden auf S. 157 ausführlich definiert. Die ständigen, nahezu allmonatlichen Treffen zwischen der Bundesregierung und der CDU/CSU-Opposition, den Mitgliedern der Auswärtigen Bundestagsausschusses, den Vertriebenen und Westmächten werden hier nicht eigens erwähnt. Sie werden allerdings über den Index "Zahl der Koordinationen/Zeit" quantitativ und übersichtlich erfaßt.

- 146 -

Tempo	Einig.	domin. Themen	relev. Akteure	posi.	Entsch.	Datum	Text
				Pos. P			der Bundesrepublik und einem Offenlassen dieser Frage für Deutschland als Ganzes möglich werden könnte.
				Ausg.-Pos. BRD		19.05.69	Brandt begrüßt die polnische Gesprächsbereitschaft und spricht sich für Gewaltverzichtserklärungen aus, "unter Einschluß des Grenzproblems", d.h. kein Grenzanerkennungsvertrag, wie ihn die Polen verlangen.
		Grenzfrage	rechte FDP			Oktober	Erarbeitung des Koalitionsprogramms unter Druck der rechten FDP.
						16.10.69	Erstes Interview des polnischen Außenministers Jedrychowski im Deutschen Fernsehen: Jedrychowski zeigt sich flexibel. Es gehe "nicht um jedes Wort".
				Ausg.-Pos. BRD		28.10.69	Regierungserklärung Brandts: Gesprächs- und Gewaltverzichtsangebot an die Polen; Zusicherung der "territorialen Integrität" aller Staaten; Brandt nennt keine konkrete Grenzformel.
				Ausg.-Pos. BRD	strat. Entsch	Nov. '69	Erarbeitung von Unterlagen für die bevorstehenden deutsch-polnischen Gespräche im Auswärtigen Amt; informelle Einigung unter den Entscheidungsträgern auf die Grenzformel: Grenzanerkennung, bzw. -respektierung bis zu einer friedensvertraglichen Regelung durch einen gesamtdeutschen, wiedervereinigten Souverän. (Friedensvertragsvorbehalt).
	größ. Ein-W.			Ausg.-Pos. BRD			(Auf die Berücksichtigung des gesamtdeutschen Souveräns ist die Bundesregierung grundgesetzlich und völkerrechtlich verpflichtet.) Die Frage der Familienzusammenführung soll auf jeden Fall, aber erst in einem späteren Stadium der Gespräche, nach Regelung der Grenzfrage angegangen werden; dadurch Möglichkeit der Beschleunigung und Eröffnung einer Einigungswahrscheinlichkeit in der Grenzfrage, aber eine Vertragsunterzeichnung ohne Regelung der Familienzusammenführung ist für die Deutschen allein aus innenpolitischen Gründen unmöglich.

Tempo	Einig.	domin. Themen	Relev. Akteure	Posi.	Entsch.	Datum	Text
		Verh.-taktik, Formalien	USA			Nov. '69	Die Grenzfrage soll aber nur als eine Frage unter anderen besprochen werden. Koordinationstreffen der Bundesregierung mit ihren westlichen Verbündeten (aufgrund zeitweiliger Bedenken der USA gegenüber der Ostpolitik); Koordinationstreffen der polnischen Regierung mit östlichen Verbündeten (Widerstände der DDR gegen einen evt. westdeutsch-polnischen Ausgleich, da sie die Preisgabe der Forderung nach völkerrechtlicher Anerkennung der DDR auch seitens Polens und der UdSSR fürchtet – zu Recht).
						21.11.69	Die CDU/CSU weist auf die Interessen der Vertriebenen, auf den Friedensvertragsvorbehalt und auf die Bedeutung humanitärer Regelungen hin.
						25.11.69	Übergabe einer Note der Bundesregierung mit dem Angebot zu Gesprächen ohne Vorbedingung an die polnische Regierung.
						03.12.69	Konferenz der Warschauer-Pakt-Staaten: U.a. Abstimmung der Haltung gegenüber der neuen Ostpolitik der BRD.
		Moskau o. Warschau		Pos. BRD		04./05.12.69 08.12.69 09.12.69	Nato-Konferenz: U.a. Abstimmung gegenüber der neuen Ostpolitik der BRD. Beginn der deutsch-sowjetischen Gespräche. Die Bundesregierung erklärt: Vorrang der deutsch-sowjetischen vor den deutsch-polnischen Gesprächen.
						10.- 22.12.69 11.12.69	Wiederaufnahme der Wirtschaftsverhandlungen Polen-BRD. Polen nimmt Bezug auf Spekulationen in der deutschen Presse bezüglich Differenzen Polens mit seinen Ostblockpartnern. (Diese polnische Bezugnahme veranlaßte wahrscheinlich die deutschen Entscheidungsträger zu einer verstärkten Nutzung der westdeutschen Presse als Ressource.)
						22.12.69	Relativ schroffe, aber positive polnische Antwortnote auf das deutsche Gesprächsangebot: Voraussetzung der Normalisierung sei die Grenzanerkennung.

- 148 -

Tempo	Einig.	domin. Themen	relev. Akteure	Posi.	Entsch.	Datum	Text
Beschl.	erh. Ein-W.	Verh. Reg.- Oppos. Wirtsch. BRD-P	CDU/CSU SPD			Jan. '70	Vorgespräche Polen - BRD.
				SPD/ FDP	takt. Entsch.	13.01.70	Verstärkte Konfrontation Regierung - Opposition. Wehner: "Ich brauche die Opposition nicht."
				Kon- front.	takt. Entsch.	14.01.70	Debatte im Bundestag: Brandt betont das Gewaltverzichtsprinzip.
						22.01.70	Polens Außenhandelsminister Burakiewicz in Bonn.
						02.02.70	Deutsch-französische Konsultation, u.a. über Polen.
						Anfang Febr. '70	Brandt schreibt dem polnischen Ministerpräsidenten Cyrankiewicz.
						04.-07.02.70	1. deutsch-polnische Gesprächsrunde zwischen Duckwitz und Winiewicz; Darlegung der differierenden Positionen: Grenzanerkennung kontra Gewaltverzicht. Duckwitz übergibt eine Liste von deutschstämmigen Ausreisewilligen aus Polen. Die Polen halten die Frage der Familienzusammenführung für eine rein innerpolnisch zu lösende Frage.
Stagn.		Verh. Procedere		Ausg. Pos. Polen		Febr. '70	Erarbeitung weiterer Papiere zum Gewaltverzichts- und Grenzproblem im Auswärtigen Amt.
	gering Ein-W.			Verh. der Pos.		03.03.70	Beginn der 2. deutsch-sowjetischen Gesprächsrunde.
						03.03.70	Übergabe eines polnischen Memorandums zur Grenzfrage.
	gering Ein-W.	Verh.- Punkt: Grenz- frage		Ausg. Pos. BRD		09.-11.03.70	2. deutsch-polnische Gesprächsrunde. Beide Seiten beharren auf ihren Standpunkten: BRD: Territorial konkretisiertes Gewaltverzichtsprinzip inklusive der Grenzfrage mit Friedensvertragsvorbehalt; Polen: Die BRD hat schon im Saarabkommen mit Frankreich Grenzen endgültig, ohne Friedensvertragsvorbehalt anerkannt.
Verz.					strat. Entsch.	12.03.70	Duckwitz warnt Scheel und Brandt vor einem Scheitern der Verhandlungen. Beginn der Redefinitionsphase.
						15.03.70	Großveranstaltung der Vertriebenen gegen die neue Ostpolitik.
						18.03.70	CDU-MdB Windelen: Durch Polenpolitik betreibt Bundesregierung Verfassungsbruch.

Tempo	Einig.	domin. Themen	relev. Akteure	Posi.	Entsch.	Datum	Text
						19.03.70	Gomulka kritisiert den schleppenden Verlauf der deutsch-polnischen Gespräche.
						22.03.70	Landtagswahl in Hamburg: Verlust der SPD, Gewinne der FDP, Stabilisierung der Koalition, dadurch größere Konzessionsmöglichkeit in ostpolitischen Fragen.
Überw. der Stagnation	Einigung	Grenzfrage		Pos. änder. BRD		Anfang April '70	Erarbeitung einer neuen Grenzformel im Auswärtigen Amt.
			USA			10./ 11.04.70	Brandt in den USA; Abstimmung der neuen Oder-Neiße-Grenzformel: Die Oder-Neiße-Grenze ist die Westgrenze Polens, Priorität des Gewaltverzichtsprinzips bleibt erhalten, aber kein expliziter Friedensvertragsvorbehalt mehr, sodaß sich der Vertrag immer mehr einem Grenzanerkennungsvertrag nähert. Gerade im Verhältnis von Grenzanerkennung und implizitem Friedensvertragsvorbehalt bestehen aber weiterhin (latente) und später auch offene Differenzen zwischen den Verhandlungspartnern. Zustimmung der USA im allgemeinen bei Bedenken im Detail.
						April '70	Der Rote-Kreuz-Präsident Bargatzki in Polen. Die polnische Regierung will die Frage der Familienzusammenführung auf der nichtstaatlichen Ebene der Rote-Kreuz-Gesellschaften abwickeln.
			Rotes Kreuz		strat. Entsch.	14.04.70	Beschluß zur neuen Grenzformel im Entscheidungszentrum.
Beschleh. Ein-W.		Potsdamer Prot. Friedensv. vorbeh		Pos. Polen Pos. BRD		22.- 24.04.70	3. deutsch-polnische Verhandlungsrunde: Fortschritte infolge der neuen Grenzformel. Evt. schon jetzt fordern die Polen offen aber darüberhinaus - entsprechend des von ihnen dem Görlitzer Abkommen zugeschriebenen Vorbildcharakters - eine Grenzformel mit Bezug auf die Potsdamer Deklaration sowie mit einer geographischen Beschreibung des Grenzverlaufs. Die BRD besteht auf einem impliziten Friedensvertragsvorbehalt in Form der Nichtberührung bestehender Verträge (insbesondere des Deutschlandvertra-

- 150 -

- 151 -

Tempo	Einig.	domin. Themen	relev. Akteure	Posi.	Posi. Entsch.	Datum	Text
				Pos. Polen			ges; Nichtberührungsklausel) und auf der Regelung der humanitären Fragen. Die Polen bieten den Deutschen eine vertragsunabhängige polnische "Information" hierzu an. (Polnische Verpflichtung zur Lösung der Familienzusammenführung.)
Beschl.		Grenzfrage Indiskretionen Polit.				24.04.70	Duckwitz übergibt Gomulka einen Brief Brandts, von dem Scheel nichts weiß.
						25.04.70	Die "Welt" veröffentlicht die neue Grenzformel.
						26./27.04.70	Als Folge der Differenz Scheel-Brandt wegen des Briefes an Gomulka nimmt Duckwitz an der "Kleinen Lagebesprechung" im Kanzleramt nicht mehr teil.
					takt. Entsch.	29./30.04. 30.04.70	Bundestagsdebatte zur Polenpolitik. Polens Außenminister Jedrychowski in Moskau: Koordination der deutsch-polnischen mit den deutsch-sowjetischen Gesprächen.
						Ende April '70	Formierung von dissentierenden, ostpolitik-kritischen FDP-Abgeordneten: Gefahr für die knappe Mehrheit der Koalition im Bundestag.
						05.05.70	Jedrychowski in Paris.
						12.-22.05.	2. Gesprächsrunde Bahr-Gromyko in Moskau.
						13.-	Die CDU-Bundestagsabgeordneten Dichgans und Petersen in Polen; sie sind zu Konzessionen an die Polen bereit, was Strauß kritisiert.
		Informationspolitik	CDU/CSU		takt. Entsch.	22.05.70	Regierung will Opposition verstärkt am Entscheidungsprozeß beteiligen.
						25.05.70	Große Bundestagsdebatte zur Ostpolitik.
				Pos.-änder BRD		27.05.70	Nach weitgehender Regelung der Grenzfrage forciert der neue Staatssekretär im Auswärtigen Amt, Frank, das Thema der Familienzusammenführung als einen integralen Teil der zwischenstaatlichen deutsch-polnischen Verhandlungen.
latente gering Verz. Ein-W.		Famil.-zusam-menf.	Frank	Pos.-änder BRD	takt. Entsch.	ab Juni '70	Zudem versucht der "Neuling", ob nicht doch ein Gewaltverzichtsvertrag statt eines Grenzanerkennungsvertrages durchsetzbar ist (entgegen der Meinung von Duckwitz).

Tempo	Einig.	domin. Themen	relev. Akteure	Posi.	Entsch.	Datum	Text
						07.06.70	Richtlinien der Bundesregierung zur Ostpolitik: U.a. Gewaltverzichtsprinzip; Unverletzlichkeit der territorialen Integrität aller Staaten und ihrer Grenzen; Nichtberührung bestehender Verträge (=implizierter Friedensvertragsvorbehalt).
	Einig.	Grenzfrage				08.-10.06.70	4. deutsch-polnische Gesprächsrunde: Weitere Fortschritte. Einigung auf die Grenzformel vom April inklusive der Einigung auf die Klausel zur Nichtberührung bestehender Verträge, wodurch implizit über den Deutschlandvertrag (Art. 7) ein Friedensvertragsvorbehalt gesichert wird.
Beschl.				Pos.-änder. Polen			Suche nach einer Formulierung zwischen Grenzachtung, -respektierung und -anerkennung. Die Polen verzichten unter Beibehaltung der ursprünglichen Position verbaliter auf den Begriff der endgültigen Anerkennung. Thema auch: Familienzusammenführung.
		Informat.-polit.	UdSSR			12.06.70	Veröffentlichung des "Bahr-Papiers" in der "Bild"-Zeitung, die Polen reagieren verärgert und entsetzt, werden aber von der UdSSR zum Weiterverhandeln veranlaßt.
						12.06.70	Scheel: Vertrag mit Polen in "greifbare Nähe" gerückt.
		Innenpolit.				14.06.70	Landtagswahlen in NRW, Niedersachsen und an der Saar. Schwere Verluste für die Koalition.
		Wirtschaft			takt. Entsch.	23.06.70	Wirtschaftsminister Schiller paraphiert ein deutsch-polnisches Handelsabkommen.
						05.07.70	F.J. Strauß ruft die "Sammlungsbewegung zur Rettung des Vaterlandes" ins Leben.
Verz.		Nichtber.-klaus.				23.-25.07.70	5. deutsch-polnische Gesprächsrunde: Formulierung einzelner Vertragsbestimmungen und Vertragstextentwürfe bis in die Nähe der Paraphierung. Unklar aber noch Verhältnis der Grenzformel zur Nichtberührungsklausel, d.h. einer solchen Klausel, daß der entstehende deutsch-polnische Vertrag bestehenden Verträgen und deren Bestimmungen (z.B. der über

- 152 -

Tempo	Einig.	domin. Themen	relev. Akteure	Posi.	Entsch.	Datum	Text
		Friedensv. vorbeh.		Endpos. BRD			das deutsche Recht auf Wiedervereinigung) nicht widerspricht. Mit der Nichtberührungsklausel ist also zugleich auch der Friedensvertragsvorbehalt mit impliziert. Evt. jetzt schon Vorschlag, den Friedensvertragsvorbehalt in Briefen oder Informationen an die Alliierten (die für Deutschland als Ganzes noch verantwortlich sind) zu sichern. Den beiden Regierungen werden Formulierungsalternativen vorgelegt. Noch ungelöst ist das Problem der Familienzusammenführung.
			CDU/CSU MdBs	neue Pos. CDU		25.07.70	"Burgfriedensangebot" des CDU-Vorsitzenden Kiesinger für die bevorstehenden Verhandlungen Gromyko-Scheel.
		Moskau o. Warschau	UdSSR			Ende Juli/ Anfang August '70	CDU/CSU-MdBs zu Besuch in Polen: Sie äußern sich wohlwollend gegenüber den polnischen Anliegen. Evt. gewisse Bedenken aus der US-Administration (insbesondere von Kissinger) gegen Tempo und einzelne Formulierungen der ostpolitischen Verhandlungen der Bundesregierung.
						07.08.70	Paraphierung des Moskauer Vertrages.
						12.08.70	Unterzeichnung des Moskauer Vertrages.
					takt. Entsch.	24.08.70	Zur Vorbereitung der nächsten deutsch-polnischen Verhandlungsrunde reist der neue Leiter des Osteuropa-Referats im Auswärtigen Amt, von Alten, nach Warschau.
Verz.			USA				Themen der Gespräche: Abstimmung des Moskauer Vertrages mit den deutsch-polnischen Vertragstexten; Frage des seitens der Polen von den Deutschen geforderten Sühnebekenntnisses wegen des Nazi-Terrors in Polen. Die Deutschen wollen stattdessen eine Aussage zum weltkriegsbedingten Leid aller Völker (nicht nur der Polen).
Verringerung der Ein-W.		Präambel, Schuld u. Süh-nebek.		Pos. BRD Pos. Polen			Die Polen beabsichtigen eine Grenzformulierung, die nicht nur die BRD, sondern auch einen zukünftigen gesamtdeutschen Souverän bindet, (was die BRD aber

- 153 -

- 154 -

Tempo	Einig.	domin. Themen	relev. Akteure	Posi.	Entsch.	Datum	Text
							bis zum Schluß ablehnt).
		Famil.zusammenf.	FDP Gensch.			Anfang Sept.	Barzel in den westlichen Hauptstädten.
				Konfront. ←		Anfang Sept.	Differenzen zwischen SPD und FDP über das Maß an Konzessionen in der Frage der Familienzusammenführung.
		Rücksichtnahme auf Opp os.	FDP CDU/CSU	neue Pos. SPD/FDP	takt. Entsch.	04.09.70	Das Auswärtige Amt teilt mit: Die für September geplanten deutsch-polnischen Gespräche werden erst später stattfinden. Wahrscheinliche Gründe: 1. Notwendigkeit einer verstärkten Rücksichtnahme und Abstimmung mit der CDU/CSU, deren Stimmen im Bundestag man evt. brauchen würde; 2. insbesondere das Streben der FDP nach weiteren polnischen Zugeständnissen in der Familienzusammenführung; 3. evt. am Rande: Amerikanische Kritiken über das zu schnelle Tempo der Ostpolitik; 4. evt. am Rande: Weitere deutsche Forderungen zum Verhältnis von Grenzfrage und Friedensvertragsvorbehalt/Nichtberührungsklausel.
Verz.	Einig.	histor. Rahmenbed. Schuld u. Leidfrage		Pos. BRD	takt. Entsch.	08.09.70	Entscheidung im Entscheidungszentrum über den weiteren Verlauf der Verhandlungen: 1. Treffen Scheel-Winiewicz in der UN am 29.09.70; 2. Fortsetzung der Verhandlungen Anfang Oktober '70; 3. terminliche Rücksichtnahme bei den Vertragsverhandlungen auf die Wahlen im November. In Bonn kursiert die Präambel-Formulierung zur Schuld- und Sühnefrage: " ... beide Völker, leidgeprüft ... "
						09.09.70	Vertrauliche Informierung der Opposition. Weitere Forderungen der CDU/CSU, u.a. Recht auf Bildung von deutschen Volksgruppen in Polen (für Polen absolut unakzeptabel).
		Famil.zusammenf.	Rotes Kreuz	Annäherung		09.09.70 11.- 15.09.70	Frank informiert die Polen über den neuen Zeitplan. Es werden keine DRK-Präsident Bargatzki in Polen. Vereinbarungen getroffen, aber die Polen wollen die Familienzusammenführung auf der DRK-Ebene beschleunigen.

Tempo	Einig.	domin. Themen	relev. Akteure	Posi.	Entsch.	Datum	Text
Überw. der Stagnation	Einig.	histor. Rahmenbed.	← Scheel Winiewicz	End-pos. neue Pos.	Pstrat. Entsch. takt. Entsch.	25.09.70 05.- 07.10.70	Treffen Scheel-Winiewicz in der UN. 6. deutsch-polnische Gesprächsrunde: Einigung auf eine Schuld-Sühneformulierung; noch offen: Familienzusammenführung, aber polnische Konzession, im Rahmen der Verhandlungen eine Arbeitsgruppe zu diesem Problem zu bilden. Als Gegenleistung bestehen die Deutschen nicht mehr auf einer Erwähnung dieser Frage im Vertrag selbst. Sie soll irgendwie vertragsnah geregelt werden (Einigung); Sicherung des Friedensvertragsvorbehaltes, evt. in Form einer deutschen Informationsnote an die Alliierten;
	Einig.	Friedensv.-vorbeh. alliierte Vorbeh.-R.		Pos. BRD			deutsche Forderungen nach Aufnahme diplomatischer Beziehungen als Voraussetzung einer (für die Unterzeichnung vorgesehenen) Reise Brandts nach Warschau. Die polnische Verhandlungsdelegation lehnt das ab.
			CDU/CSU	neue Pos. CDU/CSU		15.10.70 Okt/Nov 26.10.70	Nur geringe Annäherung beider Seiten. 6-Punkte-Resolution der CDU/CSU zur Polenpolitik: Zusicherung des derzeitigen Bestandes Polens nur "bis zu einem frei vereinbarten dauerhaften Ausgleich", Bundesregierung und Polen sind enttäuscht. Zunehmender Widerstand der Vertriebenen. Die CDU/CSU lehnt das Angebot der Regierung ab, eine CDU/CSU-Delegation mit nach Warschau zu entsenden.
Einig. im Entscheidungsz.		Noten an die Westm.		Pos. BRD		29.10.70	Die Bundesregierung beschließt formell die Aufnahme von Verhandlungen (nicht nur von "Gesprächen") mit Polen. Inhaltlich will man bei der Grenzfrage flexibel sein, ein Friedensvertragsvorbehalt braucht nicht explizit erwähnt zu werden (evt. nur in Noten an die Westmächte). Bei der Familienzusammenführung will man hart bleiben: Die Polen müßten sich verbindlich dazu bereiterklären.
			Frankr.			02.11.70	Scheel in Paris: Die Franzosen haben gewisse Bedenken hinsichtlich der deutsch-polnischen Verhandlungen (evt. bezüglich der geplanten an die Westmächte

- 155 -

Tempo	Einig.	domin. Themen	relev. Akteure	Posi.	Entsch.	Datum	Text
		Famil. zusammenf.				02.-13.11.70	zu richtenden Note der BRD zur Sicherung des Friedensvertragsvorbehaltes). Abschlußverhandlungen Scheel-Jedrychowski. Thema vor allem: Familienzusammenführung; auch noch: Frage der Sicherung des Friedensvertragsvorbehaltes und der alliierten Rechte für Deutschland als Ganzes in deutschen Noten an die Westmächte sowie Frage, ob Polen diese Note notifizieren soll. Interviewpolitik Scheels.
	Einig.			End-pos.		06.11.70	Einigung auf eine vertragsunabhängige polnische Information zur Familienzusammenführung in zeitlicher Parallelität zum Vertrag.
Verz.		Innenpolit. Wahlen			strat. Entsch	08.11.70	Landtagswahlen in Hessen.
			drei Westalliierte			10.11.70	Verzögerungen der Verhandlungen wegen Bedenken Frankreichs und der USA bezüglich ihrer alliierten Rechte; es wird vereinbart, auf die Potsdamer Deklaration Bezug zu nehmen sowie den Oder-Neiße-Grenzverlauf geographisch zu beschreiben.
	Einig.			End-pos.	strat. Entsch	13.11.70	Endgültige Einigung, auch über eine deutsche Note an die Alliierten betreffs der alliierten Rechte für Deutschland als Ganzes (impliziter Friedensvertragsvorbehalt).
	Einig.	Friedensv. vorbeh.				14.-	Ein Redaktionskomitee überarbeitet den Vertragstext stilistisch.
						17.11.70	
						18.11.70	Paraphierung des Warschauer Vertrages, Übergabe der polnischen Information zur Familienzusammenführung.
						19.11.70	Übergabe der deutschen Note an die Alliierten betreffs Wahrung der alliierten Rechte für Deutschland als Ganzes.
						20.11.70	Strauß will dem Vertrag nicht zustimmen. Auch SPD-MdB- und Vertriebenenfunktionär Hupka lehnt den Vertrag ab.
						21.11.70	Barzel läßt offen, ob die CDU dem Vertrag zustimmen wird.
						22.11.70	Landtagswahlen in Bayern; die FDP schneidet gut ab.

- 156 -

Tempo	Einig.	domin. Themen	relev. Akteure	Posi.	Entsch.	Datum	Text
						25.11.70	Die CDU/CSU-Fraktion vertagt eine endgültige Stellungnahme zum Vertrag.
						03.12.70	Das Bundeskabinett billigt den deutsch-polnischen Vertrag.
		Innenpolit. Wahlen				04.12.70	Die CDU/CSU beschließt einen Entschließungsantrag zur deutschen Polenpolitik.
						07.12.70	Brandt in Warschau; Unterzeichnung des deutsch-polnischen Vertrages. Gomulka lehnt eine Ratifizierung des Vertrages vor dem Moskauer ab, was Brandt wünschte. Berührende Demutsgeste (Kniefall) Brandts vor dem Denkmal der im Warschauer Ghetto Umgekommenen.
						14.12.70	Arbeiteraufstand in Polen, der zum Sturz Gomulkas führt.
			USA			22.12.70	Kanzleramtsminister Ehmke in Washington, um deutsch amerikanische Meinungsverschiedenheiten über die Ostpolitik beizulegen.

Abkürzungen:

Ausg.-Pos. = Ausgangsposition; Beschl. = Beschleunigung; domin. = dominante; Einig. = Einigung; Ein.-W. = Einigungswahrscheinlichkeit (erh. Ein.-W. = erhöhte Einigungswahrscheinlichkeit, gering. Ein.-W. = geringe Einigungswahrscheinlichkeit, größ. Ein.-W. = größere Einigungswahrscheinlichkeit); Endpos. = Endposition(en); Entsch. = Entscheidung; Famil.-zusammenf. = Familienzusammenführung; Friedensv.-vorbeh. = Friedensvertragsvorbehalt; Gensch. = Genscher; Grenzfrageindiskret. = Grenzfrageindiskretion(en); histor. Rahmenbed. = historische Rahmenbedingung(en); Informat.-polit. = Informationspolitik; Innen-Polit. = Innen-Politik; Konfront. = Konfrontation; Nichtber.-klaus. = Nichtberührungsklausel; o. = oder; P = Polen(s); Posi. = Position; Pos. P = Position Polen(s); Pos. BRD = Position BRD; Pos.-änder. = Positionsänderung; Potsdamer Prot. = Potsdamer Protokoll; relev. = relevante; Schuld- u. Sühnebek. = Schuld- und Sühnebekenntnis; Stagn. = Stagnation; strat. Entsch. = strategische Entscheidung; takt. Entsch. = taktische Entscheidung; u. = und; Überw. = Überwindung; Verh. = Verhalten; Verh.-taktik = Verhaltenstaktik; Verh. Reg. = Verhältnis Regierung - Opposition; Verz. = Verzögerung; Winiew. = Winiewicz

- 157 -

3.2 Exemplarische Begründung und Auswahl einer pressewirkungsträchtigen Phase im Entscheidungsprozeß
Methodische Grundsätze - Begründung

Bei den folgenden Analysen wird u.a. einer Phase des Entscheidungsprozesses besondere Beachtung geschenkt. Deren Auswahl soll im folgenden begründet werden.

Methodische Grundsätze:

Die Begrenzung der Phasen wird a) aus der historischen Rekonstruktion des außenpolitischen Prozesses gewonnen und/ oder b) anhand der aus der (noch darzustellenden) Inhaltsanalyse der Presseberichterstattung gewonnenen Verlaufskurven der Kategorien Thema und Tendenz sowie des Gesamtaufkommens der Berichterstattung bestimmt. Die Festlegung der Phasen beruht also im Grunde schon auf einer ersten Verknüpfung von zwei Methoden. Primär orientiert sie sich jedoch an der Rekonstruktion des außenpolitischen Prozesses, da dieser die inhaltlich bedeutenden (Ereignis-)Daten bereitstellt. Die inhaltliche Bedeutung ergibt sich aus der "Wirkungsträchtigkeit" eines Zeitraums, d.h. für einen Zeitpunkt t ist im außenpolitischen Prozeß eine Entscheidung oder eine Handlung feststellbar, die eine Veränderung in einem Gegenstandsbereich der deutsch-polnischen Verhandlungen bringt. Nur bei einer im außenpolitischen Prozeß feststellbaren Veränderung, etwa der Revision einer Verhandlungsposition, einer früher getroffenen Entscheidung oder bei der Einigung über die Lösung eines bisher ungelösten Problems, ist es wahrscheinlich, eine Wirkung von Presseberichterstattung (Wirkung im engen Sinne) feststellen zu können. Davon zu unterscheiden sind Pressewirkungen im weiteren Sinne, die unabhängig von einer bestimmten Zeitphase über einen längeren Zeitraum, aber natürlich vor einer Entscheidung über die von den Entscheidungsträgern perzipierte allgemeine positive oder negative Berichterstattung anzeigen, was die Medienakteure und die über die Presse vermittelten sonstigen Akteure an Entscheidungen der Entscheidungsträger unterstützen und was nicht.

Wenn die historische Rekonstruktion keine inhaltlich bedeutenden (Ereignis-)Daten zur Begrenzung einer Phase er-

gibt, wird ein solches Datum aus den Verlaufskurven der
Presseinhaltsanalyse ermittelt. Eine Phase kann jedoch
auch dann mit Hilfe von Inhaltsanalysedaten konstruiert
werden, wenn die Berichterstattungs- oder Themenverlaufs-
kurven eine besondere Quantität oder Qualität der Berichterstattung in einem bestimmten Zeitraum anzeigen, der von
daher als möglicherweise "wirkungsträchtig" anzusehen ist.
Die Numerierung der Phasen folgt nach chronologischen Gesichtspunkten, die folgende Darstellung allerdings nach
inhaltlicher Begründung der Phasenkonstruktion zur Entscheidung über die Grenzfrage vom 02.03. bis zum 10.05.
Der genannte Zeitraum wird in drei Phasen untergliedert.
Bei der Phase II vom 12.03. bis. 14.04.1970 handelt es
sich um eine (mit unseren Methoden) eindeutig feststell-
bare Redefinitionsphase. Der Phase II ging eine Gesprächsrunde vom 09.03. bis 11.03. in Warschau voraus. Diese Gesprächsrunde hatte offenbar ergeben, daß die bisher von
der Bundesregierung den Polen angebotene Grenzformel keinerlei Aussicht auf einen erfolgreichen Abschluß der
deutsch-polnischen Verhandlungen eröffnete. Am 12.03.,
darum die Festlegung des Beginns der Redefinitionsphase II
auf dieses Datum, warnte Duckwitz intern das Entscheidungszentrum vor dem Scheitern der Verhandlungen für den
Fall, daß der polnischen Seite keine entgegenkommende
Grenzformel angeboten würde. Die Redefinitionsphase endet
mit dem 14.04.1970, da an diesem Tage eindeutig bestimm-
bar die Entscheidung über die neue Grenzformel gefällt
wurde, die schließlich weitgehend Grundlage des gesamten
weiteren Verhandlungsprozesses und des Warschauer Vertrags
wurde. Bei der Redefinitionsphase vom 12.03. bis 14.04.1970
handelt es sich um die mit den Mitteln der historischen
Rekonstruktion am sichersten begrenzbare Phase, die aus
dem außenpolitischen Prozeß ausgegrenzt werden kann. Außerdem handelt es sich bei der Entscheidung, die am
14.04. im Bundeskanzleramt getroffen wurde, um eine zentrale Entscheidung während des Verhandlungsprozesses. Es
gilt zu untersuchen, welches Wirkungspotential die Presse
hatte, um auf diese zentrale Entscheidung gewirkt haben

zu können. Die Begründung für die Auswahl der Phase I
ergibt sich aus folgendem: a) in ihr liegt die Gesprächsrunde vom 09.03. bis 11.03. und erfahrungsgemäß, was
auch die ersten Ergebnisse der Inhaltsanalyse bestätigen,
ist die Presseberichterstattung um eine Gesprächsrunde
herum besonders hoch. Falls die Presse ein Faktor bei
der Entscheidung am 14.04. gewesen ist, so ist nicht davon auszugehen, daß die Presseberichterstattung allein in
der Phase II als "decisive input" in die Überlegungen des
Entscheidungsprozesses eingegangen ist. Vielmehr ist zu
berücksichtigen, daß gerade die quantitativ recht hohe
Berichterstattung vor und während der Gesprächsrunde in
die nachfolgende Redefinition der Situation (Phase II) eingegangen ist oder gar auf die Handlung von Duckwitz, die
Redefinitionsphase einzuleiten, eingewirkt hat. Die Begrenzung der Phase I nach hinten bis zum 02.03. gründet
sich auf die Inhaltsanalyse und deren Ergebnisse. Der
02.03. ist der Beginn des neunzehnten Wochensegments, in
dem ein Ansteigen des Umfangs der Berichterstattung zu den
deutsch-polnischen Verhandlungen zu verzeichnen ist. Da
die Berichterstattung in der Phase II, also der vom Entscheidungsprozeß her begründeten Redefinitionsphase, relativ zur Bedeutung dieser Phase gering war und da davon
auszugehen ist, daß auch der vor der Redefinitionsphase
liegende "Tenor" der Presse in die Redefinition der Situation durch das Entscheidungszentrum eingegangen ist, ermöglicht die Bildung der Phase I den objektiven decisive
input, den die Presse zur Verfügung gestellt hat, ihr Wirkungspotential, breiter zu erheben. Der Zuschnitt der Phase III wird mit einer theoretischen Annahme und mit Daten
der Inhaltsanalyse begründet.

Die Phase nach dem 14.04. kann als Phase der Absicherung
der getroffenen Entscheidungen verstanden werden. Von der
Vorstellung ausgehend, daß Politiker auch außenpolitische
Entscheidungen, insbesondere eine so gravierende wie die
Quasi-Anerkennung der Oder-Neiße-Grenze, legitimatorisch
absichern müssen, ergibt sich das Interesse an dieser Phase. Außerdem fällt in diese Phase die "Affäre" um die Ober-

gabe des Brandt-Briefs an Gomulka und die Veröffentlichung der Grenzformel durch die "Welt" (25.04.). Die Verlaufskurven der Inhaltsanalyse der Presseberichterstattung zeigen für die Phase III eine eminent umfangreiche Berichterstattung. Der Umfang der Berichterstattung geht in der achtundzwanzigsten Woche wieder zurück; das Wochensegment 28 endet mit dem 10.05. Die Phase III ermöglicht es also insbesondere, die Rolle der Presse im Interaktionsfeld der internen außenpolitischen Faktoren und Akteure zu ermitteln.

Zusammenfassend läßt sich über die "Logik" der Phasenkonstruktion feststellen: Inhaltliches und aus der historischen Rekonstruktion herrührendes Bezugsproblem der Phasen I bis III ist die Grenzfrage; der Bezug zur Presseberichterstattung ergibt sich aus deren Umfang, besonders in den Phasen I und III.

3.3 Definition der Kategorien des Entscheidungsprozesses

Die Ereignisse aus der Lang- und Kurzfassung des Entscheidungsprozesses werden nach Kategorien gegliedert, mit denen Indikatoren gewonnen werden können, anhand derer ein Vergleich auf analoger aggregierter, quantifizierter Basis zwischen den Ergebnissen von Entscheidungsprozeß, Befragung und Inhaltsanalyse - unter dem hier relevanten Aspekt von Pressewirksamkeit - erfolgen kann.

Folgende, in der Rekonstruktion als Codier- und Zähleinheiten verwandte Kategorien werden dazu herangezogen:

1. Ereignis (Zeichen im Entscheidungsprozeß des Anhangs: ———)
   = Alle im Zusammenhang mit den Polenverhandlungen erfolgten Aktionen, Verhaltensweisen, Reaktionen, Äußerungen, Geschehnisse und dergleichen.
   Ein "Ereignis" stellt das Basisdatum dar, aus dem die Indikatoren konstruiert werden.

2. Akteure (aktive Träger eines Ereignisses und Interakteure, d.h. diejenigen Akteure, auf die Akteure sich beziehen. Zeichen im Entscheidungsprozeß des Anhangs: ---------)
   a) Entscheidungszentrum
   b) "Polen"
   c) Opposition (CDU/CSU, Vertriebene)
   d) "Westmächte"
   e) "Ostblock" (UdSSR, DDR u.a.)
   f) Sonstige.
   Die Selektion dieser Kategorie aus der Gesamtheit aller Ereignisse erfolgt u.a. nach folgenden Kriterien:

   Die Kategorie Akteur/Interakteur wird analog verwandt wie die gleiche Kategorie der Inhaltsanalyse. Akteure und Interakteure des Entscheidungsprozesses werden nur einmal pro Ereignis vercodet, wenn sie zwar mehrmals, aber in gleicher Funktion vorkommen.
   Personale Akteure (z.B. Dahrendorf) und die organisatorischen Akteure, denen diese angehören (z.B. FDP oder Auswärtiges Amt) werden im gleichen Ereignis getrennt vercodet. Auch der gleiche personale oder organisatorische Akteur wird getrennt vercodet, wenn er im gleichen Ereignis einmal als Akteur und einmal als Interakteur auftritt.

3. Aktionskategorie:
   Koordination
   = Alle für die Polenverhandlungen direkt oder indirekt relevanten gemeinsamen Aktionen (Gespräche, Treffen, Konferenzen, gemeinsame Kommuniques, Übergabe von Noten usw.) von mindestens zwei Akteuren.

4. Kommunikationskategorie:
   Signal
   = Das auf einen anderen Akteur, bzw. mehrere Akteure gerichtete sinnhafte Verhalten oder die an einen anderen Akteur, bzw. mehrere Akteure gerichtete Äußerung eines (oder mehrerer) Akteurs/(e).

5. Kommunikationskategorie:
   Index (kommunikativer Art)
   = Ein Ereignis, das, obwohl nicht als Signal intendiert, von einem nicht beteiligten Akteur als Signal interpretiert wird. Ausgesandte oder empfangene Signale und Indizes gehen in die Situationsdefinition der Entscheidungsträger ein und bestimmen damit auch ihr Rezeptionsverhalten.[1]

6. Phasen im innerdeutschen Entscheidungsprozeß:

   a) Impuls für Beginn eines Entscheidungsprozesses (decisive input)
   = Redefinition der Situation seitens der Entscheidungsträger, u.a. aufgrund der Änderung von Umweltbedingungen. Eine Situationsredefinition besteht in einer Neukonstellation, Neubewertung oder Neugewichtung von Zielen, Argumenten oder Umweltbedingungen, bzw. in der Hervorhebung oder Vernachlässigung einzelner Ziele, Argumente oder Umweltbedingungen seitens des Entscheidungszentrums oder seitens einzelner Entscheidungsträger. Situationsredefinitionen sind dadurch gekennzeichnet, daß bisherige Verhaltens- und Problemlösungsmuster an selbstverständlicher Gültigkeit verlieren und die Entscheidungsträger daraufhin verunsichert werden. Folge: Ein Prozeß der Entscheidungsbildung, in dessen Verlauf Vorschläge und Alternativen abgewogen, Planungen durchgeführt werden, in dessen Verlauf wahrscheinlich eine größere Offenheit für die Rezeption neuer Informationen (z.B. aus der Presse) besteht.

   b) Der Prozeß der Entscheidungsbildung wird abgeschlossen durch einen für das Entscheidungszentrum verbindlichen Beschluß (Entscheidungssanktionierung), entweder in Form einer I. strategischen Entscheidung = Grundsatzentscheidung des Entscheidungszentrums; oder in Form einer II. taktischen Entscheidung = kurzfristig wirkende technische Entscheidung im Rahmen der Realisierung einer Strategie.[2]

   c) Der Phase der Entscheidungssanktionierung schließt sich die Phase der Entscheidungsausführung an. Die Entscheidung muß innen- und außenpolitisch, auch gegen Widerstände, durchgesetzt werden. Insbesondere muß sie auch gegenüber der Wählerschaft legitimatorisch abgesichert werden. U.a. Koordinationsaktionen können der Entscheidungsausführung dienen, aber auch Signale.

---
1 Vgl. zur Kategorie des Signals P. Ch. Ludz, "Alltagsleben" und "strategic interaction", Bemerkungen zu einem neuen Ansatz in der Theorie der internationalen Beziehungen, in: P. Raina (Hrsg.), Internationale Politik in den siebziger Jahren, Frankfurt a. Main 1973, S. 190 ff.

2 Siehe genaue Definitionen in Kapitel A 1.4.3.1

7. Thema (Zeichen:———)

= dominanter Diskussions- und Verhandlungsgegenstand (Hauptthema, peripheres Thema[1])

8. Tempo (Zeichen: ▭)

= Verhandlungsverzögerung,/-beschleunigung

9. Verhandlungsstadium

Dieses wird funktional-analytisch, bezogen auf Themen, (nicht historisch-chronologisch, entsprechend des Verhandlungsablaufs) bestimmt nach dem Grad der Einigung zwischen den Verhandlungspartnern: a) Konfrontation der Standpunkte; b) Annäherung der Standpunkte ohne Einigung; c) Einigung auf eine Zwischenposition; d) endgültige Einigung. - Es kann also in ein und der gleichen Verhandlungsrunde, je nach Thema, sowohl das Stadium b als auch das Stadium c gegeben sein. Die Nacheinigungsphase bedeutet rezeptionshypothetisch wahrscheinlich eine starke Reduktion der Rezeption für das Thema, über das sich geeinigt wurde.

Die Kategorien sind untereinander kombinierbar. Mehrere von ihnen können zugleich auf ein Ereignis bezogen werden.
Aus solchen Kombinationen können Indizes gebildet werden, z.B. durch den Bezug der Kategorie 'Signal' auf eine Zeiteinheit

$$(\text{z.B.} \quad \text{Signalhäufigkeit} = \frac{\text{Zahl der Signale}}{\text{Zahl der Wocheneinh.}}),$$

oder durch Bezug von Kategorien aufeinander:

$$(\text{z.B.} \quad \text{Signaldichte} = \frac{\text{Zahl der Signale}}{\text{Zahl der Ereignisse}}),$$

oder durch Bezug der Kategorie auf sich selbst,

$$(\text{z.B.} \quad \frac{\text{Zahl der realisierten Koordinationen}}{\text{Zahl der möglichen Koordinationen}}).$$

Die Frage, ob als Voraussetzung bzw. als Folge von strategischen Entscheidungen Koordinationen zwischen Akteuren zunehmen, kann mit folgendem Index beantwortet werden:

$$\frac{\text{strategische Entscheidungen}}{\text{Koordinationen x Wocheneinheiten}}.$$

Die Kategorien und Indizes sind hier Indikatoren für die Rezeptionswahrscheinlichkeit von Akteuren und Entscheidungsträgern. Z.B. macht eine Zunahme der Koordination pro Wocheneinheiten eine verstärkte Rezeption für die Argumente der Akteure, mit denen das Entscheidungszentrum koordiniert, wahrscheinlich, bzw. für die Argumente solcher Akteure, die sich untereinander ohne Entscheidungszentrum koordinieren.

---
1 Siehe die Themenbereiche der Inhaltsanalyse der Presseberichterstattung, Kapitel E 2.5, Bd. II.

Die aus der Langfassung des Entscheidungsprozesses nach diesen Kategorien gewonnenen Daten sollen im folgenden dargestellt, nach den Indizes, die sich als die ergiebigsten erwiesen haben, berechnet und daran anschließend interpretiert werden.
Dabei wird besonders Bezug genommen auf die beiden, für mögliche Presseeinflüsse besonders wirkungsträchtigen, Zeitbruchstellen im Entscheidungsprozeß, nämlich auf die strategische Grenzentscheidung vom 14.04.1970 und auf die taktische Entscheidung vom 04.09.1970, die bereits vereinbarte nächste Verhandlungsrunde zu verschieben: Zur näheren Begründung der ersten Zeitphase wird auf Kapitel B 3.2 verwiesen. Zunächst sollen aber die Gesamtdaten für den ganzen Zeitraum vom 27.10.1969 bis 31.12.1970 dargelegt werden.

Im Zeitraum vom 27.10.1969 bis zum 31.12.1970 sind zu verzeichnen:

- 521 Ereignisse
- 381 Signale
- 180 Koordinationen
- 62 Wocheneinheiten
- 1358 Akteurs-/Interakteursnennungen
- 37 taktische Entscheidungen
- 13 strategische Entscheidungen

Damit können folgende allgemeine Gesamtindizes gebildet werden:

Signaldichte = 0.73 ($\frac{\text{Signalhäufigkeit}}{\text{Ereignishäufigkeit}}$),

Koordinationsdichte = 0.34 ($\frac{\text{Koordinationshäufigkeit}}{\text{Ereignishäufigkeit}}$).

Für die rezeptionshypothetisch sensible Entscheidungsprozeßphase vor der strategischen Entscheidung vom 14.04.1970, beginnend am 12.03.1970 (Ende der 2. Gesprächsrunde), ergeben sich folgende Werte:

Die Grenzentscheidung vom 14.04.1970

Phase 1: Auftretende Umweltveränderungen (als Anlaß für Phase II)
02.03. bis 11.03.1970 (Abschluß der 2. Verhandlungsrunde; die dort aufgetretenen Schwierigkeiten führten zu einer Redefinition der Situation und zur strategischen Entscheidung vom 14.04.)

    Koordinationsdichte = 0.46
    Signaldichte   = 0.53

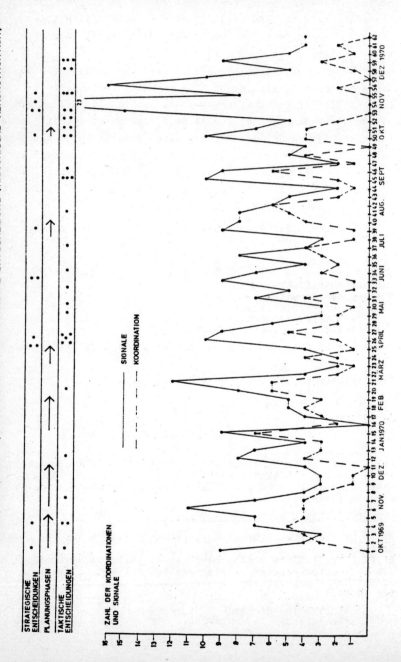

Phase II: Die Redefinition der Situation
12.03. bis 14.04.1970 (strategische Entscheidung) von Ereignis Nr. 143 bis Nr. 172 = 29 Ereignisse

    Koordinationsdichte = 0.55
    Signaldichte   = 0.89

Phase III: Die strategische Entscheidung selbst und deren legitimatorische Absicherung und Durchsetzung gegenüber den internen (und externen) außenpolitischen Akteuren: 15.04. bis 10.05.1970

    Koordinationsdichte = 0.23
    Signaldichte   = 0.82

Die Entscheidung zur Verschiebung der Verhandlungen

Phase I: 07.08. bis 24.08.1970 (von der Unterzeichnung des Moskauer Vertrages bis zur Fahrt von Altens nach Warschau zur Beilegung der neu entstandenen Schwierigkeiten)

    Koordinationsdichte = 0.52
    Signaldichte   = 0.71

Phase II: 24.08. bis 04.09.1970. Phase der auftretenden Umweltveränderungen. (Die Regierungen beider Staaten stellen neue Forderungen.)

    Koordinationsdichte = 0.41
    Signaldichte   = 0.66

Phase III: 04.09. bis 05.10.1970. Die strategische Entscheidung und deren legitimatorische Absicherung gegenüber internen und externen Akteuren bis zur nächsten Verhandlungsrunde und dem dadurch gegebenen neuen Verhandlungsabschnitt.

    Koordinationsdichte = 0.37
    Signaldichte   = 0.78

3.4 Bildung von Hypothesen zum wahrscheinlichen Rezeptionsverhalten von Entscheidungsträgern auf der Basis der Daten und Indizes des Entscheidungsprozesses

Zieht man die in der Einleitung dargelegten Überlegungen zur Bedeutung von strategischen, taktischen und koordinativen Entscheidungen sowie zur Bedeutung des Interessenbegriffs für das Informationsselektionsverhalten der Entscheidungsträger in Betracht, so lassen sich mit Hilfe der genannten Indizes über die Richtung der Aufmerksamkeitszuwendung von Entscheidungsträgern folgende Wahrscheinlichkeitsaussagen machen, Aussagen, die allerdings nur gültig sind für den deutsch-polnischen Entscheidungsprozeß von 1970.

1. Die Entscheidungsprozeßphasen, in denen alternativ geplant, die Situation redefiniert und als Folge davon die ursprüngliche Konzeption geändert wurde, sind gekennzeichnet von einem atypischen Informationsaufnahmeverhalten der Entscheidungsträger.[1] Wenn es sich um eine strategische Entscheidung als Resultat dieses Planungsprozesses handelt, so ist mit einer verstärkten informationellen Such- und Aufnahmebereitschaft der Entscheidungsträger für alternative Argumentationen aus der Presse zu rechnen, d.h., bezogen auf die hier vorliegene Phase vom 12.03. bis 14.04.1970 für Argumentationen zur Grenzfrage, über die in dieser Phase entschieden wurde. Wenn es sich um eine taktische Entscheidung handelt, wie die über die Verschiebung der Verhandlungen vom 04.09.1970, so ist zwar wegen der meist kurzen Zeit, in der entschieden wird, die Möglichkeit zur Aufnahme von Presseargumentationen geringer, aber die Argumente, die durchdringen, sind potentiell umso wirkungsvoller, da es sich bei taktischen Entscheidungen meist nicht um Prinzipienfragen handelt, mit der Folge größerer Überzeugungsmöglichkeit und -wahrscheinlichkeit.

2. Die deutliche Zunahme an Koordinationen in der Zeit vom 12.03. bis 14.04., also in der Zeit vor der strategischen Entscheidung vom 14.04. und in der Zeit vor der taktischen Entscheidung vom 04.09., bedingt wahrscheinlich eine - im Sinne der Ressourcenfunktion - verstärkte Informationsaufnahme der Entscheidungsträger mit Blick auf die anderen Akteure, mit denen sie sich ja koordinieren, abstimmen wollen. Nach der Entscheidung nimmt die Koordinationsdichte tendenziell, wenn auch nicht so eindeutig ab. Denn jetzt gilt es nicht mehr primär zu koordinieren, d.h., auch die Wünsche und Interessen der Koordinationspartner evt. zu berücksichtigen, jetzt gilt es, die anderen Akteure von der getroffenen und feststehenden Entscheidung zu überzeugen, ihre Vorwürfe zu beantworten, ihre zustimmenden Äußerungen aufzugreifen usw. Folglich reduziert sich nach den Entscheidungen die Koordinationsdichte, umgekehrt steigt die Signaldichte (so im "September"-Beispiel) bzw. bleibt nahezu konstant auf hohem Niveau (so im "April"-Beispiel).

---
1 Siehe zur Begründung Kapitel A 1.4.3.1

3. Die Zeit nach Äußerung des deutschen Gesprächsangebotes an die polnische Regierung bis zur Aufnahme der offiziellen Gespräche (28.10.69-04.02.70) wird, da der direkte bilaterale Verhandlungskontakt noch nicht gegeben war, wahrscheinlich von einer verstärkten Aufmerksamkeit der deutschen Entscheidungsträger für Reaktionen aus Polen gekennzeichnet gewesen sein. Daraufhin ist vermutlich auch die Presse selektiv beobachtet worden.

4. In den Phasen nach einer getroffenen Entscheidung, so vor allem in der zweiten Aprilhälfte (ab 15.04.) und in der Zeit nach dem 04.09. ist die innovative Wirkung von Presse sehr wahrscheinlich recht gering, da die Entscheidungsträger sich ja schon durch einen Beschluß festgelegt haben.

5. Kritik oder sonstige Äußerungen in polnischen Medien zur deutschen Medienberichterstattung zu Polen oder zu den deutsch-polnischen Verhandlungen, wie z.B. am 11.12.69, 04.02.70, 19.02.70, 18.03.70 usw. macht eine verstärkte Nutzung der diesbezüglich kritisierten bzw. erwähnten deutschen Medien seitens der deutschen Entscheidungsträger wahrscheinlich, damit diese auf evt. Vorwürfe der Polen im Rahmen der Verhandlungen adäquat reagieren können.

6. Vorwahlzeiten, d.h. die Zeit vor den Juni- und Novemberlandtagswahlen, machen Entscheidungsträger besonders sensibel für Kritiken an ihrer Politik. Hier können also kritische Presseberichte evt. am ehesten innovative Wirkung zeitigen.

Die psychologische Umgebung

4. Einstellung ausgewählter Entscheidungsträger zur Presse: Brandt, Scheel, Frank, Bahr

Anhand von Äußerungen der Entscheidungsträger selbst soll hier ein ungefährer Eindruck über die Einstellung der Entscheidungsträger zur Presseberichterstattung - über die Ergebnisse der Politikerbefragung hinaus - vermittelt werden. Damit können auch von der individualpsychologischen Seite her Hinweise über das wahrscheinliche Rezeptionsverhalten von Entscheidungsträgern gegenüber Argumenten der Presse gewonnen werden. Das ist um so notwendiger, da ja gerade die-

se Entscheidungsträger eine zentrale Kategorie in unserem Forschungsdesign darstellen. Zudem vermag man durch die Darlegung der Einstellungen ein wenig die evaluative und affektive Komponente der Rezeptionswahrscheinlichkeit zu erfassen, die - wie in der Einleitung[1] erwähnt und in der Inhaltsanalyse der Presseberichterstattung operationalisiert - mit über das Verhalten der Presse gegenüber entscheidet. Im Gegensatz zur kognitiven Komponente ist allerdings ein Einfluß von Presse auf die evaluativen und affektiven Einstellungen unwahrscheinlich. Zu tief sind diese durch Sozialisation und Psychogenese im jeweiligen Individuum "verankert".
Die aufgeführten Äußerungen und Zitate sollen für sich selbst sprechen; sie werden nur begrenzt durch,Interpretationen und Abstraktionen im Anschluß an die Zitate, in eine aufgrund des Einzelfall- und Individuumsbezugs nur schwer mögliche aber doch versuchte Generalisierung gebracht; diese mag, wie es in der standardisierten Befragung geschehen ist, für die Gruppe der Politiker voll realisierbar sein, nicht aber für den einzelnen Politiker. Das einzige, was verantwortet werden kann, ist daher ein kurzer Verweis, welcher der genannten Pressefunktionen die jeweilige Äußerung tendenziell am ehesten zugeordnet werden kann, sowie zum Schluß der Versuch einer Zusammenfassung.
Unter diesem Vorbehalt und unter dem Vorbehalt, daß hier nur Hinweise über wahrscheinliche oder evt. mögliche Rezeptionsweisen der Entscheidungsträger gewonnen werden können, sollen die folgenden Zitate einen ungefähren Eindruck über die Einstellung der Entscheidungsträger zur Presse geben. In Kapitel D, Bd. II werden darüberhinaus Bundestagsreden daraufhin analysiert, in welchen konkreten Zusammenhängen Medienberichterstattung für Argumentationen in der politischen Praxis benutzt wird. Damit orientiert sich dieser systematische Analyseschritt nicht - wie im folgenden - an explizit der Presse gewidmeten und zufällig erhobenen Politikeräußerungen.

---

1 Siehe S. 67 f.

Willy Brandt

Der Abgeordnete Dr. Schäfer (Tübingen) (SPD) in einer Frage an den Bundeskanzler:

"Herr Bundeskanzler, wird sich die Bundesregierung durch diese sich nun in der Öffentlichkeit vollziehenden Vorgänge in ihrer Politik der Verständigung gegenüber den östlichen Nachbarn beeinträchtigen lassen?"

Schäfer bezieht sich hier auf die Ereignisse um die Veröffentlichung des Briefes von Brandt an Gomulka in der Presse.

Brandt, Bundeskanzler:

"Nein, Herr Abgeordneter. Die Bundesregierung wird sich insoweit sicherlich nicht in ihren Überlegungen und Entscheidungen beeinflussen lassen."

(Deutscher Bundestag, 6. Wahlperiode, 48. Sitzung, Bonn, 29. April 1970, S. 2419)

Brandt:

"... Ich kenne niemanden, auch nicht hier bei uns, der erwartet, daß die Verhandlungen, die die Westmächte mit der Sowjetunion über Berlin führen, und damit verbundene Zusatzschritte öffentlich dargelegt werden sollten."

(Deutscher Bundestag, 6. Wahlperiode, 48. Sitzung, Bonn, 29. April 1970, S. 2420)

Brandt hält in außenpolitischen Angelegenheiten das Prinzip der demokratischen Öffentlichkeit nur für begrenzt möglich.

Der Abgeordnete von Eckardt (CDU/CSU) in einer Frage an den Bundeskanzler:

"Darf ich demnach annehmen, Herr Bundeskanzler, daß der Inhalt Ihres Briefes (an Gomulka, d. Verf.) auch im Juni den Verhandlungen mit Polen noch förderlich sein wird?"

Brandt:

"Wenn er nicht durch die öffentliche Erörterung für den Empfänger entwertet worden ist, dann ja."

(Deutscher Bundestag, 6. Wahlperiode, 48. Sitzung, Bonn, 29. April 1970, S. 2421)

Brandt:

"Verehrter Kollege von Guttenberg, jemand, der so intensiv und mit so viel Scharfsinn außenpolitische Meldungen verfolgt, wird wissen, daß dieser Brief zu einem Zeitpunkt geschrieben worden ist, an dem der Briefschreiber nicht nur an eine Gesprächsrunde von einigen Tagen zu denken hatte, sondern im Kopf hatte, was in den Tagen unmittelbar zuvor an Presse- und Rundfunkäußerungen, die unsere Motive fehldeuteten, aus Polen vorlag."

(Deutscher Bundestag, 6. Wahlperiode, 48. Sitzung, Bonn, 29. April 1970, S. 2422)

Bestätigung der Ressourcenfunktion, hier der polnischen Medien, für den Entscheidungsträger Brandt.

Baron von Wrangel (CDU/CSU) in einer Frage an den Bundeskanzler:

"Herr Bundeskanzler, habe ich Sie richtig verstanden, daß Sie der Meinung sind, daß es diplomatischen Verhandlungen nicht dienlich ist, wenn die öffentliche Erörterung zu stark ist, und würden Sie mir darin zustimmen, daß man mit diesem Argument jede Erörterung im Deutschen Bundestag töten könnte?"

Brandt:

"Diese Absicht hat die Bundesregierung ganz gewiß nicht; sie wird sicher zu differenzieren wissen."
(Deutscher Bundestag, 6. Wahlperiode, 48. Sitzung, Bonn, 29. April 1970, S. 2422)

Brandt:

"Es gab gute Gründe dafür, jetzt nicht umfassend zu informieren. Es handelt sich um exploratorische Gespräche, die in einiger Zeit weitergeführt werden. Da muß man erst einmal auszuloten versuchen, womit man es zu tun hat. ... Es wird (von der Presse, d. Verf.) eingesehen, daß es bestimmte Phasen in einem diplomatischen Prozeß geben kann, die sich nicht dafür eignen, in allen Einzelheiten öffentlich dargelegt zu werden."

Frage:

"Ist das in diesem Augenblick besonders wichtig, weil die Gegenseite, mit der Sie zu tun haben, besonders empfindlich ist und sie früher auch schon begründete Vorwürfe an Bonn 'adressiert hat'?"

Brandt:

"Ja."
(Die Zeit, 13.02.1970, mit Bezug auf die Polengespräche)

Brandt:

"Ich habe mich eigentlich nicht über die Presse zu beklagen, im Gegenteil! Ich habe in diesen letzten Monaten sehr viel Ermutigung erfahren. Ich habe nicht nur die Kritik von Freunden als hilfreich empfunden, sondern auch von Gegnern, soweit sie sachlich war. Das Problem ist, daß sich das Verhältnis ... zu einigen Zeitungen zugespitzt hat, weil diese unsachlich waren."

Oft gehen, so meint Brandt, Meinungen und Nachrichten wild durcheinander.
Brandt bedauert, daß Pressekritik an ihm ferngesteuert sei.
Er meint, einige versuchten, die Regierung durch publizistische Mittel zu stürzen.
Er kritisiere nicht die Presse, sondern die zu große Geschwätzigkeit der Politiker.
Presse müsse sich selbst Grenzen ziehen, wenn höhere Interessen im Spiel seien.
Politiker dürfen und müssen auch Presse kritisieren dürfen.
Zu seinen Medienkonsumgewohnheiten äußerte sich Brandt wie folgt:

Er lese morgens beim Café ein halbes Dutzend Zeitungen und den Nachrichtenspiegel des Bundespresseamtes, die tägliche Zusammenfassung der Tagespresse und wichtigeren Kommentare von Funk und Fernsehen; dazu komme der Auslandsspiegel und der ostpolitische Spiegel.

Brandt:

"Diese Nachrichtenspiegel sind objektiv. Sie werden von unabhängigen Redakteuren im Presseamt gemacht, ohne daß die Leitung darauf einen Einfluß hat. Mein Eindruck ist, daß ich eher über die kritischen Meinungsäußerungen etwas stärker als über die zustimmenden unterrichtet werde."

Außenpolitische Informationen erhält Brandt u.a. auch vom Auswärtigen Amt und militärische Informationen in der "Lage" von den Geheimdiensten. Abends höre er auf beiden Kanälen Nachrichten und Kommentare im Fernsehen; Radio nutze er nur im Auto.

(Die Zeit, 13.12.1970)

Schließlich müssen noch die Meinungsumfragen als Informationsquellen erwähnt werden, für die die Regierung zur Erfolgskontrolle pro Jahr 320.000,00 DM in Auftrag gibt.

(Die Zeit, 26.06.1970, S. 1)

Walter Scheel

Scheel, Bundesminister des Auswärtigen:

"... Gerade ist, wie Sie wissen, die dritte Gesprächsrunde in Warschau zu Ende gegangen, und ich glaube Ihr Verständnis dafür zu finden, daß eine breit angelegte Diskussion über den in Gang befindlichen Meinungsaustausch der Gesprächsführung nicht dienlich sein kann. Es ergibt sich auch aus der Natur der Sache, daß die Regierung hier in einem Dilemma ist, nämlich auf der einen Seite die Vertraulichkeit der Gespräche zu wahren und auf der anderen Seite doch die Zustimmung der Öffentlichkeit und des Parlaments für ihre Gesprächsführung zu finden."

(Deutscher Bundestag, 6. Wahlperiode, 48. Sitzung, Bonn, 29. April 1970, S. 2424)

Scheel:

"... In immer stärkerem Maße wird die innenpolitische Diskussion durch die Frage beherrscht, wie wir mit Polen zu einer Grenzregelung kommen können, die die - ich zitiere hier den früheren Bundeskanzler - berechtigten Wünsche der Polen, in sicheren Grenzen zu leben, aber auch unsere Interessen berücksichtigt. Die öffentliche Diskussion der letzten Monate hat deutlich gemacht, daß diese Frage nicht allein rational zu betrachten ist, sondern tiefe Gefühle wachruft. Das ist gewiß verständlich. Aber ebenso wahr ist, daß eine sinnvolle Regelung das verantwortungsbewußte Handeln aller Beteiligten und Betroffenen voraussetzt. Nicht nur der Gegensatz zwischen dem Bedürfnis nach Öffentlichkeit - eine Forderung, die hier in diesem Parlament natürlich zu Recht gestellt wird - und

der Notwendigkeit der Vertraulichkeit - eine Forderung, die
die Regierung stellen muß - bringt Schwierigkeiten mit sich,
sondern auch der Widerspruch zwischen der Hoffnung auf Sachlichkeit und der Tatsache, daß vielfach die Diskussion durch
Emotionen beladen ist."
Ablehnung einer Innovationsfunktion durch Scheel hier.
(Deutscher Bundestag, 6. Wahlperiode, 53. Sitzung, Bonn,
27. Mai 1970, S. 2686)

Karl Moersch

Moersch:

"Aber er (Scheel, d. Verf.) konnte sich nicht ... darauf verlassen, daß die leitenden Beamten auch bestimmte innenpolitische Auswirkungen und Komponenten der außenpolitischen Entscheidungen zutreffend einschätzen. Dieses Feld lag außerhalb
ihrer Erfahrung und Kompetenz. Das Umsetzen, das Erläutern
außenpolitischer Tatbestände gegenüber der Öffentlichkeit,
die mögliche oder zu vermutende Wirkung bestimmter Entscheidungen auf das Parlament war stets zu bedenken. Doch mit dieser Aufgabe waren in der Anfangszeit der sozial-liberalen Koalition die leitenden Beamten des Auswärtigen Amtes nicht genügend vertraut."
(K. Moersch, Kurs-Revision, Deutsche Außenpolitik nach Adenauer, Frankfurt 1978, S. 130)
K. Moersch (FDP) war seit Juni 1970 Parlamentarischer Staatssekretär im Auswärtigen Amt und u.a. mit der Betreuung der
Medien beauftragt, um deren Informationsstand und Einstellung
zur Ostpolitik zu verbessern!

Moersch:

"Scheels Freunde in der Fraktion sahen die ungünstige Entwicklung des Scheel-Bildes in der Öffentlichkeit mit wachsender Sorge. Sie fürchteten die negativen Auswirkungen auf
die Durchsetzung der neuen Ostpolitik ebenso wie die Schwierigkeiten, die bei den bevorstehenden Landtagswahlen in Nordrhein-Westfalen, in Niedersachsen und im Saarland zu erwarten waren. Als beim Gomulka-Brief sich wiederum heftige
öffentliche Kritik gegen den Außenminister richtete, fühlten
sich gerade die Anhänger der neuen Ostpolitik zu einer deutlichen Reaktion veranlaßt."
(K. Moersch, a.a.O., S. 132)

"Die vom Gomulka-Brief ausgelöste Krise bedrohte plötzlich
die ganze Entwicklung, für die ich (Moersch, d. Verf.) mich
seit fast zehn Jahren aktiv innerhalb der Freien Demokratischen Partei engagiert hatte - was unter anderem 1968 in
Freiburg durch meine Wahl ins Parteipräsidium bestätigt worden war. Deshalb machte ich mich im Präsidium wie in der
Fraktion zum Sprecher der Parteifreunde, die sich ohne Vorbehalt zum sozial-liberalen Regierungsbündnis bekannten. Eindringlich bat ich Walter Scheel, er solle unverzüglich durch
organisatorische und personelle Änderungen im Auswärtigen
Amt sowie zwischen Auswärtigem Amt und Bundeskanzleramt dafür sorgen, daß allen Unterstellungen über seine Ausschaltung

von wichtigen außenpolitischen Entscheidungen der Boden entzogen werde."
Bestätigung der Innovationsfunktion.
(K. Moersch, a.a.O., S. 135)

Moersch:

"Scheel schlug mich (Moersch, d. Verf.) als Dahrendorfs Nachfolger im Amt des Parlamentarischen Staatssekretärs vor. Er wünschte, so begründete er seine Entscheidung, daß ich ihm bei wichtigen und schwierigen Verhandlungen über die Ostverträge gegenüber der Öffentlichkeit den Rücken freihalte. Nicht irgendeine spezielle Aufgabe im Auswärtigen Amt sei mir zugedacht, vielmehr sollte ich ganz allgemein für die Umsetzung der Außenpolitik in die Innenpolitik sorgen. Dies war, wie sich angesichts des wachsenden, von der Opposition gut organisierten Widerstandes gegen die Ost- und Deutschlandpolitik der sozial-liberalen Koalition zeigte, besonders dringlich. Wollte man die zu jenem Zeitpunkt bereits konzipierten Verträge im Bundestag trotz der knappen parlamentarischen Mehrheit durchsetzen, so mußte man die interessierte Öffentlichkeit umfassend über die Zusammenhänge und die Gründe für diese Politik informieren. Das sollte ich mit Hilfe der Experten des Auswärtigen Amtes und durch eine möglichst reibungslose Kooperation mit dem Bundespresseamt und dem Bundeskanzleramt erreichen.

Die Aufgabe selbst war durch die Umstände im wesentlichen vorgezeichnet: Anwalt der Innenpolitik im Auswärtigen Amt sollte ich sein und zugleich Anwalt der Außenpolitik im Bundestag und gegenüber der Öffentlichkeit. Die Interpretation der Ostverhandlungen gehörte dabei zu den dringlichen Vorhaben.
Mir war aufgefallen, daß die Moskauer und die Warschauer Gespräche von Egon Bahr und Staatssekretär Duckwitz in den Berichten und Kommentaren der Massenmedien oft ziemlich vordergründig behandelt wurden. Man hatte sich in den Redaktionen offenbar mit den Grundüberlegungen einer modus-vivendi-Politik wenig vertraut gemacht. Die meisten Kommentatoren beachteten auch kaum die komplizierte rechtliche Situation der Bundesrepublik Deutschland, sie übersahen, daß der Bewegungsspielraum der Bonner Politik gerade in der deutschen Frage durch die alliierten Vorbehalte, Berlin und Deutschland als Ganzes betreffend, erheblich eingeengt war. Adenauer hatte sich zu diesen Vorbehalten im Herbst 1954 ausdrücklich bekannt. Erst daraufhin erfolgte die Aufhebung des Besatzungsstatus und die Eingliederung der Bundesrepublik in das westliche Bündnissystem. Schließlich kam es auch darauf an, den wichtigen Unterschied zwischen einem abstrakten, allgemeinen Gewaltverzicht und dem konkreten Gewaltverzicht, der ausdrücklich die bestehenden Grenzen in diesen Gewaltverzicht einbezog, der Öffentlichkeit nahezubringen. Vor allem aber schien mir eine gründliche Darstellung des Zusammenhangs von West-Integrationspolitik und neuer Ostpolitik dringend geboten. Nicht nur die Gegner der sozial-liberalen Koalition ignorierten diese Komponente in der Politik von Brandt und Scheel, auch die Freunde der neuen Ostpolitik wußten mit solchen Hinweisen wenig anzufangen.
Ich schlug Scheel und den leitenden Beamten des Auswärtigen

Amtes vor, daß das Amt zusammen mit dem Presseamt eine ganztägige Unterrichtung über die politischen und rechtlichen Fragen der bevorstehenden Vertragsverhandlungen vorbereiten und die Chefredakteure aller Zeitungen und Rundfunkstationen dazu einladen solle. Der zuständige beamtete Staatssekretär und die mit der Ostpolitik befaßten Abteilungsleiter, Unterabteilungsleiter und Referenten des Hauses könnten dabei schriftlich vorbereitete Stellungnahmen vortragen, sie sollten aber ebenso zur sofortigen Beantwortung von Fragen zur Verfügung stehen. Die Experten, nicht die Politiker und die Pressesprecher, müßten jetzt ihre Standpunkte darlegen und auch gegen hartnäckige Frager vertreten. Eine Information aus erster Hand sei das Ziel. Die Veranstaltung solle jedoch nur der persönlichen Unterrichtung der leitenden Redakteure dienen, eine Berichterstattung sei nicht vorzusehen.
Ungläubiges Staunen war die erste Reaktion einiger leitender Beamter. Ein Referatsleiter oder gar ein stellvertretender Referent solle vor mehr als hundert ausgekochten Presseleuten, darunter sicherlich recht skeptischen, möglicherweise sogar recht böswilligen Vertretern dieser Zunft, politische und rechtliche Fragen erläutern, ohne daß jede einzelne Auskunft vom Abteilungsleiter, vom Staatssekretär und vom Minister zuvor geprüft und gebilligt worden sei? Das hatte es noch nie gegeben, das widersprach, genau betrachtet, der Ordnung des Hauses. Ein derartiges Wagnis durfte man den Beamten eigentlich nicht zumuten.
Zögernd und ein wenig verklausuliert kamen solche Einwände. Ich mußte zugeben, daß ich solche Schwierigkeiten nicht bedacht hatte. Doch sei mir aufgefallen, daß eine ganze Reihe, gerade jüngerer Beamter, bei den hausinternen Vorbereitungen der Moskauer und Warschauer Verhandlungen nicht nur höchst sachkundig argumentierte, sondern den eigenen Standpunkt auch eloquent und allgemeinverständlich vertrete. Mir leuchte jetzt durchaus ein, weshalb es im Auswärtigen Dienst keine Regierungsdirektoren und Ministerialräte gäbe, sondern stattdessen Vortragende Legationsräte und Vortragende Legationsräte erster Klasse. Da eine Berichterstattung über die Veranstaltung oder gar eine Zitierung einzelner Referenten gar nicht vorgesehen sei, sondern nur eine persönliche Unterrichtung interessierter Journalisten - eine Art Seminar für Publizisten - beabsichtigt sei, solle man wegen der Risiken unbesorgt sein. Es werde nicht protokolliert. Jeder könne und müsse offen reden, niemand dürfe hinterher auf einzelne Sätze oder Worte festgelegt werden.
Paul Frank, der beamtete Staatssekretär, entschied: Wir machen das. Er war, so schien mir, von der Ungefährlichkeit des Unternehmens nicht ganz überzeugt, wollte aber das Risiko auf sich nehmen, denn er war sich mit mir darin einig, daß eine derartige Unterrichtung, falls sie gelinge, durchaus nützlich und wichtig sein könne, nicht zuletzt werde sie für die Ende Juli in Moskau beginnenden Vertragsverhandlungen Bedeutung haben. Schon vor meinem Antritt hatte ich den Plan mit Rüdiger von Wechmar, dem stellvertretenden Leiter des Presseamtes, besprochen. Conrad Ahlers und er waren zur Unterstützung und Teilnahme ebenso bereit wie Egon Bahr und leitende Beamte des Bundeskanzleramtes. Verantwortung und Risiko betrafen jedoch das Auswärtige Amt.
Bei den vorbereitenden Gesprächen und bei der Verteilung der

einzelnen Themen, die behandelt werden sollten, verflüchtigten sich die Vorbehalte der beteiligten Beamten immer mehr. Zum Schluß blieben nur noch Zweifel, ob denn die eingeladenen Chefredakteure tatsächlich kommen würden und ob man vor einem Mißbrauch durch einzelne Presseorgane wirklich geschützt sei. Darauf mußte man es ankommen lassen. Schließlich erwartete niemand die Preisgabe von Staatsgeheimnissen. Wichtig war, daß Zusammenhänge dargestellt wurden, die zwar den Beamten vertraut, den meisten Journalisten aber kaum bekannt sein konnten. Meine Aufgabe bestand darin, auf solche Punkte hinzuweisen. Im Grunde ging es darum, zwei Personengruppen, die wenig voneinander wußten, die Angehörigen des Auswärtigen Dienstes und die leitenden Redakteure der deutschen Massenmedien, in Diskussion und Gespräch einander näher zu bringen. Die Ostpolitik bot sich für dieses Experiment an.

Der Verlauf der sehr gut besuchten Veranstaltung im Bonner "Königshof" zerstreute vollends alle Bedenken, die im Auswärtigen Amt nach der Vorbereitung noch übriggeblieben waren. Es gab keine Panne und keine Indiskretion. Die Gäste äußerten sich im allgemeinen sehr anerkennend über die Qualität der Referate und der mündlichen Erläuterungen. Die Sicherheit, der Mut und das Engagement der Beamten beeindruckte auch diejenigen, die voller Skepsis nach Bonn gereist waren."

Bestätigung der operativen Funktion als Folge der als negativ interpretierten Innovationsfunktion der Presse.

(K. Moersch, a.a.O., S. 143-146)

Moersch:

"Die Mahnungen, die Grosser und andere Kommentatoren an die französischen Politiker richteten, die Plädoyers der pro-europäischen Publizistik für eine gemeinsame Ostpolitik der westeuropäischen Nachbarstaaten, blieben nicht ungehört."

Bestätigung der Innovationsfunktion.

(K. Moersch, a.a.O., S. 228)

Walter Scheel

Scheel, Bundesminister des Auswärtigen:

"Wir müssen auch das Interesse der Menschen in unseren Ländern für die Entspannung wecken und fördern. Es ist kein Zufall, daß die Öffentlichkeit Mühe hatte, dem Verlauf der Vorgespräche (zur KSZE, d. Verf.) im einzelnen zu folgen. Allzu stark herrscht der Eindruck, "das ist wieder nur eine Gelegenheit für Diplomaten, sich in lange nutzlose Gespräche zu vertiefen, für uns springt dabei nichts heraus". Wenn dieser Eindruck sich festsetzt, dann haben wir schon verloren. Wir müssen klarmachen, daß Entspannung auch Verbesserung der menschlichen Kontakte bedeutet. Die Unverletzlichkeit der Grenzen erhält erst ihren vollen Sinn, wenn die Grenzen natürliche Bindungen nicht zerreißen, wenn es möglich ist, über die Grenzen Kontakte zu erhalten und neu zu knüpfen. Zu der Entspannung gehören humane Praktiken entlang der Grenzen. ...

Wenn wir uns einig sind, daß mehr Verständnis zwischen unseren Völkern ein wichtiges Element der Entspannung ist, dann müssen wir auch die Kenntnis voneinander fördern. Die technischen Möglichkeiten dafür sind da. In allen Teilnehmerstaaten gibt es Presse, Rundfunk und Fernsehen. Gerade das Fernsehen spielt eine maßgebliche Rolle. So besitzen über 90 Prozent aller Familien in der Bundesrepublik einen Fernsehapparat. Viele von ihnen sehen jeden Abend Nachrichten aus aller Welt. Berichte, Sendungen über andere Länder werden in Presse, Rundfunk und Fernsehen täglich in großer Zahl gebracht. Der Hunger nach Informationen ist groß. Er sollte nicht mißbraucht werden. Allzuoft gibt es die Versuchung, bestimmte Meinungen, Vorurteile in die Informationen einfließen zu lassen. Schon in der Auswahl der Informationen kann eine künstliche Beschränkung liegen. Kann man etwas dagegen tun? Ich meine: ja! Die Verbreitung von Informationen und der Zugang zu ihnen sollte erweitert werden. Dabei haben die Journalisten eine Schlüsselrolle. Wir sollten deshalb die Arbeitsbedingungen gerade für diejenigen verbessern, die Informationen aus dem Ausland liefern, die dort arbeiten."

Bestätigung der operativen Funktion.

(W. Scheel, Rede auf der Konferenz für Sicherheit und Zusammenarbeit in Europa am 04. Juli 1973, in: ders., Reden und Interviews (II), Hrsg.: Presse- und Informationsamt der Bundesregierung, Bonn 1974, S. 275 f.)

Scheel:

"Für die Bürger ist das Radio und das Fernsehen nicht nur Quelle der Information und Unterhaltung; ihnen dienen die Massenmedien auch als entscheidender Faktor des politischen Meinungsbildes. Daß mir hierbei gelegentlich ein Seufzer über das unersättliche Mitteilungsbedürfnis mancher Kommentatoren entwischt, möchte ich doch nur als einen Stoßseufzer eines Mannes verstanden wissen, der - ständig im Rampenlicht der Öffentlichkeit - Sympathie und Verständnis für die schwierige Aufgabe eines Pressemannes sich erhalten hat. Ja, der als Liberaler diese Aufgaben als das Grundrecht der Meinungsfreiheit, der Informationsfreiheit und der Pressefreiheit fordert. Für Demokraten ist dieses Grundrecht von zentraler Bedeutung für die Bewahrung und Ausübung aller anderen Grundrechte. Die Vielfalt und der Wettbewerb der Meinungen in einer offenen Gesellschaft sind die notwendigen und unabdingbaren Voraussetzungen für die verantwortliche Willensbildung des mündigen Bürgers in der parlamentarischen Demokratie. Zu dieser Vielfalt gehört auch die Trennung in öffentlich-rechtliche Struktur des Rundfunks und privatwirtschaftliche Organisation des Pressewesens. Dieser Grundsatz hat sich bewährt und soll von uns beibehalten werden."

(W. Scheel, Rede anläßlich des Besuchs der Internationalen Funkausstellung in Berlin am 03. September 1973, in: ders., Reden und Interviews (II), Hrsg.: Presse- und Informationsamt der Bundesregierung, Bonn 1974, S. 298)

Scheel:

"Außenminister Scheel und Regierungssprecher Ahlers verneinten gestern die Frage, ob die Bundesregierung gegen die Jour-

nalisten der Zeitung vorzugehen gedenke. Scheel sagte, Journalisten hätten die Aufgabe, alles herauszufinden, was sie herausfinden könnten. Allerdings stelle sich einer Redaktion die Frage, ob man es "mit seinem patriotischen Gewissen" vereinbaren könne, alles zu veröffentlichen, was man erfahre. Diese Frage müsse jeder mit sich selbst ausmachen.
Scheel sagte, selbst wenn der Text der Veröffentlichung "nicht richtig wäre", würden dadurch die geplanten Verhandlungen mit Moskau erschwert."
Ablehnung der Innovationsfunktion.
(Kölner Stadt-Anzeiger, 13.06.1970)

Scheel:

Der Abgeordnete Dr. Stoltenberg in einem Zwischenruf an den Bundesminister des Auswärtigen:

"Alles was sie sagen, ist aus den Zeitungen bekannt! Können wir noch ein bißchen mehr erfahren?"

Scheel:

" - Dies ist, Herr Dr. Stoltenberg, bei vielem so, weil die Zeitungen ja ungewöhnlich schnell Meldungen weitergeben und sehr viele Überlegungen daran knüpfen. Herr Dr. Stoltenberg, es wird Sie aber sicherlich interessieren, wie die Bundesregierung darüber denkt, ebenso wie es mich interessiert, wie Sie über Dinge denken, die ich aus den Zeitungen natürlich längst vorher kenne."
(Deutscher Bundestag, 6. Wahlperiode, 33. Sitzung, Bonn, 25. Februar 1970, S. 1553)

Paul Frank

Frank:

"Durch den Verrat geheimer Papiere der Bundesregierung (und deren Veröffentlichung durch die Presse, d. Verf.) sieht Staatssekretär Frank auch die Glaubwürdigkeit der deutschen Außenpolitik gefährdet. Das Instrument des Auswärtigen Dienstes werde nach außen lahmgelegt, wenn ausländische Regierungen nach vertraulichen Gesprächen mit der Bundesregierung damit rechnen müßten, die Ergebnisse dieser Besprechungen in Illustrierten der Bundesrepublik abgedruckt zu finden. Diese ernste Frage gehe Regierung und Opposition in gleicher Weise an, da beide gemeinsame Verantwortung für diesen unseren Staat trügen.
Hinter dem Verrat der geheimen Regierungspapiere vermutet Frank weder materielle noch opportunistische Motive. Vielmehr glaubt der Staatssekretär an einen "Gesinnungstäter", der sich nicht erst auf sein Gewissen berufen habe, wenn es um die Grundrechte oder um die Grundlagen der Verfassung gehe. Dieser Täter scheue sich nicht, "Widerstand" mit ungesetzlichen Mitteln bereits dann zu leisten, wenn er gewisse Maßnahmen der Regierungspolitik nicht bejahen zu können glaubt. Was bei der berüchtigten rechtsextremen "Aktion Widerstand" mit Terror und nackter Gewalt praktiziert worden sei, nehme

bei den Gesinnungstätern die sublimierte Form des "Widerstandes auf höherer Ebene" gegen die rechtmäßige Regierung an.
Frank meint, wer mit der Veröffentlichung geheimer Unterlagen des Auswärtigen Amtes die Bundesregierung nach innen und außen handlungsunfähig machen wolle, sei in seinen Zielen mit der "Aktion Widerstand" gleichzusetzen. Man müsse beachten, daß es diesmal nicht wie in einer gewissen Epoche deutscher Vergangenheit, um die Bekämpfung einer Diktatur oder eines Unrechtsstaates, sondern um Widerstand gegen eine demokratisch legitimierte Regierung in einem demokratischen Rechtsstaat gehe. Wer aber die Spielregeln der Demokratie mißachte und mit ungesetzlichen Mitteln im politischen Kampf operiere, trage letztlich zur Zerstörung von Staat und Demokratie bei. Nach Ansicht des Staatssekretärs beteiligt sich an dem Werk der Zerstörung, wer die Ratifizierung der Ostverträge, über die zu gegebener Zeit der Deutsche Bundestag entscheiden werde, mit den Mitteln der "Aktion Widerstand" vorwegnehmen wolle."
Ablehnung der Innovationsfunktion.
(Stuttgarter Zeitung, 05.08.1971)
P. Frank war seit Juni 1970 als Nachfolger von Duckwitz beamteter Staatssekretär im Auswärtigen Amt.

Frank:
"Wenn in einem Land die lukrative journalistische Sensation und das parteiegoistische Gehabe das allgemeine Interesse, die eigene Regierung in internationalen Verhandlungen erfolgreich zu sehen, überwiegt, ist es schwer zu bestehen. Man ist gezwungen, gegen zwei Fronten zu kämpfen, und beide tun sich zusammen, spielen sich gegenseitig die Argumente zu. Natürlich in einem scheinbar völlig entgegengesetzten Interesse."
(...) "Der Unterschied in der Einschätzung dieses 'Bahr-Gromyko-Papiers' wäre ohne allzugroße Bedeutung geblieben, wenn nicht Geld- und Sensationsgier wie Parteiegoismus in der Bundesrepublik sich auf dieses Papier gestürzt hätten, um es vorzeitig zu veröffentlichen. Es erschien eines Tages, noch bevor die Verhandlungen begonnen hatten, in einigen dieser famosen Boulevardblätter und Magazine abgedruckt. Eines dieser Massenblätter mit dem bekannt patriotischen Herausgeber ging sogar so weit, das Bahr-Papier in der Form eines ratifizierungsreifen Vertrages darzustellen. Dem Leser sollte der Eindruck vermittelt werden, daß nur noch die Unterschriften fehlten. Das war es genau, was Andrej Gromyko am liebsten gehabt hätte."
(P. Frank, Entschlüsselte Botschaft, Stuttgart 1981, S. 281/282.)

"Was ein Teil der Boulevardpresse damals bot, hatte weder mit Geschicklichkeit noch mit Disziplin etwas zu tun. Jedes Kind konnte sich an seinen fünf Fingern abzählen, daß die noch vor dem Beginn der Verhandlungen liegende Veröffentlichung der Punkte, auf die Egon Bahr und Andrej Gromyko sich in einem langwierigen Sondierungsprozeß geeinigt hatten, es der Sowjetunion schwer, wenn nicht unmöglich machen würde, von diesen Punkten in den Verhandlungen abzuweichen, wenn sie nicht vor aller Welt als derjenige dastehen wollte, der schwach genug

war, nachzugeben.
Vielleicht wollten jene Publikumspatrioten gerade dies, vielleicht wollten sie zeigen, daß die Sowjetunion zu Kreuze kriechen müsse, wenn aus dem Vertrag etwas werden sollte. Vielleicht interessierte der Vertrag sie gar nicht, sondern nur die Demütigung der Sowjetunion. Eine neue Spielart deutscher Großmannssucht, 25 Jahre nach der Demütigung durch die eigene bedingungslose Kapitulation?
Caspar Hilzinger (das ist P. Frank, d. Verf.) ärgerte sich über diese 'Indiskretionen', die bald als eine Art Gentleman-Delikt Schule machen sollten. Man mußte das ertragen als eine Art Preis für die freiheitliche Demokratie, zumal dann, wenn ihre ethische und moralische Grundlage fragwürdig geworden war. Er betrachtete es daher als eine logische Konsequenz, daß einige Jahre später das Strafgesetz geändert wurde, so daß ein Journalist, der geheime Informationen des Staates veröffentlichte, frei ausging, der Beamte hingegen sich nach wie vor strafbar machte, wenn er Geheimnisse ausplauderte. Warum eigentlich? fragte er sich. Haben wir nicht alle dem gleichen Gemeinwohl zu dienen? Oder wird in der Konsum- und Profitwirtschaft das Fehlen moralischer Maßstäbe durch die Steigerung der Auflage ersetzt? Wenn zwei das gleiche tun, ist es eben nicht dasselbe."
(ebenda, S. 282)

"Rückblickend vermag Caspar Hilzinger nicht mehr mit Gewißheit zu sagen, ob die hemmungslose Kampagne gegen Egon Bahr und das 'Bahr-Papier' der Sache selbst, nämlich dem Versuch einer neuen Ostpolitik, geschadet oder genützt hat. Die öffentliche Meinung war auf die Ostpolitik so gut wie gar nicht vorbereitet."
(ebenda, S. 284)

"Das Erfolgsgeheimnis der Demokratie ist darin zu sehen, daß die Bürger manchmal, und sei es nur instinktiv, klüger sind als die öffentliche Meinung und die Honoratioren der politischen Gesellschaft."
(ebenda, S. 288)

"Von Caspar Hilzinger ist manchmal behauptet worden, er habe zur Presse und zu den Journalisten ein schlechtes Verhältnis. Einige meinten hingegen, er sei zu vertrauensselig, zu direkt und verstehe es nicht, sich in der Presse ein 'Image' zu schaffen. Darauf, das ist wahr, hat Caspar Hilzinger niemals Wert gelegt. Die freie Meinungsäußerung und ihre unverfälschte Wiedergabe durch die Presse hat er stets für eines der höchsten Güter der Demokratie gehalten, die diese erst zu ihren Leistungen befähige. Wenn Angst oder Opportunismus die Lust an der freien Meinungsäußerung absterben lasse, dann sei Gefahr für die Gesellschaft im Verzug. Der Kampf gegen jede Form der Unfreiheit wäre umsonst, wenn die Bürger zu dem Ergebnis kämen, daß sich eine freie Meinung nicht mehr lohne, sondern nur Ärger einbringe.
Caspar Hilzinger hielt nichts davon, im Gespräch mit Journalisten jene berühmte diplomatische Zurückhaltung zu wahren, die sehr oft Unkenntnis durch Diplomatengehabe verschleiern will. Dies setzt allerdings gegenseitiges Vertrauen voraus. Nur in ganz wenigen Fällen ist er da enttäuscht worden. Es

handelte sich dann jeweils um Vertreter jener Massenblätter
oder Magazine, die eine ganz andere, nämlich kommerziell bestimmte Auffassung von Meinungsfreiheit, Fairneß und Vertrauen
hatten. Ihnen ging es nicht um die möglichst genaue Aufklärung
eines Sachverhalts, sondern um den 'Knüller', die Indiskretion
mit persönlichem Beigeschmack, kurz um das, was geeignet ist,
die niederen Instinkte im Menschen zu wecken. Und es ging ihnen natürlich vor allem um die Auflagenziffer. Ein Herausgeber solcher Presseerzeugnisse muß die Deutschen für sehr
dumm halten. Aber das Schlimme ist, daß die hohen Auflagen
seiner Boulevardblätter Axel Springer zum Beispiel recht zu
geben scheinen. Das hindert die bundesdeutsche Politprominenz
keineswegs, ihm, der sich gern als Patrioten feiern läßt,
ihre Reverenz zu erweisen.
Dem Außenstehenden war es unverständlich, daß sich Caspar Hilzinger von Zeit zu Zeit herabließ, mit Reportern solcher Blätter und Magazine zu sprechen. Dies ging manchmal so weit, daß
wohlgesonnene Journalisten versuchten, ihn von Kontakten mit
jenen Kollegen abzuhalten oder ihn abzuschirmen. Gleichwohl
sah Caspar Hilzinger es als eine Herausforderung an die Wahrheit an, auch solchen Reportern seine Meinung zu sagen, von
denen er mit einiger Sicherheit annehmen konnte, daß sie den
Inhalt verzerrt und entstellt wiedergeben würden. Er pflegte
dann zu sagen: 'Wenn wir aus Sorge, die Wahrheit könnte entstellt werden, die Wahrheit nicht mehr aussprechen, dann haben wir eine de-facto-Konvergenz mit jenen Systemen hergestellt, wo man die Wahrheit nicht aussprechen darf. Der Unterschied zwischen Nicht-wollen und Nicht-dürfen ist dann nur
noch gering.'
Die kleinen Vertrauensbrüche und Enttäuschungen, die von nervenschwachen Politikern gern als dramatisch angesehen werden,
haben in Caspar Hilzinger das Gefühl der Bewunderung für eine
große Zahl befähigter Journalisten, mit denen er im Laufe seines Berufslebens zu tun hatte, nie beeinträchtigen können. Da
mag im Unterbewußtsein auch der frühe Wunsch, selber Journalist zu werden, eine Rolle gespielt haben. In seiner Züricher
Studienzeit hatte diese Absicht sogar konkrete Formen angenommen, als er anfing, für den Industriekurier über die wirtschaftlichen Probleme der Schweiz regelmäßig zu berichten.
(Es war damals gar nicht so einfach gewesen, dafür die Zustimmung der schweizerischen Fremdenpolizei zu erhalten, obwohl
das in Reichsmark gezahlte Honorar nicht transferiert werden
konnte. Aber für die Leute daheim war es ein geöffnetes Fenster ins nachbarliche Ausland. Man bedenke: 1946!) Nein, Caspar Hilzinger war nicht pressefeindlich. Davon hielt ihn schon
die Freundschaft mit vielen deutschen und ausländischen Journalisten ab, etwa mit Max Beer, dem Altmeister der UNO-Berichterstattung, der für die Neue Zürcher Zeitung arbeitete. Ein
großer Teil seiner Familie war im Dritten Reich umgekommen.
Seine Haßliebe gegenüber allem Deutschen war verständlich,
wenn auch manchmal schwer zu ertragen. Er hatte die Weimarer
Republik bei ihren ersten Schritten auf dem Parkett des Genfer
Völkerbunds begleitet und danach mitansehen müssen, wie alle
guten Vorsätze und Absichten in der Diktatur endeten. Sein
größter Wunsch nach 1949 war es, die Bundesrepublik Deutschland möge in den Vereinten Nationen eine bedeutende Rolle spielen und die Stimme einer Nation zu Gehör bringen, die aus ihren
Irrtümern und wahrscheinlich auch Veranlagungen etwas Positives für den Frieden gemacht haben. Er hat den Beitritt der

Bundesrepublik zur Weltorganisation nicht mehr erleben dürfen. Caspar Hilzinger bewahrte Max Beer Dankbarkeit dafür, daß er ihm den Rat des erfahrenen Journalisten nie versagt hat.
Albert Leichter, der in New York für die Deutsche Presse-Agentur arbeitete, kam vom österreichischen Sozialismus her und besaß eine unerschöpfliche Personenkenntnis über Vertreter der europäischen sozialistischen Bewegung. Emigrant wie Max Beer, war er ein überzeugter Idealist und Menschenfreund geblieben, der die böse Vergangenheit im Gespräch höchstens mit einem melancholisch-wissenden Wort streifte, als wolle er sagen: 'Sie wissen ja, was alles möglich ist, wenn man die Menschen aufeinander losläßt.' Er war einer jener Juden voll innerer Einsicht und dabei großer Bescheidenheit, immer bereit, hinter massiver auftretenden Zeitgenossen zurückzustehen - ein guter Freund.
In seiner Pariser Zeit von 1950 bis 1957 hatte Caspar Hilzinger einen regelmäßigen Gast, mit dem er viele Stunden interessanter Diskussion verbrachte: Paul Medina, der aus Paris für die Frankfurter Allgemeine Zeitung berichtete. Sein Hauptinteresse galt der französischen Innenpolitik. Hier traf sich seine Aufgabe mit der, die Caspar Hilzinger an der Botschaft übernommen hatte. Er war für die Beobachtung der französischen Innenpolitik und die Verbindung zum Parlament zuständig. Mancher Leitartikel Paul Medinas ist in diesen Gesprächen entstanden. Ihrer beider Gedankenführung in der äußerst vielschichtigen Materie war manchmal so kompliziert, daß Paul Medina in einer netten Art von Selbstironie zu Caspar Hilzinger bemerkte: 'Morgen finden Sie über unser Gespräch einen Leitartikel in der FAZ, den außer uns beiden kein Mensch verstehen wird.' Caspar Hilzinger denkt heute noch mit Vergnügen an die Unterhaltungen mit diesem Journalisten 'alter Schule' zurück. Paul Medina war immer interessiert, immer auf den Beinen, unermüdlich und kameradschaftlich. Der Tod ereilte ihn mitten in der Arbeit, man konnte es sich gar nicht anders vorstellen. Sein Herz war einfach stehengeblieben.
Es gibt noch viele andere Namen, die aus dem Gedächtnis auftauchen und die Erinnerung beleben. Gerne erinnert sich Caspar Hilzinger seiner Gespräche mit dem Senior der Bonner Journalisten, Georg Schröder, dem intimen Kenner der Bonner Politszene; an Alfred Rapp, den er stets als 'Herr Landsmann' titulierte, weil er aus Karlsruhe stammte, und an den quicklebendigen und schlauen Chefreporter Hans-Ulrich Kempski, der ihm so manches 'Staatsgeheimnis' entlockte. Ja, man kann durch die gemeinsame Arbeit Freundschaften knüpfen. Aber das hängt nicht nur mit der Arbeit zusammen, sondern vor allem mit dem Menschen.
Aus der Begegnung mit so vielen hochqualifizierten Journalisten lernte Caspar Hilzinger, welche große Bedeutung das Verhältnis von Diplomatie und Presse in unserer Zeit besitzt. Aber wie sollte dieses Verhältnis auf der Grundlage gegenseitigen Interesses gestaltet werden, so daß beide Seiten, Diplomatie und Presse, daraus Gewinn ziehen konnten? Weder die für diplomatisches Handeln notwendige Diskretion noch die Unabhängigkeit der Presse durften dabei zu Schaden kommen. Der Journalist, der einer kurzlebigen Indiskretion zuliebe seine Informationsquellen aufs Spiel setzt, ist ebenso schlecht beraten, wie der Diplomat, der glaubt, er könne die Presse mit Halbwahrheiten zur Unterstützung einer bestimmten Politik animieren, die sie

nicht unterstützen will. Caspar Hilzinger legte deshalb
größten Wert auf gelegentliche Hintergrundgespräche mit
einem Dutzend vertrauenswürdiger Journalisten, in welchen
diese mit der allgemeinen Problematik einer Frage vertraut
gemacht wurden. Diejenigen Faktoren, die bei der Meinungsbildung der Regierung eine Rolle spielten und beachtet sein
wollten, trug er dabei so trocken und so objektiv vor, als
handle es sich nicht um ein Gespräch mit Journalisten, sondern um ein wissenschaftliches Seminar. Caspar Hilzinger
dachte nämlich, wohl zu Recht, daß das Urteil der Journalisten in dem Maße differenziert und vorsichtig würde, in dem
man sie mit den vielfachen Facetten eines Problems vertraut
machte. Keine Plädoyers für eine bestimmte Politik der Regierung, sondern Einsicht in den komplexen Charakter eines
Problems und die Notwendigkeit, stets das kleinere Übel wählen zu müssen.
1979 stand ein Staatsbesuch des Bundespräsidenten im Iran
auf dem Reiseprogramm. Es gab viele Gründe, dem Besuch mit
einigem Unbehagen entgegenzusehen. Seit dem mißglückten Aufenthalt des Schahs in Berlin war die Atmosphäre getrübt.
Das Regime Reza Pahlawis war in der Bundesrepublik nicht populär, die Presse stand ihm kritisch, skeptisch und auch ablehnend gegenüber. Caspar Hilzinger befürchtete, daß der Gegenbesuch des Bundespräsidenten in Teheran erneut mit einem
Mißklang enden könnte, wenn die deutschen Journalisten ihrer
Kritik an Ort und Stelle freien Lauf ließen. Also lud er sie
vor der Abreise zu einem Hintergrundgespräch ein. Als alle
Einzelheiten besprochen waren, sagte er zu ihnen: 'Meine
Herren, ich weiß, daß ein Staatsbesuch in Iran bei uns nicht
sehr populär ist. Aber so, wie die Dinge liegen, können wir
uns die Regierungen, mit denen wir zu tun haben, nicht aussuchen. Deshalb braucht eine aufmerksame und kritische Berichterstattung keine Not zu leiden. Niemand denkt daran,
Ihnen Verhaltensmaßregeln geben zu wollen. Ich möchte Sie
nur um eines bitten: Bleiben Sie sich, bei allem, was Sie
schreiben, bewußt, daß die Lage in Europa durch die Energieversorgung mit der Stabilität im Persischen Golf aufs engste
verknüpft ist. Sollte der Schah durch Druck von außen oder
von innen stürzen, sollten die Scheichtümer folgen und am
Ende die Monarchie in Saudi-Arabien fallen, dann wird sich das
Leben in Europa verändern, und zwar zum Schlechten.'
Die Journalisten hatten begriffen. Es gab keinerlei Ärger.
Caspar Hilzinger konnte nicht ahnen, wie prophetisch sein
Hinweis war. Ein halbes Jahr später war der Schah gestürzt.
Hintergrundgespräche machen es den Journalisten möglich, ihren Lesern Sachkenntnis zu vermitteln und sie zum vorsichtig
abwägenden Urteilen anzuregen. Genau das ist es nämlich, was
not tut, wenn Presse und öffentliche Meinung die Außenpolitik
eines Landes unterstützen sollen. Das gibt es allerdings nur
in Ländern, die über genügend politische Reife verfügen, um
einzusehen, daß Außenpolitik und Diplomatie alle angeht, ohne
Unterschied ihrer Partei. Nun ist in den letzten Jahren eine
Veränderung eingetreten, die die positive Rolle der Presse
beeinträchtigt hat. Der Kampf um die aktuellste Nachricht, die
Hektik der Konkurrenz und der Primat des finanziellen Gewinns
vor dem journalistischen haben die bedeutenden Journalisten,
die unabhängige Leitartikler waren, immer stärker zugunsten
des Reportertyps zurückgedrängt. Welcher Journalist verfügt

heute noch über die materielle und politische Unabhängigkeit, sei es als Auslandskorrespondent oder als Mitglied der Redaktion, um gewissenhaft zu recherchieren und politisch fundiert schreiben zu können? Die Aktualität hat die Meinung verdrängt. Die Jagd nach Sensationen hat auch die Dämme durchbrochen, ist auch in die Reservate eingedrungen, in denen bisher die Außenpolitik eine relative Ruhe und Konsistenz bewahren konnte.
Hinzu kommt, daß die modernen Kommunikationsmittel eine solche Fülle von Nachrichten aus allen Teilen der Welt produzieren, daß der Zeitungsleser unter dem anhaltenden Eindruck steht, die Welt sei voller Krisen und Katastrophen. Da, wo früher der Staatsmann Vertrauen und Sicherheit verbreitete, erscheint er heute als jemand, der, anstatt zu handeln, dauernd ohnmächtig Erklärungen abgibt. Die wirklich großen Probleme der Menschheit scheinen sich in lauter aktuelle und punktuelle Krisen aufzulösen. Wo eine klare Analyse Einsicht in die tieferen Zusammenhänge bringen sollte, entstehen nur Reizwirkungen, wie Verwirrung und Angst.
Auf der anderen Seite wäre der Versuch der Diplomatie, sich gegen die Presse abzuschirmen, sinnlos. Sie braucht die Unterstützung durch die öffentliche Meinung, deshalb muß sie sich ihr öffnen. Sie muß sich der seriösen Presse zuwenden und ihr die Grundlagen, die Ziele und die bestimmenden Faktoren darlegen. Dann wird sie, und damit letztlich auch die Zeitungsleser, in der Lage sein, die auf sie einstürmenden Einzelmeldungen aus aller Welt in ein vernünftiges Koordinationssystem einzuordnen und zur Außenpolitik des eigenen Landes in ein rechtes Verhältnis zu setzen. Dazu genügt es natürlich nicht, den Pressesprecher eines Außenministeriums mit Sprachregelungen zu versehen, die er herunterbeten kann. Die führenden Köpfe der Diplomatie müssen sich selbst der Mühe unterziehen, zwei- bis dreimal im Monat ausführlich mit Journalisten zu sprechen. Wegen der besonderen Lage der Bundeshauptstadt müssen auch die Chefredakteure der großen Zeitungen, die überwiegend nicht in Bonn erscheinen, von Zeit zu Zeit nach Bonn eingeladen werden.
Die Diplomatie ist kein geeignetes Feld für Besserwisser. Ganz im Gegensatz zu den landläufigen Vorstellungen von der Diplomatie als geheimer Kabinettspolitik ist sie heute eine Angelegenheit für alle politischen Kräfte im Volk geworden. Allerdings unter der Voraussetzung, daß Sachkenntnis und nicht Gefühl das Urteil bestimmt. Vor allem nicht die parteipolitische Emotion, denn von der Außenpolitik werden die Interessen aller und nicht nur diejenigen einer Partei berührt. Die verantwortungsvolle Presse ist das geeignete Medium, in einer Zeit der Abstumpfung und Ablenkung außenpolitisches Sachwissen zu verbreiten, Ressentiments abzubauen und auf diese Weise dem Gemeinwohl zu dienen. Sie ist neben anderen Massenmedien und Massenorganisationen zur vierten Gewalt im Staat geworden. Allerdings muß sie sich selbst auch kontrollieren."

(ebenda, S. 373-379)

Egon Bahr

Auszug aus den Bahr-Gromyko-Gesprächen des Frühjahrs 1970:
"Bahr zu Gromyko: Die Frage der ausdrücklichen Erwähnung beider Grenzen in dem Abkommen sei eine Frage der öffentlichen Meinung zu Hause. Es gebe keine Meinungsverschiedenheit in der Sache. Die Erwähnung täte unserer öffentlichen Meinung etwas weh. Nun könne man sagen, es tut ihr ganz gut, wenn sie gezwungen wird, das zu verdauen. Aber für uns sei das etwas schwierig. Man müsse wissen, wie man ihr das verständlich macht. (13.03.1970)"
Bahr: operativer Einsatz der Presse, indem auf deren potentielle Innovationsfunktion hingewiesen wird.
("Moskauer Protokolle", in: Quick, 26.04.1972)

Bahr:

"Mein Empfinden darauf (auf die Veröffentlichung von Protokollnotizen der deutsch-sowjetischen Verhandlungen, d. Verf.) ist zunächst einmal das der tiefen Entrüstung über ein derartiges Machwerk. Der Schutz der Vertraulichkeit ist eine Voraussetzung für internationale Verhandlungen überhaupt für den Partner, aber auch für den Erfolg solcher Verhandlungen. Und mit welcher Art, wie hier Schindluder getrieben wird mit den Interessen dieser Bundesrepublik Deutschland, das ist also für jemanden, der diese Interessen ernst nimmt, wirklich tief beunruhigend."
Ablehung der Innovationsfunktion.
(WDR, 18.04.1972, 18.30 Uhr, Echo des Tages)
Aus ähnlichen Gründen lehnte Bahr Anfang Juli eine von Pressesprecher Ahlers befürwortete größere informationspolitische Offenheit über die Warschauer Verhandlungen ab.
(Die Welt, 04.07.1970, S. 2)

C. Ahlers, Regierungssprecher, demgegenüber:

"'Es wäre sehr gut gewesen für das Ansehen unserer Politik, wenn sie sich freiwillig offenbart hätte. Auf der anderen Seite lehne ich richterliche und staatsanwaltschaftliche Untersuchungen gegenüber Journalisten radikal ab. Der Journalist ist legitimiert, all das zu publizieren, was er bekommt. Sache des Staates ist es, seine Geheimnisse zu hüten. Wenn er das nicht kann, ist das seine Angelegenheit.'
Ahlers kritisierte, daß heute immer noch ein System der Kabinettsdiplomatie herrsche, obwohl sich in der 'plebiszitären Deomokratie' längst die Erkenntnis herausgestellt habe: 'Es ist keine große außenpolitische Bewegung ohne eine antizipierte Unterstützung der Öffentlichkeit möglich.' Im Rückblick auf die vorzeitige Veröffentlichung von Bahr-Papieren und Vertragstexten behauptet Ahlers: 'Wenn man sich bemüht, mehr geheimzuhalten als nötig, gerät die Politik in Gefahr, sich zu diskreditieren. Schaden für unser Land ist nicht entstanden. Diplomatie und Bürokratie schaden sich aber selbst, wenn sie sich so verhalten wie in vergangenen Jahrhunderten.'"
(Hannoversche Allgemeine Zeitung, 28.05.1973)

Ahlers:

"Die 'formellen Verstöße' gegen die Geheimhaltungsvorschriften in der Vertragsphase der Ostpolitik sind nach Ahlers darauf zurückzuführen, daß es 'sehr harte innerdeutsche Auseinandersetzungen gegeben hat und es sehr schwer war, sie durchzusetzen'. Niemand könne jedoch sagen, daß die Verstöße irgendeinen Schaden verursacht hätten - 'im Gegenteil'. Bis hin zu den Vertragstexten habe sich alles nachträglich 'durchaus positiv' ausgewirkt. Mutige Einsicht des letzten Regierungssprechers: 'Es wäre besser gewesen, wir hätten sie schon früher freiwillig veröffentlicht. Mißverständnisse wären erspart geblieben bis hin zur bayerischen Verfassungsklage.'"

(Die Welt, 28.05.1973)

Zusammenfassung

Allen zitierten Politikern ist folgendes gemeinsam: Sie bekennen sich - natürlich (!) - zu den gerade in der Demokratie unabdingbaren Aufgaben der unabhängigen Presse, nämlich der Kontrolle, der Aufklärung und der Information für die Politiker und das allgemeine Publikum. Für den Bereich der Außenpolitik wird dieses jedoch von den genannten Politikern differenziert beurteilt: Sie bringen deutlich ihr Dilemma zum Ausdruck, die notwendige Vertraulichkeit und Geheimhaltung außenpolitischer Verhandlungen wahren zu müssen, obwohl man andererseits volles Verständnis für die Aufgaben der Presse hat. Dieses Verständnis geht aber nur so weit, wie die Presse nicht bestimmte Grenzen und Methoden der Informationsveröffentlichung überschreitet. Indiskretionen und Pressekampagnen (wie sie die Koalition vor allem dem Springer-Konzern vorwirft) werden von den sozial- und freidemokratischen Politikern entschieden abgelehnt und verurteilt. Zur Vermeidung weiterer Indiskretionen leitete die Regierung sogar juristische als auch bürokratie-interne Maßnahmen ein: Es wurde Anzeige gegen Unbekannt erstattet und im Auswärtigen Amt gab es zahlreiche Bemühungen, die "undichte Stelle" ausfindig zu machen. Der damalige Regierungssprecher und ehemalige Journalist, C. Ahlers, ist wohl der einzige, der die Pressediskretionen als positiv und funktional für die ostpolitischen Verhandlungen der Bundesregierung betrachtete. Wegen dieser Auffassung geriet er dann auch in Konflikt mit Egon Bahr.

In operativer Hinsicht halten die Politiker, insbesondere Scheel, die Presse - neben der Verbreitung der eigenen Meinung und neben deren Einsatz gegenüber dem Verhandlungspartner als Mittel der Verhandlungstaktik ("Ich kann nicht anders, die öffentliche Meinung zwingt mich dazu.") - u.a. auch wichtig für das Gelingen des internationalen Entspannungsprozesses, denn durch die Informationsleistung der Presse kann die Kenntnis zwischen den Menschen über die Grenzen hinweg gefördert, können Vorurteile und Feindbilder abgebaut werden. Unter dem Aspekt der operativen Pressefunktion ist auch im Juli '70 die aus Regierungskreisen selbst stammende Kritik an der mangelnden Öffentlichkeitsarbeit von Pressesprecher Ahlers, insbesondere in außenpolitischen Angelegenheiten, zu sehen sowie die intensiven Bemühungen von Moersch, die Außenpolitik der sozial-liberalen Koalition besser in der Öffentlichkeit zu verkaufen.[1]

---
1 Vgl. "Die Zeit", 03.07.1970, R. Zundel, Pannen und Publizität, Brandts Regierung in Bedrängnis.

Schließlich sei darauf hingewiesen, daß Politiker, wie die
'Zeit'-Äußerungen von Brandt zeigen, neben Pressemappen auch
Zeitungen ungefiltert lesen. Und die Pressemappen scheinen,
wie wiederum das Brandt-Interview zeigt, weitgehend repräsentativ die Medienlandschaft der Bundesrepublik widerzuspiegeln.

5. Die graphen- und matrixtheoretische Rekonstruktion der Situationsdefinition (des 'cognitive map') des Entscheidungszentrums

In einem weiteren Schritt soll nun die Situationsdefinition
und das Rezeptionsverhalten des Entscheidungszentrums graphen- und matrixtheoretisch rekonstruiert werden.[1] Dazu werden zunächst Listen der wesentlichen Argumente, wie sie in
den Verhandlungen vorgebracht wurden, gebündelt bezogen auf
drei relevante Themen- und Problembereiche (Grenzfrage, Familienzusammenführung, innenpolitische Taktik) erstellt.
Hierbei wird vor allem abgehoben 1. auf den Zeitraum und den
Zeitpunkt des dominanten Auftretens eines Argumentes, 2. auf
den Argumentträger (Akteur), 3. auf die Befürwortung (+)
oder Ablehnung (-) des Arguments sowie 4. auf die Lokalisierung und den Status des Argumentes im Rahmen des Entscheidungs- und Verhandlungsprozesses als Anfangs-, Zwischen-,
Kompromiß-, End- oder Einigungsposition. Zudem wird - zur
Erleichterung der späteren Vergleichbarkeit - durch eine
Codenummer schon hier auf analoge Argumente des Presse- und
Inhaltsanalysen-Codeplans verwiesen. Zur Begründung des negativ-ablehnenden oder positiv-befürwortenden Bezuges der
Akteure auf die Argumente muß - soweit die obige Kurzdarstellung dies aus Gründen der Wahrung des Überblicks- und Reduktionscharakters dieses Kapitels nicht zu leisten vermochte -
die ausführliche, historische Darstellung des Entscheidungsprozesses im Anhang herangezogen werden.
Aus der Konstellation der befürworteten und abgelehnten Argumente ergibt sich, bezogen auf das hier vor allem interessierende Entscheidungszentrum, dessen 'cognitive map', die

----

1 Vgl. hierzu R. Axelrod (ed.), Structure of Decision, The
  Cognitive Maps of Political Elites, Princeton, New Jersey
  1976; siehe hier auch näheres zum Rechenverfahren für 'cognitive maps'. Darauf wird im folgenden nicht eingegangen.

im Sinne der oben bestimmten Kategorie der Definition der Situation verstanden und deren Wandel im Zeitverlauf quantitativ durch matrixartige Anordnung der Argumente verfolgt werden soll. Die Zuordnung der Argumente aufeinander erfolgt durch das Verfahren der historisch-verstehenden Interpretation. Es lassen sich dabei Indizes bilden, die den Wandel der Argumentschwerpunkte und die Zu- oder Abnahme der inneren Konsistenz der Situationsdefinitionen anzeigen.

Die Argumente je Thema stellen die gesamte Skala dar vom Argument, das eine Einigung im Verhandlungsprozeß am unwahrscheinlichsten macht, bis zu dem, das dies am wahrscheinlichsten macht. Die Indizes geben also auch an, inwieweit ein Argument der Einigung der Verhandlungspartner förderlich oder nicht förderlich ist und inwieweit es aufgrund dessen mit bevorzugter Aufmerksamkeit wahrgenommen wurde. Als Bezugssubjekt werden hier nicht die einzelnen Entscheidungsträger genommen, sondern das in Kap. A 1.4.1 definierte Entscheidungszentrum, da die Quellenbasis der historischen Rekonstruktion eine weitergehende auf die individuelle Ebene rekurrierende Differenzierung nicht erlaubt. Dies kann erst im Rahmen der inhaltsanalytischen Auswertung der Bundestagsreden der Entscheidungsträger geleistet werden.

5.1 Operationale Definition der Indizes zur Erfassung der 'cognitive maps'

1. Der Dichteindex gibt Auskunft über die Konsistenz (Widerspruchslosigkeit) der 'cognitive maps' des westdeutschen Entscheidungszentrums in dessen Verhalten zum jeweiligen Interaktionspartner (Polen; Opposition). Maßstab für die Konsistenz ist hier vor allem das Maß der Einigung zwischen dem deutschen Entscheidungszentrum und der CDU/CSU, bzw. der polnischen Verhandlungsdelegation (Interaktionspartner).[1] Vorausgesetzt wird dabei das deutsche Interesse an einer Einigung. Je kompromißbereiter Deutsche und Polen sind, um so konsistenter wird - kurz gesagt - das 'cognitive map'. Der hier entwickelte Konsistenzbegriff ist nicht mit dem der kommunikationswissenschaftlichen Konsistenztheorie zu verwechseln. Hier meint Konsistenz nicht mehr als das Maß der Einigung zwischen Verhandlungspartnern, wie sie sich in de-

---

[1] Im folgenden wird hauptsächlich nur (bis auf eine gesondert begründete Ausnahme) das Verhalten von Entscheidungszentrum und Polen behandelt.

ren Situationsdefinitionen niederschlägt. Ausgegangen wird dabei von der Rationalannahme, daß die Verhandlungspartner, haben sie einmal die Verhandlungen begonnen, an deren erfolgreichem Abschluß interessiert sind. Dieses Interesse schließt natürlich das Scheitern von Verhandlungen nicht aus. Je geringer nun die auf den Interaktionspartner Polen bezogene Konsistenz des 'cognitive map' ist, d.h. je mehr verschiedene Argumente derart aufeinander bezogen sind, daß deren logische und inhaltliche Beziehung untereinander negativ, bzw. nicht, bzw. akausal, gegeben ist, je inkonsistenter und in sich widersprüchlicher also das 'cognitive map' ist, um so größer ist die Wahrscheinlichkeit, daß widersprüchliche Argumentbewertungen sich ändern in Richtung auf widerspruchsfreie, kausale Beziehungen unter den Argumenten. Einflußwahrscheinlichkeiten (seitens der Presseberichterstattung) sind daher am ehesten möglich in Richtung des Wandels des 'cognitive map' hin auf größere Konsistenz. Thematisiert die Presse z.B. das Argument, das am ehesten Konsistenz bewirkt, so ist einer solchen Thematisierung ein verstärkter Einfluß zuzuschreiben. Umgekehrt heißt das: Ein konsistenteres 'cognitive map' ist resistenter gegen Änderungen und gegen Einflußwahrscheinlichkeiten seitens der Presse als ein dissonanteres. Mit dieser Orientierung auf den Einfluß, den ein Argument auf die Einigung, bzw. deren Verhinderung gehabt hat, sind die hier verwendeten Indizes dem p/c-Wert der Inhaltsanalyse strukturähnlich.[1]

Die Berechnungsformel des Dichteindexes lautet so:

$$\frac{\text{Zahl der kausalen Beziehungen (+)}}{\text{Zahl der akausalen Beziehungen (-)}}.$$

2. Mit dem Index für den strukturellen Einfluß eines Arguments können diese in ihrem Aufmerksamkeitswert und in ihrer Bedeutung für die 'cognitive map' des Entscheidungszentrums hierarchisiert werden. Es ist Maß dafür, in welchem Umfang ein Argument, wenn seine Bewertung (positiv oder negativ) geändert wird, dahingehend Einfluß hat, daß es die Änderung des gesamten 'cognitive map' hin zu einer Neukonstellation

---

1 Siehe Kapitel E 2.3., Bd. II

der Argumentbeziehungen des Entscheidungszentrums bewirken
kann. Ein Argument mit diesbezüglich hohem Änderungspotential hat großen strukturellen Einfluß. Der Unterschied zum Dichteindex besteht darin, daß bei der Dichte die Analyseeinheit das gesamte map ist, während beim strukturellen Einfluß
das einzelne Argument analysiert wird. Je höher der strukturelle Einfluß eines Arguments, um so größer ist daher das
Aufmerksamkeitspotential für es, da es zentral ist für das
'cognitive map'.
Ein struktureller Einflußindex bei einem Wandel des Dichteindex hin zu höherer Konistenz und Einigungswahrscheinlichkeit bedeutet, daß auch die bei einer Bewertungsänderung eines
Arguments erfolgende Änderung des 'cognitive map' insgesamt
in Richtung höherer Konsistenz und Einigungswahrscheinlichkeit geht. Eine solche Bewertungsänderung kann sowohl durch
den Interaktionspartner als auch durch das deutsche Entscheidungszentrum erfolgen. Eine vom Interaktionspartner (d.h. von
Polen, CDU/CSU) vorgenommene Neubewertung hat dann eine Neukonstellation der Argumentbeziehungen im 'cognitive map' des
westdeutschen Entscheidungszentrums zur Folge. Ein struktureller Einflußindex eines Arguments (bezogen auf ein 'cognitive map', von dem keine Änderung mehr zu erwarten ist, weil
sich, wie z.B. am Schluß der deutsch-polnischen Verhandlung
Mitte November, die Partner geeinigt hatten) ist natürlich
nicht mehr von der Perspektive einer Bewertungsänderung aus
zu beurteilen. In diesem Fall soll die Höhe des Einflußindex
nur noch allgemein als Maß der Bedeutung des betreffenden Arguments genommen werden und nicht mehr spezifisch als Maß der
durch ihn potentiell aufzeigbaren Änderung der Argumentkonstellation des gesamten 'cognitive map', wie oben dargelegt.
Während bei der letztgenannten potentiellen Argumentänderung
ein evt. Aufgreifen dieses Arguments durch die Presse in Richtung der tendenziellen Änderung diese Änderung innovativ bewirken oder beschleunigen kann, ist bei den vorher genannten
Argumenten, da sie bereits die Einigungs- und Endposition darstellen, nur noch ein bestätigender oder verstärkender Einfluß der Presse wahrscheinlich.
Bezogen auf unsere rezeptionshypothetische Fragestellung
heißt das: Wenn die Presse ein Argument mit hohem strukturel-

len Einfluß aufgreift, hat die Presse größeren Einfluß auf das 'cognitive map' als bei einem Argument mit nur geringerem strukturellen Einfluß.
Die strukturelle Einflußart wird bestimmt nach dem Anteil der positiv kausalen Beziehungen (+) eines Arguments, bezogen auf die Anzahl der positiv kausalen Beziehungen zwischen allen Argumenten.

Die Berechnungsformel lautet demnach:

$$\text{struktureller Einfluß} = \frac{r_i +}{\Sigma r_i +}$$

r = Reihensumme der Matrixreihe des jeweiligen Arguments

+ = kausal = logische Beziehung, inhaltlicher Zusammenhang zwischen Argumenten

− = akausal = Widerspruch zwischen Argumenten

3. Der themenspezifische Distanzindex zwischen den Akteuren wird berechnet aus dem jeweiligen Verhältnis der ablehnenden zu den befürwortenden Bewertungen der Akteure zu den Argumenten eines Themas (z.B. der Grenzfrage). Er ist Maß für die inhaltliche Distanz zwischen Akteuren, bzw. des Wandels dieser Distanz. Je größer die Distanz ist, um so geringer ist die wechselseitige Einflußwahrscheinlichkeit. So ist z.B. ein von einem "entfernten" Akteur in der Presse gebrachtes Argument weniger einflußreich als ein Argument von einem "nahen" Akteur.

4. Mit dem Stabilitätsindex wird der Umfang der Änderung einer 'cognitive map' von einem zu einem anderen Zeitpunkt gemessen. Die Änderung tritt dann ein, wenn ein oder mehrere Argumente aufgrund eines externen Ereignisses die Bewertung (+, −) wechseln. Je geringer die Änderung der map aufgrund der Änderung _eines_ Arguments ist, um so stabiler ist sie.
Im Unterschied zum strukturellen Einfluß gibt das Stabilitätsgesamtmaß den Umfang der Änderung einer 'cognitive map' insgesamt an, gleichviel, aufgrund welchen Arguments diese Änderung vor allem geschieht.

Die Formel lautet:

Zahl der Bewertungsänderungen bei den Argumenten

Zahl der Argumente

Rezeptionshypothetisch gilt: Je größer die Änderung, um so größer ist die Wahrscheinlichkeit des Einflusses anderer Akteure (Medienakteure) auf die Situationsdefinition und deren Änderung. Auf eine vollkommen stabile Situationsdefinition ist Einfluß unmöglich.

5. Wenn Argumente weder in positiv-kausaler noch in negativ-akausaler Beziehung stehen, sondern in einem Zwischenbereich zwischen beiden, so wird ihre Beziehung als ambivalent bezeichnet. Da bei solchen Argumenten eine hohe Änderungswahrscheinlichkeit besteht (sie stehen quasi auf der "Kippe"), kann mit der Zahl der ambivalenten Beziehungen ein Index für die Änderungswahrscheinlichkeit eines 'cognitive map' gewonnen werden. Die Änderung kann dabei entweder zu einer Zunahme der akausalen oder der kausalen Beziehungen führen. Je höher die Zahl ambivalenter Beziehungen je 'cognitive map' ist, um so größer ist dessen Änderungswahrscheinlichkeit.

Zur matrixtheoretischen Analyse wurden drei Problemfelder ausgewählt, die sich als die schwierigsten im Verhandlungsprozeß erwiesen, nämlich die Grenzfrage, die Familienzusammenführung und taktische Fragen über Art und Weise der Kooperation oder Konfrontation zwischen Regierung und Opposition. Dabei kann aufgrund der historischen Rekonstruktion generell gesagt werden, daß, bezogen auf die Verhandlungen, in der ersten Jahreshälfte die Grenzfrage dominant war und in der zweiten Jahreshälfte die Familienzusammenführung sowie taktische Fragen zum Umgang mit der Opposition.

Der Wandel der maps wird gruppiert um die schon öfters erwähnten zeitlichen Fixpunkte der wahrscheinlich besonders wirkungsträchtigen strategischen und taktischen Entscheidungen vom 14.04. und 04.09.1970.

5.2 Empirische Ergebnisse 'Grenzfrage'

5.2.1 Liste der während der deutsch-polnischen Verhandlungen vorgebrachten Argumente zur Grenzfrage[1]

Nr.	Argumente zur Grenzfrage	Bezugsargument d. Inhaltsanalyse	Zeitpunkt und -raum des dominanten Auftretens des Arguments	Argumentträger (Akteur) + = Akteur befürwortet Argument - = Akteur lehnt Argument ab o = Akteur unentschieden (zeitliche Daten in dieser Rubrik geben an, von wann bis wann oder ab wann ein Akteur das Argument befürwortet oder ablehnt)
1	Die Oder-Neiße-Grenze muß endgültig, ohne Vorbehalt anerkannt werden. Es gibt kein Grenzproblem, da Polen in den Grenzen von 1945 existiert.	0605	seit Beginn der Verhandlungen (polnische Ausgangsposition)	+ Polen + Frankreich - BRD
2	Die Grenzanerkennung muß primär sein, das Gewaltverzichtsprinzip sekundär.	0623	1. Jahreshälfte '70	- Bundesregierung (bis 14. April) + Polen (durchgehend) + Bundesregierung (ab 14. April)
3	Die Bundesrepublik muß feststellen, daß die Oder-Neiße-Grenzlinie die Westgrenze Polens bildet/ist.	0622	ab April '70 Endposition	+ BRD + Polen + (UdSSR)

[1] Methodische Vorbemerkung: Die Argumente sowie ihre Zuordnung zu Akteuren wurden durch umfangreiche (auch graphentheoretische) Analysen von Dokumenten eruiert (Inhaltsanalyse der Bundestagsprotokolle (siehe dort), Reden, Pressemitteilungen offizieller Art). Zusätzlich wurde die Auswahl der Argumente kontrolliert durch deren unabhängige Beurteilung seitens der ost- und polen-politischen kompetenten Mitarbeiter des Projektes, die zudem in einem Rollenspiel die verschiedenen Positionen simuliert haben.

Nr.	Argumente zur Grenzfrage	Bezugsargument d. Inhaltsanalyse	Zeitpunkt und -raum des dominanten Auftretens des Arguments	Argumentträger (Akteur) + = Akteur befürwortet Argument - = Akteur lehnt Argument ab • = Akteur unentschieden (zeitliche Daten in dieser Rubrik geben an, von wann bis wann oder ab wann ein Akteur das Argument befürwortet oder ablehnt)
4	Durch die geographische Beschreibung der Oder-Neiße-Grenzlinie wird auf das Potsdamer Abkommen Bezug genommen.	0631 0208	ab Okt./Nov. '70 Kompromißlinie Endposition	+ Polen + BRD
5	Im Vertrag muß auf das Potsdamer Abkommen und dessen Grenzbestimmungen Bezug genommen werden.	0631 0209	ab Juni '70	+ Polen (ab Juni '70?) - BRD (bis Okt./Nov. '70?) + BRD (ab Okt./Nov. '70?)
6	Der Terminus "Anerkennung der Grenze" ist für die BRD schwer akzeptabel. Es muß ein Begriff zwischen "Achtung" und "Respektierung" gefunden werden. (Die Polen verzichten dann auf den Begriff "Anerkennung", infolge der Vorgaben aus den deutsch-sowjetischen Verhandlungen.)	0628	bis Juni '70	+ BRD - Polen
7	Die Bundesregierung muß die alliierten Vorbehaltsrechte für Deutschland als Ganzes wahren (worüber, so die BRD, der deutsche Friedensver-	0628 0629 0209	ab 2. Jahreshälfte '70 Kompromißlinie zwischen Polen u. BRD/Nov. '70	+ Polen (Okt./Nov. '70) + BRD (in der 2. Jahreshälfte '70)

Nr.	Argumente zur Grenzfrage	Bezugs- argument d. Inhalts- analyse	Zeitpunkt und -raum des domi- nanten Auf- tretens des Arguments	Argumentträger (Akteur) + = Akteur befürwortet Argument − = Akteur lehnt Argument ab • = Akteur unentschieden (zeitliche Daten in dieser Ru- brik geben an, von wann bis wann oder ab wann ein Akteur das Argu- ment befürwortet oder ablehnt)
	tragsvorbehalt implizit gesichert wurde). Dies soll in einer dem Ver- tragstext beigefügten Note der BRD an die West- mächte statuiert werden. Die Bundesrepublik kann nur für sich, nicht für Deutschland als Ganzes sprechen.	0624	seit Beginn der Verhand- lungen (deut- sche Ausgangs- position bis April)	− Polen (durchgehend) − SPD/FDP (bis April) + CDU/CSU (durchgehend)
8	Wegen der Bestimmungen des Grundgesetzes kann die Bundesrepublik die Oder- Neiße-Grenze nicht endgül- tig anerkennen. Sie muß den sog. Friedensvertragsvorbe- halt explizit wahren, der den endgültigen Entscheid einem evt. gesamtdeutschen Souverän vorbehält. (Grenzformel von W. Brandt auf dem Nürnberger Partei- tag der SPD)	0626		

5.2.2 'Cognitive map' des Entscheidungszentrums: Grenzfrage vor April 1970

Graphentheoretische Matrixdarstellung der Argumentenliste I

Graphentheoretisch fundierte Matrixdarstellungen, durch die die Konstellation von Argumenten im Bewußtsein von Akteuren quantitativ gefaßt werden kann, werden wie folgt berechnet: Die Argumente, wie sie in Ablehnung (-) oder Befürwortung (+) durch den jeweiligen Akteur, hier des Entscheidungszentrums, schon in der Argumentenliste deutlich wurden, werden in Form einer Matrix jedes auf jedes und jedes auf alle positiv oder negativ bezogen. Die jeweilige Beziehung ergibt sich aus der Kenntnis der jeweiligen Sicht und Interessenlage des Entscheidungszentrums, wie sie sich aus der historischen Interpretation ergibt. Für ein tieferes Verständnis wird hierzu die Lektüre der ausführlichen historischen Rekonstruktion des Entscheidungs- und Verhandlungsprozesses im Anhang empfohlen.

Die Zeichen bedeuten im einzelnen:

+ = Argument vereinbar mit anderem Argument (kausale Beziehung zwischen den Argumenten)
- = Argument nicht vereinbar mit anderem Argument (akausale Beziehung zwischen den Argumenten)
° = keine Beziehung
a = ambivalente Beziehung.

Die Reihenfolge der Argumente ist für die Berechnung ohne Belang und im folgenden map rein zufällig, um evt. mögliche Verzerrungen in den Berechnungen auszuschalten.

Für die inhaltliche Anordnung der Argumente nach dem Grad, inwieweit sie zur Einigung beitragen, sei auf die Argumentenliste verwiesen.

Nr.	Bewertung d. Argum.	Argumente Grenzfrage vor April '70	1	2	3	4	5	6	7	8	struktureller Einfluß r
1	(−)	endgültige Grenzanerkennung	°	−	−	−	+	+	+	+	4 = 0.2
2	(+)	expliziter Friedensvertragsvorbehalt notwendig	−	°	+	+	−	−	−	−	2 = 0.1
3	(+)	Wahrung der alliierten Rechte	−	+	°	+	−	−	−	−	2 = 0.1
4	(+)	zwischen "Achtung" u. "Respektierung"	−	+	+	°	−	+	−	−	2 = 0.1
5	(−)	ONG ist Westgrenze Polens	+	−	−	−	°	+	a	−	2 = 0.1
6	(−)	Bezug auf Potsdamer Deklaration	+	−	+	−	−	°	+	+	4 = 0.2
7	(−)	geographische Beschreibung der Grenzlinie	+	−	−	−	+	°	°	+	3 = 0.15
8	(−)	Grenzanerkennung primär, Gewaltverzicht sekundär	+	−	−	−	−	−	−	°	2 = 0.1

$$D = \frac{+}{-} \quad \begin{array}{l} + = 1 \\ - = 1 \end{array} \quad \text{Dichte} = \frac{20}{35} = 0.57 \quad \text{Ambivalenzindex} = \frac{\Sigma r_a}{10} = \frac{1}{10}$$

5.2.3 Wandel des 'cognitive map' des Entscheidungszentrums: Grenzfrage nach dem Entscheid über die neue Grenzformel am 14. April 1970

Nr.	Bewertung durch das Entscheidungssz.	Argumente	1	2	3	4	5	6	7	8	struktureller Einfluß r	Stabilitätsindex
1	(-)	endgültige Grenzanerkennung	°	-	-	-	-	+	+	+	3 = 0.13	1
2	(-)	expliziter Friedensvertragsvorbehalt notwendig	-	°	+	+	a	-	-	-	2 = 0.09	1
3	(+)	Wahrung der alliierten Rechte	-	+	°	+	+	a	-	a	3 = 0.13	3
4	(+)	zwischen "Achtung" u. "Respektierung"	-	+	+	°	+	-	-	a	3 = 0.13	2
5	(+)	ONG ist Westgrenze Polens	-	a	+	+	-	a	-	-	2 = 0.09	6
6	(-)	Bezug auf Potsdamer Deklaration	+	-	+	-	-	°	+	+	4 = 0.18	0
7	(-)	geographische Beschreibung der Grenzlinie	+	-	-	-	-	+	°	+	3 = 0.13	0
8	(a)	Grenzanerkennung primär, Gewaltverzicht sekundär	+	-	a	a	+	a	a	°	2 = 0.09	5

Σ 18

Dichte = $\frac{22}{24}$ = 0.91   Ambivalenzindex = 1   Stabilitätsindex = $\frac{18}{8}$ Stabilitätsindex = $\frac{\text{Zahl d. Bew.-Änder.}}{\text{Zahl d. Argumente}}$

5.2.4 Berechnung der Distanz zwischen den Akteuren

Position der Akteure zur Grenzfrage:

Argumente	BRD Regierung (1)	BRD Regierung (2)	Endposition BRD-Regierung (3)	CDU/CSU	Vertr.	USA	FR	Endp. Polen	Endp. UdSSR
endgültige Grenzanerkennung	-	-	-	-	-	-	+	-	-
expliziter Friedensvertragsvorbehalt notwendig	+	+	+	+	+	+	-	-	-
Wahrung der alliierten Rechte	+	+	+	+	+	+	+	+	+
zwischen "Achtung" u. "Respektierung"	+	+	+	-	-	+	-	+	+
ONG ist Westgrenze Polens	-	+	+	-	-	+	-	+	+
Bezug auf Potsdamer Deklaration	-	-	+	-	-	+	+	+	+
geographische Beschreibung der Grenzlinie	-	-	+	-	-	-	+	+	+
Grenzanerkennung primär, Gewaltverzicht sekundär	-	-	+	-	-	+	+	+	+

Entscheidungszentrum 1: $\frac{6}{3} = 2$ (Anfangsposition)
(BRD)

Entscheidungszentrum 2: $\frac{5}{4} = 1\frac{1}{4} = 1,25$ (Zwischenposition)

Entscheidungszentrum 3: $\frac{2}{7} = 0,28$ (Endposition)

CDU/CDU: $\frac{6}{3} = 2$

Vertriebene: $\frac{6}{3} = 2$

USA: $\frac{3}{6} = \frac{1}{2} = 0,5$

Frankreich (FR): $\frac{3}{8} = 0,37$

Polen: $\frac{3}{6} = \frac{1}{2} = 0,5$ (Endposition)

UdSSR: $\frac{3}{6} = \frac{1}{2} = 0,5$

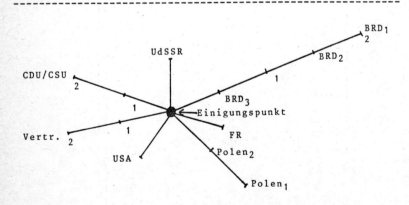

Alle Akteure sind auch in ihrer Endposition vom Einigungspunkt entfernt, womit der Kompromißcharakter der Einigung zum Ausdruck kommt.

5.2.5 Interpretation der Ergebnisse

Die Interpretation der 'cognitive map' soll erst umfassend im Zusammenhang mit den anderen Ergebnissen der historischen Rekonstruktion erfolgen. Hier seien vorerst nur einige Zwischenergebnisse zusammengefaßt.

In der zunehmenden Dichte und Konsistenz der 'cognitive maps' und der abnehmenden Distanz zwischen dem Entscheidungszentrum und der polnischen Regierung zeigt sich deutlich das zunehmende Maß an Einigung im Verhandlungsprozeß. Nach den oben gemachten Prämissen wird damit ein Presseeinfluß zunehmend unwahrscheinlicher. Diese Einigung ist wahrscheinlich - sieht man sich daraufhin die Argumente mit hohem strukturellen Einfluß im 'cognitive map' vor dem April '70 an - beim Wandel des 'cognitive map' von der Phase vor dem zur Phase nach dem 14. April '70 auf eine zunehmende Annäherung des Entscheidungszentrums an die, hinsichtlich des strukturellen Einflusses vor dem April hochbewertete, polnische Forderung nach einer endgültigen Grenzanerkennung zurückzuführen; wenn auch dieses Argument nicht übernommen wurde, so kann doch gesagt werden, daß es mit bevorzugter Aufmerksamkeit wahrgenommen wurde.

Im 'cognitive map' nach dem 14. April gewann umgekehrt das Argument mit Bezug auf die Potsdamer Deklaration zunehmend an strukturellem Einfluß, womit auch der Einfluß eines solchen von der Presse aufgegriffenen Argumentes steigt, da im 'cognitive map' für es ein großes Aufmerksamkeitspotential bestand, während die Forderung nach der endgültigen Grenzanerkennung logischerweise in ihrem Gewicht reduziert wurde. Das ist durch die Konzession der Bundesregierung mit der neuen Grenzformel zu erklären, die der Endgültigkeit der Grenzanerkennung ja einen Schritt näher kam, jedoch nur einen Schritt, sodaß die Polen nun, in Fortsetzung ihres Strebens nach Gewährleistung der Endgültigkeit auf anderem Wege, einen Bezug zur Potsdamer Deklaration forderten, womit sich nun die deutsche Verhandlungsdelegation verstärkt auseinandersetzen mußte.

Der Bedeutungsverlust der Forderung nach einer endgültigen Grenzanerkennung korrespondiert demnach mit einem größeren

Gewicht, mit einem größeren strukturellen Einfluß und mit
einem größeren Aufmerksamkeitswert die Forderung nach einem
Bezug zur Potsdamer Deklaration im 'cognitive map' nach dem
April 1970.
Diese Steigerung des strukturellen Einflusses gilt auch für
die Argumente: "Suche nach einer Formulierung zwischen 'Achtung' und 'Respektierung'" und für die "Wahrung der alliierten
Rechte", in denen von deutscher Seite im Ausgleich zur Annäherung an die endgültige Grenzanerkennung die Vorläufigkeit
der Grenzanerkennung indirekt und implizit zum Ausdruck gebracht wurde. Das ist um so wichtiger, da in der Phase nach
dem 14. April die Forderung nach einem expliziten Friedensvertragsvorbehalt, wenn auch nur geringfügig, zurückging,
realiter auch aufgegeben wurde und dies nun implizit u.a.
über die alliierten Vorbehaltsrechte geregelt werden mußte.-
Diese Änderungen waren Folge der Tatsache, daß die Bundesregierung der polnischen Verhandlungsdelegation eine neue
Grenzformel des Inhalts, die Oder-Neiße-Grenze sei die Westgrenze Polens, vorgelegt hatte. Diese Formel hatte im 'cognitive map' vor April 1970 einen gewissen, wenn auch beschränkten, strukturellen Einfluß, der natürlich im zweiten
'cognitive map' stark nachließ: Mit der Formel war ja der
diesbezüglichen Forderung der polnischen Seite z.T. entsprochen worden. Allerdings ist bemerkenswert, daß der strukturelle Einfluß der April-Grenzformel im ersten 'cognitive map'
nur begrenzt war, da diese Grenzformel nur z.T. der polnischen "Forderung nach einer endgültigen Grenzanerkennung" entgegenkam, nur die letztgenannte aber das höchste Maß an bilateraler Einigung bewirkt hätte und daher den größten strukturellen Einfluß hatte.
Daß mit der Grenzformel vom April '70 das Problem auch noch
nicht ganz "ausgestanden" zu sein schien und auch realiter
nicht war, zeigt der nur geringfügige Rückgang des strukturellen Einflusses der Forderungen nach der endgültigen Grenzanerkennung, nach einem expliziten Friedensvertragsvorbehalt
und nach der Priorität des Grenzanerkennungs- vor dem Gewaltverzichtsprinzip. Erst als in der zweiten Jahreshälfte die
Grenzformel vom April um die geographische Beschreibung der

Oder-Neiße-Grenze ergänzt und das Gewaltverzichtsprinzip eindeutig hintangestellt wurde - weitere Konzessionen gegenüber den Polen -, verloren auch die eben genannten Forderungen an strukturellem Einfluß (was durch eine nicht abgedruckte dritte matrixtheoretische Berechnung bestätigt wird).

5.3 Empirische Ergebnisse 'Familienzusammenführung'

5.3.1 Argumente zum Problembereich: Familienzusammenführung (FZF)/humanitäre Fragen im Zusammenhang mit den in Polen lebenden ausreisewilligen Deutschstämmigen

Nr.	Argumente zu humanitären Fragen	Bezugsargument d. Inhaltsanalyse	Zeitpunkt und -raum des dominanten Auftretens des Arguments	Argumentträger (Akteur) + = Akteur befürwortet Argument − = Akteur lehnt Argument ab • = Akteur unentschieden (zeitliche Daten in dieser Rubrik geben an, von wann bis wann oder ab wann ein Akteur das Argument befürwortet oder ablehnt)
1	Es gibt kein Problem der Familienzusammenführung, da kaum noch Deutschstämmige in Polen leben.	0806	bis in die 2. Jahreshälfte '70	+ Polen − BRD
2	Die Behauptung, die in Polen lebenden Deutschstämmigen seien deutsche Staatsbürger, stellt einen annexionistischen Anspruch auf polnisches Territorium dar.	0610	durchgehend	+ Polen − BRD
3	Die Anerkennung der Grenze ist eine Selbstverständlichkeit, für die Polen nicht zu "zahlen" braucht, (auch nicht in Form der Familienzusammenführung).	0605	durchgehend	+ Polen − BRD

Nr.	Argumente zu humanitären Fragen	Bezugsargument d. Inhaltsanalyse	Zeitpunkt und -raum des dominanten Auftretens des Arguments	Argumentträger (Akteur) + = Akteur befürwortet Argument − = Akteur lehnt Argument ab ∘ = Akteur unentschieden (zeitliche Daten in dieser Rubrik geben an, von wann bis wann oder ab wann ein Akteur das Argument befürwortet oder ablehnt)
4	Die Familienzusammenführung ist eine rein innenpolitische Angelegenheit Polens.	0807	durchgehend	+ Polen − alle deutschen Parteien bis Okt. '70 + SPD und FDP (ab Okt. '70)
5	Die Polen sollen sich in einer vom Vertrag unabhängigen aber nahen Form zu einer Lösung der humanitären Fragen bereiterklären.	0801 0807	ab März/April ab Okt./Nov. Endposition Einigungsposition	+ Polen + Bundesregierung
6	Die Frage der Familienzusammenführung ist zunächst nicht primär; erst muß die Grenzfrage geregelt werden.		bis Juni '70 ab Juni '70 Zwischenposition bis Juni	+ Bundesregierung − Bundesregierung ∘ Polen
7	Die in Polen lebenden Deutschen müssen ihre deutsche Staatsangehörigkeit behalten.	0804	durchgehend	+ BRD (alle Parteien) − Polen
8	Die Bundesregierung läßt die in Polen lebenden Deutschen im Stich.	0805	ab 2. Jahreshälfte '70	+ CDU/CSU + Vertriebene − SPD/FDP ∘ Polen
9	Ohne Familienzusammenführung ist ein Abschluß der Verhandlungen nicht möglich.	0803	durchgehend	+ Bundesregierung + CDU/CSU − Polen (bis Sept./Okt. '70) + Polen (ab Sept./Okt. '70)

- 207 -

5.3.2 'Cognitive map' des Entscheidungszentrums im Problembereich: Familienzusammenführung (1. und 2. Jahreshälfte 1970), d.h. vor und nach September (Oktober)

Aus Gründen des nur begrenzt zur Verfügung stehenden Platzes ist die Berechnungsmatrix hier nicht abgedruckt worden. Sie wird aber prinzipiell auf die gleiche Art errechnet wie bei der Grenzfrage. Es sollen nur die Ergebnisse wiedergegeben werden.

struktureller Einfluß:	1. Jahreshälfte	2. JH	Stabilit.-I.
Argument 1:	0.16	0.09	5
Argument 2:	0.16	0.06	6
Argument 3:	0.16	0.11	2
Argument 4:	0.12	0.13	2
Argument 5:	0.06	0.11	1
Argument 6:	0.09	0.11	2
Argument 7:	0.06	0.09	2
Argument 8:	0.12	0.13	0
Argument 9:	0.06	0.09	2
			Σ 22

Dichte 1. Jahreshälfte = $\frac{31}{37}$ = 0.83

Dichte 2. Jahreshälfte = $\frac{43}{30}$ = 1.43

Ambivalenzindex = $\frac{9}{10}$ (insgesamt)

1. Jahreshälfte = $\frac{2}{10}$ = $\frac{1}{5}$

2. Jahreshälfte = $\frac{0}{10}$ = 0

Stabilitätsindex in der 2. Jahreshälfte = $\frac{22}{9}$ = 2.44

Distanzindex	BRD-Regierung Anfangsposition (vor)	BRD-Regierung Endposition (nach)	CDU/CSU	Vertr.	Polen (vor)	Polen (nach)
kein Problem FZF	−	−	−	−	+	−
Annexionismus	−	−	−	−	+	−
FZF nicht als Ausgleich für Grenze	+	−	−	−	+	−
rein innere Angelegenheit	−	+	−	−	+	−
Information	−	+	−	−	+	+
Grenzfrage primär, FZF sekundär	−	+	−	−	+	+
Staatsangehörigkeit behalten	+	+	+	+	+	+
Bundesregierung läßt Deutsche im Stich	−	−	+	+	−	−
ohne FZF kein Vertrag	+	+	+	+	−	+

Distanzindizes: BRD, 1. Jahreshälfte = $\dfrac{6}{3}$ = 2

BRD, 2. Jahreshälfte = $\dfrac{4}{5}$ = 0.8

CDU/CSU = 2

Vertriebene = 2

$\text{Polen}_1 = \dfrac{1}{2}$ = 0.5

$\text{Polen}_2 = \dfrac{5}{4}$ = 1.25

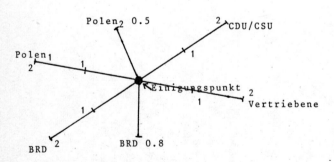

5.3.3 Interpretation der Ergebnisse

Beim Problemkomplex der Familienzusammenführung ging es im wesentlichen um die Frage, ob, und wenn ja, in welcher Form (in einer förmlichen zwischenstaatlichen Vereinbarung oder nur aufgrund einer einseitigen, die polnische Souveränität bewahrende, Bereitschaftserklärung Polens) die in Polen verbliebenen Deutschstämmigen nach Deutschland umgesiedelt werden können. Dieses Problem war die logische Folge der Tatsache, daß die Bundesrepublik nun faktisch endgültig auf die Gebiete jenseits von Oder und Neiße sowie auf Volksgruppenrechte dort verzichtete. Gegen eine Thematisierung der Familienzusammenführung im Rahmen zwischenstaatlicher Verhandlungen wehrten sich aber die Polen erbittert, da sie befürchteten, es könne wieder einmal - wie schon so oft in ihrer Geschichte - von außen in ihre inneren Angelegenheiten hineinregiert werden.
Nachdem sich die beiden Verhandlungsdelegationen in dieser Frage in der ersten Jahreshälfte 1970 festgefahren, bzw. das Thema überhaupt gemieden hatten, gab es hierzu in der zweiten Jahreshälfte, vor allem ab September (Oktober) Redefinitionen der Ziele und Argumentenbewertung auf beiden Seiten, wie die Argumentenliste zeigt. Diese Fortschritte führten die Verhandlungen der Einigung näher. Das machen auch die zunehmende map-Dichte und die Verringerung der Distanzen zwischen den Akteuren deutlich.

Gehen wir nun der Reihe nach die einzelnen Argumente, vor allem nach ihrem strukturellen Einfluß- und Aufmerksamkeitswert, durch:
Die zuerst aufgeführten drei Argumente sind im ersten map die drei Argumente mit dem höchsten strukturellen Einfluß und Aufmerksamkeitswert; werden sie anders bewertet, so gewinnt das map an Konsistenz, eine Einigung der Verhandlungspartner wird um so eher möglich. Eine solche Änderung erfolgte im vorliegenden Fall durch eine Neubewertung der ersten beiden Argumente seitens der polnischen Verhandlungsdelegation, wodurch der deutschen Verhandlungsdelegation ihrerseits Neubewertungen anderer Argumente ermöglicht wurden: Dadurch, daß die Polen bei den ersten beiden Argumenten in der zwei-

ten Jahreshälfte ihre vormaligen Positionen aufgaben, d.h., daß sie zugestanden, daß es Probleme in humanitären Fragen gibt (Argument 1), die nicht als Annexionismus bezeichnet werden können (Argument 2), bewirkten sie zum ersten eine größere Konsistenz des deutschen Entscheidungszentrums-map (setzt man - wie gesagt - dessen rational rekonstruiertes Streben nach Einigung voraus) und zum zweiten konsequenterweise eine Einfluß- und Aufmerksamkeitsreduktion der genannten Argumente in der zweiten Jahreshälfte. Stattdessen gewannen an strukturellem Einfluß und Aufmerksamkeitswert die deutschen Forderungen und zugleich deutscherseits vorgenommene Neubewertungen bezüglich einer vertragsunabhängigen Information (Argument 5) und bezüglich der nun nach weitgehender Regelung der Grenzfrage möglichwerdenden vorrangigen Behandlung der Familienzusammenführung (Argument 6).

Das sind die beiden Argumente, die in der zweiten Jahreshälfte von Bedeutung waren und zugleich die Einigungs- und Endposition zwischen den Verhandlungspartnern darstellten.

Als Folge davon, d.h., als Folge der Tatsache, daß die Bundesregierung ab September/Oktober auf die Lösung mit der unabhängigen Information einging und damit den Polen weit entgegenkam, wuchs zur Kompensation dieser Konzession das Gewicht der Argumente 6 und 9: Wenn man nämlich die Familienzusammenführung weitgehend den polnischen Behörden selbst überließ, mußte gewährleistet sein, daß die in Polen lebenden Deutschen und Deutschstämmigen ihre deutsche Staatsangehörigkeit behielten. Zugleich nahm mit der Konzession, die die Regelung dieser Angelegenheit vertrauensvoll allein den Polen überließ, die Bedeutung des ceterum censio zu, daß es ohne Familienzusammenführung keine Vertragsunterzeichnung geben könne (Argument 9). - Mit der vertragsunabhängigen Information vereinbar war die polnische und in der zweiten Jahreshälfte von der Koalition übernommene Position, daß die Familienzusammenführung eine rein innerpolnische Angelegenheit sei (Argument 4). Da dieser Standpunkt quasi die Basis war, auf der die Regelung mit der unabhängigen Information beruhte, gewann sie in der zweiten Jahreshälfte leicht an Bedeutung. Ansonsten änderte sich die Bedeutung der übrigen Argumente kaum: daß der oppositionelle Vorwurf, die Bundesregierung lasse die Deutschen im Stich (Argument 8), bei den Konzessionen der Bundesregierung in der Frage der vertragsunabhängigen Information zumindest gleichstark weiter, wenn nicht verstärkt vorgebracht wurde und das 'cognitive map' des Entscheidungszentrums mitbestimmen würde, war abzusehen, zumal als Mitte Oktober die Kooperationsversuche von Regierung und Opposition scheiterten.

5.4 Empirische Ergebnisse 'taktische Fragen'

5.4.1 Argumente zum Problembereich: taktische Fragen

Nr.	Argumente zu innenpolitischer Taktik, Verhältnis Regierung - Opposition	Bezugs- argu- ment d. Inhalts- analyse	Zeitpunkt und -raum des domi- nanten Auf- tretens des Arguments	Argumentträger (Akteur) + = Akteur befürwortet Argument − = Akteur lehnt Argument ab ○ = Akteur unentschieden (zeitliche Daten in dieser Ru- brik geben an, von wann bis wann oder ab wann ein Akteur das Argu- ment befürwortet oder ablehnt)
1	Der Warschauer Vertrag und die Polenverhandlungen sind verfassungskonform.	0407	2. Jahres- hälfte '70	+ Bundesregierung − CDU/CSU
2	Aus der Polenpolitik er- gaben sich Vorteile für die Bundesregierung.	0410	Sept. '70	− FDP
3	Die Regierung will mit der Opposition kooperieren.	0411	vor allem ab Sept./Okt. '70	+ SPD + FDP
4	Der Polenvertrag darf kei- nen Widerspruch zum Grund- gesetz bilden.	0409	dominant: Sept. '70 durchgehend	+ FDP + CDU/CSU
5	Gemeinsamkeit aller Par- teien in der Außenpolitik, insbesondere gegenüber Po- len, ist notwendig.	0418	besonders im Sept./Okt. '70	+ Bundesregierung + CDU/CSU
6	Die bloße Tatsache der Ver- handlungen mit Polen ist wichtiger als der schnelle Erfolg.	0510	Frühjahr '70 März '70 Sept. bis Jahresende	+ Bundesregierung − Bundesregierung

Nr.	Argumente zu innenpolitischer Taktik, Verhältnis Regierung – Opposition	Bezugs-argument d. Inhalts-analyse	Zeitpunkt und -raum des domi-nanten Auf-tretens des Arguments	Argumentträger (Akteur) + = Akteur befürwortet Argument – = Akteur lehnt Argument ab o = Akteur unentschieden (zeitliche Daten in dieser Ru-brik geben an, von wann bis wann oder ab wann ein Akteur das Argu-ment befürwortet oder ablehnt)
7	Die Wahrscheinlichkeit, daß der Warschauer Vertrag, Zu-stimmung bei der Opposition findet, ist um so größer, je weniger Angriffspunkte die neue Grenzformel bietet.	0416	Sept./Okt. '70	+ Bundesregierung + CDU/CSU
8	Die Wahrscheinlichkeit, daß der Warschauer Vertrag, Zu-stimmung bei der Opposition findet, ist um so größer, je umfassender die Familienzu-sammenführung geregelt wird.	0417	Sept./Okt. '70	+ Bundesregierung + CDU/CSU
9	Das Verhandlungstempo ist zu schnell.	0515	ab Aug. '70	+ FDP + CDU/CSU + USA o SPD
10	Die westdeutsche Bevölkerung ist gegen die Polenverhand-lungen.	0402		– Bundesregierung + CDU/CSU
11	Die Verhandlungen müssen ver-schoben werden.		Aug. '70 Anf. Sept. '70	+ FDP (Genscher, Scheel) o SPD

Nr.	Argumente zu innenpolitischer Taktik, Verhältnis Regierung – Opposition	Bezugs- argu- ment d. Inhalts- analyse	Zeitpunkt und -raum des domi- nannten Auf- tretens des Arguments	Argumentträger (Akteur) + = Akteur befürwortet Argument – = Akteur lehnt Argument ab o = Akteur unentschieden (zeitliche Daten in dieser Ru- brik geben an, von wann bis wann oder ab wann ein Akteur das Argu- ment befürwortet oder ablehnt)
12	Die Opposition ist in der Frage des Polenvertrags so zerstritten, daß sie zu kon- struktiver Mitarbeit gar nicht in der Lage ist.	0413	Jan. '70 ab 15. Okt. '70	– SPD – CDU/CSU + SPD + FDP
13	Die Opposition will keine Kooperation.	0415	Okt./Nov./ Dez. '70 durchgehend	– Bundesregierung – CDU/CSU
14	Keine Kooperation der Oppo- sition ohne ausreichende Information.	1006	Sept. '70 Okt. '70	+ CDU/CSU + Bundesregierung
15	Indiskretionen stören die Verhandlungen.	1008	April '70 Juni '70 Okt. '70	+ Bundesregierung – CDU/CSU
16	Die Informationspolitik der Bundesregierung ist schlecht.	1002	durchgehend bis auf Juni/Juli '70 durchgehend	– Bundesregierung + Bundesregierung + CDU/CSU

5.4.2 'Cognitive map' des Entscheidungszentrums vor und nach September/Oktober 1970

Dichte "vor" = $\dfrac{27}{118}$ = 0.22

Dichte "nach" = $\dfrac{109}{50}$ = 2.18

Stabilitätsindex = 8.21

(Vergleichswert bei Wandel aller Bewertungen = 13.0)

struktureller Einfluß:	vor	nach	Stabilit.-I.
Argument 1:	0.03	0.07	8
Argument 2:	0.07	0.09	10
Argument 3:	0.03	0.09	11
Argument 4:	0.07	0.08	10
Argument 5:	0.07	0.07	13
Argument 6:	0.07	0	5
Argument 7:	0.03	0.07	9
Argument 8:	0.03	0.07	9
Argument 9:	0.03	0.08	11
Argument 10:	0.03	0.07	7
Argument 11:	0.03	0.09	10
Argument 12:	0.03	0.03	1
Argument 13:	0.18	0.04	5
Argument 14:	0.22	0.08	4
Argument 15:	0	0.02	6
Argument 16:	0.07	0.04	3
			Σ 122

Der Distanzindex ist bei dem Problembereich: 'taktische Fragen' nur begrenzt sinnvoll, nämlich nur bezogen auf die Akteure: Opposition und Regierung.

<u>Distanzindex</u>

Argument	Regierung (vor)	Regierung (nach)	Opposition (vor)	Opposition (nach)
1	+	a	a	a
2	+	+	–	–
3	a	+	a	+
4	a	+	+	+
5	a	+	–	–
6	+	–	+	+
7	a	+	+	+
8	–	+	+	+
9	–	+	a	a
10	–	–	–	–
11	+	+	+	+
12	+	–	–	–
13	–	+	+	+
14	–	+	–	–
15	+	+	+	+
16	–	–	+	–

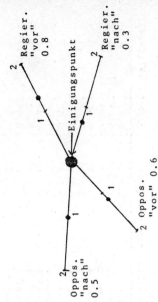

Distanz-
indizes:

Regierung "vor" = $\frac{5}{6}$ = 0.83

Regierung "nach" = $\frac{4}{11}$ = 0.36

Opposition "vor" = $\frac{5}{8}$ = 0.62

Opposition "nach" = $\frac{5}{10}$ = 0.5

5.4.3 Interpretation der Ergebnisse

Beim 'cognitive map' 'taktische Fragen' geht es um die vom Entscheidungszentrum vor allem auf Betreiben der FDP ab September vorgenommene Änderung des taktischen Verhaltens der Opposition gegenüber. Dieses hing damit zusammen, daß das Entscheidungszentrum angesichts seiner erodierenden Mehrheit im Bundestag befürchten mußte, nicht mehr die genügende Stimmenzahl zur Ratifizierung der Ostverträge finden zu können. Dazu kamen Bedenken des freidemokratischen Innenministers Genscher hinsichtlich der Verfassungskonformität der Verträge. Das sowie die Notwendigkeit, sich mit der Opposition abzustimmen, führten Anfang September im wesentlichen zu der einmonatigen Verschiebung der Verhandlungen.

Wie wirkte sich das nun auf das 'cognitive map' und das dadurch mitbestimmte Rezeptionsverhalten des Entscheidungszentrums aus? Obwohl die matrixtheoretisch rekonstruierten 'cognitive maps' hier primär auf die Einigung mit dem polnischen Verhandlungspartner bezogen werden, soll hier dieses Verfahren auch auf die versuchte Einigung zwischen der Koalition und der Opposition angewandt werden - und zwar aus folgenden Gründen: 1. Auch hier geht es um eine Einigung, bei der von einem Interesse des Entscheidungszentrums an Einigung ausgegangen werden kann. 2. Dieser Einigungsversuch ist direkt verhandlungsbezogen und quasi die Voraussetzung für die Möglichkeit einer Ratifizierung der Verträge. Er ist somit auch die Basis einer Einigung mit der polnischen Verhandlungsseite. 3. Die CDU/CSU wird hier nicht als Teil der innenpolitischen Auseinandersetzung aufgefaßt (die darauf bezogene Situationsdefinition der Entscheidungsträger soll erst in der Inhaltsanalyse deren Bundestagsreden untersucht werden), sondern als (potentieller) Teil des Entscheidungszentrums, in das die Koalition die CDU/CSU einzubeziehen hoffte. Daß diese Einigung dann nachher Mitte Oktober doch scheiterte, liegt darin begründet, daß die CDU/CSU auf die Angebote der Koalition nicht einging.

Als erstes einmal ist, wie schon bei den beiden vorhergehenden 'cognitive maps', eine Abnahme der Distanzen festzustellen, was auf eine aus der Septemberverschiebung resultierende

Erhöhung der Einigungswahrscheinlichkeit schließen läßt.

Nun zu den einzelnen Argumenten:
Zunächst muß registriert werden, daß das Entscheidungszentrum im ersten 'cognitive map' mit einem nach dem strukturellen Einflußindex hoch bewerteten Argument die Kooperationsunwilligkeit der Opposition konstatierte (Argument 13). Dem entsprach umgekehrt der hohe strukturelle Einfluß der oppositionellen Forderung, daß die Opposition ohne ausreichende Information seitens des Entscheidungszentrums nicht mit diesem zusammenarbeiten könne noch wolle (Argument 14).
Eine Umbewertung dieser Argumente würde also das gesamte 'cognitive map' stark ändern, was dann auch nach der Septemberverschiebung geschah. (Die beiden Argumente als solche verloren dann natürlich infolge der Septemberverschiebung an Bedeutung.) Durch diese Neubewertungen änderte sich das 'cognitive map' des Entscheidungszentrums nach der Septemberverschiebung in nicht unerheblichem Maße dahingehend, daß alle Argumente, die eine Einigung mit der CDU/CSU als vorteilhaft oder notwendig darstellten, oder selbst von der Opposition befürwortet wurden, (Argumente 7,8,9,10,11), stark an strukturellem Einfluß gewannen und damit eine Einigung zwischen Regierung und Opposition potentiell ermöglichten. Eine nochmalige Umbewertung dieser Argumente würde wahrscheinlich die Einigungschancen wieder stark reduzieren. Diese Frage sowie die damit zusammenhängende Frage, mit welcher Bewertung die Presse die genannten oder ähnliche Argumente aufgegriffen hat, ist deshalb von Interesse, weil Mitte Oktober 1970 die Abstimmungs- und Einigungsversuche zwischen Regierung und Opposition scheiterten, mit der Folge einer nochmaligen Neubewertung des 'cognitive map'. (Das soll hier allerdings nicht mehr analysiert werden.)
Daß im zweiten 'cognitive map' des Entscheidungszentrums der Wille zur Kooperation mit der Opposition höher bewertet wurde (Argument 3) und umgekehrt die Überzeugung, daß die bloße Tatsache der Verhandlungen mit Polen wichtiger sei als der schnelle Erfolg (Argument 6), radikal an Bedeutung verlor, war nur konsequent; ebenso konsequent wie das weiterhin ohne größeren Bedeutungszuwachs gegebene Bekenntnis, daß der Polenvertrag keinen Widerspruch zum Grundgesetz bilden dürfe

(Argument 4). (Das war wohl für die Regierung als auch für die Opposition eine Selbstverständlichkeit, die vor und nach der Septemberverschiebung gleichermaßen gültig war.) Im Unterschied zum selbstverständlichen Bekenntnis wuchs aber die Bedeutung und der strukturelle Einfluß der Tatbestandsfeststellung, daß der Vertrag verfassungskonform sei (Argument 1), denn um diese Frage des Ob und Wie der Verfassungskonformität ging es in der Auseinandersetzung innerhalb der Koalition, die dann u.a. ja zum Kooperationsangebot an die Opposition führte, mit der diese Frage dann ebenfalls besprochen wurde, deren Zustimmung im Bundestag sich als um so mehr notwendiger erweisen würde, wie der Vertrag wirklich nicht verfassungskonform gewesen wäre und daher einer 2/3-Mehrheit im Parlament bedurft hätte.
Schließlich sei noch vermerkt, daß durch dieses Kooperationsangebot der oppositionelle Vorwurf, die Informationspolitik der Bundesregierung sei schlecht (Argument 16), im zweiten 'cognitive map' an Bedeutung verlor, da Kooperation einen größeren Informationsfluß zur Folge hat. Eine solche, auf Diskretion und Vertraulichkeit angewiesene, Kooperation wurde auch dadurch mitermöglicht, daß 1. der Hinweis auf verhandlungsstörende Indiskretionen (Argument 15), die ja auch vom Kooperationspartner CDU/CSU kommen könnten, im ersten 'cognitive map' keinen und im zweiten kaum strukturellen Einfluß hatte, und daß 2. das 'cognitive map' des Entscheidungszentrums sowohl vor als auch - verstärkt - nach der Septemberverschiebung die Auffassung mit relativ hohem strukturellen Einfluß verzeichnete, der Polenvertrag ergebe Vorteile für die Bundesrepublik Deutschland (Argument 2). Durch dieses Selbstbewußtsein wird dem Entscheidungszentrum das der Opposition entgegenkommende Angebot vielleicht erleichtert worden sein.

6. Darstellung, Auswertung und rezeptionshypothetische Interpretation von Ergebnissen der Inhaltsanalyse der polenpolitisch relevanten Äußerungen der Entscheidungsträger und Akteure in Bundestagsdebatten der Jahre 1969 und 1970

6.1 Methodische Vorbemerkung

Mit den Bundestagsreden der Entscheidungsträger und Akteure

ist - neben der historischen Rekonstruktion des Entscheidungsprozesses und neben der schriftlichen und mündlichen Befragung von westdeutschen "Außenpolitikern"[1] eine weitere Primärquelle gegeben, mit deren Hilfe Elemente zu einer möglichst realitätsnahen Beschreibung des innerdeutschen Entscheidungs- und bilateralen Verhandlungsprozesses zwischen der Bundesrepublik und Polen bereitgestellt werden - und zwar aus einer Quelle, die medienunabhängig ist. Das ist deshalb notwendig, weil zu einer Erfassung der Einflußstrukturen zwischen Presseberichterstattung und außenpolitischem Entscheidungsprozeß diese beiden Größen, nämlich die, die Einfluß ausübt, bzw. die, auf die Einfluß ausgeübt wird, datenmäßig voneinander unabhängig erhoben und dargestellt werden müssen. Andernfalls entstehen Zirkelschlüsse, wo einflußausübende und beeinflußte Größe nicht mehr exakt voneinander zu trennen sind. - Die Medienunabhängigkeit erweist sich um so mehr als unabdingbar, da vermutet werden kann, daß Bundestagsreden von Politikern dazu dienen, inhaltliche und argumentative "Formeln" in die Öffentlichkeit zu transportieren, mit der Erwartung, daß sie von der Presseberichterstattung reproduziert werden.[2] "Formeln sind Mechanismen zur Reduktion politischer Komplexität und Instrumente politischen Verhaltens. Sie stehen für eine Summe von Motivationen, Einzelmaßnahmen, konzeptionellen Vorstellungen und Entscheidungen."[3] Es müßte untersucht werden, ob, wie und in welcher Art und Weise die Presseberichterstattung solche über Bundestagsreden lancierte Formeln aufgegriffen und evt. spezifisch verarbeitet sowie modifiziert hat. Darüberhinaus kann ein Vergleich von dominanten Themen und Argumentstrukturen der Bundestagsreden auf der einen Seite und der Presseberichterstattung auf der anderen Seite geleistet werden, um durch den Vergleich gleicher oder unterschiedlicher Schwerpunktsetzungen auf beiden Seiten Hypothesen über

---

1 Siehe Kapitel C, Bd. II
2 Vgl. hierzu die Ausführungen zur operativen Funktion der Presseberichterstattung und zum uses-and-gratification-Ansatz in der Kommunikationswissenschaft, Kap. A 1.6.3 und Kap. A 1.8.3.4.
3 R. Roth, Außenpolitische Innovation..., a.a.O., S. 285

einseitige oder wechselseitige Einflußwahrscheinlichkeiten
aufstellen zu können. Mit dieser analytischen Perspektive,
die die potentielle Wirkung von Bundestagsreden auf die
Presse fokussiert, werden die Reden einer von uns so genannten "wirkungshypothetischen" Untersuchung unterzogen.[1]
Über die von den Rednern im Bundestag zum Ausdruck gebrachten typisch sich wiederholenden Formeln und Argumentmuster
lassen sich zugleich aber auch Elemente von Situationsdefinitionen der Entscheidungsträger und Akteure (eben der Redner) gewinnen, Situationsdefinitionen, die sie in ihrer Aufmerksamkeitsrichtung, ihrer Informationsaufnahme und damit
auch in ihrem außenpolitischen Handeln orientieren. Die
grundlegende operationale Annahme ist dabei, daß von einem
Redner häufig genannte Themen und Argumente auch dessen Situationsdefinition so stark bestimmen, daß wahrscheinlich
auch seine Rezeption und seine Aufmerksamkeit auf eben diese Argumente und Themen, kommen sie von anderen Akteuren
(u.a. den Medienakteuren), bevorzugt gerichtet sein wird.
Mit Hilfe derart rekonstruierter Situationsdefinitionen
lassen sich auf einem hohen Plausibilitätsniveau Hypothesen
über die wahrscheinliche Aufmerksamkeit für Themen und Argumente aus der Presseberichterstattung seitens der Akteure
und Entscheidungsträger, soweit sie Redner im Bundestag waren, aufstellen. Im Bundestag werden die Themen häufig zur
Sprache gebracht, die der Regierung oder der Opposition oder
sonst welchem Akteur wichtig sind, wichtig für die innenpolitische Auseinandersetzung um den entstehenden Vertrag. Die
Regierung lanciert Themen, die sie beachtet sehen möchte,
und auf die hin sie die Reaktionen der Akteure, u.a. der Medienakteure, aufmerksam verfolgt. Die Opposition antwortet
darauf, bzw. bringt selbst für wichtig erachtete Themen in
die Diskussion, unter Aufgriff von und Bezug auf Themen und
Argumente anderer Akteure, insbesondere auch der Presse, wie
die diesbezüglich gesonderte Inhaltsanalyse der Bundestagsreden zeigt.[2] Daraufhin muß die Regierung dann wiederum reagieren. In diesen Interaktionen bilden sich über die Zeit

---

[1] Sie ist zu unterscheiden von der wirkungshypothetischen
Analyse der Presseberichterstattung.
[2] Vgl. Kapitel D, Bd. II

trotz aller Schwankungen in der Häufigkeit der Nennung typische Themenstrukturen heraus, die die auf die innenpolitische Auseinandersetzung bezogene Situationsdefinition und die Aufmerksamkeitsrichtung der Redner bestimmen.
Die Bundestagsreden werden demnach hier einer, von uns so genannten "rezeptionshypothetischen Inhaltsanalyse" unterzogen. Das seitens der Redner den Argumenten und Themen gewidmete Maß an Aufmerksamkeit (=Aufmerksamkeitswert) (die Begriffe "Rezeption" und "Aufmerksamkeit" werden hier synonym verwandt) kann derart indirekt über die Themen- und Argumentennennungshäufigkeit ermittelt werden. Und über den Aufmerksamkeitswert läßt sich wiederum die Interessenrichtung eines Politikers z.T. bestimmen.[1] Um Mißverständnisse zu vermeiden, sei nochmals eigens daraufhingewiesen, daß es sich beim rezeptionshypothetischen Aufmerksamkeitswert um eine Wahrscheinlichkeitsbestimmung handelt, die von der hypothetischen Rationalannahme ausgeht, daß ein von einem Redner häufig genanntes Argument, bzw. Thema von diesem auch mit verstärkter Aufmerksamkeit rezipiert wird. Dabei wird zunächst - ceteris paribus - von der Bedeutung anderer Faktoren, die mit über die Rezeption entscheiden, abstrahiert, z.B. situationsspezifische, individual- und sozialpsychologische, wie auch politische Faktoren und Prädispositionen. Sie sollen erst im Verlauf der weiteren Untersuchung mit Hilfe der anderen Methoden sukzessive eingeführt werden, um insgesamt schließlich - unter Hinzufügung weiterer, historisch-interpretativer Zwischenschritte - zu einem ausgewogenen konkreten Gesamturteil zu kommen. Man lasse sich also nicht durch die in dieser Phase der Untersuchung vorläufig notwendig einseitige und damit verzerrende Betrachtung verwirren. Es geht in dieser Phase der Untersuchung auch noch nicht um Wirkungen der Presse, sondern zunächst nur um das der Presse gewidmete Maß an Aufmerksamkeit. Die Frage, ob diese dann Wirkungen auf die Entscheidungen der Entscheidungsträger hat, kann erst im Zusammenhang mit den anderen Methoden beantwortet werden.

---

1 Siehe zum Zusammenhang von Aufmerksamkeitszuwendung und Interessenrichtung Kapitel A 1.4.4.

Dem Einwand, Bundestagsreden seien weitgehend "Fensterreden", daher manipulativ und zu einer Rekonstruktion von Situationsdefinitionen und Aufmerksamkeitswerten nicht zu gebrauchen, ist folgendes entgegenzuhalten: 1. Es müßte ein besserer, allgemein zugänglicher Indikator zur Verfügung gestellt werden. 2. Auch wenn Bundestagsreden sicherlich nicht vollständig und umfassend Motivation und Situationsdefinition der Entscheidungsträger wiederzugeben vermögen, so können es sich die redenden Politiker doch - angesichts der steten Kontrolle durch den parlamentarischen Gegenpart (die Opposition), bzw. durch die Öffentlichkeit und letztendlich durch die wählende und abwählende Bevölkerung - nicht leisten, sich allzuweit von der realen Lage der Dinge und der eigenen Auffassung zu entfernen. Auch können Themen nicht langfristig unterschlagen werden, da die anderen es wahrscheinlich schnell auf die öffentliche Agenda bringen werden. Diese Einschätzung wird im folgenden durch die Auswertung der Bundestagsreden bestätigt werden, die recht genau, zeitlich und inhaltlich, Änderungen im Entscheidungsprozeß, wie sie über die historische Rekonstruktion unabhängig festgestellt werden konnten, wiedergeben.

Das mit der Inhaltsanalyse der Bundestagsprotokolle Intendierte läßt sich wie folgt graphisch zusammenfassen:

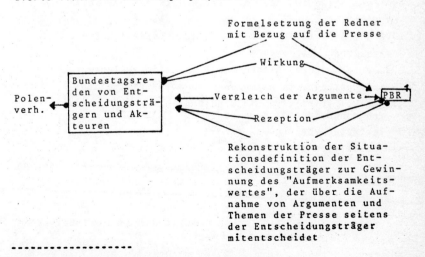

1 PBR = Presseberichterstattung
 •= Quelle, Ursprung; → = Zielrichtung auf

Um diesen analytischen Perspektiven gerecht werden zu können, werden zunächst die Argumentverteilungen als solche und die darauf beruhenden Situationsdefinitionen der Redner beschrieben. Auf dieser Basis erst werden dann rezeptions- oder wirkungshypothetische Aussagen möglich, die jedoch in ihrer vollen Bedeutung für die übergreifende Fragestellung erst im zusammenfassenden Schlußkapitel entwickelt werden können. Die Reden wurden nach den Kategorien analysiert, die auch bei der im Kapitel E erfolgenden Analyse der Presseberichterstattung verwandt wurden. Zur Definition der Kategorien sei daher auch auf dieses Kapitel sowie auf die Erläuterungen im Anhang verwiesen.

Die grundlegende Kategorie [1] und Codiereinheit der Inhaltsanalyse ist die des Arguments, das keine formale Texteinheit ist, wie z.B. Wörter, Sätze oder Abschnitte, sondern eine Sinnstruktur. Argumente bringen zwei oder mehrere inhaltliche Aspekte eines Sachverhaltes in einen logischen und/oder wertenden Zusammenhang. - Für rezeptionshypothetische und wirkungsrelevante Inhaltsaussagen besonders wichtig sind außer dem Argumentenkatalog die Kategorie "Gesamttendenz des Artikels", die vom Vercoder nach Lesen des ganzen Artikels eingeschätzt wird, und die Kontrollkategorie Einzelbewertung der Argumente nach Pro und Contra. Der Bezugspunkt für die Einzelbewertung der Argumente ist die innenpolitische Auseinandersetzung um die Polenverträge in der Bundesrepublik im Hinblick auf den Verhandlungsverlauf und die Auseinandersetzung mit ihm.

Argumenten werden Akteure und Interaktionsakteure zugeordnet. Zwei Grundtypen von Akteuren sind zu unterscheiden:
1. Aktive, initiative, in Handlungszusammenhängen dominierende Handlungsakteure und
2. Vertreter von Argumenten.

Die Haupttypen der Interaktionsakteure sind:
1. Passive, nichtinitiative, handlungserleidende Akteure und
2. Adressaten, in Argumenten besprochene Akteure, bzw. auf Argumente reagierende Akteure.

---

[1] Zu den genauen Definitionen der Kategorien der Inhaltsanalyse siehe Kapitel E   Bd. II.

Zum Schluß dieser methodischen Vorbemerkung sei noch auf folgendes hingewiesen:
Im Unterschied zu den matrixtheoretisch rekonstruierten Situationsdefinitionen, die sich auf die Verhandlungen selbst beziehen, mit primärer Orientierung auf den internen Entscheidungsprozeß und auf den Verhandlungspartner, die polnische Regierung, beziehen sich die aufgrund der Inhaltsanalyse der Bundestagsreden rekonstruierten Situationsdefinitionen auf die innenpolitische Auseinandersetzung um die Polenverträge mit primärer Orientierung auf die Opposition der CDU/CSU. Dabei wird vorrangig der kontroverse Charakter der innenpolitischen Auseinandersetzung erfaßt, was rezeptionshypothetisch von Interesse ist, da diejenige Argumentation der CDU/CSU, die eine Einigung im deutsch-polnischen Verhandlungsprozeß potentiell erschwert, indem sie die innenpolitische Absicherung der Verhandlungen gefährdet, wahrscheinlich bevorzugt vom per se an Einigung interessierten Entscheidungszentrum wahrgenommen wird.[1]
Die Ergebnisse beider Verfahren von Matrixtheorie und Inhaltsanalyse brauchen sich aber nicht, weil auf unterschiedlichen Ansatzebenen erhoben, zu widersprechen, sie ergänzen sich vielmehr, da sie einen je verschiedenen Ausschnitt des Gegenstandsbereiches zu erfassen versuchen. Allerdings stellt die aufgrund der Bundestagsreden rekonstruierte Situationsdefinition einen verläßlicheren Indikator für mögliche Presseeinflüsse dar, da über den Rednerbezug auf die innenpolitische Auseinandersetzung auch ein Bezug zur Presseberichterstattung als einem Teil der innenpolitischen Auseinandersetzung zustande kommt. Das wird durch die starke Thematisierung der Innen- und Informationspolitik in den Bundestagsreden sowie durch gesonderte Analyse des Medienbezugs der Bundestagsredner bestätigt werden.
Die weitgehende Übereinstimmung der Auseinandersetzung im Bundestag mit der Auseinandersetzung in der Öffentlichkeit der Bundesrepublik überhaupt (insbesondere der Presseberichterstattung) und damit die Übereinstimmung der hier zu rekon-

---
1 Vgl. die analoge Konstruktion der Pro-Contra-Kategorie der Inhaltsanalyse der Presseberichterstattung.

struierenden Aufmerksamkeit der Entscheidungsträger mit deren Aufmerksamkeit in Bezug auf die Presseberichterstattung ergibt sich auch aus einem Vergleich der Themenstruktur von Bundestagsdebatten und Presseberichterstattung zu den deutsch-polnischen Verhandlungen. Der statistische Vergleich erbrachte einen hohen Grad der thematischen Identität (Rangkorrelationskoeffizient $R = 0.7$).

6.2 Zur Auswahl des Untersuchungssamples

Der Inhaltsanalyse der Bundestagsreden liegen die Äußerungen all derer im Bundestag zu Wort gekommenen Redner (aller Parteien) zugrunde, die direkt oder teilweise direkt einen Bezug zu den Polenverhandlungen von 1970 haben. Ausgewählt wurden die Reden und sonstigen Äußerungsformen (Zwischenrufe, Hauptfragen in Fragestunden, Zusatzfragen, Antworten in Fragestunden, Regierungserklärungen) aus Bundestagssitzungen mit teilweiser oder gänzlich außenpolitischer Problematik der Jahre 1969 und 1970. Sie sollen im folgenden chronologisch aufgeführt und kurz inhaltlich charakterisiert werden.

- Die Bundestagssitzung am 17. Juni 1969, der ersten Bundestagsdebatte nach der für die Polenverhandlungen als Initialzündung wichtigen Rede Gomulkas vom 17. Mai 1969;
- die Bundestagssitzung am 28., 29. und 30. Oktober 1969 mit der Regierungserklärung von Brandt und der Debatte dazu;
- die Sitzung am 14., 15. und 16. Januar 1970 mit dem "Bericht zur Lage der Nation" plus der diesbezüglichen Debatte;
- die Sitzung am 25. Februar 1970 mit der Haushaltsdebatte, die bekanntlich der Opposition auch zu einer (außenpolitischen) Generalabrechnung mit der Bundesregierung dient;
- die Sitzung am 20. März 1970 mit einer Fragestunde zum Thema der Oder-Neiße-Grenzlinie und der Abgabe einer Erklärung des Kanzlers zum ersten innerdeutschen Treffen;
- die Sitzung am 15. April 1970 mit einer Erklärung von Brandt im Anschluß an seine USA-Reise;
- die Sitzung am 29. und 30. April 1970 mit einer Debatte zur neuen Oder-Neiße-Grenzformel und zum Schreiben von Brandt an Gomulka;
- die Sitzung am 27. Mai 1970 mit der Großen Anfrage der CDU/CSU-Fraktion zur Deutschland-, Ost- und Europapolitik;
- die Sitzung am 04. Juni 1970 mit der Haushaltsdebatte zum Geschäftsbereich des Bundeskanzlers und des Bundeskanzleramtes;
- die Sitzung am 17., 18. und 19. Juni 1970 mit der Fortsetzung der Debatte zur obigen Großen Anfrage, mit der Fortsetzung der Haushaltsdebatte sowie mit der Debatte zur Veröffentlichung des Bahr-Papiers;
- die Sitzung am 18. September 1970 mit einer Regierungserklärung Brandts zur Unterzeichnung des deutsch-sowjetischen Vertrages;
- die Sitzung am 08. und 09. Oktober 1970 mit Debatten zur Öffentlichkeitsarbeit der Bundesregierung und zur Frage des Friedensvertragsvorbehaltes;

- die Sitzung am 06. November 1970 mit der Debatte zur Europapolitik mit peripherem Bezug zur Ostpolitik;
- die Sitzung am 10. Dezember 1970 mit der durch Scheel unter Berufung auf die Presse erfolgenden Zurückweisung von angeblichen Fehlinformationen der Opposition und mit einer Debatte zu einer Äußerung von Scheel zur früheren Ostpolitik der CDU/CSU;
- und schließlich die Sitzung am 18. Dezember 1970 mit einer Fragestunde zu den deutsch-sowjetischen Beziehungen.

Die auf diese Reden bezogenen Analyseeinheiten sind spezifische Argumente, die im Zusammenhang mit den deutsch-polnischen Verhandlungen relevant waren. Die Liste der Argumente ist im wesentlichen identisch mit der bei der Inhaltsanalyse der Presseberichterstattung angewandten Argumentenliste.

Insgesamt wurde von allen Rednern 459 mal ein diesbezügliches Argument, und zwar zu 36.4% mit direktem und zu 63.6% mit teilweisem Bezug zu den Polenverhandlungen gebracht.

6.3 Häufigkeitsverteilung der Argumente und Themen

Der Häufigkeit ihres Auftretens nach geordnet, ergibt sich folgende Rangskala der am häufigsten genannten Argumente; es wurden alle Argumente mit einer Nennungshäufigkeit $\geq$ 1% ausgewählt; - die Analyseeinheiten, die als Residualkategorie "Sonstiges" zu erfassen versuchen, werden hier nicht berücksichtigt, da sie im Zusammenhang mit der Thema-Kategorie besser erfaßt werden können, siehe dort -:

Häufigkeitsverteilung der Argumente und Aufmerksamkeitsverteilung bei den Rednern - Zähleinheit ist das Argument

Tabelle 1:   Fallzahl : 459   Argumente = 100%

Numerierung des Arguments		Argumenthäufigkeit f	%
0503	Reisetätigkeit, Empfänge, Gespräche, Einladungen, Vorschläge machen, Meinungsaustausch, Vorverhandlungen	54	11.8
0501	Befürwortung der Verhandlungen (allgemein)	30	6.5
0626	Grenzregelung nur vorbehaltlich eines Friedensvertrages	24	5.2
0701	Befürwortung der Aussöhnung (allgemein)	23	5.0
0601	Befürwortung der Anerkennung der Oder-Neiße-Grenze (allgemein)	13	2.8
0622	Endgültige Grenzregelung, nicht nur Gewaltverzicht	12	2.6
0624	Nur Gewaltverzicht	11	2.4
1004	Regierung informiert ungenügend	10	2.2
1005	Es gibt gute Gründe, nicht umfassend zu informieren	10	2.2
1001	Informationspolitik zum Polenvertrag ist gut (allgemein)	8	1.7
0643	Behinderung des Reiseverkehrs durch politische Zementierung der Grenze	8	1.7
0206	Unterstützung der Polenpolitik durch Westmächte	7	1.5
0411	Kooperation(sbereitschaft) der Regierung	7	1.5
0531	Schlecht konzipierte Verhandlungsstrategie	7	1.5
0901	Befürwortung wirtschaftlicher Beziehungen (allgemein)	6	1.3
0201	Westdeutsche Polenpolitik - Beitrag zur Entspannung	6	1.3
0209	Nicht-Verletzung der Rechte der vier Siegermächte (auch UdSSR)	5	1.1
0414	Kooperationsbereitschaft der Opposition	5	1.1
0705	Ohne Zustimmung der Betroffenen (Vertriebene) keine Aussöhnung	5	1.1
	Sonstige Argumente	208	45.5
	Insgesamt	459	100.0

Um die Rangskala der am häufigsten genannten Argumente
verzerrungsfrei interpretieren zu können, bedarf es zuvor
einer ergänzenden Darstellung der Themenrangskala. Themen
sind die schwerpunktmäßigen quantitativen Zusammenfassungen von Argumenten unter einem diesen Argumenten gemeinsamen inhaltlichen Aspekt. Die Kategorie 'Thema' ist keine
neue Zähleinheit, sondern Aggregat der schon vorhandenen
Zähleinheit und Kategorie 'Argument'. Danach ergibt sich
folgende die Argumentskala modifizierende Themenrangskala:

Häufigkeitsverteilung der Argumente und Aufmerksamkeitsverteilung der Redner - Zähleinheit ist das Argument

Tabelle 2: Fallzahl : 459

Numerierung des Themas		Themenhäufigkeit f	%
05	Vertragsverhandlungen	129	27.5
06	Grenzfrage	111	24.1
010	Informationspolitik	71	15.3
04	Innenpolitik BRD	61	13.4
07	Aussöhnung und Frieden zwischen Polen und Deutschen	35	7.6
02	Internationale Rahmenbedingungen	28	6.1
08	Familienzusammenführung (humanitäre Fragen)	16	3.4
2	Wirtschaftliche Beziehungen BRD - Polen	6	1.3
01	Historische Rahmenbedingungen	3	0.6
03	Innenpolitik Polens	2	0.4
011	Kulturelle Beziehungen	1	0.2
	Insgesamt	459	100.0

Für die rezeptionshypothetische Fragestellung ist die Aggregatkategorie 'Thema' z.T. aufschlußreicher als ein einzelnes Argument, da sich die Aufmerksamkeitsrichtung der Entscheidungsträger über die generellere Ebene des Themas eher ermitteln läßt, als über ein spezifisches Argument, das auch mehr oder weniger zufällig vorkommen kann. Ein Thema von einigem quantitativen Umfang ist nicht mehr durch Zufall zu erklären. Auf jeden Fall muß, geht man auf die Argumentebene, bei der diesbezüglichen Rekonstruktion des Aufmerksamkeitswertes immer auch die Gegenposition zu diesem jeweiligen Argument mitberücksichtigt werden, da es wahrscheinlich ist, daß ein Entscheidungsträger mit einer bestimmten Position sowohl an diesbezüglich positiven als auch an negativen Argumenten interessiert ist. Er sucht also nicht nur Bestätigung.[1]

Da aber sowohl Themen als auch Argumenten eine Relevanz für unsere Fragestellung nicht abzusprechen ist, sollen in der folgenden Auswertung die Daten von Tabelle 1 und 2 zugleich - bei wechselseitiger Abwägung und Gewichtung zwischen ihnen - interpretiert werden.

Dabei zeigt sich deutlich, daß die Bundestagsreden unter dem hier untersuchten polenpolitischen Aspekt an erster Stelle zu mehr als einem Viertel vom Thema der deutsch-polnischen Vertragsverhandlungen selbst handeln, von deren faktischem Ablauf, von den Strategien der Beteiligten und den Hindernissen im Verhandlungsprozeß. Sieht man sich die Argumente des diesbezüglichen Themas an, so läßt sich konkretisieren, daß hierunter zum überwiegenden Teil das Argument zu "Reisetätigkeiten, Empfängen, Gesprächen, Einladungen, Vorschläge usw." im Zusammenhang mit den Polenverhandlungen fällt sowie das Argument, das eine "allgemeine Befürwortung der Verhandlungen" zum Ausdruck bringt.

Die häufige Nennung des Arguments 'Reisetätigkeit, Gespräche, Vorschläge usw.' (Argument 0503) läßt sich unter zwei Aspekten interpretieren: Sie ist Zeichen für eine Argumentationsweise der Bundestagsredner, die vermutlich primär an nach außen in Erscheinung tretenden Aktivitäten und Ereignissen orientiert ist und nicht an argumentativ zu bewältigenden,

---

1 Vgl. hierzu die kommunikationswissenschaftlichen Ausführungen in Kapitel A 1.6.4.

übergreifenden, abstrakteren Problemkomplexen. Diese Orientierung wird vor dem Hintergrund des folgenden Gedankenganges verständlich:
Geht man nämlich von der oben dargelegten plausiblen Annahme aus, daß die Häufigkeit der Nennung eines Argumentes, bzw. eines Themas durch einen Redner Indiz ist für die Aufmerksamkeit eben dieses Redners für das häufig genannte Argument/Thema, so ist mit der bei allen Fraktionen häufigen Nennung des Arguments 'Reisetätigkeit, Gespräche, Einladungen, Vorschläge usw.' ein Indiz für die hoch entwickelte Aufmerksamkeit der Redner und Politiker für polenpolitisch relevante Gespräche, Vorschläge und sonstige Aktivitäten von Akteuren und Entscheidungsträgern gegeben. Diese Art von Aufmerksamkeit, die wahrscheinlich von der Ressourcenfunktion der Presse befriedigt wird, stellt ein Element der allgemeinen, die Machtbasis sichernden Umweltkontrolle von Entscheidungsträgern dar, die sich derart stets über mögliche Unterstützungen oder mögliche Widerstände von Akteuren zu informieren bestrebt sind. Aufschlußreich ist diesbezüglich noch eine weitergehende Differenzierung zwischen Opposition und Koalition. Eine auf die vier Redner Barzel, Strauß, Brandt und Scheel bezogene Cluster-Analyse mit den Variablen 'Argument', 'Pro/Kontra-Wert' und 'Akteur' zeigt eindeutig bei den Koalitionsrednern, nicht aber bei denen der Opposition einen signifikanten hohen Wert (0.22). für das Argument 'Reisetätigkeit, Empfänge, Vorschläge' (und nur für dieses). Das könnte dahingehend interpretiert werden, daß die genannten Entscheidungsträger sich der argumentativen Auseinandersetzung und Kontrolle entziehen und sich auf die Berichterstattung von Formalia beschränken können. Die Opposition ist demgegenüber zur Argumentation gezwungen: In ihrem Cluster weist das Argument mit dem Hinweis auf die Notwendigkeit eines Friedensvertragsvorbehaltes einen signifikanten Wert auf (0.1).
Unter dem schon oben angesprochenen Aspekt der Ressourcenfunktion und der Umweltkontrolle ist ebenso die mit 6.5% überdurchschnittliche Häufung des Arguments 'Befürwortung der Verhandlungen' (Argument 0501) interessant, das von den Rednern mit Aufmerksamkeit registriert worden zu sein scheint,

so wie überhaupt die Argumente, die Verhandlungsgegenstände
und -themen befürworteten, wie 'Befürwortung der Aussöhnung'
oder 'Befürwortung der Grenzanerkennung', an prominenter
Stelle unter den ersten Argumenten rangieren - während ab-
lehnende Argumente kaum vorkommen - ein Zeichen für die insgesamt den Polenverhandlungen gegenüber wohlwollend einge-
stellte Stimmung der Bundestagsredner. Das hängt wohl auch
mit dem auch von der Opposition akzeptierten historisch bedingten besonderen Charakter der deutsch-polnischen Beziehungen zusammen, was sich allerdings nicht in einer häufigen
Nennung der Argumente zu den historischen Rahmenbedingungen
und zur Leid- und Schuldfrage im bilateralen Verhältnis
niederschlägt.

Der Funktion des Bundestages als einem Organ, das vornehmlich der öffentlichkeitswirksamen Beeinflussung und Formelsetzung mit Bezug auf das allgemeine Publikum dient, entspricht es zudem, daß am häufigsten weniger rational-dis-
kursive, sondern eher emotional-apellative Argumente, wie
'Befürwortung der Verhandlungen', der 'Versöhnung' usw.
verwandt werden. Mit solchen Argumenten scheint eine ein-
prägsame Formelbildung zur Beeinflussung der öffentlichen
Meinung am ehesten möglich zu sein, während differenziertere
Argumentstrukturen nur schwer reproduzierbar sein dürften.

Eine Interpretation von Argumenten und Themen unter dem
Aspekt der ihnen wahrscheinlich gewidmeten Aufmerksamkeit
ist schon in dieser ersten Phase der Auswertung möglich,
da nach den oben aufgestellten Prämissen für die Bestimmung
des Aufmerksamkeitswertes die Häufigkeitsnennung ausreicht.
Denn ob ein Argument nun in verhandlungsförderlicher oder
verhandlungshemmender Absicht (Pro/Kontra-Kategorie) von
welchem Redner unter Bezugnahme auf welchen Akteur oder Interakteur gebracht wird, (um hier einige der im folgenden
noch abzuhandelnden Kategorien anzuführen), interessiert
hier zunächst einmal nicht, (obwohl die genannten Kategorien bei
der weiteren Bestimmung des Aufmerksamkeitswertes noch relevant werden). Was hier vorerst interessiert, ist die fak-
tische Repräsentanz von Themen und Argumenten in den Reden
und damit auch im Bewußtsein der Redner. Ohne das im folgen-

den jeweils noch weiter zu explizieren, kann also von der
mehr oder weniger großen Nennhäufigkeit eines Themas, bzw.
Argumentes auf die mehr oder weniger große Aufmerksamkeit
der Redner für eben dieses Thema, bzw. Argument geschlossen
werden.
Als zweitwichtigstes Thema wird mit 24.1% dicht hinter dem
Thema 'Vertragsverhandlungen' (27.5%) (Thema 05) das
Thema 'Oder-Neiße-Grenzfrage' (Thema 06) genannt. Das entspricht voll und ganz der Bedeutung dieser Frage für die
Einigungswahrscheinlichkeit zwischen beiden Seiten. Die Polen hatten die Lösung dieses Problemkomplexes zu einer Grundvoraussetzung der bilateralen Normalisierung erhoben. Die
Bundesregierung mußte auch, nach anfänglichem Zögern, den
zentralen Stellenwert der Grenzfrage anerkennen. Die inner-
und außerparlamentarische Opposition, vorwiegend zusammengesetzt aus Unionsparteien und Vertriebenen, sah in der Grenzfrage eine Frage der nationalen Identität. Diesem Thema kam
also - was die historischen Erläuterungen als auch die hohe
Nennhäufigkeit zeigen - ein hoher Aufmerksamkeitswert zu.
Das gilt mit 5.2% aller Nennungen insbesondere für das Argument 'Grenzregelung nur vorbehaltlich eines Friedensvertrags'
(Argument 0626), einem Argument, das sowohl von der Regierung - wenn auch   ab April 1970 mit einem impliziten,
indirekten Friedensvertragsvorbehalt - als auch von der Opposition - hier allerdings mit einem starken Hervorstreichen
eines explizit im Vertrag selbst zu statuierenden Friedensvertragsvorbehaltes - vorgebracht wurde. Damit hängt selbstverständlich wiederum das häufige Vorkommen dieses Arguments
zusammen, während Argumente wie 'Endgültige Grenzregelung',
'Nicht nur Gewaltverzicht' (Argument 0622) oder 'Befürwortung der Anerkennung' (Argument 0601) oder 'Nur Gewaltverzicht' (Argument 0624) mit jeweils lediglich der Hälfte der
Nennungen vorgetragen wurden, weil sie nach der einen oder
anderen Richtung hin profiliertere Forderungen darstellen,
entweder mehr in Richtung Vorläufigkeit oder mehr in Richtung Endgültigkeit der Grenzanerkennung, und damit nicht
auf der Linie der quasi idealen und daher oft eingenommenen
Mittellage zwischen beiden Extremen im Argument 'Grenzregelung vorbehaltlich eines Friedensvertrages' liegen.

Trotz dieser Differenzierung fehlen aber stark polarisierende
und emotionalisierende Argumente weitgehend, so z.B. die
Argumente, daß die polnische Grenzforderung psychologischen
Tatsachen widerspreche (Argument 0608), überhaupt durch einen
einseitigen Gewaltakt entstanden sei (Argument 0609).
Es wird lediglich vor Behinderung des Reiseverkehrs durch
eine politische Zementierung der Grenze gewarnt (Argument
0643). Insgesamt dominiert der Eindruck eines Willens zur
Grenzregelung unter Vorbehalten und Bedingungen.

Überraschend ist der dritte Rangplatz für das Thema 'Informationspolitik der Bundesregierung zu den Polenverhandlungen' (15.3% aller Nennungen), vergleicht man es mit der geringen Nennung des Themas 'Familienzusammenführung' (3.4%),
das in den Verhandlungen aber vor allem in der zweiten Jahreshälfte von zentraler Bedeutung war. Die Informationspolitik
war demgegenüber kaum Thema der Verhandlungen, dazu aber relevant im innenpolitischen Umfeld der Verhandlungen. Die innenpolitische Auseinandersetzung um die und die innenpolitische Absicherung der Polenverhandlungen, wozu auch die immer wieder von der Opposition angeklagte mangelnde Information zur Polenpolitik gehörte, hat demnach die Aufmerksamkeit stark beansprucht.

In diesem Thema spiegeln sich in den Bundestagsdebatten und
-redebeiträgen - neben den Klagen der Opposition - auch die
Presseindiskretionen zu geheimen ostpolitischen Unterlagen
wider, sei es die Veröffentlichung der neuen Oder-Neiße-
Grenzformel der Bundesregierung am 25. April, der eine intensive informationspolitische Debatte am 29./30. April folgte,
oder sei es das durch Presseberichterstattung bewirkte Bekanntwerden des Briefes von Gomulka an Brandt am 24. April,
was ebenfalls am 29./30. April intensiv im Bundestag diskutiert wurde, oder sei es das Publikwerden des Bahr-Papiers
am 12. Juni, oder sei es schließlich die Veröffentlichung
eines Vertragstextentwurfs aus den deutsch-polnischen Verhandlungen in der 'Welt' vom 31. Oktober 1970.

Worum diese Debatten konkret gingen, zeigen die von beiden
Seiten häufig vorgebrachten Argumente, nämlich, daß - so die
Opposition - die Regierung ungenügend informiere (Argument
1004) oder daß - so die Regierung - es gute Gründe gäbe,

nicht umfassend zu informieren (Argument 1005); beides je
zehn Nennungen = je 2.2%. Wie stark sich die Regierung hier
angegriffen fühlte, zeigt ihre achtmalige Versicherung,
daß die Informationspolitik zum Polenvertrag gut sei (Argument 1001). Hier wird ein nahezu strukturelles Problem von
Außenpolitik im demokratischen Staat offenbar, denn die notwendige Vertraulichkeit außenpolitischer Verhandlungen einerseits und die notwendige Transparenz demokratischer Prozesse,
die durch die Öffentlichkeit des Bundestages und der Medien
(in unserem Fall der Presse) repräsentiert werden, andererseits, sind unvereinbar.[1] Die Tatsache, daß die Öffentlichkeit sowohl von Bundestagsdebatten als auch von Presseberichterstattung potentiell dysfunktional auf außenpolitische
Verhandlungen wirken können, garantiert ihnen einen hohen
Aufmerksamkeitswert bei Politikern, was sich in der hohen
Nennungshäufigkeit des Themas 'Informationspolitik' reflektiert.

Die große Bedeutung innen- und informationspolitischer und
nicht spezifisch verhandlungsbezogener Themen wird bestätigt durch die häufige Nennung von Themen aus dem Argumentbereich der polenverhandlungsrelevanten westdeutschen Innenpolitik (13.4%) (Thema 04), insbesondere der Argumente, die
auf das Verhältnis von Regierung und Opposition bezogen
sind. Denn dieses Verhältnis war mitentscheidend dafür, ob
die Ostverträge im Bundestag die Mehrheit bekommen würden.
Dabei wird ungefähr gleichhäufig die Kooperationsbereitschaft sowohl der Regierung als auch der Opposition angeboten.
Wie schon beim Themenbereich 'Informationspolitik' zeigt
sich hiermit - angesichts der knappen Mehrheit der Koalition
im Bundestag nur zu verständlich - die große Aufmerksamkeit
für die Frage der innerstaatlichen Absicherung und Durchsetzbarkeit des entstehenden deutsch-polnischen Vertrages.

----

[1] Dies wird bestätigt durch die inhaltsanalytischen Ergebnisse der Bundestagsreden mit Medienbezug: Im Bereich außenpolitischer Fragen erwähnen/zitieren Oppositionspolitiker weit häufiger Medien(-informationen) als Regierungspolitiker und die die Regierung tragenden Koalitionsfraktionen von SPD und FDP dies tun (Verhältnis 2:1). Darüber hinaus stellen die Vertreter von SPD und FDP in Argumenten mit Medienbezug weit häufiger Negativ-Images der Medien im Sinne unglaubwürdiger, sich widersprechender Berichterstattung heraus. Vgl. hierzu Kapitel D 5.5, Bd. II.

Erst an fünfter Stelle nennen die Redner wieder ein originär außenpolitisches Thema, nämlich das Thema der Aussöhnung und des Friedens zwischen Polen und Deutschen, das unter der Kategorie 'Argument' allerdings bereits auf Platz 4 mit 5% aller Nennungen befürwortet wird. Eine Relativierung der diesbezüglichen Befürwortung, das diese nur bei Zustimmung der Betroffenen (der Vertriebenen) möglich sei, kommt demgegenüber nur zu 1.1% in den Reden vor.
Die hohe Repräsentation des Arguments 'Befürwortung der Aussöhnung' (Argument 0701) liegt wohl daran, daß es wegen seines vornehmlich auf emotionale Wirkung abzielenden diffusen Charakters sowohl von Seiten der Opposition als auch von Seiten der Koalition in die Debatte geworfen wurde. Denn zwischenstaatliche Aussöhnung ist ein allgemein akzeptierter Wert.
Mit einer gewissen, wenn auch geringen, Aufmerksamkeit wird schließlich noch das Thema der internationalen Rahmenbedingungen (Ost und West), bezogen auf die deutsch-polnischen Verhandlungen, genannt (Thema 02). Wie die diesbezüglich am häufigsten genannten Argumente zeigen, geht es hier vor allem um die Frage, ob, wie und inwieweit die Westmächte die Ost- und Polenpolitik der Bundesregierung unterstützen (Argument 0206), ob sie ihre Vier-Mächte-Rechte tangiert sehen (Argument 0209) und ob überhaupt die Polenpolitik ein Beitrag zur Entspannungspolitik ist (Argument 0201). Hier kommen vor allem die Bemühungen der Regierung zum Ausdruck, die Westmächte zur Legitimation ihrer Außenpolitik heranzuziehen.-
Das Thema 'Familienzusammenführung' (Thema 08) wird hier eigens erwähnt, nicht, weil es oft genannt wurde, im Gegenteil, es kam nur in 3.4% aller Nennungen vor, sondern weil die Diskrepanz zwischen dieser geringen Nennung und der Relevanz des Themas für die Verhandlungen selbst interessant ist. Diese Diskrepanz läßt sich wie folgt erklären: Alle Parteien des Bundestages sind anscheinend von der unabdingbaren Selbstverständlichkeit ausgegangen, daß dieses Thema als Teil der Verhandlungen geregelt werde, sodaß es einer intensiveren Thematisierung im Bundestag nicht mehr bedurfte.
Da die innenpolitische Absicherung dieser Frage für das Entscheidungszentrum gewährleistet war - es bestand ja weit-

gehend Konsens, daß die Angelegenheit im deutschen Sinne
zwar nicht sofort, sondern taktisch verschoben auf die Zeit
nach Lösung der Grenzfrage auf jeden Fall gelöst werden müsse, fiel das innenpolitische Konfliktpotential und die innenpolitische Bedeutung bei diesem Thema fort, mit der daraus
folgenden starken Verringerung der Nennhäufigkeit und der
Verringerung der durch sie indizierten Aufmerksamkeit. Diese
Aufmerksamkeitsreduktion scheint auch nicht durch die weiterhin in der Auseinandersetzung mit den Polen bestehende außenpolitische Bedeutung der Familienzusammenführung kompensiert
worden zu sein. Das bestätigt nur wiederum die starke Dominanz der innenpolitischen Thematik in der Situationsdefinition der Entscheidungsträger.

An dieser Einschätzung kann auch dadurch nichts geändert werden, daß die CDU/CSU-Opposition Argumente zur Familienzusammenführung doppelt so häufig ansprach (nämlich zu 4.7% aller
CDU/CSU-Nennungen) wie die SPD/FDP-Koalition mit nur 2.2%.
Ebenfalls aus dem gleichen Grund insgesamt vernachlässigbarer Größen ist die Tatsache, daß die CDU/CSU die meisten
Argumente zum Thema im Jahre 1969 und in der ersten Jahreshälfte 1970 gebracht hat (also in der Zeit vor der offiziellen Einführung des Themas in die deutsch-polnischen Verhandlungen), bedeutungslos für die geringe Relevanz des Themas in der öffentlichen Diskussion des Bundestages, auch
wenn evt. seine Ballung in der Zeit bis Juni 1970 bei Rednern der CDU/CSU als ein gewisses Anzeichen für ein Drängen
der Opposition interpretiert werden kann, die Familienzusammenführung unbedingt im Rahmen der Verhandlungen zu regeln,
als Voraussetzung des Verhandlungsabschlusses überhaupt. Die
diesbezüglichen Nachfragen einiger CDU/CSU-Abgeordneter, ob
denn nun auch dieses Thema behandelt würde, liefen daher
auch ins Leere, weil sich die Regierung sofort zur Notwendigkeit einer Regelung dieser Frage bekannte. Größere Differenzen konnten also erst gar nicht aufkommen.(Was aber nun die
genauen Motivlagen waren, kann jedoch nicht allein auf der
Ebene einer inhaltsanalytischen Häufigkeitsauszahlung entschieden werden. Hierzu bedarf es der anderen Methoden,
nämlich der historischen Rekonstruktion sowie der Politikerbefragung. Auf jeden Fall wird an diesem Beispiel die Not-

wendigkeit einer Verknüpfung aller Methoden deutlich, die
erst ein abgewogenes Urteil ermöglicht.)Die hier schließlich nur noch formaliter zu erwähnenden Themen 'Historische
Rahmenbedingungen', 'Innenpolitik Polens' und 'Kulturelle
Beziehungen' sind bedeutungslos. Die ihnen entsprechenden Verhandlungsgegenstände, wie z.B. die Frage des deutschen
Schuld- und Sühnebekenntnisses für das den Polen durch die
Nazis zugefügte Leid, waren auch nicht zentral für den Ablauf und die Ergebnisse der Verhandlungen.

6.4 Die Tendenz von Themen und Argumenten

6.4.1 Methodische Vorbemerkung

Zu einer weiteren Qualifizierung von Argument und Thema
dient die Kategorie 'Tendenz'. Diese Kategorie gibt an,
inwieweit ein Thema, bzw. Argument im Rahmen der innenpolitischen Auseinandersetzung um die Polenverhandlungen von
welchem Akteur (=Redner) der Regierung oder der Opposition
gebraucht,[1] in welchem Maße regierungsfreundlich oder -feindlich sowie kompromißbereit oder nicht, befürwortend oder
nicht, verständnisvoll oder nicht, gegenüber den deutschpolnischen Verhandlungen potentiell wirkte und inwieweit
dadurch eine Einigung im Verhandlungsprozeß potentiell gefördert oder behindert wurde. Dabei wird davon ausgegangen,
daß die Entscheidungsträger per se an einer Einigung interessiert waren.
Gemessen wird die Tendenz mittels einer fünfstufigen Nominalskala, mit den klassifikatorischen Einteilungen "pro" (=uneingeschränkt befürwortend, stark regierungsfreundlich, kompromißbereit gegenüber Polen = 1), "modifiziertes pro" (2),
"neutral" (3), "konstruktives contra" (4) und "contra" (=uneingeschränkt ablehnend, stark regierungsfeindlich, nicht
gegenüber Polen kompromißbereit = 5).

---

[1] Die Kategorie 'Tendenz' ist auf die Argumente von Akteuren
bezogen. Die Tendenz der Argumente eines Redners läßt sich
dann nur über die Akteurskategorie gewinnen, indem die Argumente analysiert werden, deren Akteur zugleich der Redner
ist, (was man mit "Akteur in der Selbstnennung" bezeichnen
könnte).

Mit diesem Indikator lassen sich nun Aufschlüsse gewinnen
zu folgenden Fragekomplexen:
1. Inwieweit waren die Argumente eines Redners in der innenpolitischen Auseinandersetzung um die Polenverhandlungen im Sinne einer Spannungsverstärkung oder -verringerung auf diese Auseinandersetzung bezogen? Evt. können derart weitere, hinsichtlich für die historische Rekonstruktion relevante Gründe für die Beschleunigung oder Verzögerung der Verhandlungen festgestellt werden.
2. Inwieweit lassen sich über einen Vergleich zwischen der Tendenz der Presseberichterstattung und der Tendenz der Bundestagsreden wirkungshypothetische Aussagen gewinnen? Konkret gefragt: Gab es z.B. "Tendenzeinbrüche" zum Contra hin zunächst in den Bundestagsreden oder zunächst in der Presse oder wie sonst? - Diese Frage kann erst im Zusammenhang mit der Presseinhaltsanalyse im Verknüpfungskapitel abschließend behandelt werden. -
3. Inwieweit lassen sich über die Bestimmung der Situationsdefinitionen von Entscheidungsträgern mit Hilfe der Kategorie 'Tendenz' Aussagen über die Rezeptionswahrscheinlichkeit gegenüber Argumenten mit einer bestimmten Tendenz treffen? Die Redner-Akteure tragen bestimmte von ihnen selbst vertretene Argumente vor oder beziehen sich auf die Argumente anderer Akteure, indem sie sie nur erwähnen, ohne inhaltlich dahinterzustehen. Die Tendenz wird anhand der Aussage des Argumentes und anhand der Stellung des jeweilig darauf bezogenen Akteurs in der innenpolitischen Auseinandersetzung und zu den Polenverhandlungen bestimmt. Bei einem Redner aus der Gruppe der Entscheidungsträger ist per definitionem eine Tendenz mit starker Besetzung der Pro-Kategorie wahrscheinlich. Um so aufschlußreicher sind dann für die Analyse die vom Entscheidungsträger oder von einem anderen Akteur zitierten oder über diesen aussagenden Argumente mit Tendenz im Contra-Bereich , bzw. die von einem Entscheidungsträger selbst vertretenen Argumente, die - das Pro modifizierend oder neutralisierend - z.B. ihren begrenzten Verhandlungsspielraum gegenüber den Polen thematisieren. Sie sind auch ein Element der Situationsdefinition der Entscheidungsträger, und zwar ein hervorragendes, da sie regierungsfeindlich und

gegen die Verhandlungen gerichtet bzw. den begrenzten Handlungsspielraum aufzeigend, der Einigung im Verhandlungsprozeß zuwiderlaufen und daher wahrscheinlich von besonderer Bedeutung in der Situationsdefinition der an der Einigung interessierten Entscheidungsträger sind.
Nach dem hier als Prämisse aufgestellten Umkehrschluß heißt das rezeptionshypothetisch: Die Repräsentanz eines konträren Argumentes in der dominant von der Pro-Kategorie bestimmten Situationsdefinition eines Entscheidungsträgers bedeutet dessen bevorzugte wahrscheinliche Rezeption durch ihn, wenn es von einem anderen Akteur, insbesondere einem Medienakteur, gebracht wird. Denn das Contra-Argument indiziert 1. auf der individualpsychologischen Ebene dem Entscheidungsträger eine Dissonanz, die entweder das Streben nach deren Vermeidung oder eine positive Verarbeitung und Aufnahme[1] des Dissonanten bewirkt; auf jeden Fall aber wird das Argument mit konträrer Tendenz bevorzugt aufgenommen. Das bedeutet 2. auf der politischen Ebene, daß eine Tendenzdivergenz zwischen der dominant pro-bestimmten Situationsdefinition und dem daraus folgenden Handeln des Entscheidungsträgers einerseits und der Presseberichterstattung andererseits dem Entscheidungsträger ein Indiz sein kann für eine mögliche Gefährdung seiner Machtbasis, da eine dem Entscheidungsträger konträre, regierungsfeindliche Tendenz bzw. ein mögliches Scheitern der Verhandlungen, Auswirkungen auf den Wähler haben kann, mit der Folge, daß die Argumente mit konträrer Tendenz potentiell vorrangig aufgenommen werden. Ein erhöhter Aufmerksamkeitswert kann auch dadurch verursacht werden, daß eine bestimmte Tendenz (pro oder contra) von einem Medienakteur oder von einem durch den Medienakteur vermittelten sonstigen Akteur kommt, von dem der Entscheidungsträger diese nicht zu erwarten brauchte bzw. dessen Argumentation sich vom Rahmen der ansonsten vertretenen generell erwarteten Tendenz der Argumente anderer Akteure in der einen oder anderen Richtung abhebt.

---

1 Vgl. die sogenannte "Komplexitätstheorie", siehe M. Schenk, a.a.O., S. 120.

Denn es ist eine grundlegende Annahme der Informationstheorie, daß der Informationswert eines Ereignisses, bzw. hier: einer Argumenttendenz wächst, je unwahrscheinlicher es ist, daß sie auftritt.[1]
Natürlich gilt das gleiche auch für den umgekehrten Fall, daß ein als konträr eingestufter Akteur plötzlich dem Entscheidungszentrum befürwortend gegenüber argumentiert.

---

[1] Vgl. Stichwort: Information, in: G. Klaus/H. Liebscher (Hrsg.), Wörterbuch der Kybernetik, Bd. 1, Frankfurt a. M. 1979³, S. 278.

6.4.2 Empirische Auswertung der Tendenz von Argumenten und Themen

Versucht man, zunächst unabhängig von der Kategorie 'Redner und Akteur', die Gesamttendenz aller im Untersuchungszeitraum benutzten polenpolitischen Argumente - trotz der Fraglichkeit solcher Überblicke und Querschnitte - darzulegen, so zeigt sich, daß 2/3 aller Argumente eindeutig der Pro- und der modifizierten Pro-Kategorie zuzuordnen sind. Die Mehrzahl der Argumentträger, der Redner, befürwortete also die Verhandlungen, sie brachten ein hohes Maß an Kompromißbereitschaft den Verhandlungsgegenständen gegenüber auf.

Da die Argumente - insgesamt gesehen - je zur Hälfte auf die Koalition und die Opposition verteilt sind, kam ein Teil der befürwortenden Argumente auch von Oppositionsabgeordneten (immerhin 74 Pro-Argumente stammen daher); insbesondere die die Polenpolitik befürwortenden Argumente der Opposition dürften, da nicht so erwartbar, nach unseren oben gemachten Voraussetzungen einen höheren Aufmerksamkeitswert für die Entscheidungsträger gehabt haben. Im Vergleich zu den Argumenten aus dem Pro-Bereich fallen demgegenüber die neutralen, Konstruktiv-Contra und Contra-Argumente mit 1/3 aller Nennungen weniger ins Gewicht.

Tendenz der einzelnen Argumente (insgesamt)

Tabelle 3:

	f	%	
pro	235	51.2	66.4%
modifiziertes pro	70	15.3	
neutral	39	8.5	
konstruktives contra	62	13.5	25.0%
contra	53	11.5	
insgesamt	459	100.0	

Diese Daten und Interpretationen werden bestätigt durch die Beurteilung der Gesamttendenz der Reden insgesamt.

Gesamttendez der Reden (insgesamt)

Tabelle 4:

	f	%	
pro	174	37.9	} 63.4%
modifiziertes pro	117	25.5	
neutral	37	8.1	
konstruktives contra	91	19.8	} 28.5%
contra	40	8.7	
insgesamt	459	100.0	

Das Fazit, das gezogen werden könnte, nämlich, daß der Bundestag, als einheitlicher Akteur betrachtet, in der innenpolitischen Auseinandersetzung um den Polenvertrag kompromißbereit und befürwortend auftrat, ist allerdings relativ aussagenlos, da er als solcher kein Akteur ist. Vorrangig sind seine drei Fraktionen.
Nichtsdestotrotz ist die Auswertung der auf den gesamten Bundestag bezogenen Argumenttendenzen deshalb von Interesse, weil der Bundestag als solcher zwar nicht von direktem Einfluß im Entscheidungsprozeß ist, aber doch immerhin ein Element der allgemeinen atmosphärischen Stimmung war, die die Polenverhandlungen begleitete und indirekt beeinflußte.
Das entspricht auch weitgehend dem allgemeinen Verständnis der Institution Bundestag als einem Organ, das primär der Selbstdarstellung von Parteien und Politikern, und weniger der inhaltlichen Diskussion und Entscheidung dient.
Aus dieser Perspektive betrachtet, signalisierte der Bundestag über die Fraktionsgrenzen hinweg den anderen Akteuren[1] ein hohes Maß an Übereinstimmung mit den ostpolitischen Zielen der Bundesregierung, bzw. ein hohes Maß an Kompromißbereitschaft im Rahmen der deutsch-polnischen Verhandlungen.
- Unter diesem Aspekt ist auch die zentrale Tendenz(z.T.) der Themen aller polenrelevanten Bundestagsreden zu interpretieren. Ergebnisse und Berechnungsort der zentralen Tendenz siehe Tabelle V. Die zentrale Tendenz gibt einen Tendenzdurchschnittswert je Argument/Thema an.

---
1 Nämlich: Entscheidungsträger, Polen, Presse usw.

Tendenz der Themen

Die Themen werden in der Reihenfolge der Zahl der auf sie entfallenden Argumente aufgeführt. Alle Themen mit ≥ 3 Argumentnennungen. - Zähleinheit ist das Argument (in absoluten Zahlen).

Tabelle V:

Numerierung des Themas		pro (1)	mod. pro (2)	neutral (3)	konstruk. contra (4)	contra (5)	zentrale Tendenz
05	Vertragsverhandlungen	88	12	7	8	11	1.7
06	Grenzfrage	38	26	14	22	11	2.4
010	Informationspolitik	25	14	7	11	14	2.6
04	Innenpolitik BRD	28	10	3	9	11	2.4
07	Aussöhnung und Frieden zwischen Polen und Deutschen	22	4	1	7	1	1.8
02	Internationale Rahmenbedingungen	19	2	2	3	2	1.8
08	Familienzusammenführung, humanitäre Fragen	7	1	3	3	2	2.5
09	Wirtschaftliche Beziehungen	5	1	0	0	0	1.1
01	Historische Rahmenbedingungen	2	0	1	0	0	1.6*
	Insgesamt	234 / 50.9	70 / 15.2	38 / 8.2	63 / 13.7	52 / 11.3	2.1

* Die zentrale Tendenz (ein Gesamtwert) für die Einzeltendenzen) eines Themas wird nach der folgenden Formel berechnet:

$$Mp/c = \frac{1f_1 + 2f_2 + 3f_3 + 4f_4 + 5f_5}{f_1 + f_2 + f_3 + f_4 + f_5}$$

Die zentrale Thementendenz soll hier in einem Arbeitsschritt zusammen mit der zentralen Argumenttendenz ausgewertet werden, wegen der oben schon erläuterten notwendigen Zusammengehörigkeit der Kategorien 'Thema' und 'Argument'. Die zentrale Tendenz errechnet sich als Mittelwert aus der Verteilung der Einzeltendenzen je Argumentkategorie bzw. Themakategorie.

Hier fällt die starke Pro-Tendenz der folgenden Themen auf: 1. der 'Vertragsverhandlungen' (z.T. 1.7), 2. der 'Aussöhnung' (z.T. 1.8), 3. der 'historischen' und 4. der 'internationalen Rahmenbedingungen' (z.T. 1.6; z.T. 1.8) sowie 5. der 'wirtschaftlichen Beziehungen' (z.T. 1.1).

Dies hängt, so bei den 'Vertragsverhandlungen', mit dem rein faktizitäts- und ereignisbezogenen und daher Ablehnung nicht provozierenden Charakter der Themen zusammen, daher auch die häufige Nennung und hohe Pro-Beurteilung des Arguments 0503: 'Reisetätigkeit, Empfänge, Gespräche, Vorschläge'.

Das hängt aber auch, wie bei der 'Aussöhnung' mit der stark emotional-appelativen und daher Zustimmung erfordernden Art der Themen zusammen (vgl. Nennungshäufigkeit und Tendenz des Arguments 0701: 'Befürwortung der Aussöhnung'). Die positive Tendenz beim (allerdings nur peripher genannten) Thema 'Historische Rahmenbedingungen' ist wohl, ähnlich wie beim Thema 'Aussöhnung' (07), bedingt durch die in der Vergangenheit den Polen von den Deutschen, insbesondere von den Nazis, zugefügten schweren Leiden. Was die 'internationalen Rahmenbedingungen' betrifft, so schlägt sich in diesem mit 6.1% aller Nennungen erwähnten Thema die Konformität der westdeutschen Polenpolitik mit den entspannungspolitischen Tendenzen im internationalen System nieder, was durch die hohe Pro-Beurteilung (z.T. 1.1) des Arguments 0206: 'Unterstützung der Polenpolitik durch die Westmächte' bestätigt wird (vgl. auch Argument 0201: 'Westdeutsche Polenpolitik - Beitrag zur Entspannungspolitik' mit einer zentralen Tendenz von 1.0).

Das ebenfalls nur am Rande zu Worte gekommene Thema der wirtschaftlichen Beziehungen wird schließlich deshalb derart überwiegend positiv bewertet, weil es kaum im Zusammenhang mit den brisanten Gegenständen der polnischen Verhandlungen stand und daher weitgehend befürwortet wurde (vgl. hierzu die Tendenz des Arguments 0901, Tabelle VI).

Tendenz einzelner Argumente

Es werden nur die Argumente betrachtet, deren Häufigkeit gleich oder mehr als 1% aller Nennungen beträgt. Unter 1% genannte Argumente sind unter dem hier interessierenden Aspekt, nämlich der Bedeutung eines Arguments für die Einigungs- und Rezeptionswahrscheinlichkeit, irrelevant. Zähleinheit ist das Argument (in absoluten Zahlen). Alle Argumente ≧ 5 Nennungen (= 1% aller Nennungen).
Die Argumente werden in der Reihenfolge der Nennungshäufigkeit aufgeführt.

Tabelle VI:

Numerierung des Arguments		pro (1)	mod. pro (2)	neutral (3)	konstruk. contra (4)	contra (5)	zentrale Tendenz
	f						
0503	Reisetätigkeit, Empfänge, Gespräche, Vorschläge usw.	51	1	2	0	0	1.09
0501	Befürwortung der Verhandlungen	22	6	1	0	1	1.4
0626	Grenzregelung nur vorbehaltlich eines Friedensvertrages	1	12	1	8	2	2.9
0701	Befürwortung der Aussöhnung	21	2	0	0	0	1.08
0601	Befürwortung der Anerkennung der Oder-Neiße-Grenze	10	0	0	2	1	1.7
0622	Endgültige Grenzregelung, nicht nur Gewaltverzicht	7	0	0	4	1	2.3

- 249 -

Numerie-rung des Arguments	f		pro (1)	mod. pro (2)	neu-tral (3)	kon-struk. contra (4)	con-tra (5)	zentrale Tendenz
0624		Nur Gewaltverzicht	6	4	0	1	0	1.6
1004		Regierung informiert ungenügend	0	0	0	4	6	4.6
1005		Es gibt gute Gründe, nicht umfassend zu informieren	4	6	0	0	0	1.6
1001		Informationspolitik zum Polenvertrag ist gut	8	0	0	0	0	1
0643		Behinderung des Reiseverkehrs durch politische Zementierung der Grenze	2	6	0	0	0	1.7
0206		Unterstützung der Polenpolitik durch die Westmächte	6	1	0	0	0	1.1
0411		Kooperation(bereitschaft) der Regierung	6	1	0	0	0	1.1
0531		Schlecht konzipierte Verhandlungsstrategie	0	0	0	1	6	4.8

Numerie-rung des Arguments		pro (1)	mod. pro (2)	neu-tral (3)	kon-struk. contra (4)	con-tra (5)	zentrale Tendenz
	f						
0901	Befürwortung wirtschaftlicher Beziehungen	5	1	0	0	0	1.1
0201	Westdeutsche Polenpolitik - Beitrag zur Entspannung	6	0	0	0	0	1
0209	Nicht-Verletzung der Rechte der Vier-Mächte (auch UdSSR)	5	0	0	0	0	1
0414	Kooperationsbereitschaft der Opposition	3	2	0	0	0	1.4
0705	Ohne Zustimmung der Betroffenen (Vertriebene) keine Aussöhnung	1	0	0	4	0	3.4
	Insgesamt	459	164	42	23	17	1.7
	% 100.0%	65.6	16.8	1.6	9.2	6.8	

Während diese eher im Bereich von Rahmenbedingungen liegenden Themata weitgehend als verhandlungsfördernd mit der Kategorie 'pro' beurteilt wurden, verschob sich dieses Urteil bei der "hard ware" des Vertrages, nämlich der Familienzusammenführung und der Grenzfrage in den Contra-Bereich. Ebenso wurden die Themen, die sich auf die innenpolitische Auseinandersetzung beziehen (Informationspolitik (10); Innenpolitik BRD (4)) weit weniger förderlich für den Verhandlungsprozeß eingeschätzt als die aus dem Bereich der Rahmenbedingungen. Ob es nun die am dritthäufigsten genannte Argumentation der Forderung nach einer Grenzregelung nur unter dem Vorbehalt eines Friedensvertrages war (zentrale Tendenz 2.9), oder ob es die für die Regelung der Familienzusammenführung wohl eher hinderliche , allerdings mit 1.1% aller Nennungen nur am Rande gefallene Forderung war, daß ohne Zustimmung der Betroffenen (d.h. der Vertriebenen) eine Aussöhnung nicht möglich sei (z.T. 3.4), ob es nun der mit 2.2% aller Nennungen an achter Stelle vertretene Vorwurf war, die Regierung würde ungenügend informieren (z.T. 4.6), oder ob es schließlich die Kritik an der schlecht konzipierten Verhandlungsstrategie war (z.T. 4.8) - diese aus den Themenbereichen 'Familienzusammenführung', 'Grenzfrage', 'Informationspolitik' und 'Westdeutsche Innenpolitik' stammenden Argumente sprechen die sensibelsten Punkte der Verhandlungen an, die den größten Konfliktstoff sowohl zwischen Deutschen und Polen als auch zwischen Koalition und Opposition in sich bergen. Sie drohten damit potentiell und realiter stets den Verhandlungsprozeß, insbesondere dessen innenpolitische Absicherung, zu gefährden. Mit der relativ hohen Contra-Tendenz vornehmlich der häufig genannten Argumente 0626 'Grenzregelung nur vorbehaltlich eines Friedensvertrages' und 1004 'Regierung informiert nicht genügend' ist deren privilegierte Rezeption seitens der Entscheidungsträger wahrscheinlich, da sie der auf Verhandlungseinigung ausgerichteten Situationsdefinition der Entscheidungsträger mit einem starken Contra-Wert zuwiderliefen.

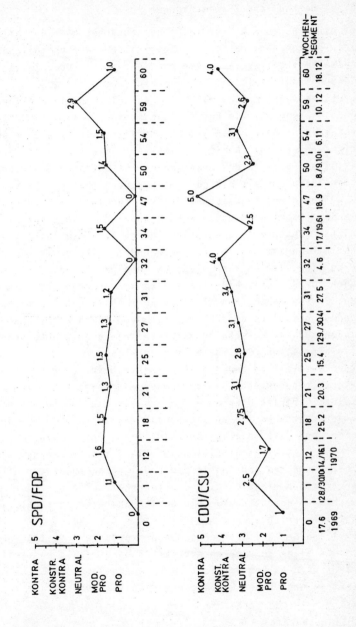

6.5 Die Bundestagsredner und ihre Situationsdefinitionen

6.5.1 Methodische Vorbemerkungen

Zu einer genaueren Bestimmung des zunächst hier nur allgemein-personenunspezifisch aufgestellten wahrscheinlichen Aufmerksamkeitswertes eines Arguments muß - über dessen Nennungshäufigkeit und Tendenz hinaus - nun dieser Wert personenspezifisch gefaßt, d.h. auf die einzelnen Redner und insbesondere die Entscheidungsträger bezogen und berechnet werden. Über deren Situationsdefinition kann ihre Rezeptionswahrscheinlichkeit, ihr Aufmerksamkeitswert für bestimmte Argumente gewonnen werden. Situationsdefinition wird hier definiert als die personenbezogene typische Verteilung von Themen und Argumenten, wie sie in einer Rede vorgebracht werden. Dabei wird davon ausgegangen, daß von einem Redner häufig genannte Argumente und Themen in dessen Situationsdefinition dominant eingegangen und für ihn damit von Bedeutung sind. Daraus kann wiederum gefolgert werden, daß er auch für die diesbezüglich analog von anderen Akteuren und der Presse geäußerten gleichen oder ähnlichen Argumente und Themen besonders empfänglich ist, vor allem dann, wenn - bezogen auf die Entscheidungsträger - diese Argumente und Themen eine starke Contra-Tendenz aufweisen.[1]

Zur Feststellung der Rezeptionswahrscheinlichkeit ist es zunächst unbedeutend, ob der Redner ein Thema bzw. Argument selbst vertritt oder ob er es nur als die Äußerung eines anderen Akteurs zitiert, ohne dahinterzustehen. Denn es kommt hier nur auf die Repräsentanz eines Themas bzw. Arguments in der Situationsdefinition an. Die Differenzierung zwischen Redner und dem von ihm in der Rede genannten Akteur wird erst später eingeführt. Die Akteurskategorie wird dort dann auch noch Bedeutung für die Gewinnung rezeptionsanalytischer Aussagen erlangen.

Im folgenden soll zunächst der prozentuale Anteil der Redner an allen geäußerten Argumenten dargestellt und analysiert werden. Dem schließt sich die Analyse der Situationsdefinitionen eines Oppositionspolitikers und der im Bundes-

---
[1] Siehe Kapitel B 6.6

tag zu Wort gekommenen Entscheidungsträger an. Abgeschlossen wird dieser Analyseschritt mit dem Versuch einer Rekonstruktion der Situationsdefinition aller Koalitionsredner und aller Oppositionsredner, die je als Einheit begriffen werden (Fraktionen der SPD und FDP einerseits und der CDU/CSU andererseits). Das ist natürlich in verstärktem Maße ein hypothetisch-artifizielles Konstrukt, das für unser Interesse nichtsdestotrotz aussagekräftig sein kann, vor allem, wenn man den Wandel dieser nicht personen-, sondern fraktionsbezogenen Situationsdefinition über die Zeit betrachten will. - Dazu unten mehr.

Prozentualer Anteil der Redner an der Zahl aller polenpolitischen Argumente (dem Rang nach geordnet)
Nur Redner mit mehr als 1% aller Argumente.
(f = absolute Zahlen)
Tabelle VII:

	%	f
1. Barzel	19.8	91
2. Scheel	19.4	89
3. Brandt	10.7	49
4. Dahrendorf	5.0	23
5. Kiesinger	5.0	23
6. v. Guttenberg	4.6	21
7. Marx	4.6	21
8. Czaja	4.1	19
9. Wienand	3.3	15
10. Ehmke	2.0	9
11. Strauß	1.7	8
12. Moersch	1.7	8
13. v. Fircks	1.3	6
14. Apel	1.3	6
Summe der Redner mit mehr als 1% der Argumente	84.5	388
Insgesamt	100.0	459

Redner der Koalition: 49.0% (SPD: 20.2%; FDP: 27.5%)
Redner der Opposition: 51.0% (CDU/CSU)

6.5.2 Empirische Auswertung: Rangordnung der Redner

Zeichen für den hoch ritualisierten und formalisierten Charakter von Bundestagsdebatten ist die nahezu hälftige Verteilung der Argumente auf Redner der Opposition einerseits und der Koalition andererseits. Die Debatten des Bundestages werden im Ältestenrat hinsichtlich Tagesordnung und Rednerliste anscheinend derart vorstrukturiert, sodaß die gleiche Berücksichtigung von Opposition und Koalition kein Zufall ist. Ebenso symptomatisch für die formalisierte Struktur und für die im wesentlichen auf herrschaftslegitimatorische Öffentlichkeitsbeeinflussung und Formelsetzung ausgerichtete, redeparlamentarische Funktion von Bundestagsdebatten ist die Argumentenkonzentration auf drei "Star - redner", die ihre jeweilige Partei repräsentieren. Auffallend ist dabei die quantitative Spitzenstellung Barzels mit 19.8% aller polenrelevanten Argumente sowie der zweite Platz für Außenminister Walter Scheel, während Kanzler Brandt nur mit einer halb so großen Anzahl von Polenargumenten wie die beiden anderen "Starredner" vertreten ist. Die hohe Repräsentanz von Scheel - im Gegensatz zu der geringeren von Brandt - ist dadurch zu erklären, daß er 1. der für Außenpolitik und insbesondere für die Polenpolitik zuständige Minister ist und daß er 2. wegen der Gefahr, in den Schatten des außenpolitisch stark engagierten Kanzlers zu geraten sowie überhaupt als kleinerer Koalitionspartner überspielt zu werden, bestrebt war, sich in der Öffentlichkeit in seinem neuen Amt zu profilieren. Dieser Zwang zur Profilierung erklärt wohl auch den hohen Prozentanteil von Barzel, der dadurch evt. die strukturell bedingt schwächere Stellung der parlamentarischen Opposition in der Öffentlichkeit zu kompensieren versuchte.

Die restlichen der aufgeführten Redner liegen (bis auf Kiesinger und Dahrendorf) alle unter der 5%-Marke. Überraschend ist das relativ häufige Auftauchen des damaligen Parlamentarischen Staatssekretärs im Auswärtigen Amt, Ralf Dahrendorf (FDP), obwohl er dieses Amt nur im ersten halben Jahr der sozial-liberalen Koalition innehatte. Das hängt evt. aber damit zusammen, daß Dahrendorf ein von dem der Koalition abweichendes ostpolitisches Konzept vertrat, sich diesbezüglich vermehrt äußern wollte und evt. rechtfertigen mußte. Zudem bedingt das Amt des Parlamentarischen Staatssekretärs und Ministerstellvertreters die Notwendigkeit einer (besonders in Fragestunden zum Ausdruck kommenden) Rechenschaftslegung der Exekutive gegenüber der Legislative. Daß dies aber nicht der alleinige Grund sein kann, zeigt die geringe Redehäufigkeit des Amtsnachfolgers von Dahrendorf, Karl Moerschs. Ebenso überrascht die geringe Zahl der von Strauß zu den Polenverhandlungen gebrachten Argumente, obwohl es doch gerade Strauß war, der die Aufgabe deutschen Gebietes jenseits von Oder und Neiße mit den Begriffen wie "Verzicht" schon frühzeitig brandmarkte und bekämpfte. Aber seine geringe Repräsentanz ist wohl im wesentlichen Folge seiner primär außerparlamentarischen Strategie. Man erinnere sich nur der "Sammlungsbewegung zur Rettung des Vaterlandes", zu der er am 05.07.1970 aufrief.

Die Situationsdefinition und Aufmerksamkeitsverteilung einzelner Redner: Barzel, Brandt, Scheel

R. Barzel

Setzt man nun die Redner in Beziehung zu den von ihnen gebrachten Themen und Argumenten und zu deren Pro-Contra-Tendenz, so lassen sich die polenpolitischen Situationsdefinitionen oder 'cognitive maps' der jeweiligen Redner feststellen.

Zunächst soll die Situationsdefinition von Barzel dargestellt werden, allerdings weniger unter der rezeptionsanalytischen Perspektive, die für unsere Zwecke nur mit Bezug auf die Entscheidungsträger relevant ist, obwohl das auch mitbehandelt werden soll. Vor allem dient die Rekonstruktion der Barzelschen Situationsdefinition dazu, einen Vergleichsmaßstab für die Situationsdefinitionen der Entscheidungsträger zu gewinnen, wodurch die Interpretation erleichtert wird.

Die Situationsdefinition von Rainer Barzel ist mit 28.6% aller Nennungen dominant geprägt von den Vertragsverhandlun-

Tabelle VIII:

Argumente, Themen und deren Tendenzen bei einzelnen Rednern: Die Aufmerksamkeitsverteilung von Rainer Barzel
Zähleinheit ist das Argument (in absoluten Zahlen). Alle Nennungen ≳ 3 Nennungen.

Nr.	Argumente	f	pro	mod. pro	neu- tral	kon. con.	con.	zentrale Tendenz
1	Befürwortung der Verhandlungen (allgemein) - 0501		5	3	1	0	0	1.5
2	Reisetätigkeit, Empfänge usw. - 0503		7	0	1	0	0	1.2
3	Nur Gewaltverzicht - 0624		2	2	0	1	0	2
4	Grenzfrage nur vorbehaltlich eines Friedensvertrages - 0626		0	0	1	3	1	3.6
5	Schlecht konzipierte Verhandlungsstrategie - 0531		0	0	0	0	4	4
6	Kooperation(sbereitschaft) der Opposition - 0414		1	2	0	0	0	1.6
7	Befürwortung der Anerkennung der Oder-Neiße-Grenze (allgemein) - 0601		1	0	0	1	1	3.3
8	Informationspolitik zum Polenvertrag ist schlecht (allgemein) - 1002		0	0	0	1	2	4.6
9	Regierung informiert ungenügend - 1004		0	0	0	1	2	4.6
	Argumente N ≳ 3	Σ	16	7	3	7	10	2.7
	Sonstige Argumente f = 48							

gen als solchen und im besonderen von den Reisetätigkeiten, Empfängen, Vorschlägen, Gesprächen (Argument 0503 mit 8.8%) sowie den diesbezüglich zum Ausdruck gebrachten Befürwortungen der Verhandlungen (Argument 0501 mit 9.9%). Die eher verhandlungsfördernde Beurteilung, die Barzel dem Thema: "Verhandlungen" als solchen gab (zentrale Tendenz 2.1), beruht z.T. auf dem rein faktischen Ereignisbezug der Argumente, z.T. auf der Argumentbedeutung selbst. Die Bezugnahme auf das faktisch Abgelaufene gibt wenig Anlaß zu einer negativen Beurteilung, was auch für das verhandlungsbefürwortende Argument gilt. Diese Tendenz kann auch nicht durch den starken Contra-Wert des aus dem gleichen verhandlungsbezogenen Thema stammenden, an fünfter Stelle rangierenden Barzel-Vorwurfs, die Bundesregierung habe nur eine schlecht konzipierte Verhandlungsstrategie (Argument 0531), umgekehrt werden. Es ist allerdings symptomatisch, daß Barzel sich veranlaßt fühlte, seine Befürwortung der Verhandlungen (Argument 0501) derart häufig immer wieder zu bekennen. Er wollte anscheinend dem Verdacht vorbeugen, daß die oppositionelle Kritik an Details und Ergebnissen der Verhandlungen als Ablehnung der Verhandlungen selbst ausgelegt werden könnte. Barzel wollte ja letztendlich trotz aller Kritik die Ostverträge mit Zustimmung oder Duldung der Opposition den Bundestag passieren lassen.

Bezogen auf die Verhandlungsgegenstände selbst argumentierte er thematisch am meisten, in mehr als 1/4 aller Fälle mit der Grenzfrage (06). Er wies - nicht unbedingt mit verhandlungserschwerender Tendenz (zentrale Tendenz 2) - fünfmal (5.5% aller Barzel-Argumente) darauf hin, daß ein Gewaltverzicht mit Polen schon ausreichen würde. Ebenso machte er konsequenterweise darauf aufmerksam, daß die Grenzfrage nur vorbehaltlich eines Friedensvertrages (Argument 0626) geregelt werden dürfte. Allerdings sind die Auswirkungen dieses Argumentes mit dem Friedensvertragsvorbehalt - so zeigt seine durchschnittlich relativ hohe zentrale Tendenz in Höhe von 3.6 - wohl eher als verhandlungserschwerend einzuordnen. Das Gleiche gilt für das Argument 'Befürwortung der Anerkennung der Oder-Neiße-Grenze' (Argument 0601), das Barzel zwar - ohne es zu teilen - aufgriff (als sol-

ches dreimal, 3.3% aller Fälle), es aber derart ablehnend
verwandte und kritisch interpretierte, daß es die vergleichsweise hohe zentrale Tendenz von 3.3 aufweist. Das entsprach
ja auch der Position der CDU/CSU, die eine Anerkennung der
Oder-Neiße-Grenze ablehnte. Insgesamt gesehen redete Barzel
vom Thema 'Grenzfrage' mit neutraler Tendenz, weder verhandlungsfördernd noch verhandlungserschwerend (Tendenz 3), was
typisch für Barzels Oppositionsstrategie gegenüber der Ostpolitik der Bundesregierung war: Kritik im Detail bei gleichzeitigem Offenhalten der Frage, ob die Opposition den Vertragswerken zustimmen werde oder nicht (allerdings mit einer gewissen Präferenz bei Barzel zur Zustimmung).

Der nächsthäufig genannte Themenbereich in den Reden Barzels
ist der der Innenpolitik der Bundesrepublik Deutschland (04),
der, obwohl er nur noch die Hälfte der Argumente im Vergleich zu denen der Vertragsverhandlungen ausmacht, immerhin doch noch mit 14.3% vertreten ist. Die Schärfe der innenpolitischen Auseinandersetzung kommt schon darin zum Ausdruck, daß durchschnittlich der Tendenzwert dieses Themas
3.6 Punkte beträgt und das, obwohl das viermalig von Barzel
zum Ausdruck gebrachte Kooperationsangebot seitens der Opposition (Argument 0414) mit der Tendenz von 1.6 die zentrale Tendenz dieses Themas noch eher zum Pro-Bereich hin modifiziert und moderiert.

Von fast gleicher quantitativer Bedeutung und auch inhaltlich auf der gleichen Ebene wie das Thema 'Innenpolitik'
ist die von Barzel mit zwölf Argumenten an vierter Stelle
thematisierte 'Informationspolitik zum Polenvertrag' (10).
Zu diesem Thema brachte er nur Kritiken an der Informationspolitik der Bundesregierung zur Sprache: Er beurteilte sie
als schlecht (Argument 1002)(3 Argumente) und warf der Regierung allgemein vor, sie informiere ungenügend (Argument
1004)(3 Argumente). Dementsprechend wird die Tendenz der
beiden zuletzt genannten Argumente mit je 4.6 Punkten auch
als sehr verhandlungshemmend und verschärfend für die innenpolitische Auseinandersetzung eingeschätzt. Das gilt auch
für das Thema 'Informationspolitik' insgesamt mit der zentralen Tendenz von 4.1 Punkten.

Tabelle IX:

Argumente, Themen und deren Tendenzen bei einzelnen Rednern: Die Aufmerksamkeitsverteilung von Rainer Barzel

Die Themen werden in der Reihenfolge der Häufigkeit der in ihnen enthaltenen Argumentnennungen aufgeführt. Zähleinheit ist das Argument (in absoluten Zahlen). Alle Themen ≧ 2 Argumentnennungen.

Nr.	Themen	f	pro	mod. pro	neu- tral	kon. con.	con.	zentrale Tendenz
1	Vertragsverhandlungen		14	4	2	1	5	2.1
2	Grenzfrage		6	6	2	6	4	3
3	Innenpolitik der BRD		1	4	0	2	6	3.6
4	Informationspolitik		0	0	4	3	5	4.1
5	Internationale Rahmenbedingungen		3	1	1	0	1	2.1
6	Aussöhnung und Frieden zwischen Polen und Deutschen		2	0	0	2	0	2.5
7	Familienzusammenführung, humanitäre Fragen		2	0	0	2	0	2.5
8	Historische Rahmenbedingungen		1	0	1	0	0	2
	Insgesamt	f = 29		15	10	13	17	2.6

Die sowohl quantitativ als auch durch die akzentuierte Contra-Tendenz hervorgehobene Stellung des Themas 'Informationspolitik' (das für die Verhandlungen geradezu existentielle Thema der Familienzusammenführung ist nur 1/3 so oft in den Reden Barzels vertreten) rührt her aus einer institutionellen und funktionalen Diskrepanz: nämlich einerseits der Notwendigkeit, außenpolitische Verhandlungen geheim zu führen und andererseits dem legitimen Recht der Opposition, Informationen über solche Verhandlungen zu erhalten, um ihrer Kontrollaufgabe genüge zu tun. Daraus ergibt sich - nahezu unumgänglich - die Kritik der Opposition, sprich: des Oppositionsführers Barzel, an der als ungenügend betrachteten Informationspolitik der Regierung. Die Vorrangigkeit dieses Themas selbst gegenüber inhaltlichen Themen, wie z.B. der Familienzusammenführung, erklärt sich zudem daraus, daß die Voraussetzung für die Diskussion inhaltlicher Themen die Information über sie ist. Daran scheint es aber aus der Sicht der CDU/CSU gemangelt zu haben. Die Bedeutung der Informationspolitik wird daher verständlicherweise von der Opposition recht hoch eingeschätzt. Demgegenüber fällt, wie schon erwähnt, die quantitative Bedeutung des Themas 'Familienzusammenführung' mit nur vier Nennungen signifikant ab. Zur Interpretation dieses nicht nur für Barzel typischen Sachverhaltes sei auf die Ausführungen von S. 239ff. verwiesen. Für Barzel war es dabei selbstverständlich, daß ohne Familienzusammenführung eine Vertragsunterzeichnung unmöglich sei (Argument 0803).

Daß die Themenbereiche 'Historische Rahmenbedingungen' (01) und 'Aussöhnung zwischen Polen und Deutschen' (07) nicht so stark repräsentiert sind (4.4% bzw. 2.2% der Barzel-Argumente) ist nicht überraschend, da die von Barzel natürlich stark befürwortete Aussöhnung zwischen Deutschen und Polen eher zum - im wesentlichen nur für das Atmosphärische relevanten - emotional-appellativen Argumentationstyp zählt und nicht zum "harten Kern" der kontroversen Verhandlungsgegenstände gehört . Das gilt z.T. auch für das am wenigsten angesprochene Thema 'Historische Rahmenbedingungen' und das in der Geschichte den Polen von den Deutschen zugefügte Leid. Allerdings überrascht die zwar noch an fünfter Stelle rangierende, aber summa summarum doch geringe Repräsentanz (6.6%)(6 Argumente) des Themas 'Internationale Rahmenbedingungen' (02), die, obwohl auch nur Rahmenbedingung, doch meist von der jeweiligen Opposition gegen die Politik der jeweiligen Regierung auszuspielen versucht wird, mit dem Argument, die westlichen Verbündeten seien ganz anderer Meinung. Die geringe Nennung dieses Themas ist vielleicht darauf zurückzuführen, daß sich die damalige Opposition mit ihrem (zumindest partiellen) Widerstand gegen die Ostpolitik der sozial-liberalen Koalition auch in einen Widerspruch zu den entspannungspolitisch gesonnenen Westmächten gesetzt hatte. Vielleicht hängt es aber auch damit zusammen, daß Barzel die westdeutsche Polenpolitik zweimal mit einem eindeutigen Pro als einen Beitrag zur Entspannungspolitik bezeichnete, ohne allerdings zu vergessen, warnend und verhandlungshemmend auf die Dominanz der UdSSR im Ostblock hinzuweisen (Argument 0203, einmal genannt).

Insgesamt gesehen, ist nach der Tendenz-Kategorie die Stellung Barzels zum Verhandlungsprozeß als neutral zu bezeichnen, weder verhandlungsfördernd noch -hemmend (zentrale Tendenz insgesamt 2.6). Das entsprach dem Selbstverständnis und der Strategie Barzels, der sich eher als Vermittler zwischen den verschiedenen Strömungen in der CDU/CSU und als Vermittler zwischen Regierung und Opposition verstand und die Konfrontationsrolle vor allem Franz Josef Strauß überließ.

W. Brandt

Wenden wir uns nun den Situationsdefinitionen und den Aufmerksamkeitswerten relevanter Entscheidungsträger zu. Exemplarisch sollen hier die von Brandt und Scheel dargestellt werden.

Willy Brandts Reden sind - allein aufgrund der Rechenschaftspflicht, die ein Kanzler z.B. in Form von Regierungserklärungen dem Bundestag gegenüber zu erfüllen hat - zu mehr als

Tabelle X:

Argumente, Themen und deren Tendenzen bei einzelnen Rednern: Die Aufmerksamkeitsverteilung von Willy Brandt
Zähleinheit ist das Argument (in absoluten Zahlen).

Nr.	Argumente	f	pro	mod. pro	neu-tral	kon. con.	con.	zentrale Tendenz
1	Reisetätigkeit, Empfänge usw. - 0503		13	0	0	0	-	1
2	Befürwortung der Aussöhnung - 0401		3	0	0	0	-	1
3	Es gibt gute Gründe, nicht umfassend zu informieren - 1005		2	0	0	0	-	1
4	Informationspolitik zum Polenvertrag ist gut - 1001		2	0	0	0	-	1
5	Grenzfrage nur borbehaltlich eines Friedensvertrages - 0626		-	2	0	0	-	2
6	Befürwortung der Verhandlungen (allgemein) - 0501		1	1	0	0	-	1.5
7	Kooperationsbereitschaft der Regierung - 6411		2	0	0	0	-	1
8	Fehlende Kooperationsbereitschaft der Opposition - 0415		0	0	0	1	-	4
9	Endgültige Grenzregelung, nicht nur Gewaltverzicht - 0622		1	0	0	0	-	1
10	Nur Gewaltverzicht - 0624		1	0	0	0	-	1
	Sonstige Argumente f = 15		25	3	0	1	-	1.2

f =

- 264 -

Tabelle XI:

Argumente, Themen und deren Tendenzen bei einzelnen Rednern: Die Aufmerksamkeitsverteilung von Willy Brandt

Zähleinheit ist das Argument (in absoluten Zahlen).
Die Themen werden in der Reihenfolge der Häufigkeit der in ihnen enthaltenen Argumentnennungen aufgeführt (alle Themen 2 Argumentnennungen, bis auf 'Familienzusammenführung').

Nr.	Themen	f	pro	mod. pro	neu-tral	kon. con.	con.	zentrale Tendenz
1	Vertragsverhandlungen		15	1	-	-	-	1.06
2	Informationspolitik		6	3	2	-	-	1.6
3	Innenpolitik der BRD		9	-	-	1	-	1.4
4	Grenzfrage		3	2	-	-	-	1.3
5	Aussöhnung und Frieden zwischen Polen und Deutschen		3	-	-	-	-	1
6	Internationale Rahmenbedingungen		2	-	-	-	-	1
7	Familienzusammenführung, humanitäre Fragen		1	-	-	-	-	1
	Insgesamt alle Argumente Brandts	f = 39		6	2	1	-	1.2

einem Drittel bestimmt durch das eher ereignis- und faktenorientierte und daher auch nur als verhandlungsförderlich mit 'pro' eingestufte Thema der Vertragsverhandlungen und in diesem Rahmen vor allem durch die Erwähnung von Reisetätigkeit, Empfängen, Vorschlägen usw. (Argument 0503). Im Zusammenhang mit dieser Rechenschaftspflicht, bzw. mit deren Vernachlässigung, wie sie Brandt von der CDU/CSU vorgeworfen wurde, steht die zweithäufigste Nennung (fast 1/4 aller Brandt-Nennungen) des Themas 'Informationspolitik' (10) und des gleichermaßen verhandlungsförderlich im Sinne der Tendenzkategorie 'pro' wirkenden Rechtfertigungsarguments, daß es gute Gründe gäbe, nicht umfassend zu informieren (Argument 1005). Überhaupt - so Brandt - sei die Informationspolitik zum Polenvertrag gut. Die häufige Nennung dieser Themen und Argumente durch Brandt, zumal mit einer nicht "reinen" Pro-Tendenz, sondern mit einem Trend zu deren Modifizierung versehen, ist ein Zeichen dafür, wie sensibel er auf diesbezügliche Angriffe der Opposition reagierte (was wahrscheinlich nicht nur für die der Opposition, sondern auch die anderer Akteure - z.B. der Medienakteure - galt). Denn Brandt war es, der in seiner Regierungserklärung von der Notwendigkeit größerer Transparenz und verstärkter Demokratisierung gesprochen hatte. Diesen Themen und Argumenten ist daher ein hoher wahrscheinlicher Aufmerksamkeitswert zuzuschreiben, vor allem dann, wenn sie von den anderen Akteuren mit starker Contra-Tendenz versehen werden, die ja nach den oben aufgestellten Prämissen von der weitgehend im Pro-Bereich liegenden Situationsdefinition Brandts bevorzugt rezipiert werden müßten.

Die Tendenzen dieser und der folgenden Themen und Argumente des Redners und Akteurs Brandt bedürfen keiner weiteren Explizierung, da sie weitgehend, bis auf wenige Ausnahmen, eindeutig der Pro-Kategorie zuzuordnen sind. Den Ausnahmen soll sich dazu um so stärker gewidmet werden.

Mit der starken innenpolitischen Auseinandersetzung um die Ostverträge hängt auch in der Situationsdefinition von Brandt die Rangierung des Themas 'Innenpolitik der Bundesrepublik' (04), 'Innenpolitisches Klima' an dritter Stelle der Nennungshäufigkeit zusammen (10 Nennungen, 20.4% aller Nennungen).

Weniger die Verhandlungsgegenstände als solche - wie die
Grenzfrage, die erst an nächster Stelle mit der Hälfte der
Nennungen,mit fünf Argumenten folgt -, sondern die innenpolitische Absicherung der Vertragsverhandlungen stand
im Mittelpunkt der Reden von Brandt, was auch dadurch bedingt ist, daß die Verhandlungsgegenstände nicht so sehr
für die öffentliche Diskussion geeignet waren als die per
se öffentlichen innenpolitischen Auseinandersetzungen. Dabei zeigte sich Brandt - zumindest verbal - kooperationsbe-
reit gegenüber der Opposition, bei gleichzeitiger Klage über
deren mangelnde, als sehr verhandlungshemmend eingeschätzte
(Tendenz 4) Kooperationsbereitschaft. Das entsprach wohl
auch der koalitionsinternen Rollenaufteilung zwischen dem
über dem Parteienkampf stehenden Brandt und dem eher auf
Konfrontationskurs liegenden Wehner. Auf jeden Fall kann vermutet werden, daß für Brandt das Argument 'Mangelnde Kooperationsbereitschaft der Opposition' wegen des hohen Contra-
Wertes einen höheren Aufmerksamkeitswert hatte.
Mit fünf Nennungen ist das erste inhaltliche, direkt ver-
handlungsbezogene Thema, nämlich das gewichtige Thema der
Grenzfrage, relativ unterrepräsentiert: Auf dieser Ebene betonte Brandt - bei Erwähnung, aber nicht Übernahme des polnischen Verlangens nach einer endgültigen Grenzregelung (Argument 0622) -, daß es sich in dieser Angelegenheit nur um
einen Gewaltverzicht handeln (Argument 0624) und daß die
Grenzregelung nur vorbehaltlich eines Friedensvertrages erfolgen könne (Argument 0626). Diese Argumentationslinie vertrat Brandt - die einzelnen Argumente weitgehend zeitlich
gleichverteilt - über das ganze Jahr 1970 hin. Als wesentlich zu vermerken ist dabei nur, daß das Friedensvorbehalts-
argument nur bis Mitte April vorkommt, was ja auch dem Ablauf des Entscheidungsprozesses entspricht: Mit der Entscheidung vom 14. April gab die Bundesregierung die Sta-
tuierung des expliziten Friedensvertragsvorbehalts im Vertrag auf und beschränkte sich statt dessen auf dessen impli-
zierte Erwähnung. Diese zeitliche Ballung auf das erste hal-
be Jahr der sozial-liberalen Koalition sowie die modifizier-
te Pro-Tendenz dieses Arguments gaben ihm wahrscheinlich eine hervorgehobene rezeptionshypothetische Relevanz.

Zwar rangiert das nächste Thema: 'Aussöhnung zwischen Polen und Deutschen' (07) an hinterster Stelle, es ist aber symptomatisch für den Charismatiker Brandt, daß bei ihm auf der Argumentenebene die Aussöhnung (Argument 0701) mit drei Nennungen an zweiter Stelle stand. Mit diesem Argument zielte er insbesondere auf das allgemeine Publikum, das er emotional-rhetorisch zu beeinflussen suchte.

Wie wir schon bei anderen Rednern gesehen haben, wird auch bei Brandt wiederum dem Thema der Familienzusammenführung (08) nur geringe Aufmerksamkeit geschenkt. Bei Regierungsvertretern ist das allerdings verständlich, da sie dieses sensible Thema möglichst nicht öffentlich anschneiden wollten.

Was aber überrascht, ist - bei einem derart außenpolitisch engagierten und profilierten Politiker wie Brandt - die geringe Repräsentanz des Themas 'Internationale Rahmenbedingungen' (02). Es sollte hier jedoch der Vorbehalt gemacht werden, daß Brandt dieses Thema evt. im Rahmen seiner sonstigen ostpolitischen Äußerungen im Bundestag mit nur impliziertem Bezug auf Polen zur Sprache gebracht hat. Dafür spricht, daß z.B. die oppositionellen Vorwürfe, die Bundesregierung handle nicht in Koordination mit den Westmächten, meist nur gegen die Ostpolitik im allgemeinen und wenn spezifischer, nur gegen die deutsch-sowjetischen Verhandlungen gerichtet waren. Diese Frage kann aber auf der Basis des vorliegenden Materials nicht endgültig beantwortet werden. Andererseits ist die geringe Bedeutung des Internationalen nur wiederum die Bestätigung der hier vertretenen These von der Dominanz innenpolitischer Themen und Aufmerksamkeitswerte in der Situationsdefinition Brandts im besonderen, der anderen Redner im allgemeinen.

W. Scheel

Im Vergleich zu Brandt und Barzel ist bei Außenminister Scheel eine gewisse Umkehrung der thematischen Schwerpunktsetzung festzustellen. Während bei Brandt und Barzel Themen aus dem Umfeld der Verhandlungen und aus dem Bereich der innenpolitischen Absicherung der Verträge im Vordergrund standen, rangiert in den Reden Scheels eindeutig an erster Stelle ein in-

haltliches Problem aus den Verhandlungen selbst, nämlich
die Grenzfrage (06), das zudem noch wahrscheinlich bevorzugt rezipiert wird, weil es eine relativ breite Streuung
der Tendenz in den neutralen und den konstruktiven Contra-
Bereich aufweist. Das Thema 'Innenpolitik der BRD' (04)
folgt erst im Mittelfeld zwischen den häufig genannten Themen wie 'Grenzfrage', 'Internationale Rahmenbedingungen' und
'Aussöhnung' und den wenig genannten wie 'Familienzusammenführung' (08). Allerdings folgt auch bei Scheel das innenpolitische Thema 'Informationspolitik' schon an dritter Stelle.
Nichtsdestotrotz: Der Vorrang des direkt verhandlungsbezogenen Themas ist wahrscheinlich bedingt durch das Amt des Außenministers, der von Amts her zu diesen Fragen Auskunft
gibt und von der Opposition daraufhin auch angesprochen wird,
zumal die Polenverhandlungen - im Gegensatz z.B. zu den
deutsch-sowjetischen und den innerdeutschen - auch realiter
im Auswärtigen Amt ressortierten. Dazu kam, daß Scheel in
der Öffentlichkeit im Vergleich zu Brandt als außenpolitisch
nicht erfahren galt, was er durch ein besonders aktives außenpolitisches Engagement zu kompensieren hoffte. Diese Erklärung wird bestätigt durch das an zweiter Stelle kommende,
ebenfalls direkt vertragsrelevante Thema 'Verhandlungen' (05),
das allerdings ebenfalls bei den anderen Rednern an vorderer
Stelle erwähnt wurde.
Auch auf der Argumentenebene dominieren mit wahrscheinlichem
Aufmerksamkeitswert die eher originär außenpolitischen Fragenkomplexe, obwohl hier auf die erste Stelle das Argument
'Reisetätigkeiten, Empfänge, Gespräche, Vorschläge usw.' (Argument 0503) fällt. Das einzige als qualitativ relevant aufgeführte innenpolitische Argument, daß es nämlich gute Gründe gebe, nicht umfassend zu informieren (Argument 1005),
folgt erst an fünfter Stelle.
Interpretiert man die Reden Scheels nicht nach ihren thematischen Schwerpunktsetzungen, sondern nach ihrer inhaltlichen
Bedeutung, so dominiert bei Scheel in der Grenzfrage eine Argumentationsweise, die den Polen gegenüber eher konzessionsbereit ist: So plädierte er z.B. für eine endgültige Grenzregelung (Argument 0622). Diese prononcierte Stellungnahme

Tabelle XII:

Argumente, Themen und deren Tendenzen bei einzelnen Rednern: Die Aufmerksamkeitsverteilung von Walter Scheel
Argumentnennungen in absoluten Zahlen.

Nr.	Argumente	f pro	mod. pro	neu- tral	kon. con.	con.	zentrale Tendenz
1	Reisetätigkeit, Empfänge usw. - 0503	6	0	0	0	-	1
2	Unterstützung der Polenpolitik durch die Westmächte - 0206	5	1	-	-	-	1.1
3	Endgültige Grenzregelung, nicht nur Gewaltverzicht - 0624	4	-	-	1	-	1
4	Befürwortung der Aussöhnung - 0401	5	0	0	0	-	1.9
5	Es gibt gute Gründe, nicht umfassend zu informieren - 1005	1	4	0	0	-	1.8
6	Nichtverletzung der Rechte der vier Siegermächte - 0209	4	0	0	0	-	1
7	Befürwortung der Anerkennung der Oder-Neiße-Grenze (allgemein) - 0601	4	4	0	0	-	1
8	Grenzfrage nur vorbehaltlich eines Friedensvertrages - 0626	0	4	0	0	-	2
	Argumente N ≧ 4 ∑	29	9	0	1	-	1.3

Sonstige Argumente f = 54 (von Scheel)

Tabelle XIII:

Argumente, Themen und deren Tendenzen bei einzelnen Rednern: Die Aufmerksamkeitsverteilung von Walter Scheel

Die Themen werden in der Reihenfolge der Häufigkeit der in ihnen enthaltenen Argumentnennungen aufgeführt und zwar nur solche Argumente, die mehr als 1% aller Argumente auf sich vereinigen. Argumentnennungen in absoluten Zahlen.

Nr.	Themen	f	pro	mod. pro	neu- tral	kon. con.	con.	zentrale Tendenz
1	Grenzfrage		14	8	3	3	-	1.8
2	Vertragsverhandlungen		15	1	2	1	-	1.4
3	Informationspolitik		8	5	0	0	-	1.3
4	Internationale Rahmenbedingungen		11	1	0	0	-	1.08
5	Aussöhnung und Frieden zwischen Polen und Deutschen		5	1	0	1	-	1.5
6	Innenpolitik der BRD		6	1	0	0	-	1.1
7	Familienzusammenführung, humanitäre Fragen		2	0	0	0	-	1
8	Wirtschaftliche Beziehungen		1	0	0	0	-	1

Insgesamt alle Argumente Scheels   f = 62   17   5   5   -   1.4

Die Themen 'Historische Rahmenbedingungen' und 'Innenpolitik Polens' fehlen bei Scheel überhaupt.

ist erst in der Bundestagssitzung vom 29. und 30. April
zu verzeichnen, also kurz nach der bedeutenden Grenzentscheidung vom 14. April. Sie trat allerdings mit zunehmender Nähe zum Termin der Vertragsunterzeichnung wieder in den Hintergrund, sodaß in der Sitzung vom 08./09.10.1970 wieder die Argumente dominieren, die die Endgültigkeit der Grenzanerkennung im gewissen Maße relativieren: So wies Scheel viermal im Oktober daraufhin, daß die Rechte der Westmächte durch die Polenpolitik nicht tangiert würden (Argument 0209). Ebenso erwähnte er im Oktober dreimal mit modifiziert befürwortender Tendenz den Friedensvertragsvorbehalt als notwendigen Vertragsbestandteil (Argument 0626). Diese gewisse, zumindest verbale Rücknahme einer vormals eingenommenen, den Polen gegenüber konzessionsbereiteren Position ist u.a. mit der ab September zunehmend notwendiger werdenden Absprache und Abstimmung zwischen Regierung und Opposition zu erklären, als auch evt. damit, daß Scheel vor Beginn der von ihm selbst geführten Abschlußverhandlungen noch taktische Positionen öffentlich aufbauen wollte. Hiermit hat wahrscheinlich auch ein Aufmerksamkeitswechsel hin zu einer mit der Vorläufigkeit der Grenzanerkennung argumentierenden Position stattgefunden. Das muß mit dem von der Presseberichterstattung in dieser Zeit Thematisierten verglichen werden, um zu Aussagen über mögliche Verursachungs- oder Bedingungsverhältnisse zu kommen.

Zur Informationspolitik vertrat Scheel natürlich die Meinung, daß es gute Gründe gäbe, nicht umfassend zu informieren (Argument 1005). Das Thema, das immerhin von der Nennhäufigkeit her an dritter Stelle steht, tangierte vor allem den Außenminister, der ja verantwortlich war für die deutsch-polnischen Verhandlungen. Dieses Thema war zudem auch deshalb für die Regierung gefährlich, weil es von der Opposition bewußt ins Spiel gebracht wurde. Denn es bot der ostpolitisch uneinigen CDU/CSU die Chance, einerseits die Regierung mit dem allgemeinverständlichen und populären Vorwurf der Geheimniskrämerei zu attackieren, ohne andererseits sich auf eine bestimmte ostpolitische Position festlegen zu müssen. In diesem Zusammenhang sowie im Zusammenhang mit den zahlreichen Indiskretionen aus den ostpolitischen Verhandlungen der Bundesregierung im Jahre 1970 war diesem Argument ein hoher Aufmerksamkeitswert sicher (zumal es nicht mit einer "reinen" Pro-Tendenz bewertet wurde). Aus ähnlichen Gründen, nämlich aufgrund der Kritik der CDU/CSU, die Ost- und Polenpolitik der Bundesregierung sei nicht mit den drei Alliierten abgestimmt, gewann das sechsmal von Scheel beteuerte Gegenteil an Relevanz, daß die Polenpolitik durch die Westmächte unterstützt werde (Argument 0206). Die besondere Bedeutung der oppositionellen Kritik und der Scheelschen Antworten auf sie muß vor dem Hintergrund der Geschichte der Bundesrepublik gesehen werden, denn die westdeutsche außenpolitische Elite und die westdeutsche Bevölkerung sahen sich alleinig durch den militärischen Schild der Vereinigten Staaten vor perzipierten sowjetischen Aggressionsgelüsten geschützt. In die gleiche Richtung einer Übereinstimmung mit den drei westlichen Alliierten zielt dann auch die Versicherung Scheels, daß die Rechte der vier Siegermächte für Deutschland als Ganzes nicht verletzt werden würden (Argument 0209).

Wie schon bei den anderen Rednern ist wiederum auch bei Scheel die nur zweifache Nennung des Themas 'Familienzusammenführung' zu vermerken, die er natürlich befürwortete (Argument 0801). Im Gegensatz zu den anderen Rednern erwähnte Scheel allerdings das Thema der wirtschaftlichen Beziehungen (09), wenn auch nur einmal.

Daß das Thema 'Innenpolitik Polens' (03) sowohl bei Scheel, als auch bei Barzel und Brandt fehlte und nicht zur Sprache gebracht wurde, ist typisch für das Konzept intersystemarer Entspannung, wie es insbesondere von den Repräsentanten der sozial-liberalen Koalition vertreten wurde. Dieses Konzept hatte, wenn es Erfolg haben sollte, zur Voraussetzung, daß alle Versuche zu einer Destabilisierung der kommunistischen Regimes seitens der westlichen Entscheidungsträger unterlassen würden, im Gegenteil, diese Regimes ökonomisch sogar noch unterstützt werden müßten, damit sie selbstsicherer und dadurch auch entspannungsfähig würden. Daher wurden innenpolitische Verhältnisse Polens auch nicht von den westdeutschen Entscheidungsträgern thematisiert, weil das evt. nur von der polnischen Führung als Intervention, als Verletzung der polnischen Souveränität und als versteckter Versuch der Erosion der kommunistischen Herrschaft interpretiert werden konnte. Die sozial-liberalen Entspannungsstrategen gedachten vielmehr, langfristig eine - ohne die bestehenden Eliten zu umgehen oder gar stürzen zu wollen - Liberalisierung der kommunistischen Herrschaftssysteme zu erreichen, durch zunehmende west-östliche Entspannung und durch wachsende intersystemare Verflechtung auf ökonomischem und politischem Gebiet, wodurch untergründig ablaufende Prozesse einer sozialen Konvergenz der Systeme in Gang gesetzt werden würden. Symptomatisch ist es, daß Strauß, der dieses Entspannungskonzept wohl am vehementesten ablehnte, sich konsequenterweise auch zu den innenpolitischen Verhältnissen Polens äußerte und die dortige Unterdrückung Oppositioneller beklagte (Argument 0303).

Versucht man, zum Abschluß dieses die Redner und deren Reden betreffenden Kapitels nun unter der wirkungshypothetischen Perspektive ein Gesamturteil zu ziehen über deren (potentielle) Wirkung auf die innenpolitischen polenrelevanten Auseinandersetzungen, damit aber auch auf die Presseberichterstattung im besonderen und damit wiederum auch indirekt auf die Verhandlungen selbst, so gibt die folgende Tabelle über die Tendenz der Argumente, bezogen auf die Koalition und Opposition, nähere Auskunft.

Tabelle XIV:
Tendenzen der von Opposition und Koalition insgesamt gebrachten Argumente

Koalition Oppos. insgesamt	f	%	pro f	mod. pro	neutral	kon. con.	con.	z. T.
CDU/CSU	236	51.2	74	37	27	50	48	2.8
SPD/FDP	225	48.8	161	34	13	12	5	1.5
Insges.	461	100.0	235	71	40	62	53	2.2

Es empfiehlt sich - unter dem hier angesprochenen wirkungshypothetischen Aspekt -, eine Auswertung nach Regierungs- und

Oppositionslager und deren Redner vorzunehmen, da ihnen wahrscheinlich ein allein vom Quantitativen her großer, vor allem atmosphärischer Einfluß auf die innenpolitische Auseinandersetzung zugeschrieben werden kann, zumal sich aufgrund der intensiven Vorabsprechung von Reden in Arbeitskreisen und -gruppen der Fraktionen keine größere Differenz zu den Aussagen der Entscheidungsträger ergeben dürfte.
Überraschend unter diesem Gesichtspunkt ist nicht die Tatsache, daß SPD und FDP in der innenpolitischen Auseinandersetzung weitgehend im Sinne einer Unterstützung der Verhandlungen wirkten, überraschend ist vielmehr, daß fast 1/3 der Argumente seitens der Opposition dem Pro-Bereich angehören, allerdings auch 1/5 dem Contra-Bereich. Hier wird die innere Uneinigkeit der Opposition in ostpolitischen Fragen deutlich (Stichwort: Schröder contra Strauß contra Barzel), aber auch eine gewisse Ambivalenz, die in oppositionellen Stellungnahmen zu außenpolitischen Verhandlungen, insbesondere solchen mit dem Osten, per se begründet ist, nämlich einerseits der allgemeinen Befürwortung solcher Verhandlungen auch seitens der Opposition und andererseits der Ablehnung von Verlauf und Ergebnis eben dieser Verhandlungen. (Die breite Streuung der oppositionellen Stellungnahmen auf der Pro/Contra-Skala wird durch eine auf die vier Redner Barzel, Strauß, Brandt und Scheel bezogene Cluster-Analyse bestätigt. Die beiden Cluster, die aus den Variablen 'Argument', 'Pro/Contra-Wert' und 'Akteuren' gebildet wurden, sind eindeutig je auf die Koalition und die Opposition hin interpretativ beziehbar. Dabei zeigt der CDU/CSU-Cluster folgende Pro/Contra-Werte: pro = 0.00; mod. pro = 0.31; neutral = 0.18; konstruktiv contra = 0.27; contra = 0.23 während der Koalitions-Cluster nur einen Wert verzeichnet, nämlich den Pro-Wert 1.00.)
Insgesamt kann gesagt werden, daß die Reden und Redner des Bundestages mit einer zentralen Gesamttendenz in Höhe von 2.2 im Sinne eines modifizierten Pro auf die Verhandlungen wirkten. Der Bundestag - faßt man ihn als fiktive Einheit - ist damit aber polarisierter in der Pro/Contra-Argumentation und zugleich stärker contra, als die gesamte untersuchte Presse, die eine deutlich dominierende Tendenz zum Pro-Be-

reich aufweist, bei marginalem Contra: Hier schlug sich wohl im Bundestag die parteipolitische Polarisierung nieder, die nicht in dem Maße von der Presse wiedergegeben bzw. übernommen wurde - ein wirkungshypothetisch interessanter Befund.

6.6 Die Akteure und Interakteure

6.6.1 Methodische Vorbemerkung

Die bisher in der Analyse der Bundestagsprotokolle weitgehend abstrakt, d.h. nach dem Prinzip der ceteris-paribus-Klausel rekonstruierte Rezeptionswahrscheinlichkeit soll nun durch eine Kategorie der Inhaltsanalyse selbst inhaltlich gefüllt werden, und zwar durch die Kagegorien 'Akteur' und 'Interakteur'. Akteure sind solche, auf die ein Argument vom jeweiligen Redner bezogen wird; sie sind die Träger des Argumentes. In Reden sind die Akteure meist mit den Rednern identisch. Sie sollen hier als "Akteure in der Selbstnennung" bezeichnet werden. Interaktionsakteure, kurz als Interakteure bezeichnet, sind solche,
- an die in der Wiedergabe eines Redners ein Akteur ein Argument richtet (Adressat);
- die in der Wiedergabe eines Redners auf ein Argument reagieren (z.B. es referierend aufgreifen, aber nicht dahinter stehen);
- über die in einem Argument gesprochen wird, ohne daß sie selbst das Argument vertreten (z.B. wenn in der Widergabe eines Redners von einem Akteur die Handlungsweise eines anderen kritisiert wird).

Die drei Akteurstypen geben zu folgenden Fragebereichen Aufschluß:

1. An Interakteure gerichtete Argumente können - unter wirkungshypothetischer Perspektive - als Signal eines Redner-Akteurs an diesen Interakteur interpretiert werden, einem Signal, das den Interakteur damit zum symbolisch vermittelten, indirekten Gesprächspartner des Redners macht; der Interakteur kann das Argument befürwortend oder ablehnend aufgreifen und damit auf die Ansprache des Redners reagieren. Auf jeden Fall wird der so Angesprochene die Argumentation dessen, der ihn anspricht, bevorzugt rezipieren.

2. Weiterhin ist unter der wirkungshypothetischen Perspektive interessant, welche Akteure und Akteurstypen von den Red-

nern bevorzugt öffentlich thematisiert und als Träger von
Argumentationsformeln lanciert werden, mit der Intention,
daß sie von der Presse übernommen und verbreitet werden.
3. Daraus folgt für die rezeptionshypothetische Fragestellung, daß ein häufig als Gesprächspartner "ansignalisierter" Interakteur, bzw. ein oft öffentlich thematisierter Akteur auch stark die Situationsdefinition bestimmt und damit die Rezeptionswahrscheinlichkeit eines Redners gegenüber den von diesen (Inter-)Akteuren gebrachten Argumenten erhöht.
Grundlegende Annahme ist wiederum, daß mit der Häufigkeit der Nennung die Rezeptionswahrscheinlichkeit, bzw. die Wirkungsintention steigt. Dabei ist für die rezeptionshypothetische Fragestellung die Unterscheidung in Akteur und Interakteur gleichgültig, da es hier nur auf die Repräsentanz eines Akteurs im Bewußtsein, in der Situationsdefinition eines Redners ankommt, ob er nun in der Rolle des Argumentträgers, des Akteurs im engeren Sinne oder in der Rolle des Interakteurs erscheint.

Die wirkungs- und rezeptionshypothetischen Aussagen können noch weiter nach der je Akteurstyp unterschiedlichen Intensität der Rezeption differenziert werden. Der Typ 'Akteur in der Selbstnennung' ist eher eine Kategorie, mit der die Selbstdarstellung des Redners zum Ausdruck gebracht werden kann. Er ist daher vor allem für die wirkungshypothetische Perspektive interessant. Rezeptionshypothetisch ist er nicht aussagefähig, da die Angaben eines Redners über ihn selbst als Akteur allein dadurch, daß er die Rede hält, quantitativ verzerrt sind. - Rezeptionshypothetisch relevant ist allerdings der Typ des Akteurs. Ein Redner, der einen Akteur, bezogen auf irgendein Argument (gleichgültig welcher Tendenz) oft zitiert oder erwähnt, wird diesem Akteur eine mit der Nennungszahl steigende Bedeutung für die (innenpolitische) argumentative Auseinandersetzung um die Polenverträge und eine dementsprechend wachsende Aufmerksamkeit widmen. Entweder wird er ihn - im Sinne eines in der Rhetorik üblichen Autoritätsverweises - zur Stützung der eigenen Position heranziehen, oder er wird ihn als den Träger eines von ihm abgelehnten Arguments nennen, der aber immerhin als so wichtig

empfunden wird, daß er von ihm mehr oder weniger häufig erwähnt wird.
Am aussagekräftigsten für die rezeptionshypothetische Fragestellung ist der Typ des Interaktionsakteurs, da hier nicht nur (wie beim Akteur als dem Vertreter eines Arguments) eine an den Argumentationszusammenhang direkt gebundene Nennung erfolgt. Vielmehr richtet der Redner-Akteur seine Argumentation bewußt an einen anderen Akteur, einen Interakteur, mit dem symbolisch zu interagieren er für wert hält, bzw. er greift einen Interakteur auf, dessen Meinung selbst dann von Bedeutung ist, wenn sie im Kontrast zu einem vom Redner befürworteten Argument steht.
Schließlich sei noch erwähnt, daß mit Hilfe der Akteurskategorie auch die historische Rekonstruktion des Entscheidungsprozesses und der diesen beeinflussenden, historisch rekonstruierten, externen und internen außenpolitischen Akteure ergänzt werden kann. Durch die verschieden häufige Nennung der inhaltsanalytisch rekonstruierten Akteure und Interakteure wird ja - wie aufgezeigt - auf deren Repräsentanz und Bedeutung in der Situationsdefinition geschlossen. Damit können aber auch Wahrscheinlichkeitsaussagen über das jeweilige Einflußgewicht der historisch rekonstruierten Akteure für die Entscheidungen der Entscheidungsträger gewonnen werden, da die Situationsdefinition ja außenpolitisches Handeln mitdeterminiert.

6.6.2 Empirische Auswertung der Kategorien 'Akteur', 'Akteurselbstnennung' und 'Interakteur'

Die Akteure

Wie Tabelle XIX zeigt, wurde von den im Bundestag zu Worte gekommenen Rednern vor allem Akteuren aus dem Regierungs- und Parlamentsbereich Bedeutung für die innenpolitische Auseinandersetzung um die Polenverträge zugemessen, d.h. u.a., ihre Argumente wurden aufgegriffen. Sie bildeten damit ein Element der Situationsdefinition, Perzeption und Rezeption der Redner.
Dominant waren natürlich die gouvermentalen Akteure, sei es nun die Bundesregierung in ihrer Gesamtheit an erster Stelle, seien es Einzelakteure wie der Kanzler, an zweiter Stelle

der Außenminister und der Leiter der deutschen Verhandlungsdelegation an sechster bzw. achter Stelle, oder sei es an vierter Stelle die polnische Regierung durch das Zentralkomitee der Vereinigten Polnischen Arbeiterpartei. Dazu kam als Einfluß- und potentieller Vetoakteur die CDU/CSU an dritter Stelle. Schließlich ist es für die Situationdefinition der Redner interessant, daß sie mehrmals die Bevölkerungen Polens und der Bundesrepublik erwähnen - potentielle Hintdergrundfaktoren der Verhandlungen, für die Bundesregierung angesichts von sechs Landtagswahlen im Jahre 1970 nicht unrelevant, aber auch nicht unwichtig für die polnische Partei- und Staatsspitze, die auch mit gewissen Widerständen der z.T. noch germanophoben Bevölkerung zu rechnen hatte, mit den daraus möglicherweise entstehenden Folgen für die deutsch-polnischen Verhandlungen. Daß die Westmächte relativ geringe Beachtung fanden, liegt wohl daran, daß ihre Rolle spezifisch bei den Polenverhandlungen (und nur darauf bezieht sich ja die Inhaltsanalyse) eher marginal war; der von ihnen ausgehende Einfluß ging vor allem in Richtung auf die deutsch-sowjetischen und innerdeutschen Verhandlungen und auf die Ostpolitik der sozial-liberalen Koalition in ihrer Gesamtheit.

Für unsere Fragestellung notwendig zu vermerken ist die insgesamt achtmalig in den Reden erfolgende Zitierung von Argumenten, deren Vertreter Medien sind; wenn auch in der Bedeutung eher peripher, wurde ihnen damit doch immerhin von den Bundestagsrednern ein gewisser Stellenwert zugeschrieben. Das galt insbesondere für die polnischen Medien, aus denen viermal Argumente rezipiert und rhetorisch verarbeitet wurden. Die Medien dienten hier offensichtlich einem internationalen, intersystemaren Dialog, in dem die Signale der polnischen Seite durch deren Aufgreifen im Bundestag beantwortet wurden.

Welcher Redner "verkaufte" sich nun im Bundestag am meisten? Welcher erwähnte sich selbst in den eigenen Reden am häufigsten?

Bedingt durch die amtsbedingte Länge der Reden ist bei
Scheel, Barzel und Brandt die Zahl der Selbstnennungen am
höchsten. Freilich sind hier feine Unterschiede festzustellen. Gemessen an der Zahl der vorgebrachten Argumente nannte
sich Scheel überproportional häufig im Vergleich zu Brandt
und Barzel. Vielleicht hängt das auch mit seinem Profilierungsbedürfnis zusammen, das aus seiner außenpolitischen Unerfahrenheit und überhaupt dem schwierigen Stand des kleinen Koalitionspartners resultierte. Hierfür symptomatisch war
auch die Tatsache, daß sich Scheel relativ häufiger selbst
nannte als er genannt und angesprochen wurde.[1]

Am interessantesten für die wirkungs- und rezeptionshypothetische Fragestellung ist die Interakteurskategorie (ohne Akteurs-Selbstnennung): Mit 23.1% aller Fälle wurden hier die Polen
als Interaktionspartner der Redner am häufigsten genannt.
Damit wurde die von den Rednern perzipierte Bedeutung der
Polen im allgemeinen und (mit immerhin noch 12.2.%) der polnischen Regierung im besonderen deutlich. Ebenso wurden die
polnische Bevölkerung und die polnische Regierung sowie
auch die Bundesregierung (an zweiter Stelle) genannt und die
Deutschen überhaupt (an sechster Stelle) inklusive zahlreicher CDU/CSU-Politiker (21% aller Fälle) derart häufig
als Interakteure angesprochen, daß sie vermutlich von den
Rednern als wichtige Faktoren im Prozeß der Aussöhnung beider Völker angesehen wurden. An sie wurden damit seitens der
Redner evt. transnational intendierte Signale ausgesandt.

Die von diesen "ansignalisierten" Interationsakteuren kommenden Äußerungen dürften daher eine privilegierte Rezeption
bei den Rednern genossen haben. Diesbezüglich relevant, wenn
auch nicht in dem Ausmaß, sind schließlich einzelne Akteure
wie Brandt, Scheel und Bahr sowie die Westmächte, unter die
die Nennungen zu Frankreich und Großbritannien subsumiert
wurden.

Im Gegensatz hierzu soll bei den hier vornehmlich interessierenden einflußreichen Akteuren Barzel und Strauß und bei den
Entscheidungsträgern Brandt und Scheel ein leicht modifiziertes Auswertungsverfahren verfolgt werden, das das obige ergänzt, nicht korrigiert und das die bisher abstrakte Rezep-

---
1 Siehe Tabelle 'Interakteure', S. 286

tionswahrscheinlichkeit durch die Übernahme und Zusammenführung weiterer Kategorien konkretisiert: Bei den genannten Akteuren und Entscheidungsträgern werden die Kategorien 'Akteur' und 'Interakteur' als Einheit betrachtet, entsprechend gezählt (natürlich ohne die Kategorie 'Akteur in der Selbstnennung') und als 'Gesamtakteur' bezeichnet, da unter der rezeptionshypothetischen Perspektive vor allem die Hin- und Zuwendung dieser Redner zu einem Akteur überhaupt interessiert, was sowohl in der Übernahme von Argumenten eines Akteurs (im engeren Sinne) als auch in der expliziten Zuwendung zu einem Akteur (=Interakteur) zum Ausdruck kommt. Die beiden Betrachtungsweisen von getrennter Akteurs/Interakteurs- und gemeinsamer Auswertung werden sich optimaliter ergänzen.

Bei allen Vieren ist eine Dominanz der Geamtakteure: Polen, polnische Regierung, Bundesregierung und dem jeweiligen parteipolitischen Gegenpart festzustellen. Das wird durch die von uns durchgeführte Cluster-Analyse bestätigt, wie die folgenden Werte zeigen: Für den "Barzel/Strauß-Cluster": Interakteur Bundesregierung 0.26; Interakteur Polen 0.18; Interakteur Brandt 0.16; Interakteur Scheel 0.14; Interakteure sonstige SPD/FDP-Politiker 0.10; und für den "Brandt/Scheel-Cluster": Akteur Bundesregierung 0.26; Interakteur Polnische Regierung 0.16; Interakteur Polen 0.20; Interakteure sonstige CDU/CSU-Politiker 0.24. Dabei ist für das politische Verständnis der CDU/CSU symptomatisch, daß sie sich bevorzugt an die Polen als solche wendet, nicht aber an die kommunistische polnische Regierung. Auch interagiert die Opposition stärker mit der Bundesregierung, als diese mit ihr, worin überhaupt der Aktionsvorsprung der Regierung zum Ausdruck kommt.

Diese sich überlagernden bilateralen Beziehungen Regierung - Opposition, Bundesregierung - polnische Regierung und Opposition - Polen bildeten damit in der Sicht der beiden wesentlichen christdemokratischen Akteure und der beiden wesentlichen Entscheidungsträger das Koordinatenkreuz, innerhalb dessen über die Polenpolitik entschieden wurde. Die Bedeutung der polnischen Gegenseite ergibt sich aus der Natur zwischenstaatlicher Verhandlungen, bei denen man sich meist nur durch Zustimmung beider Seiten einigen kann. Die Bedeutung der Opposition resultiert aus der Notwendigkeit der innerstaatlichen Durchsetzung des entstehenden Vertrages. Diese wird überdies bestätigt durch die große Rolle, die nach den Ergebnissen der Inhaltsanalyse der Bundestagsprotokolle als auch nach den Ergebnissen der Befragung Themen wie das der Innen- und Informationspolitik für die Entscheidungsträger spielten.

Die Westmächte und die UdSSR rangierten demnach in den innenpolitischen Auseinandersetzungen um die Polenpolitik eher am Rande, was allerdings nur für die deutsch-polnischen, nicht für die deutsch-sowjetischen und für die deutsch-deutschen Verhandlungen gültig war. Und auch bei den deutsch-polnischen Verhandlungen bedarf diese Aussage der zeitlichen Differenzierungen durch Methode und Ergebnis der historischen Rekonstruktion, die auf die Bedeutung der Westmächte im regierungsinternen Entscheidungsprozeß aufmerksam macht. Erinnert sei nur an die vorherige Abstimmung Brandts mit Nixon, ehe über die neue Grenzformel vom 14.04. entschieden wurde, sowie an die Konsultationen von Scheel in Paris, kurz vor Beginn der Abschlußverhandlungen in Warschau.

Bei Barzel standen an erster und zweiter Stelle die am häufigsten von ihm erwähnten und angesprochenen Gesamtakteure: die Bundesregierung und die Polen. Wie auch bei den anderen Rednern fällt hier der privilegierte Bezug auf die jeweiligen Bevölkerungen auf: Barzel nennt - neben den Polen - an fünfter Stelle auch noch die Deutschen. Das scheint auch ein Zeichen dafür zu sein, wie stark das Bewußtsein verankert war, daß die deutsch-polnische Aussöhnung nicht ohne die Bevölkerungen erfolgreich vonstatten gehen könne, die es daher anzusprechen und einzubeziehen gelte. Darüber hinaus stellt die Berufung auf die Bevölkerung einen rhetorischen Kunstgriff dar, der Einheit und Zustimmung zu suggerieren vermag.

Tabelle XV:
Bezug der Redner auf Akteure und Interakteure - Barzel
(alle Akteure und Interakteure ≧ 5 Nennungen, geordnet nach der Nennhäufigkeit)

Gesamtakteure (Akteure und Interakteure):

	f	%
Bundesregierung	29	21.3
Die Polen	24	17.6
Brandt	21	15.4
CDU/CSU	20	14.7
Die Deutschen	11	8.0
Poln. Regierung	10	7.3
Scheel	5	3.6
Sonstige	16	11.7
	136	100.0

An vorderer Stelle bezog sich Barzel auch auf den Kanzler sowie auf die eigene Fraktion, während die polnische Regierung und Außenminister Scheel erst auf den hinteren Plätzen erwähnt wurden. Sie fanden ja auch schon indirekt über die Kategorie 'Bundesregierung' und 'Polen' Ansprache bzw. Erwähnung, sieht man von einer möglichen Erklärung der Nichtnennung aufgrund parteipolitischer, bzw. ideologischer Ablehnung ab.

Bei Strauß ist die auffallend häufige Hinwendung auf polnische Medienakteure hervorzuheben.

Tabelle XVI:
Bezug der Redner auf Akteure und Interakteure - Strauß
(alle Akteure und Interakteure ≧ 2 Nennungen, geordnet nach der Nennhäufigkeit)

Gesamtakteure (Akteure und Interakteure):

	f	%
Poln. Medienakteure	4	26.6
Die Polen	4	26.6
Bundesregierung	2	13.3
SPD	2	13.3
Sonstige	3	20.0
	15	100.0

Das hängt auch mit der Thematisierung innerpolnischer Verhältnisse zusammen, wie er sie als nahezu einziger Redner unternahm.

Bei Brandt wiederum dominierten demgegenüber die innenpolitischen Gesamtakteure (sieht man von den Polen an zweiter Stelle ab). Erwähnung bzw. Ansprache der polnischen Akteure erfolgte erst auf hinterem Rangplatz. Die deutsch-polnischen Verhandlungen bestanden eben zu einem großen Teil aus Kampf um deren innenpolitische Absicherung, insbesondere gegenüber der parlamentarischen Opposition.

Tabelle XVII:
Bezug der Redner auf Akteure und Interakteure - Brandt
(alle Akteure und Interakteure ≧ 3 Nennungen, geordnet nach der Nennhäufigkeit)

Gesamtakteure (Akteure und Interakteure):

	f	%
CDU/CSU	13	19.6
Die Polen	9	13.6
Bundesregierung	9	13.6
Scheel	8	12.1
Barzel	6	9.0
Pol. Regierung	5	7.5
Gomulka	5	7.5
Marx	4	6.0
Sonstige	7	10.6
	66	100.0

Bei Scheel als dem für die Außenpolitik verantwortlichen Minister nahm zwar auch die CDU/CSU eine überragende Stellung ein, aber daneben argumentierte er - wenn auch nicht in dem Maße wie mit den innenpolitischen - auch mit außenpolitischen Akteuren, wie den Westmächten, den Polen und der polnischen Regierung.

Tabelle XVIII:
Bezug der Redner auf Akteure und Interakteure - Scheel
(alle Akteure und Interakteure ≧ 3 Nennungen, geordnet nach der Nennhäufigkeit)

Gesamtakteure (Akteure und Interakteure):

	f	%
CDU/CSU	39	26.1
Bundesregierung	35	23.4
Die Polen	17	11.4
Westmächte (USA, F, GB)	16	10.7
Pol. Regierung	13	8.7
Die Deutschen	9	6.0
Bundestag	5	3.3
Barzel	4	2.6
SPD	3	2.0
Sonstige	8	5.3
	149	100.0

Tabelle XIX:
Akteure
(alle ≧ 5 Nennungen, geordnet nach der Häufigkeit der Nennungen)

	f	%
Bundesregierung	75	37.3
Brandt	22	10.9
CDU/CSU	19	9.5
Pol. Regierung, ZK	14	7.0
Die Polen	13	6.5
Scheel	11	5.5
Sonstige CDU/CSU	7	3.5
Sonstige SPD	5	2.5
Duckwitz	5	2.5
Die Deutschen	5	2.5
Westmächte	1	0.5
Vertriebene	1	0.5
Hörfunk Allgemein	1	0.5
Fernsehen Allgemein	1	0.5
Sonstige Presse	2	1.0
Poln. Medienakteure	4	2.0
Sonstige	15	7.3
	201	100.0

Tabelle XX:
Interakteure

(alle ≥ 5 Nennungen, geordnet nach der Häufigkeit der Nennungen)

	f	%
Die Polen	87	14.8
Bundesregierung	81	13.8
Sonstige CDU/CSU-Politiker	79	13.4
Pol. Regierung	46	7.8
Brandt	44	7.5
Scheel	44	7.5
Die Deutschen	43	7.3
Bundestag	16	2.7
Bahr	16	2.7
Vertriebene	11	1.9
Westmächte	10	1.7
CDU/CSU-Fraktion, Oppos.	9	1.5
Dahrendorf	9	1.5
Gomulka	8	1.4
Sonstige SPD-Politiker	7	1.2
Auswärtiger Ausschuß	7	1.2
Frankreich	7	1.2
Sowjetunion	7	1.2
Duckwitz	5	0.9
Marx	5	0.9
Großbritannien	2	0.3
Fernsehen Allgemein	1	0.2
Sonstige	44	7.4
	588	100.0

6.7 Wandel der Argumenthäufigkeiten in der Zeit

6.7.1 Methodische Vorbemerkung

Ehe wir im nächsten Kapitel in einer abschließenden Zusammenfassung die alle wesentlichen Kategorien einschließenden Situationsdefinitionen der relevanten Entscheidungsträger und Akteure zu rekonstruieren versuchen, ist es vorher noch notwendig, den zeitlichen Wandel der Rednersituationsdefinitionen im Verlauf der Verhandlungen zu analysieren. Erst über einen Vergleich dieses sich wahrscheinlich im Zusammenhang mit strategischen Entscheidungen ereignenden Wandels der Situationsdefi-

nitionen mit den zum jeweiligen Zeitpunkt verschiedenen oder gleichläufigen Argumentationsstrukturen der Presseberichterstattung können unter der hier verfolgten wirkungshypothetischen Perspektive umfassendere Hypothesen über die ein- oder wechselseitigen Einflußstrukturen gewonnen werden. Vor allem können hier aber unter der rezeptionshypothetischen Perspektive (entsprechend den oben dargelegten informationstheoretischen Annahmen) durch die Richtung des Wandels der Situationsdefinitionen eines Redners (weg von bestimmten Argumentkomplexen und hin zu anderen) Aussagen über eine zunehmende Rezeptionswahrscheinlichkeit dieses Redners in Richtung des Argumentwandels gemacht werden - Aussagen, die den zunächst nur durch quantitative Häufigkeit gegebenen Rezeptionswahrscheinlichkeitswert konkretisieren. Daß die Rezeptionswahrscheinlichkeit für ein Argument im Zeitraum dessen gehäufter Thematisierung größer ist, ist nach den hier gemachten Prämissen nur konsequent.
Im folgenden soll nun der zeitliche Wandel der Argumentverteilung im ersten Schritt allgemein, ohne weiteren Bezug, und dann im zweiten Schritt, bezogen auf Regierung und Opposition dargestellt werden. Dem folgt die Analyse des Tendenzwandels und des Wandels der Situationsdefinitionen einzelner Redner, ehe wir dieses Kapitel mit der bereits oben angekündigten Untersuchung des Argumentenwandels am Beispiel ausgewählter Entscheidungssituationen abschließen.

6.7.2 Empirische Auswertung: Argumente im zeitlichen Ablauf (allgemein)

Beginnt man mit einer allgemeinen, nur die Wochensegmente berücksichtigenden Analyse, so erlebten die Debatten um die Polenpolitik der sozial-liberalen Koalition am 29. und 30. April 1970 (27. Woche) mit 32.2% aller polenrelevanten Äußerungen (143 Argumente) ihren eindeutigen Höhepunkt. Es handelt sich thematisch um die Debatte nach der geheimgetroffenen wesentlichen Grenzentscheidung vom 14.04.1970, nach der dritten deutsch-polnischen Gesprächsrunde und nach der durch Indiskretion bekanntgewordenen Veröffentlichung eines mit Scheel nicht abgestimmten Briefes von Brandt an Gomulka sowie von Teilen der neuen Grenzformel vom 14. April. Beides griff die Opposition in einer Fragestunde auf zu einer forcierten Kritik an der Politik der Bundesregierung. Kurz nach der ersten Gesprächsrunde Anfang Februar fand eine weitere quantitativ von der Argumentzahl her wichtige Bundestagssitzung statt (25.02.1970), obwohl sie zahlenmäßig nur halb so bedeutend wie die vom 29./30. April war (69 Argumente, d.h. 13.1%). Es handelte sich um die Haus-

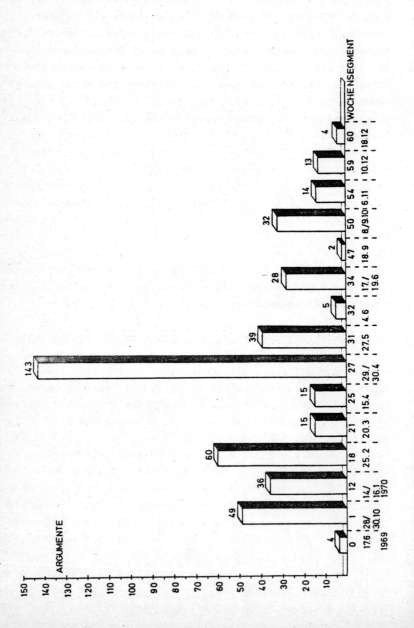

haltsdebatte, die bekanntlich von den Fraktionen zu einer
Diskussion aller Themen, auch der außenpolitischen, genutzt
wird. Auch die Debatte zur Regierungserklärung vom 28. bis 30.
Oktober 1969 hatte eine ähnliche Funktion. Hier wurden
die anstehenden Polenverhandlungen mit 49 Argumenten
(10.7%) angesprochen. In fast dem gleichen Umfang kam am
27. Mai anläßlich der Debatte zur Großen Anfrage der CDU/
CSU betreffs 'Deutschland-, Ost- und Europapolitik' sowie
am 14. bis 16. Januar 1970 anläßlich des Berichtes zur
"Lage der Nation" das Polenthema zur Sprache. Schließlich wurde nur noch am 08./09. Oktober '70 dieses Thema angeschnitten (mit zu vermerkender Häufigkeit), als es um angebliche
Wiedergutmachungsforderungen von Ostblockstaaten und um eine Presseäußerung von Scheel zur Oder-Neiße-Grenzfrage ging.
Über das Jahr 1970 gesehen ist damit eine tendenziell abnehmende Aufmerksamkeit des Bundestages für die Polenverhandlungen und deren Ergebnis festzustellen (sieht man von
der Ausnahme am 08./09.10. ab). Denn je mehr der Vertrag
sich der Unterschriftsreife näherte, um so geringer wurden
die Einflußmöglichkeiten von Akteuren außerhalb des Entscheidungszentrums, bis dieses schließlich mit der Paraphierung und der Unterzeichnung die Umwelt vor vollendete Tatsachen stellte. Damit eröffneten sich erst wieder im Rahmen des Ratifizierungsprozesses neue Einflußmöglichkeiten,
die dann auch von den Fraktionen des Bundestages, im besonderen der CDU/CSU, intensiv genutzt wurden, was sich in den
dementsprechenden Bundestagsdebatten des Jahres 1972 sowie
in der interfraktionellen gemeinsamen Entschließung zur Ostpolitik niederschlug.
Dieser zum Jahresende '70 abnehmende Trend lief dem in
der Presseberichterstattung entgegen, die ab Oktober '70
und zum Verhandlungsabschluß in ihrer Intensität noch anstieg, als es allerdings wegen des bereits weit forgeschrittenen Stadiums der Verhandlungen nur noch begrenzte Einwirkungsmöglichkeiten gab.

Sieht man sich die zeitliche Verteilung der einzelnen Argumente der Reihe nach näher an, so wird die (insgesamt nur
einmal von einem Redner geäußerte) Mahnung, daß man sowohl
das den Polen als auch das den Deutschen zugefügte Leid an-

erkennen müsse (Argument 0102), in der Debatte zur "Lage der Nation" vom 14. bis 16. Januar 1970 vorgebracht, d.h., quasi präventiv, bevor überhaupt die Verhandlungen begonnen hatten und bevor die Frage der historischen Schuld im September/Oktober 1970 zur Entscheidung anstand. Barzel, der das vorbrachte, lag wohl intensiv daran, daß auch die Vertreibung von Deutschen aus den Gebieten östlich von Oder und Neiße thematisiert werden sollte, sowie sich die CDU/CSU überhaupt als parlamentarischer Arm der Vertriebenenverbände fühlte.

Im Gegensatz zu dieser Asynchronizität des Argumentes steht das Argument 0206, daß die Polenpolitik durch die Westmächte unterstützt werde, in offensichtlicher zeitlicher Parallelität zu wesentlichen Entscheidungen im Verhandlungsprozeß. Kurz nach der Reise Brandts in die Vereinigten Staaten und angesichts der neuen Grenzformel sowie angesichts der Panne um den Gomulka-Brief wiesen Wienand und Scheel viermal auf die Unterstützung der Westmächte hin, um sich derart legitimatorisch gegen die Angriffe der Opposition abzusichern. Das wiederholte sich in der Sitzung vom 27. Mai und der vom 17./19. Juni. Für den genannten Zeitraum - von April bis Juni - läßt sich daher eine verstärkte aufmerksame Zuwendung zum Thema der internationalen Rahmenbedingungen feststellen. Das gilt auch für den 08./09. Oktober, als viermal - wiederum von Seiten der Koalition - auf die Tatsache, daß der entstehende Vertrag die Rechte der vier Siegermächte nicht berühre (Argument 0209), hervorgehoben wurde. Im Oktober und November war die Verhandlungsphase, in der hart um die Nichtberührungsklausel und um die Note der Bundesregierung an die drei Westmächte zur Wahrung der Alliierten Vorbehaltsrechte gerungen wurde.

Wie beim legitimierenden Verweis auf die Westmächte beteuerten die Koalitionsredner nach der ersten und nach der dritten Verhandlungsrunde, wiederum u.a. aus Gründen rhetorischer Absicherung, daß die westdeutsche Bevölkerung für die Polenpolitik sei (Argument 0401) und daß die Polenverhandlungen (auch mit Bezug auf die neue Grenzformel vom 14. April) keinen Widerspruch zum Grundgesetz bildeten. Dem wurde dann gleich dreifach in der Sitzung vom 29./30.

April '70 von der CDU/CSU widersprochen (Argument 0408). Das Argument der Verfassungswidrigkeit der Verträge tauchte dann erst in der letzten, diesbezüglich relevanten, Sitzung des Jahres 1970, am 18. Dezember wieder auf; hier ist der Vorwurf auch gehaltvoller als der noch während der Verhandlungen vorgebrachte, da er nach Paraphierung des Vertrags geäußert wurde - auf der Grundlage der Kenntnis des ausgehandelten, endgültigen Textes. Jetzt war der Vorwurf für die Regierung auch gefährlicher und wurde daher wahrscheinlich verstärkt aufmerksam beobachtet, da Kreise in der CDU erwogen, gegen den Vertrag Klage vor dem Verfassungsgericht zu erheben.

Dieses Hin und Her um die Frage der Verfassungswidrigkeit ging vor allem mit der in der Sitzung Ende April '70, aber auch schon im Oktober '69, Januar '70 und März '70 von Koalitionsrednern, insbesondere von Dahrendorf, angebotenen Bereitschaft der Regierung zur Kooperation mit der Opposition (Argument 0411) einher. Sie wurde von der Regierung in einer Phase erklärt, in der diese sich durch die Gomulka-Affäre und durch die neue, infolge Indiskretion bekanntgewordene Grenzformel arg in Bedrängnis gebracht fühlte.
Die Opposition andererseits hatte ihren Willen zur Zusammenarbeit teilweise parallel zur Regierung in der Januar-, Februar- und Mitte-April-Sitzung kundgetan (Argument 0414), aber dann dieses Angebot fallengelassen, zumindest nicht mehr erwähnt, als es Ende April verstärkt von der Regierung vorgebracht wurde. Die Opposition wollte anscheinend der Regierung nicht durch Kooperation aus ihren Schwierigkeiten helfen. Ihr Kooperationsangebot scheint wie das der Regierung nur taktisch gewesen zu sein. Daher auch die im April/Mai vermehrte Argumentation der Regierung mit dem Argument 0415 zur (angeblich) fehlenden Kooperationsbereitschaft der CDU/CSU. Erst nach Unterzeichnung des Vertrages wird 0414 von der Opposition wieder vorgebracht. Die nicht nur verbalen, sondern realen, hinter der Parlaments-"Bühne" ablaufenden, Abstimmungsversuche zwischen den beiden Parlamentlagern von Anfang September bis Mitte Oktober 1970 wurden allerdings in den Bundestagsreden dieser Zeit nicht

- 292 -

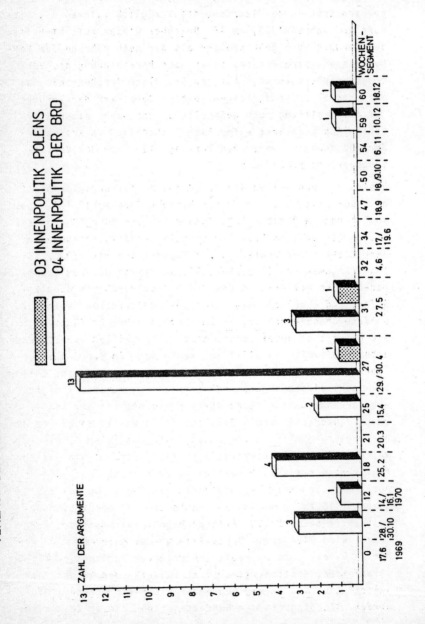

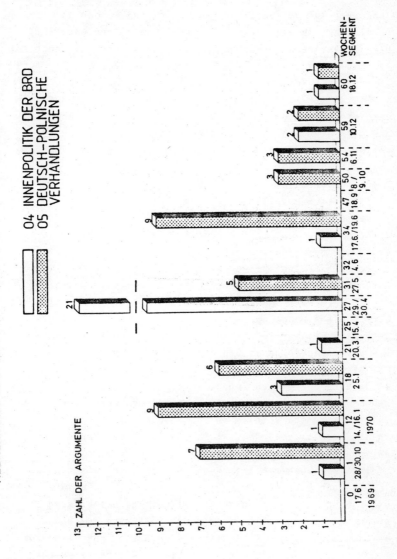

thematisiert, aber auch nicht durch diesbezüglich konfrontative Argumentationen gestört.

Durchweg häufig, jedoch nur bis Ende Juni werden die Verhandlungen von allen Rednern befürwortet (Argument 0501). Die allgemeine Befürwortung nimmt aber ständig ab (auch bei den Koalitionsrednern), je konkreter der Vertrag wird und je näher der Verhandlungsabschluß rückt. Im Oktober '69 und im Januar 1970 noch mit je neun, bzw. acht Nennungen vertreten, wurde das Argument in den letzten vier Monaten nur noch einmal Anfang Oktober '70 genannt, d.h., noch vor der Verhandlungsabschlußrunde. Zwar auch mit einer gewissen abnehmenden Tendenz zum Jahresende '70 hin, aber nicht in dem Maße, da ansonsten mit einer relativen zeitlichen Gleichverteilung bei einer lediglich am 29./30. April zu verzeichnenden überdurchschnittlichen Häufung, zeigt sich das ereignisorientierte Argument 0503 'Reisetätigkeit, Empfänge, Gespräche, Einladungen usw.'. Die hierin angesprochenen Ereignisse wurden aber so gut wie gar nicht mit Verhandlungsverzögerungen (Argument 0504) oder -beschleunigungen (Argument 0505) in Verbindung gebracht. Beides wurde nur je einmal, Ende April, bzw. Ende Februar, angesprochen (übrigens beide Male von Koalitionsabgeordneten) und zwar von den Freidemokraten Dahrendorf und Scheel.

Das gleiche gilt für das nur dreimal von SPD/FDP-Rednern zitierte und zugleich dementierte Argument, es bestünden unüberwindbare Gegensätze im Verhandlungsprozeß (Argument 0517), da solche Urteile, am 29./30.04. und am 17./19.06. in die Debatte geworfen, nicht dem Stand der Verhandlungen entsprachen. Demgegenüber wurde den erwartbaren, aber prinzipiell als lösbar betrachteten Gegensätzen zwischen den Verhandlungspartnern zu Beginn Oktober '69 sowie im Januar und Februar '70 noch durch die allseitige Bestätigung des guten polnischen Willens (Argument 0519) und durch den zweimaligen, sowohl von Koalition als auch von Opposition kommenden Hinweis auf den guten deutschen Willen (Argument 0520) entgegenzuwirken versucht. Aber bis auf dessen nochmalige Betonung Ende April verlor sich dieses Argument und wurde - wie wir oben schon festgestellt haben - zunehmend mit dem Nahen des Verhandlungsendes abgelöst von kritischen

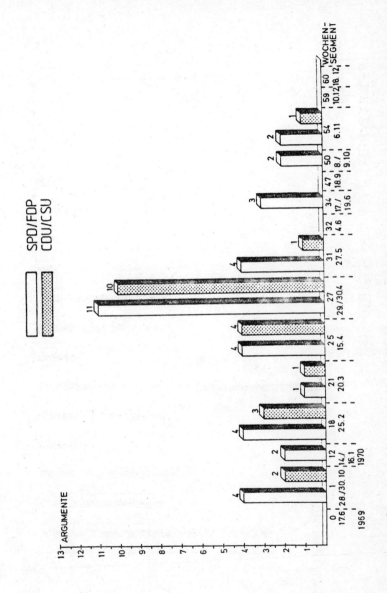

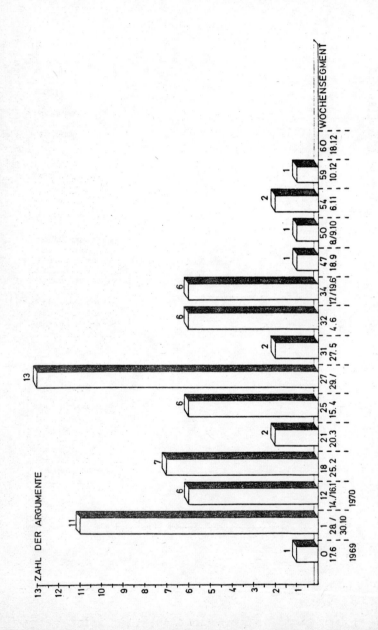

Beurteilungen der Verhandlungsstrategie, Beurteilungen, die
sich wie z.B. das von den Christdemokraten stammende Argument der schlecht konzipierten Verhandlungsstrategie (Argument 0531) über den gesamten Verhandlungszeitraum fast
gleich verteilt hinziehen, aber durch den Wegfall der positiven Urteile gegen Jahresende 1970 in den Vordergrund traten.
In dieses Bild paßt es, daß die positive Beurteilung zur
Anerkennung der Oder-Neiße-Grenze (13 x Argument 0601) nur
von Ende April (nach dem Grenzentscheid) bis Anfang Oktober
von der Koalition, insbesondere von Scheel vorgebracht wurde, danach aber nicht mehr. Die am 27. Mai und 04. Juni erläuterte Gegenposition einer Ablehnung der Grenzanerkennung
(Argument 0602) war allerdings mit zwei Nennungen eindeutig unterrepräsentiert und wurde zudem von allen Rednern
zurückgewiesen. In der Grenzfrage wurde vor allem über den
ganzen Zeitraum mit insgesamt zwölf Nennungen das Argument
vorgebracht (allerdings vor allem nur von Scheel explizit
vertreten), daß die Grenzfrage endgültig geregelt werden
müsse (Argument 0622), vorgebracht mit einer quantitativen
Konzentration am 29./30. April '70, also kurz nach dem
Grenzentscheid der Entscheidungsträger vom 14. April, aber
auch mit einer gewissen abnehmenden Tendenz seit dem September '70; wahrscheinlich allein bedingt dadurch, daß
die Grenzfrage in der zweiten Jahreshälfte im Verhandlungsprozeß weitgehend gelöst war und nun andere Themen, wie z.B.
die Familienzusammenführung, in den Vordergrund traten.
Die starke Zunahme des Arguments 0622 ist jedoch ein signifikantes Zeichen dafür, daß mit der Grenzentscheidung vom
14.04. die Entscheidungsträger ihre Situations- und Aufmerksamkeitsstruktur geändert haben. Analog dazu, als sei es die
Antwort auf das eben genannte Argument, verläuft die zeitliche Verteilung der sowohl von SPD als auch von CDU/CSU
vertretenen Gegenposition einer Priorität des Gewaltverzichts (Argument 0624) und der Vorläufigkeit der Grenzanerkennung, auch hier wiederum mit einem gewissen Nachlassen
in der zweiten Jahreshälfte.
Die Tendenz zur Vorläufigkeit der Grenzanerkennung wurde
deutlich unterstrichen durch die starke quantitative Repräsentanz (24 Argumente) der gleichermaßen wiederum über-

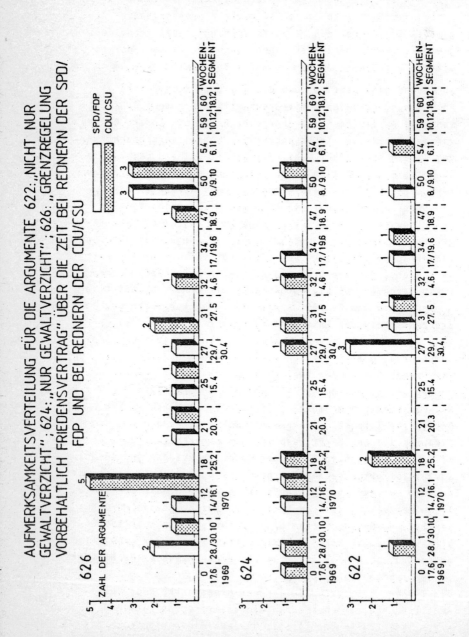

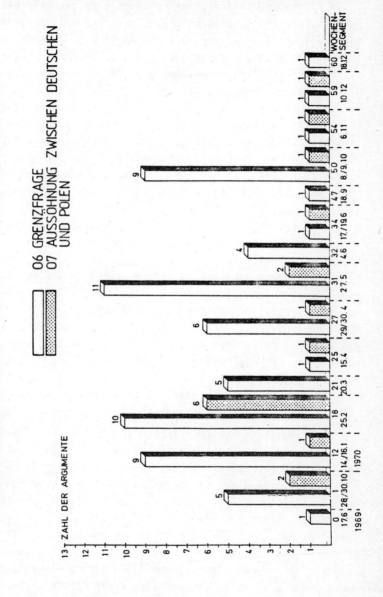

parteilich unisono aufgestellten Forderung, daß die Grenzfrage nur vorbehaltlich eines Friedensvertrages geregelt werden dürfe (Argument 0626). Die Konzentration dieses Arguments am 14./16. Januar 1970 und am 08./09. Oktober, also kurz vor Beginn der Anfangs- und Abschlußverhandlungsrunde, kann als Versuch seitens der Redner, der außenpolitischen Akteure und Entscheidungsträger interpretiert werden, sich inhaltlich in der Öffentlichkeit auf eine bestimmte Verhandlungsposition schon vorher festzulegen und selbst zu verpflichten, so die Entscheidungsträger und vor allem Scheel, bzw. die Entscheidungsträger darauf zu verpflichten, so die Fraktionen, insbesondere die Oppositionsfraktion. Diese und andere zeitliche Ballungen von häufig genannten Argumenten bei bestimmten Rednern bedeuten - nach den hier aufgestellten Prämissen - eine in diesen Zeitphasen bei diesen Rednern verstärkte Aufmerksamkeit und Rezeptionswahrscheinlichkeit für diese Argumente. In diesem Zusammenhang gehört auch der wieder nur von Scheel in die Debatte geworfene Hinweis auf die nur begrenzte Handlungskompetenz der Bundesregierung in Grenzfragen (Argument 0628), worauf er am 29./30. April und 27. Mai, wohl unter Bezugnahme auf die im April getroffene Grenzentscheidung, dreimal aufmerksam machte, mit Zielrichtung auf die Polen, deren weitergehenden Forderungen er sich diesbezüglich zu erwehren, denen gegenüber er sich derart zu rechtfertigen hoffte.

Überraschend ist, wie früh, nämlich schon am 25. Februar '70, die Möglichkeit und Gefahr einer unterschiedlichen Interpretation der Grenzformel (Argument 0631), sowohl von Barzel als auch von Scheel, thematisiert und dann am 29./30.04. - nach Vorliegen einer konkreten Grenzformel - wiederholt wurde. Ähnliches trifft auf das Argument einer Behinderung des Reiseverkehrs durch die politische Zementierung der Grenze zu (Argument 0643), das, wie die Frage der Interpretation eigentlich eher zu den Folgen des Vertrages gehört, aber schon im Februar 1970 nach der ersten Verhandlungsrunde, quasi präventiv, wiederum vom schon bekannten Duo Barzel/Scheel angesprochen und dann bis zum Oktober noch mehrmals erwähnt wurde. Daß Scheel schon mehrmals - im Gegensatz zu Brandt oder anderen SPD-Politikern - Positionen vertrat, bzw. Stellungnahmen abgab, mit denen er ganz allein stand, scheint auf eine gewisse differenzierte Haltung hinzuweisen, die einerseits zwischen verschiedenen Positionen oszillierte, die andererseits daher aber auch argumentative Brücken zwischen Regierung und Opposition zu schlagen versuchte. Diese eigentümliche Position Scheels hängt mit seinem Amt des Vorsitzenden der in einen national- und einen sozial-liberalen Flügel gespaltenen FDP zusammen, als auch mit dem Streben des von ihm repräsentierten kleinen Koalitionspartners, sich auch auf außenpolitischem Gebiet gegenüber der SPD und dem Kanzler zu profilieren.[1]

Weniger unter rezeptions- als unter wirkungshypothetischen Gesichtspunkten ist die rhetorisch emotionalisierende, publikumswirksame Formel von der allgemein befürworteten Aussöhnung (Argument 0701) von Belang. Sie scheint zu den oft geäußerten, allseits beliebten, Standardfloskeln der Redner gehört zu haben, die zu nichts Konkretem verpflichtete, jederzeit gehandelt werden konnte und von nahezu allen Rednern gehandelt wurde. Besonders inflationär wurde sie mit sechs Nennungen nach der ersten Verhandlungsrunde am 25. Februar gebraucht. Dieses Argument bot der Opposition vor allem den Vorteil, sich nicht in die Ecke einer prinzipiellen Polenfeindschaft drängen zu lassen, wenn sie Kritik an den deutsch-polnischen Verhandlungen übte. Dementsprechend vorsichtig wurde daher auch das Gegenargument 'Ablehnung der Aussöhnung' (Argument 0702) angewandt, nur insgesamt zweimal, erst am 10. Dezember 1970, nach Unterzeichnung des Vertrages und das nur als Vorwurf an die Vertriebenen gegen die Vertriebenen gerichtet. Es wurde jedoch von der Opposition in der ersten Jahreshälfte 1970 mehrmals auf die Tatsache aufmerksam gemacht, daß ohne Zustimmung der Betroffenen, d.h. der Vertriebenen, eine Aussöhnung ausgeschlossen sei (Argument 0705)(dem von der Koalition nicht widersprochen wurde). Und schließlich: Um jeglichen übertriebenen Erwartungen gegenüber den Verhandlungen zuvorzu-

---

1 Siehe dazu die Kapitel B 2.1.3 und 2.3.2

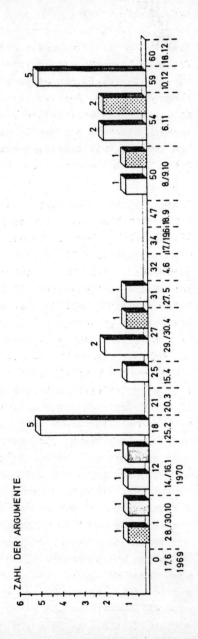

kommen, wiesen sowohl Regierungs- als auch Oppositionsvertreter schon zu deren Beginn darauf hin, daß Aussöhnung ein langer, schwieriger Prozeß sei (Argument 0709). Allerdings zeigt die Politikerbefragung (S.659f.), daß erwartungsdämpfenden Hinweisen zwar Aufmerksamkeit gewidmet, daß ihnen aber keine direkten Wirkungen auf den Entscheidungs- und Verhandlungsprozeß zugeschrieben wurden.

Gehörte das Aussöhnungsthema trotz der mahnenden Worte - summa summarum - also zur rhetorischen Kleinmünze, so zählte das der Familienzusammenführung zu den Verhandlungsgegenständen, mit denen sich die Delegationen am intensivsten beschäftigen mußten - das vor allem, nachdem die Grenzfrage weitgehend gelöst war, d.h. seit Juni 1970. Es wurde allerdings im Bundestag schon vorher, am 17. Juni 1969 (einen Monat nach der bekannten Gomulka-Rede vom 17. Mai) und in der Debatte zur Regierungserklärung am 28./30. Oktober '69, sowohl von Seiten der SPD/FDP als auch von Seiten der CDU/CSU zu Worte gebracht. Den Polen wurde damit in diesem frühen Stadium schon signalisiert, daß die Familienzusammenführung zum sine-qua-non der Verhandlungen gehöre. Im Oktober 1969 und Februar 1970 verdeutlichte die Opposition dies dadurch, daß nach ihrer Meinung ohne Familienzusammenführung ein Vertrag nicht unterzeichnet werden könne (Argument 0803). Die Regierung antwortete in der Person Scheels darauf am 29./30. April mit einer allgemeinen Befürwortung der Familienzusammenführung (Argument 0901), ohne die harte Haltung der Opposition zu übernehmen. Bis zum Vertragsabschluß wurde dann das Thema der Familienzusammenführung relativ stark Ende April und Ende Mai in die Debatte geworfen und dann erst wieder Anfang Oktober und besonders intensiv Anfang November.

Diese Verteilung des Themas über die Zeit hängt wohl mit der "Logik" und Chronologie der Verhandlungen zusammen. Während das Thema nämlich anfangs nicht zu den zentralen Verhandlungsgegenständen gehörte, wurde es im Bundestag (wenn auch nur peripher) diskutiert. Weniger, weil die Opposition die Familienzusammenführung als Verhandlungsgegenstand erzwingen wollte (auch wenn diese Intention nicht ausge-

schlossen werden kann und soll) - dagegen spricht aber,
daß einerseits das Thema der Familienzusammenführung insgesamtgesehen quantitativ kaum vertreten war und daß sich
andererseits auch die Regierung schon frühzeitig und mehrmals im Bundestag selbst zur Notwendigkeit einer Regelung
dieser Angelegenheit bekannt hatte. Maßgebend wird daher
wohl vor allem gewesen sein, daß durch eine Thematisierung
der Frage (wie sie nun auch immer konkret ausgestaltet war,
ob kontrovers oder konsensual) der polnischen Gegenseite -
gewollt oder nicht gewollt - signalisiert wurde: "Die Familienzusammenführung ist nicht vom Tisch weg", auch wenn
sie gegenwärtig in der ersten Jahreshälfte nicht intensiv
von der deutschen Seite in die Verhandlungen eingebracht
wird. Darin dürfte die "objektive" Funktion und Folge der
evt. anders intendierten Ansprache der Familienzusammenfüh-
rungsproblems gelegen haben. Und diese "objektive" Funktion
kann evt. bewirkt haben, daß sich die auf die innenpolitische Auseinandersetzung gerichtete Aufmerksamkeit der Entscheidungsträger und Akteure, wie sie hier analysiert wird,
diesem Thema, wenn auch nur peripher, zugewandt hat, da die
innenpolitische Auseinandersetzung außenpolitische Funktion
gewann. Außenpolitisch im Verhältnis zu Polen war das Thema
immer bedeutend gewesen. Als dann über das Thema ab Juni
realiter verhandelt wurde, war dieser Grund für eine Thematisierung im Bundestag weggefallen. Die Notwendigkeit einer
diesbezüglichen parlamentarischen Debatte ergab sich erst
wieder, als es im Oktober und November um das konkrete Aus-
handeln von Methode und Umfang der Familienzusammenführung
ging. Für die zweite Jahreshälfte 1970 ist daher sowohl im
Bundestag als auch (wie sich zeigen wird) in der Presseberichterstattung eine verstärkte Ansprache des Themas zu verzeichnen.-Mit einem analogen Ansatz ist die zeitliche Verlaufskurve des vor allem von der CDU/CSU, aber auch von der
SPD vorgebrachten Arguments 'Befürwortung wirtschaftlicher
Beziehungen' (Argument 0901) zu erklären. Während die
deutsch-polnischen Wirtschaftsverhandlungen noch stattfanden, wurde darüber auch im Bundestag gesprochen, d.h. vor
allem im Oktober 1969, im Januar 1970, kurz vor dem Besuch
des polnischen Außenhandelsministers sowie im Februar 1970.

Als jedoch die Verhandlungen abgeschlossen waren und es
nur noch um die Unterzeichnung ging, die sich allerdings
aufgrund einiger Schwierigkeiten bis Oktober hinzog, war
das Thema für die im Bundestag zum Ausdruck kommende innenpolitische Auseinandersetzung nicht mehr interessant.
Diese auf die Jahreswende 1969/70 beschränkte ereignisorientierte Konzentration sowie die Tatsache, daß durch kein Argument ein Bezug zur politischen Ebene gezogen wurde, zeigt,
daß der wirtschaftliche und der politische Verhandlungsprozeß zwischen der polnischen und der westdeutschen Regierung voneinander weitgehend autonom verliefen, was übrigens
durchweg befürwortend beurteilt wurde - so zumindest die
offizielle Sichtweise der Redner. Die Verlaufskurve des
Themas 'Wirtschaftliche Beziehungen' in der Presseberricht-
erstattung ist ähnlich.

Das Thema, das - neben dem Thema 'Innenpolitik der BRD'
Ende April - überwiegend einem einzigen Datum zuzuordnen
ist, nämlich ebenfalls dem 29./30. April 1970, überhaupt
dem Höhepunkt der Polendebatte im Bundestag, ist das Thema
der Informationspolitik (10); 64.2% der betreffenden Argumente wurden auf dieser Bundestagssitzung genannt, in der
es vor allem um den durch die Presse veröffentlichten,
Scheel aber vorher nicht bekannten Brief Brandts an Gomul-
la sowie um die durch die Presse publizierte (wahrscheinlich von der Regierung aber selbst lancierT) neue Grenzformel vom 14. April 1970 ging. Gerade, weil es sich in diesen
Bundestagsdebatten auch um die Frage handelte, ob die Regierung genügend informiert (Argument 1004) und ob Indiskretionen außenpolitische Verhandlungen stören (Argument
1008), ist in diesen Tagen Ende April 1970 mit einer verstärkten Aufmerksamkeit der Entscheidungsträger für Argumente aus dem Umfeld der Informationspolitik zu rechnen.
Dem mehrmaligen, von der CDU/CSU schon während der Debatte
zur Regierungserklärung geäußerten und nun wieder aufgegriffenen Vorwurf, die Regierung informiere ungenügend, sie lü-
ge (Argument 1003/1004), konterkarierte die Koalition mit der
auch ansonsten, z.B. Ende Oktober 1969 zum Ausdruck gebrachten Beteuerung, die Informationspolitik der Bundesregierung
sei gut (Argument 1001). Darüber hinaus gäbe es - so weiter

die Koalitionsabgeordneten - gewichtige Gründe, gerade in außenpolitischen Angelegenheiten nicht umfassend zu informieren (Argument 1009), da das die Verhandlungen störe.
Mit der Bundestagssitzung vom 29./30. April war der Kulminationspunkt des informationspolitischen Schlagabtausches erreicht, in der Folgezeit fand dieses Thema kaum noch Erwähnung, während es in der Zeit vor April nur noch in der Debatte zur Regierungserklärung und in den Bundestagssitzungen vom Februar, März und April zur Sprache kam. Damit wurden informationspolitisch relevante Ereignisse und Entscheidungen, wie sie vor allem im Juni und Juli von der Regierung getroffen wurden, in der Öffentlichkeit des Bundestages nicht erwähnt. Es sei nur erinnert an die scharfe Kritik (auch aus dem Regierungslager) an der Informations- und Pressepolitik von Regierungssprecher Ahlers sowie an die vom neuen Parlamentarischen Staatssekretär im Auswärtigen Amt, dem ehemaligen Journalisten Karl Moersch, Ende Juli einberufenen Hintergrundgespräche mit Chefredakteuren und Ressortleitern, durch die deren Wissen über und deren Verständnis für die Ostpolitik verbessert werden sollte - als Reaktion auf die von der Regierung als schlecht perzipierte Presseberichterstattung über sie. Es könnte aber die Hypothese aufgestellt werden, ob nicht die konzentrierte Diskussion zur Informationspolitik im letzten Jahresdrittel 1969, im ersten Jahresviertel 1970 und insbesondere Ende April (wie sie auch, allerdings auf quantitativ niedrigerem Niveau, in der Presseberichterstattung zu verzeichnen ist) ihren Teil mit zu den oben erwähnten informationspolitischen Ereignissen und Entscheidungsträgern der Bundesregierung beigetragen haben könnten.
Auf jeden Fall aber kann gesagt werden, daß die konzentrierte Debatte Ende April, die sich um die Themen 'Informations'- und 'Innenpolitik' sowie um die Verhandlungen selbst (dem Anlaß und Grund des informations- und innenpolitischen Schlagabtausches) drehten, eine Verstärkung der Contra-Tendenz der CDU/CSU-Argumentation zur Folge hatte - ob zeitlich oder ursächlich, sei hier offengelassen.

6.7.3 Empirische Auswertung: Die Tendenz im zeitlichen Ablauf (allgemein)

Die zeitliche Veränderung der Tendenz der Argumente, wie sie von der Oppositionsfraktion und von den Koalitionsfraktionen vorgetragen wurden, gibt unter der wirkungshypothetischen Perspektive Auskunft darüber, in welchem Maße und in welcher Weise die beiden Fraktionen förderlich oder hinderlich auf den Verhandlungsprozeß gewirkt haben. Unter der rezeptionshypothetischen Perspektive können - nach den oben genannten Voraussetzungen (S.242f.) - über die vom vorherigen abweichende zeitliche Veränderung der Argumenttendenz im Contra-Bereich eines Akteurs/Redners Aussagen gewonnen werden über die dann wahrscheinliche vermehrte Aufmerksamkeit der Entscheidungsträger für diesen sich ändernden Akteur, bzw. für dessen Argumentation.

Die letztgenannte Hypothese wird relevant bei der Analyse der Tendenz von Argumenten der CDU/CSU. Diese weisen nämlich über den geamten Untersuchungszeitraum hinweg, mit Ausnahme vom Juni und Oktober 1970, einen Trend zu einer wachsenden Ablehnung der Verhandlungen auf. Die zentralen Tendenzen der einzelnen Sitzungen sind in chronologischer Reihenfolge: 1; 2.5; 1.7; 2.75; 3.1; 2.8; 3.1; 3.4; 4; 2.5; 5; 2.3; 3.1; 2.6; 4.

Dieser Wandel hat nach der oben gemachten Prämisse eine zunehmende Aufmerksamkeit der Entscheidungsträger zur Folge. Der Tendenzverlauf stimmt mit dem Ablauf des innerdeutschen Entscheidungs- und Willensbildungsprozesses überein. Nachdem sich in der ersten Jahreshälfte Koalition und Opposition wechselseitig zu ignorieren können meinten (mit der Folge steigender Konfrontation, sieht man von der üblichen, anfänglichen Schonfrist gegenüber der neuen Regierung ab), versuchte sich die Koalition ab September 1970 zunehmend mit der Opposition abzustimmen, worauf die Opposition zeitweise, allerdings unter Bedingungen, einging. Im September argumentierte die CDU/CSU allerdings noch sehr negativ, was bei insgesamt minimaler Nennungshäufigkeit eher darauf zurückzuführen ist, daß es die erste Bundestagssitzung nach Unterzeichnung des Moskauer Vertrages war und die Contra-

Tendenz daher wohl von diesem Ereignis auf die Polendebatte
übergegriffen hat.

Von diesen Abstimmungsversuchen her erklärt sich evt. die
Anfang Oktober '70 überdurchschnittlich positive Tendenz
(so wie sich evt. auch die unerwartet positive Tendenz in
den Bundestagssitzungen vom 17., 18. und 19. Juni aus den
besonderen Bedingungen der an Nationalfeiertagen zu zele-
brierenden Gemeinsamkeit aller Parteien ergibt). Mit dem
Verstreichen des Feiertages sowie mit der Ablehnung des Ko-
operationsangebotes seitens der Opposition Mitte Oktober
entwickelt sich der Tendenzwert dann wieder zum Negativen.

Demgegenüber war die Tendenz der Argumentationen von sozial-liberalen Rednern weitgehend konstant. Sie pendelte mit
kleinen Schwankungen um den Wert 1.4. Interessant ist nur,
daß entgegen diesem Trend kurz nach der Unterzeichnung des
Vertrages auf der Bundestagssitzung vom 10.12.1970 die Tendenz der sozial-liberalen Argumentation sich einer neutralen Haltung den Verhandlungen gegenüber näherte, die allerdings auf der nächsten Sitzung durch eine eindeutige Befürwortung ausgeglichen wurde.

6.7.4 Empirische Auswertung: Einzelne Argumente im zeitli- chen Ablauf (spezifisch)

Wie haben sich nun die Situationsdefinitionen von Entscheidungsträgern und Fraktionsrednern über das Jahr 1970 hin
verändert? Die Richtung der Änderung war oben als Indikator
für eine gesteigerte Rezeptionswahrscheinlichkeit definiert worden. Solche Änderungen sind vermutlich, wenn überhaupt, im Zusammenhang mit den wesentlichen strategischen
und taktischen Entscheidungen erfolgt. Daher werden nun die
Situationsdefinitionen vor und nach dem 14. April 1970, dem
Datum des strategischen Entscheides über die neue, den Polen in der Anerkennungsfrage weit entgegenkommende Grenzformel, und vor und nach dem 04. September, dem Datum des
taktischen Entscheids über die Verschiebung der Verhandlungen, analysiert.

Die Koalitionsredner betrachtet, wurden insgesamt gesehen
nach dem 14. April 1970 verstärkt die Argumente aus dem Um-
kreis der Grenzanerkennung (Argument 06) thematisiert - Zei-

chen der Tatsache, daß dieses Problemfeld nun in der auf
die innenpolitische Auseinandersetzung ausgerichteten Situationsdefinitionen der Koalitionsredner und der Entscheidungsträger an Gewicht und Aufmerksamkeit gewann. Das war
nur logisch, denn es galt, die Grenzentscheidung vom 14.04.
innenpolitisch abzusichern und durchzusetzen.
Insbesondere wurde nun der vor allem von polnischer Seite
vorgebrachten Forderung nach einer endgültigen Grenzregelung (Argument 0622), die über den Gewaltverzicht hinausgeht, Aufmerksamkeit geschenkt, aber nur einmal von deutscher Seite, und zwar von Scheel inhaltlich vertreten.
Allerdings wurde zugleich auch - wohl in Reaktion und Antwort darauf - weiterhin auf die Notwendigkeit eines Friedensvertragsvorbehaltes (insbesondere von Scheel kurz vor
den Abschlußverhandlungen im Oktober) (Argument 0626), auf
die begrenzte Handlungskompetenz der Bundesregierung in
dieser Sache (Argument 0628) sowie auf eine Behinderung des
Reiseverkehrs infolge der Grenzanerkennung (Argument 0643)
hingewiesen. Die Koalition beschwichtigte also und interpretierte die neue Grenzformel als mit dem Friedensvertragsvorbehalt vereinbar. Nur bei Scheel - wie gesagt - kam die
neue Lage nach dem 14.04. zum Ausdruck und bei Brandt, der
den Friedensvertragsvorbehalt nach dem 14. April im Bundestag nicht mehr erwähnte. Allerdings darf das nicht darüber
hinwegtäuschen, daß das Argument mit dem Friedensvertragsvorbehalt vor und nach dem 14.04. zu den tragenden Argumentationsschwerpunkten der Koalition gehörte, um damit -
sich öffentlich festlegend - den Polen zu signalisieren,
daß es ohne den Vorbehalt nicht gehe. Er wurde dann ja auch
indirekt über die Noten an die Westmächte statuiert. Das
Friedensvertragsargument war quasi auch die Gemeinsamkeit,
in der sich Koalition und Opposition trafen - allerdings unter Ausklammerung der unterschiedlichen Interpretationen des
Friedensvertragsvorbehaltes. Daß Opposition und Koalition in
der Grenzfrage nicht auf einen Nenner kommen konnten, zeigt
sich allein daran, daß die Argumentverteilung in der Zeit
bei Rednern der CDU/CSU über den ganzen Untersuchungszeitraum weitgehend gleich und konstant blieb, während sich die
der SPD/FDP-Koalition doch - wie dargelegt - ein wenig änder-

te.

Untersuchen wir nach analogen Verfahren den Wandel der Situationsdefinitionen vor und nach der Verschiebung der Verhandlungen im September, so werden hier vor allem die Argumente aus dem Problemumfeld der westdeutschen Innenpolitik (04) und des Verhandlungsablaufs (05) selbst von Bedeutung sein. So waren bei der CDU/CSU-Fraktion in der Zeit vor dem September Argumente, die die potentielle Verfassungswidrigkeit des entstehenden Vertrages (Argumente 0408/0409) thematisieren sowie die Kooperationsbereitschaft der Opposition (Argument 0414) signalisieren, dominant, was wirkungshypothetisch mit Richtung auf die Koalition und deren Verhalten von Interesse, da durch die dargestellte oppositionelle Argumentationsweise in Verbindung mit der schwindenden Bundestagsmehrheit der Koalition die Kooperationsangebote des Entscheidungszentrums auf die Opposition bewirkt worden sein könnten.

Nach der Septemberverschiebung fällt das innenpolitische Thema überhaupt nahezu gänzlich fort, da die Koalition ja im September auf das Drängen der Opposition eingegangen und sich zu Kooperationsgesprächen mit ihr bereitgefunden hatte, die u.a. auch die Frage der Verfassungskonformität des entstehenden Vertrages zum Gegenstand hatten.

Das gleiche gilt für die SPD-Fraktion. Auch sie betonte vor dem September ihre Kooperationsbereitschaft (Argument 0411) und ihre Überzeugung, daß der Vertrag keinen Widerspruch zum Grundgesetz bilde (Argument 0408).

Die innenpolitische Thematik wird aber ebenfalls nach dem September als Teil der innenpolitischen Auseinandersetzung und Kontroverse nahezu bedeutungslos für die Situations- und Aufmerksamkeitsdefinition der Entscheidungsträger: Die Opposition brachte sie im Bundestag nicht mehr zur Sprache, die Koalition brauchte darauf nicht mehr zu antworten und hatte selbst auch kein Interesse mehr an einer Auseinandersetzung darüber. Anstatt über die Kooperation von Regierung und Opposition zu reden, wurde sie ab September zu realisieren versucht.

Spezifizieren wir nun diese zeitbezogene Analyse der Situationsdefinitionen weiter und tiefgehend auf die hier primär

interessierenden Akteure und Entscheidungsträger Barzel,
Brandt und Scheel, um die Hypothesen über deren Rezeptionswahrscheinlichkeit weiter fundieren zu können.

6.7.5 Akteurs- und entscheidungsträgerbezogene Auswertung des Argumentenwandels in der Zeit: Barzel, Brandt, Scheel

Barzel stand nach der Gomulka-Rede vom 17. Mai 1969 und
nach der Regierungserklärung des neuen Kanzlers vom Oktober 1969 der neuen Ostpolitik nicht unbedingt abgeneigt
gegenüber: Er beurteilte die westdeutsche Polenpolitik als
einen Beitrag zur Entspannung (Argument 0201)(wohl deshalb so
häufig, um nicht in den Verdacht zu kommen, ein Gegner der
Polen und der Aussöhnung zu sein) und konzedierte sowohl
den Polen als auch den Deutschen guten Willen (Argument 0519,
Argument 0520). Jedoch ab März '70 ist eine zunehmend skep-
tische Einstellung zur Polenpolitik festzustellen. Als Folge der von seiten Wehners betriebenen Konfrontation zwischen
Regierung und Opposition beklagte Barzel z.B. am 25.02.1970
die fehlende ost- und polenpolitische Kooperationsbereitschaft der Bundesregierung (Argument 0412), bei gleichzeitiger Betonung der oppositionellen Bereitschaft zur Kooperation (Argument 0414). Ebenfalls ab Ende Februar kritisierte er die schlechte Verhandlungsstrategie der Regierung (Argument 0531) sowie er auch ab Ende März die Verhandlungen so, wie sie abliefen, nicht mehr befürwortete.
Was die inhaltliche Seite der Polenverhandlungen, insbesondere die Grenzfrage angeht, so ist ein solcher Argument-
wechsel wie bei den oben dargestellten formalen Fragen nicht
festzustellen: Schon frühzeitig, nämlich schon im Juni und
Oktober 1969, machte Barzel für die Opposition klar, daß
nur ein Gewaltverzicht in Frage käme (Argument 0624) - ein
Argument, das noch in der ersten Jahreshälfte 1970 mehrmals
wiederholt und auch durch die dieser Argumentation zuwider-
laufende Grenzentscheidung vom 14. April 1970 nicht revidiert wurde. Das Gleiche gilt für die Frage des Friedensvertragsvorbehaltes (Argument 0626), der von ihm vor allem
im April, Mai und Juni zur Sprache gebracht wurde. Schließlich mahnte Barzel schon am 25.02. mögliche Folgen einer zu
weit gehenden vertraglichen Regelung der Grenzfrage an,

nämlich die Gefahr einer unterschiedlichen Interpretation
der Warschauer Grenzformel (Argument 0631) sowie die Gefahr einer Behinderung des Reiseverkehrs (Argument 0643).

Beim Thema 'Familienzusammenführung' (Thema 08) und beim
Thema 'Beteiligung der Vertriebenen' markierte Barzel auch
schon frühzeitig die oppositionellen Positionen,
daß es weder ohne Familienzusammenführung noch ohne die
Vertriebenen gehe (Argument 0705). Das Thema der Familienzusammenführung kommt dann allerdings ab dem 25.02.1970 bei
Barzel nicht mehr vor. Es wurde aber erst in der zweiten
Jahreshälfte zum kontroversen Gegenstand der Verhandlungen.
Wirkungshypothetische Aussagen, Oppositionsführer Barzel
habe durch öffentliches Drängen das Thema auf die Agenda
der Verhandlungen gebracht, sind daher höchst unwahrscheinlich.

Eine ähnliche Verlaufskarriere ist beim Thema 'Informationspolitik' zu verzeichnen. Es wurde von Barzel ausschließlich
in der Zeit von Ende Oktober '69 bis Ende April '70 zur
Sprache gebracht, mit dem Vorwurf, die Regierung informiere
ungenügend (Argument 1004), bzw. die Informationspolitik
der Regierung sei überhaupt schlecht (Argument 1002). Die
veränderte Öffentlichkeitsarbeit der Regierung in der zweiten Jahreshälfte sowie die verstärkten Kooperationsversuche
zwischen Regierung und Opposition ab September '70 scheinen eine weitere Thematisierung der 'Informationspolitik'
überflüssig gemacht zu haben.

Vergleicht man die Situationsdefinition von Barzel mit der
von Brandt, so fällt zunächst auf, daß auch Brandt das Thema der Familienzusammenführung (Thema 08) auch nur einmal Ende
Oktober 1969 vor dem Beginn aller Verhandlungen zur Sprache
brachte, um sich dann fürderhin darüber auszuschweigen. Ähnlich frühzeitig sich bereits in seiner Regierungserklärung
festlegend, bot Brandt der Opposition seine Kooperationsbereitschaft (Argument 0411) an, was er dann Mitte Januar
anläßlich des Berichtes zur Lage der Nation zum letzten Mal
wiederholte. Auch schon im Oktober '69 legte er deutlich seine Auffassung zur Informationspolitik der Bundesregierung
in außenpolitischen Angelegenheiten dar: Er hielt sie für

gut (Argument 1001), zumal er meinte, daß es gute Gründe
gäbe, nicht umfassend in außenpolitischen Angelegenheiten
zu informieren (Argument 1005). Anläßlich der "Affaire"
um den Gomulka-Brief wiederholte Brandt am 29./30.
April '70 diese Argumentation, ansonsten war das für ihn kein Thema.

Was bei Brandt aber im Gegensatz zu Barzel zu Buche schlägt,
ist die Änderung der Situationsdefinition infolge der Grenzentscheidung von Mitte April. Denn das Argument vom Friedensvertragsvorbehalt (Argument 0626) fiel bei ihm nach dem
April fort, stattdessen wandte sich Brandt der "endgültigen
Grenzregelung"(Argument 0622) mit Aufmerksamkeit zu.

Bei Scheel ist nur schwer zu beurteilen, ob ein solcher Wandel der Situationsdefinition stattgefunden hat, da er sich
vor dem April 1970 gar nicht zur Grenzfrage geäußert hatte.
Aber die Tatsache, daß die Thematisierung erst Ende April
einsetzte, stellte ja schon als solche eine Änderung dar. In
den diesem Termin folgenden Debatten nannte er dazu um so
häufiger sowohl einerseits das Argument von der endgültigen
Grenzregelung (Argument 0622) (so insbesondere am 29./30.
April '70) als auch andererseits das vom Friedensvertragsvorbehalt (Argument 0626) (so insbesondere am 08./09. Oktober '70), womit Scheel sich einen Monat vor den von ihm zu
führenden Abschlußverhandlungen öffentlich festlegte. Hier-
hin gehörte auch der zweimalige Hinweis auf die begrenzten
Handlungskompetenzen der Bundesregierung am 29./30.
April '70 (Argument 0628) und am 27. Mai 1970. Diese Ambivalenz der Scheelschen Position zwischen Friedensvertragsvorbehalt und Endgültigkeit der Grenzregelung entsprach der
von der sozial-liberalen Koalition vertretenen völkerrechtlichen Auffassung, daß - bei Trennung der Völkerrechtssub-
jekte Bundesrepublik Deutschland und Deutschland als Ganzes,
vertreten durch die vier Weltkriegs-Siegermächte - die Bundesrepublik als solche die Oder-Neiße-Grenze als endgültige
Westgrenze Polens anerkennen, dabei aber nicht für Deutschland als Ganzes sprechen könne, da dieses erst nach seiner
Wiedervereinigung auf einer Friedenskonferenz souverän darüber befinden müßte. Daß Scheel im Oktober der Friedensver-
tragsvorbehaltsklausel mehr Aufmerksamkeit schenkte, hängt

mit dem Ablauf der Verhandlungen zusammen, in denen zuerst
den Polen im April die endgültige Grenzregelung durch die
Bundesrepublik konzediert und erst später, nachdem dies geschehen war, die Gegenleistung in Form des Friedensvertragsvorbehaltes ein- und nachgeholt wurde.
Mit einer ähnlichen Zielrichtung auf die Abschlußverhandlungen im November hob Scheel am 08./09. Oktober 1970 viermal hervor, daß die alliierten Vorbehaltsrechte für Deutschland als Ganzes nicht verletzt werden würden (Argument 0209)
sowie er überhaupt gerne, insbesondere im April, aber auch
im Mai und Juni, mit den Westmächten und deren Unterstützung
für die Polenpolitik (Argument 0206) argumentierte.

Als Signal an den polnischen Verhandlungspartner selbst
waren - quasi zur atmosphärischen Vorbereitung und Einstimmung der ersten Gesprächsrunde Anfang Februar - die am
14./16. Januar 1970 im Rahmen des Berichtes zur Lage der
Nation vorgebrachten Beteuerungen von Scheel zu verstehen,
daß sowohl die Deutschen als auch die Polen guten Willens
seien (Argument 0519, 0520). Ebenso zu Beginn der Verhandlungen wurde aber im Januar und Februar von Scheel zugleich -
zur Vermeidung übertriebener Erwartungen - darauf aufmerksam gemacht, daß die Aussöhnung zwischen beiden Völkern ein
langwieriger Prozeß sei (Argument 0709).

Daß bei aller Dominanz der Grenzfrage zu Beginn der Verhandlungen auch in dieser Phase schon die Familienzusammenführung den Entscheidungsträgern präsent war, zeigt deren von
Scheel Ende April offiziell vorgebrachte Befürwortung (Argument 0801). Danach brachte er sie nur noch Anfang Oktober
1970 zur Sprache, wohl wieder mit der Funktion einer öffentlichen Festlegung angesichts der bevorstehenden Abschlußverhandlungen.

Der Themenkomplex 'Informationspolitik' (Thema 10) schließlich beschäftigte Scheel wie auch die anderen Redner vor
allem am 29./30. April. Insbesondere vertrat er hier - als
Außenminister - die Auffassung, daß es gute Gründe gäbe,
nicht umfassend zu informieren (Argument 1005). Auch wies
er auf die Störung der Verhandlungen durch Pressediskretionen hin (Argument 1008).

7. Zusammenfassung und abschließende Interpretation

Mit den aus den wesentlichen inhaltsanalytischen Kategorien zusammengesetzten Graphiken zu den Situationsdefinitionen der drei häufigsten Bundestagsredner Barzel, Brandt und Scheel ist der hier höchstmögliche Aggregationsgrad der inhaltsanalytischen Daten erreicht.[1] Anhand dieses graphischen Leitfadens sollen daher unter der rezeptionshypothetischen Perspektive zusammenfassend ausgewählte Zeitabschnitte sowie ausgewählte Argument- und Themenverläufe mit der auf sie bezogenen Rezeptionswahrscheinlichkeit der drei genannten Politiker dargestellt werden. Dabei wird vor allem die strategische Entscheidung Mitte April in Sachen Oder-Neiße-Grenze berücksichtigt, da in der mit dieser Entscheidung zusammenhängenden Entscheidungsprozeßphase nach den in der Einleitung gemachten Annahmen eine verstärkte Aufmerksamkeitswahrscheinlichkeit für Argumente der Presseberichterstattung bestand.

Im Folgenden soll daher zunächst der Wandel der Situationsdefinitionen bei Brandt, Scheel und Barzel in der Zeit vor und nach der Grenzentscheidung - der graphischen Zusammenfassung folgend - kurz interpretiert werden. Dabei wird sich vor allem auf die Themenstruktur gestützt, weil die von einem Redner zur Sprache gebrachten Themen (weniger die Argumente) die verläßlichsten Indikatoren für Schwerpunkte seiner Aufmerksamkeit sind.[2]

Für alle drei Politiker gilt durchgehend, daß die deutschpolnischen Verhandlungen (Thema 05) selbst mit den damit zu-

---

1 Statistische Aggegierungsverfahren wie Cluster- und Faktorenanalyse ergaben nur begrenzt sinnvoll interpretierbare Ergebnisse.
2 Die Argumentnennungen sind oft inhaltlich zu spezifisch, bzw. quantitativ zu gering, als daß rezeptionshypothetische Aussagen gewonnen werden können.

sammenhängenden Aktivitäten, Äußerungen und Bewertungen
stark ihre Situationsdefinitionen und ihre Aufmerksamkeit
bestimmten. Ihre Situationsdefinitionen wurden also stark
von den Ereignissen als solchen bestimmt. Umgekehrt dürfte
daraus auf eine Aufmerksamkeit für solche Ereignisse geschlossen
werden, der vor allem von der Ressourcenfunktion
entsprochen wird.

Die Orientierung auf die Verhandlungen ist selbstverständlich.
Nicht selbstverständlich ist aber für die außenpolitische
Thematik die durchweg vergleichsweise hohe Aufmerksamkeit
(am meisten bei Brandt, am geringsten noch bei Scheel)
für die thematischen Schwerpunkte 'Innenpolitik' (Thema 04),
'Auseinandersetzung zwischen Regierung und Opposition' und
'Informationspolitik der Bundesregierung' (Thema 10). Das
weist auf die als zentral perzipierte Bedeutung der innenpolitischen
Absicherung und Legitimation der strategischen
und taktischen Entscheidungen hin. Wie die Ergebnisse der
Presseinhaltsanalyse zeigen werden, ist die damalige Presseberichterstattung
diesem Bedarf der Entscheidungsträger an
ihrer Aufmerksamkeit für die legitimatorische Absicherung
positiv entgegengekommen.

Wie schon mehrfach vermerkt, überrascht weiterhin die durchweg
geringe Bedeutung des Themas 'Familienzusammenführung'
(Thema 08) in der innenpolitischen Auseinandersetzung. Das
ist darauf zurückzuführen, daß über die Notwendigkeit einer
Lösung dieser Frage allgemein prinzipieller Konsens bestand,
wenn auch über die Form selbst regierungsintern Differenzen
bestanden. (Dem widerspricht auch nicht, daß dieses Thema,
wenn auch peripher, in der ersten Jahreshälfte 1970 vor allem
von der CDU/CSU, skeptisch bei der Bundesregierung anfragend,
vorgebracht wurde, und in der zweiten Jahreshälfte, insbesondere
nach der Unterzeichnung des Vertrages, von SPD und FDP,
die nun auf die durchgesetzte Realisierung der Familienzusammenführung
verweisen konnten.)

Ziehen wir den zeitlichen Wandel der Themenstruktur in Betracht,
so fällt weniger bei Brandt, aber insbesondere bei
Scheel eine Zunahme der Aufmerksamkeit für das Thema 'Internationale
Rahmenbedingungen' (Thema 02) auf.

Versucht man das anhand der Scheelschen Argumentverteilung
zu diesen Themen zu interpretieren, so wird deutlich, daß die
verstärkte Repräsentanz der 'internationalen Rahmen-

Situationsdefinition und Aufmerksamkeitsverteilung von Brandt vor der Grenzentscheidung vom 14.04.70

Bezug z.Zt. nach dem 14.04.1	Akteure[2] (siehe Erläuterungen auf S. 318)	Intcrakteure[2]	P/C-Wert Tendenz[3]	Von Brandt vertretene Argumente	Häufigkeit d. Argum.	Themen (insgesamt mit Häufigkeitsangabe d. Themas[4] Arg.)	relative Bedeutung d. Themas[4]
0	Brandt (2) Bundesregierung (1)	SPD-Fraktion (1) CDU/CSU-Fraktion (1)	1	Kooperationsbereitschaft der Regierung	2	Innenpolitik BRD 2	0.12
0	Brandt (1) Bundesregierung (1) Sonstige CDU/ CSU-Politiker(1)	Die Polen (2)	1.5	Befürwortung der Verhandlungen	2	Verhandlungen 6	0.37
9	Brandt (2) Bundesregierung (2) Die Polen (1) Die Deutschen (1)	Pol. Regierung (2)	1	Reisetätigkeit, Empfänge	4	"	"
0	Brandt (1) Sonstige CDU/ CSU-Politiker(1)	Bundesregierung (1) Pol. Regierung (1) Die Polen (1)	2	Grenzregelung vorbehaltlich Friedensvertrag	2	Grenzfrage 3	0.18

- 317 -

Erläuterungen:

1 Bezug zur Argumentverteilung in der Situationsdefinition Brandts nach dem 14.04.70. Die Zahl gibt die quantitative Vertretung des Arguments nach dem 14.04. an, also im Vergleich mit den Zahlen von vor dem 14.04. das Maß der Änderungen.

2 Akteure und Interakteure je Argument (Zahl in Klammer = Zahl der Akteure bzw. Interakteure.) Die jeweils erste Nennung ist der jeweilige Redner, der das Argument vertritt.

3 P/C-Werte: 1 = Pro; 2 = modifiziertes Pro; 3 = neutral; 4 = konstruktives Contra; 5. Contra.

4 Die Dezimalzahl gibt den Anteil des Themas an der Zahl aller Nennungen an. Sie indiziert nicht die absolute Bedeutung des Themas, sondern nur deren relative Bedeutung im Verhältnis zueinander und im Verhältnis zur Situationsdefinition nach dem Wandel vom 14.04.70.

- 319 -

Bezug z.Zt. nach dem 14.04.	Akteure	Interakteure	P/C-Wert-Tendenz	Von Brandt vertretene Argumente	Häufigkeit d. Argum.	Themen	relative Bedeutung d. Themas
0	Brandt (1) Bundesregierung (1)	Die Polen (1)	1	Grenzfrage (sonstiges)	1	"	"
0	Brandt (1) Bundesregierung (1)	Pol. Regierung (1)	1	Befürwortung der Aussöhnung	1	Aussöhnung 1	0.06
0	Brandt (1)	---	1	Familienzusammenführung (allgemein)	1	Familienzus.-führung 1	0.06
1	Brandt (2) Die Polen (1)	Barzel (1)	1	Informationspolitik zum Polenvertrag ist gut	1	Informationspolitik 3	0.18
1	Brandt (2)	Die Polen (1) Barzel (1)	1	Es gibt gute Gründe, nicht umfassend zu informieren	1	"	"
6	Brandt (1) Barzel (1)	Die Polen (1)	2	Informationspolitik (sonstiges)	1	"	"

alle Argumente Brandt : 16 Nennungen vor dem 14.04.

Situationsdefinition und Aufmerksamkeitsverteilung von Brandt nach der Grenzentscheidung vom 14.04.70

Bezug z.Zt. vor dem 14.04.	Akteure	Interakteure	P/C-Wert Tendenz	Von Brandt vertretene Argumente	Häufigkeit d. Argum.	Themen	relative Bedeutung d. Themas
0	Brandt (1)	Barzel (1)	1	Westdeutsche Polenpolitik – Beitrag zur Entspannung	1	internationale Rahmenbedingungen 2	0.06
0	Brandt (1)	Sonstige CDU/CSU-Politiker(1)	1	Internationale Rahmenbedingungen (sonstiges)	1	"	"
0	Brandt (1)	CDU/CSU-Fraktion (1)	4	Fehlende Kooperationsbereitschaft der Opposition	1	Innenpolitik BRD 8	0.24
0	Brandt (7)	Barzel (1) Scheel (5) Sonstige CDU/CSU-Politiker(4) Sonstige SPD-Politiker (1)	1	Innenpolitik der BRD (sonstiges)	7	"	"

- 320 -

Bezug z.Zt. nach vor 14.04.	Akteure	Interakteure	P/C-Wert-Tendenz	Von Brandt vertretene Argumente	Häufigkeit d. Argum.	Themen	relative Bedeutung d Themas
4	Brandt (6) Bundesregierung (1) Duckwitz (2) Gomulka (1)	Barzel (1) Marx (1) Sonstige CDU/CSU-Politiker(2) Sonstige Politiker (1) Gomulka (2)	9	Reisetätigkeit, Empfänge, Gespräche	9	Verhandlungen 11	0.33
0	Brandt (1)	Gomulka (1)	1	Deutsche guten Willens	1	"	"
0	Brandt (1)	Ahlers (1) Ehmke (1) Sonstige CDU/CSU-Politiker(1)	1	Verhandlungsablauf (sonstiges)	1	"	"
0	Die Polen (1) nicht Brandt!	Brandt (1)	1	Endgültige Grenzregelung, nicht nur Gewaltverzicht	1	Grenzfrage 2	0.06
0	Brandt (1) Bundesregierung (1)	Die Polen (1)	1	Nur Gewaltverzicht	1	"	"
1	Brandt (2)	Die Polen (1) Scheel (1)	1	Befürwortung der Aussöhnung	2	Aussöhnung 1	0.03

- 321 -

Bezug z.Zt. vor dem 14.04.	Akteure	Interakteure	P/C-Wert Tendenz	Von Brandt vertretene Argumente	Häufigkeit d. Argum.	Themen	relative Bedeutung d. Themas
1	Brandt (1)	Scheel (1) Sonstige CDU/ CSU-Politiker(1)	1	Informationspolitik zum Polenvertrag ist gut	1	Informationspolitik 8	0.24
1	Brandt (1)	Die Polen (1) Sonstige SPD-Politiker (1) UdSSR (1)	1	Es gibt gute Gründe, nicht umfassend zu informieren	1	"	"
1	Brandt (6)	Marx (3) Scheel (1) Sonstige CDU/ CSU-Politiker(1) Sonstige Politiker (1)	2	Informationspolitik (allgemein)	6	"	"

alle Argumente Brandt : 32 Nennungen nach dem 14.04.

Situationsdefinition und Aufmerksamkeitsverteilung von Scheel vor der Grenzentscheidung vom 14.04.70

Bezug z.Zt. nach dem 14.04.	Akteure	Interakteure	P/C-Wert Tendenz	Von Scheel vertretene Argumente	Häufigkeit d. Argum.	Themen	relative Bedeutung d Themas
2	Scheel (1)	Die Polen (1)	1	Befürwortung der Verhandlungen	1	Verhandlungen 7	0.46
5	Scheel (1)	Duckwitz (1) Winiewicz (1)	1	Reisetätigkeit, Empfänge	1	"	"
0	Scheel (1)	Duckwitz (1)	1	Verhandlungsfortschritte	1	"	"
3	Scheel (2) Bundesregierung (1)	Die Polen (1) Pol. Regierung (1)	1.75	Verhandlungen (allgemein)	1	"	"
0	Scheel (1)	Die Polen (1) Die Deutschen (1)	1	Beide Seiten guten Willens	1	"	"
1	Scheel (1)	Bundesregierung (1)	1	Deutsche guten Willens	1	"	"
6	Scheel (1)	---	4	Grenzfrage im allgemeinen	1	Grenzfrage 1	0.06
3	Scheel (1)	Bundestag (1) Die Polen (1)	2	Befürwortung der Aussöhnung	2	Aussöhnung 4	0.26

- 324 -

Bezug z.Zt. nach dem 14.04.	Akteure	Interakteure	P/C-Wert Tendenz	Von Scheel vertretene Argumente	Häufigkeit d. Argum.	Themen	relative Bedeutung d. Themas
0	Scheel (2)	Die Polen (1) Die Deutschen (1)	2.5	Aussöhnung ist ein langer Prozeß	2	"	"
0	Scheel (1)	Bundesregierung (1) Die Polen (1)	1	Befürwortung der wirtschaftlichen Beziehungen	1	Wirtschaftliche Bez. 1	0.06
1	Scheel (1)	Vertriebene (1) Sonstige CDU/CSU-Politiker(1)	1	Informationspolitik ist gut	1	Informationspolitik 2	0.13
4	Scheel (1)	---	2	Es gibt gute Gründe, nicht umfassend zu informieren	1	"	"

alle Argumente Scheel : 15 Nennungen vor dem 14.04.

Situationsdefinition und Aufmerksamkeitsverteilung von Scheel nach der Grenzentscheidung vom 14.04.70

Bezug z.Zt. vor dem 14.04.	Akteure	Interakteure	P/C-Wert Tendenz	Von Scheel vertretene Argumente	Häufigkeit d. Argum.	Themen	relative Bedeutung d Themas
0	Scheel (2) Bundesregierung (2)	Die Polen (1) Sonstige CDU/CSU-Politiker(2)	1	Westdeutsche Polenpolitik - Beitrag zur Entspannung	2	Internationale Rahmenbedingungen 12	0.16
0	Scheel (6) Bundesregierung (2)	Bundesregierung (2) Pol. Regierung (1) Westmächte (5) Barzel (1) SPD-Politiker(1) CDU/CSU-Politiker (1)	1.1	Unterstützung der Polenpolitik durch Westmächte	6	"	"
0	Scheel (4)	CDU/CSU-Politiker (2) USA (4) Frankreich (4) Großbrit. (2)	1	Nichtverletzung der Rechte der vier Siegermächte	4	"	"
0	Scheel (2) Bundesregierung (2)	Die Deutschen (2) CDU/CSU-Politiker (2)	1	Westdeutsche Bevölkerung für Polenverhandlungen	2	Innenpolitik BRD 7	0.09

Bezug z.Zt. vor dem 14.04.	Akteure	Interakteure	P/C-Wert Tendenz	Von Scheel vertretene Argumente	Häufigkeit d. Argum.	Themen	relative Bedeutung d. Themas
0	Scheel (1)	SPD-Politiker (1)	2	Polenvertrag darf keinen Widerspruch zum Grundgesetz bilden	1	"	"
0	Scheel (4) Bundesregierung (2)	Bundestag (2) Die Deutschen (2) CDU/CSU-Politiker (4)	1	Innenpolitik der BRD im allgemeinen	4	"	"
1	Scheel (2) Bundesregierung (2)	Pol. Regierung (2) CDU/CSU-Politiker (1)	1	Befürwortung der Verhandlungen	2	Verhandlungen 12	0.16
1	Scheel (5) Bundesregierung (2)	Pol. Regierung (3) Winiewicz (1) CDU/CSU-Politiker (1)	1	Reisetätigkeit, Empfänge, Gespräche	5	"	"
2	Scheel (3) Bundesregierung (1) Westmächte (1)	CDU/CSU-Politiker (1)	2.5	Verhandlungen im allgemeinen	3	"	"
0	Scheel (1)	Bundesregierung (1) CDU/CSU-Politiker (1)	4	Unüberwindbare Gegensätze	1	"	"

- 1326 -

Bezug z.Zt. vor dem 14.04.	Akteure	Interakteure	P/C-Wert Tendenz	Von Scheel vertretene Argumente	Häufigkeit d. Argum.	Themen	relative Bedeutung d. Themas
1	Scheel (1)	Bundesregierung (1)	1	Deutsche guten Willens	1	"	"
0	Scheel (4) Bundesregierung (1)	Bundesregierung (1) Die Polen (2) CDU/CSU-Politiker (1)	1	Befürwortung der Anerkennung der Oder-Neiße-Grenze	4	Grenzfrage 27	0.36
0	Scheel (1)	---	1	Welt hält die polnische Westgrenze für berechtigt	1	"	"
0	Scheel (2) Pol. Regierung (2) Die Polen (1)	Bundesregierung (2) Pol. Regierung (2) CDU/CSU-Politiker (3)	1.6	Endgültige Grenzregelung nicht nur Gewaltverzicht	5	"	"
0	Scheel (1) Bundesregierung (1)	Die Polen (1) CDU/CSU-Politiker (1)	1	Nur Gewaltverzicht	1	"	"
0	Scheel (4)	Bundesregierung (1) Die Polen (1) CDU/CSU-Politiker (4)	2	Grenzregelung vorbehaltlich eines Friedensvertrags	4	"	"

Bezug z.Zt. vor dem 14.04.	Akteure	Interakteure	P/C-Wert-Tendenz	Von Scheel vertretene Argumente	Häufig-keit d. Argum.	Themen	relative Bedeutung d. Themas
0	Scheel (2) Bundesregierung (2)	CDU/CSU-Politiker (1)	1.5	Endgültige Grenzregelung widerspricht der Gesamtverantwortung der Regierung	2	"	"
0	Scheel (1)	CDU/CSU-Politiker (1)	4	Unterschiedliche Interpretation der Warschauer Grenzformel	1	"	"
1	Scheel (6)	Die Polen (1) Die Deutschen (1) Barzel (1) Sonstige CDU/CSU-Politiker (1)	1.75	Grenzfrage im allgemeinen	6	"	"
0	Scheel (3)	Pol. Regierung (1) Die Polen (1) Die Deutschen (1) CDU/CSU-Politiker (1)	1.6	Behinderung des Reiseverkehrs durch politische Zementierung der Grenze	3	"	"
2	Scheel (3) Bundesregierung (1)	Die Polen (3) Die Deutschen (1) CDU/CSU-Politiker (1)	1	Befürwortung der Aussöhnung	3	Aussöhnung 3	0.04

- 328 -

z.Zt. vor dem 14.04.	Akteure	Interakteure	P/C-Wert Tendenz	Von Scheel vertretene Argumente	Häufigkeit keit d. Argum.	Themen	relative Bedeutung d. Themas
0	Scheel (1) Bundesregierung (1)	CDU/CSU-Politiker (1)	1	Befürwortung der Familienzusammenführung	1	Familienzusammenführung	0.02
0	Scheel (1)	---	1	Familienzusammenführung (allgemein)	1	"	"
1	Scheel (1)	Bundesregierung (1) CDU/CSU-Politiker (1) Bundestag (1)	1	Informationspolitik zum Polenvertrag ist gut	1	Informationspolitik	0.14
1	Scheel (4) Bundesregierung (1)	Marx (1) Sonstige CDU/CSU-Politiker (3)	1.7	Es gibt gute Gründe, nicht umfassend zu informieren	4	"	"
0	Scheel (1)	CDU/CSU-Politiker (1)	2	Störungen der Verhandlungen durch Indiskretion	1	"	"
0	Scheel (5) Bundesregierung (1)	Bundestag (1) Auswärtiger Ausschuß (2) Barzel (1) Sonstige CDU/CSU-Politiker (3) SPD-Politiker (1)	1	Informationspolitik im allgemeinen	5	"	"

alle Argumente Scheel : 74 Nennungen nach dem 14.04.

Situationsdefinition und Aufmerksamkeitsverteilung von Barzel vor der Grenzentscheidung vom 14.04.70.

Bezug z.Zt. nach dem 14.04.	Akteure	Interakteure	P/C-Wert Tendenz	Von Barzel vertretene Argumente	Häufigkeit d. Argum.	Themen	relative Bedeutung d. Themas
0	Barzel (1) Brandt (1)	Die Polen (1) Die Deutschen (1)	1	Anerkennung des den Polen und den Deutschen zugefügten Leides	1	historische Rahmenbed.	0.01
0	Barzel (1)	Bundestag (1) Die Polen (1) Die Deutschen (1) Frankreich (1)	2	Westdeutsche Polenpolitik - Beitrag zur Entspannung	2	internationale Rahmenbed.	0.03
0	Barzel (1)	Bundesregierung (1)	5	Fehlende Kooperationsbereitschaft der Regierung	1	Innenpolitik BRD	0.15
0	Barzel (3) CDU/CSU (2)	Bundesregierung (1) CDU/CSU-Fraktion (1) Die Polen (1) Brandt (1)	1.6	Kooperationsbereitschaft der Opposition	3	"	"
0	Barzel (1)	Brandt (1)	5	Fehlende Kooperationsbereitschaft der Opposition	1	"	"

Bezug z.Zt. nach dem 14.04.	Akteure	Interakteure	P/C-Wert Tendenz	Von Barzel vertretene Argumente	Häufigkeit d. Argum.	Themen	relative Bedeutung d. Themas
0	Barzel (1)	Bundesregierung (1) CDU/CSU-Fraktion (1)	2	Kooperation ist notwendig	1	"	"
3	Barzel (4) CDU/CSU-Fraktion (1) Wehner (1)	CDU/CSU-Fraktion (2) Die Deutschen (1) Brandt (1)	4	Innenpolitik (allgemein)	4	"	"
0	Barzel (6) Bundesregierung (3) vDU/CSU-Fraktion (2) Pol. Regierung (1)	Bundesregierung (2) CDU/CSU-Fraktion (1) Pol. Regierung (2) Die Polen (3) Brandt (1)	1.5	Befürwortung der Verhandlungen	9	Verhandlungen	0.33
1	Barzel (2) Bundesregierung (3) CDU/CSU-Fraktion (2) Pol. Regierung (4) Duckwitz (2)	---	1	Reisetätigkeit, Empfänge	7	"	"

- 331 -

Bezug z.Zt. nach dem 14.04.	Akteure	Interakteure	P/C-Wert Tendenz	Von Barzel vertretene Argumente	Häufigkeit d. Argum.	Themen	relative Bedeutung d. Themas
0	Die Polen (1) nicht Barzel !	---	1	Polen guten Willens	1	"	"
0	Barzel (1)	Bundestag (1)	1	Deutsche guten Willens	1	"	"
2	Barzel (2)	Bundesregierung (2)	5	Schlecht konzipierte Verhandlungsstrategie	2	"	"
2	Barzel (1) Brandt (1)	Die Polen (1) UdSSR (1)	2	Verhandlungen (allgemein)	1	"	"
1	Brandt (1) UdSSR (1) nicht Barzel !	Bundesregierung (1)	3	Befürwortung der Anerkennung der Oder-Neiße-Grenze	2	Grenzfrage	0.22
1	Die Polen (1) nicht Barzel !	CDU/CSU-Fraktion (1) CDU/CSU-Politiker (1)	1	Endgültige Grenzregelung, nicht nur Gewaltverzicht	1	"	"
2	Barzel (3) Pol. Regierung (1)	Die Polen (1) Die Deutschen (1) Brandt (1)	1.3	Nur Gewaltverzicht	3	"	"

- 332 -

Bezug z.Zt. nach dem 14.04.	Akteure	Interakteure	P/C-Wert Tendenz	Von Barzel vertretene Argumente	Häufigkeit d. Argum.	Themen	relative Bedeutung d. Themas
3	Barzel (2) Brandt (1)	Westmächte (1)	3.5	Grenzregelung vorbehaltlich eines Friedensvertrages	2	"	"
0	Barzel (1) CDU/CSU-Fraktion (1)	Die Polen (1)	5	Unterschiedliche Interpretation der Warschauer Grenzformel	1	"	"
1	Barzel (1)	Die Polen (1)	2	Behinderung des Reiseverkehrs durch politische Zementierung der Grenze	1	"	"
1	Barzel (4)	---	2.7	Grenzfrage im allgemeinen	4	"	"
0	Barzel (2)	Bundesregierung (1)	4	Ohne Zustimmung der Vertriebenen keine Aussöhnung	2	Familienzusammenf.	0.09
0	Barzel (1) CDU/CSU-Fraktion (1)	---	4	Ohne Familienzusammenführung keine Vertragsunterzeichnung	2	"	"

Bezug z.Zt. nach dem 14.04.	Akteure	Interakteure	P/C-Wert Tendenz	Von Barzel vertretene Argumente	Häufigkeit d. Argum.	Themen	relative Bedeutung d. Themas
0	Barzel (1) CDU/CSU-Fraktion (1)	Die Polen (1)	1	Familienzusammenführung (allgemein)	2	"	"
1	Barzel (2)	Bundesregierung (1) Die Deutschen (1) Brandt (1)	5	Informationspolitik ist schlecht	2	Informationspolitik	0.14
0	Barzel (3)	Bundesregierung (1) Die Deutschen (1) Brandt (2)	4.6	Regierung informiert ungenügend	3	"	"
0	Barzel (1)	Die Polen (1) Brandt (1)	4	Ausreichende Information ist Voraussetzung für Kooperation	1	"	"
2	Barzel (3)	Brandt (3) Bundesregierung (1) Bundestag (1)	3	Informationspolitik im allgemeinen	3	"	"

alle Argumente Barzel : 63 Nennungen vor dem 14.04.

Situationsdefinition und Aufmerksamkeitsverteilung von Barzel nach der Grenzentscheidung vom 14.04.70.

Bezug z.Zt. vor dem 14.04.	Akteure	Interakteure	P/C-Wert Tendenz	Von Barzel vertretene Argumente	Häufigkeit d. Argum.	Themen	relative Bedeutung d. Themas
0	Barzel (1)	---	3	Historische Rahmenbedingungen	1	historische Rahmenbed.	0.03
0	Barzel (1)	Bundesregierung (1) Die Polen (1) UdSSR (1)	5	Dominanz der UdSSR im Ostblock	1	internationale Rahmenbed.	0.14
0	Barzel (3)	Bundesregierung (1) Die Deutschen (1) Westmächte (1) Frankreich (1)	2	Internationale Rahmenbedingungen		"	"
4	Barzel (3) CDU/CSU-Fraktion (1)	Wehner (2) CDU/CSU-Fraktion (2) Die Deutschen (1) Brandt (1)	4.6	Innenpolitik der BRD	3	Innenpolitik BRD	0.10
7	Barzel (1)	Scheel (1)	3	Reisetätigkeit, Empfänge	1	Verhandlungen	0.17
2	Barzel (2)	Bundesregierung (2)	5	Schlecht konzipierte Verhandlungsstrategie		"	"

- 335 -

Bezug z.Zt. vor dem 14.04.	Akteure	Interakteure	P/C Wert Tendenz	Von Barzel vertretene Argumente	Häufigkeit d. Argum.	Themen	relative Bedeutung d. Themas
1	Barzel (2)	Bundesregierung (2)	4.5	Verhandlungen im allgemeinen	2	"	"
2	Brandt (1) UdSSR (1) nicht Barzel !	Bundesregierung (1)	4	Befürwortung der Anerkennung der Oder-Neiße-Grenze	1	Grenzfrage	0.35
0	Barzel (1) CDU/CSU (1)	---	5	Ablehnung der Anerkennung der Oder-Neiße-Grenze	1	"	"
1	Die Polen (1) nicht Barzel !	---	1	Endgültige Grenzregelung	1	"	"
3	Barzel (2) CDU/CSU (1)	Pol. Regierung (1)	3	Nur Gewaltverzicht	2	"	"
2	Barzel (3) CDU/CSU (1)	Bundesregierung (1) Bundestag (1)	4.3	Grenzregelung vorbehaltlich eines Friedensvertrages	3	"	"
1	Barzel (1)	---	2	Behinderung des Reiseverkehrs durch politische Zementierung der Grenze	1	"	"

- 336 -

Bezug z.Zt. vor dem 14.04.	Akteure	Interakteure	P/C-Wert Tendenz	Von Barzel vertretene Argumente	Häufigkeit d. Argum.	Themen	relative Bedeutung d. Themas
4	Barzel (1)	---	1	Grenzfrage im allgemeinen	1	"	"
0	Barzel (2)	Die Polen (2) Die Deutschen (1)	1	Befürwortung der Aussöhnung	2	Aussöhnung	0.07
2	Barzel (1)	Bundesregierung (1)	5	Informationspolitik ist schlecht	1	Informationspolitik	0.10
3	Barzel (2)	Auswärtiger Ausschuß (1) Brandt (1) Scheel (2)	4	Informationspolitik im allgemeinen	2	"	"

alle Argumente Barzel : 28 Nennungen nach dem 14.04.

bedingungen', insbesondere der Frage nach der ost- und polenpolitischen Unterstützung durch die Westmächte (Argument 0206, sechsmal von Scheel genannt!), zusammenhängt mit der bei Scheel zu verzeichnenden Zunahme des Grenzfragenthemas und der am 14.04. beschlossenen neuen Grenzformel: Scheel als der für die Außenpolitik verantwortliche Minister mußte die getroffene Grenzentscheidung gegenüber den internen und externen außenpolitischen Akteuren legitimatorisch absichern. Entsprechend wurden die Westmächte und die CDU/CSU-Opposition von ihm in der Zeit nach dem 14. April vermehrt auch als Interakteure angesprochen oder als Akteur erwähnt. Für sie, für deren diesbezügliche Argumente sowie für deren Unterstützung der deutschen Polenpolitik (Argument 0206, bei Scheel an zweiter Stelle genannt!) wird Scheel daher wahrscheinlich besonders aufmerksam gewesen sein. Die Notwendigkeit der legitimatorischen Absicherung, nun bezogen auf die Innenpolitik, kommt auch in der ab April verstärkten Aufmerksamkeit von Brandt für innenpolitische Themen zum Ausdruck, vor allem in seiner nach dem 14.04. geäußerten Klage über die mangelnde Kooperationsbereitschaft der Opposition (Argument 0415), nachdem er sie vor dem 14.04. noch zur Kooperation aufgefordert hatte (Argument 0411).

Hier wird vielleicht auch eine gewisse thematische Arbeitsteilung deutlich: Während sich Außenminister Scheel vermehrt mit außenpolitischen Themen beschäftigte, widmete sich Kanzler Brandt aufgrund seiner Allkompetenz auch den innen- und informationspolitischen Themen mitsamt der in seinen Reden relativ zentralen Rechtfertigung gegenüber den Angriffen der Opposition, die Bundesregierung würde nicht genügend informieren.

Bezüglich der beim April-Zeitbruch spezifisch interessierenden Grenzfrage ist zu konstatieren, daß Brandt als Folge der neuen Grenzformel nach dem 14.04. der Frage des Friedensvertragsvorbehaltes (Argument 0626) keine Aufmerksamkeit mehr in den Bundestagsdebatten widmete (was einen implizierten Vorbehalt nicht ausschließt, wie die historische Rekonstruktion zeigt). Scheel ging, nachdem er dieses Problem vor dem 14.04. so gut wie gar nicht angesprochen hatte, danach um so häufiger und um so differenzierter darauf ein: Er stellte nun auf-

fallend häufig heraus, daß die Bundesregierung die Grenzfrage endgültig regeln wolle (Argument 0622) und daß die neue Position der Bundesregierung eine Oder-Neiße-Grenzanerkennung (Argument 0601) durch die Bundesrepublik als solche bedeute, aber nicht für Deutschland als Ganzes, worauf sich Scheels Hinweise auf den Friedensvertragsvorbehalt (Argument 0626), auf die Grenzen der westdeutschen Kompetenz (Argument 0629) und auf die Rechte der vier Siegermächte (Argument 0209) beziehen.
Allerdings ist bei Scheel im Verlauf des Jahres 1970 eine gewisse Rücknahme seiner zu Beginn des Jahres '70 eingenommenen Positionen in der Grenzfrage festzustellen: Weg von der Endgültigkeit der Regelung (Argument 0622) und hin zu einer besonders im Oktober '70 verstärkten Betonung der Vorbehaltlichkeit (Argument 0626), was sich u.a. darin zeigt, daß der Vorbehalt in einer Zwischenzeit zwischen Mai und September im Bundestag und von Scheel kaum thematisiert wurde. Das und die Wiederthematisierung des Vorbehalts im Oktober hängen evt. damit zusammen, daß ab dem 14.04. der explizite Friedensvertragsvorbehalt aufgegeben wurde, andererseits aber implizit doch irgendwie aufgrund der völker- und verfassungsrechtlichen Bindungen der Bundesrepublik berücksichtigt werden mußte, was dann schließlich aufgrund der Bemühungen Scheels in der Abschlußrunde gelang und was in den Reden Scheels in dem Hinweis auf die begrenzte Handlungskompetenz der Bundesregierung zum Ausdruck kam, so schon Ende April. Insgesamt gesehen erwies sich jedoch das Argument 'Grenzregelung vorbehaltlich eines Friedensvertrages' (Argument 0602) als das - auf alle Redner bezogen - am häufigsten genannte und vertretene Grenzargument, das sowohl von der Regierung als auch von der Opposition vertreten wurde - wenn auch wahrscheinlich mit unterschiedlicher Interpretation - und das daher als eine Art von Konsensargument, als gemeinsame Minimalposition in die Situationsdefinitionen eingegangen sein wird. Es wird daher als solches wahrscheinlich besonders in Phasen der gegenseitigen Kooperationsversuche aufmerksam registriert worden sein.
Wenn wir nun noch - zur Kontrolle und zum Vergleich - den Wandel der Situationsdefinition von Barzel in der Zeit vor

und nach dem 14. April einbeziehen, so vollzog sich auch
bei ihm, analog zum Situationsdefinitionswandel bei Scheel
und Brandt, ein relativer Bedeutungszuwachs des Themas 'Internationale Rahmenbedingungen' (Thema 02). Wie immer nun -
bei den drei Politikern verschieden - diese thematische
Schwerpunktsetzung argumentativ begründet sein mag, auf jeden Fall zeigt sich hier eine - durch diese personelle Kongruenz und durch die Tatsache des Wandels überhaupt - noch
verstärkte wahrscheinliche Aufmerksamkeit der drei für diesen Themenbereich, zumal Barzel ihn z.T. mit einer relativ
negativen Tendenz versah, was nach den oben gemachten Annahmen die Wahrscheinlichkeit einer Aufmerksamkeit bei den
Entscheidungsträgern erhöht. (Das wird verstärkt durch die
über das Jahr 1970 hin zunehmende Contra-Tendenz der Argumentation der CDU/CSU insgesamt.) Dazu kommt, daß Barzel - neben der Zielrichtung auf die Polen - generell gesehen dominant seine Argumentation an die Entscheidungsträger (Bundesregierung, Brandt) richtete bzw. deren Argumente in seinen
Reden (kritisch) aufgreift. Dadurch wird seine Argumentation
an Gewicht für die angesprochenen Entscheidungsträger gewonnen haben. Das korrespondiert mit der primären Nennung
der CDU/CSU als Akteur/Interakteur in den Reden von Brandt
und Scheel, womit sie die besondere Aufmerksamkeit für die
Bedeutung deren Argumentation in der innenpolitischen Auseinandersetzung zum Ausdruck bringen.[1] Für die Zeit nach dem 14.04.
ist auffallend der gänzliche Wegfall des Themas 'Innenpolitik
der BRD' (Thema 04), was bei Barzel evt. damit zusammenhängt,
daß durch die Kooperationsversuche zwischen Regierung und Opposition in der zweiten Jahreshälfte eine Ansprache des Themas hinfällig wird.

Versuchen wir nun eine Zusammenfassung des gesamten Kapitels:
Die Situationsdefinitionen der Entscheidungsträger und das
aus ihnen erschlossene wahrscheinliche Rezeptionsverhalten
(auch wahrscheinliche Aufmerksamkeitsverteilung genannt) wurde mit folgenden Verfahren rekonstruiert:

---

[1] Siehe Akteurs-/Interakteurstabellen auf S. 284 und 285

1. Eine Interessenanalyse erbrachte eine bevorzugte Aufmerksamkeitszuwendung der Entscheidungsträger für bestimmte Akteure - z.B. im April 1970 die USA, im September 1970 die CDU/CSU - und für bestimmte Strukturen - z.B. die Notwendigkeit zur Legitimierung in Wahlen.

2. In der historischen Rekonstruktion des innerdeutschen Entscheidungs- und deutsch-polnischen Verhandlungsprozesses konnten Entscheidungsphasen isoliert werden, insbesondere solche vor strategischen und taktischen Entscheidungen, in denen die Entscheidungsträger wahrscheinlich aufmerksamer und sensibler auf die Presseberichterstattung reagierten.
Diese Phasen konnten mit bestimmten Indizes (z.B. Koordinationsdichte) identifiziert und in ihrer Intensität gemessen werden.

3. Mit matrixtheoretisch und historisch-interpretativ gewonnenen Situationsdefinitionen ('cognitive maps') des Entscheidungszentrums konnte die unterschiedlich gewichtige Aufmerksamkeit des Entscheidungszentrums für verschiedene Argumente aufgezeigt werden, wie sie im Rahmen des Verhandlungs- und zwischenstaatlichen Einigungsprozesses in Auseinandersetzung mit der polnischen Delegation wahrscheinlich relevant waren ("außenpolitische Aufmerksamkeitsstruktur").

4. Demgegenüber beziehen sich die über die Inhaltsanalyse der Bundestagsreden eruierten Situationsdefinitionen und thematischen Aufmerksamkeitsverteilungen der Entscheidungsträger (Brandts und Scheels vor allem) auf die innenpolitische Auseinandersetzung mit primärem Bezug auf die CDU/CSU ("innenpolitische Aufmerksamkeitsstruktur").

Die rezeptionshypothetischen Ergebnisse dieser Verfahren sollen nun zusammenfassend nicht mehr nur - wie oben - auf die Situationsdefinitionen von Akteuren und Entscheidungsträgern bezogen werden, sondern vor allem auf den zeitlichen Verlauf zentraler Verhandlungsgegenstände und Diskussionsthemen. Dabei wird das primäre Interesse an den beiden genannten Zeitbrüchen vom April und September nicht aufgegeben werden.

Rezeptionshypothetisch zentral war - das zeigt die historische Rekonstruktion - die nach anfänglichem Zögern getroffene Entscheidung des Entscheidungszentrums, zunächst Thema und Verhandlungsgegenstand der Familienzusammenführung aus taktischen Gründen hintanzustellen, bis die für die Polen alleinig relevante Grenzfrage, deren Regelung Voraussetzung einer deutsch-polnischen Entspannung war, einer Lösung näher gebracht worden wäre. Damit war für das erste Halbjahr 1970 (bis eine für beide Seiten tendenziell konsensuale Grenzformel gefunden war) die Aufmerksamkeit der Entscheidungsträger und Koalitionsredner, bezogen auf den deutsch-polnischen Verhandlungsprozeß, wesentlich vom Thema 'Grenzfrage' bestimmt. Diese Aufmerksamkeitsausrichtung wurde zudem dadurch verstärkt, daß die Struktur des internationalen Systems sowie die Interessen dessen dominanten Akteure (USA, Frankreich, UdSSR, England) ein entspannungspolitisches Handeln in der Außenpolitik förderten, was von den Entscheidungsträgern sehr wohl gesehen wurde und was ihnen der CDU/CSU gegenüber oft als Rechtfertigung für die Notwendigkeit der neuen Ostpolitik diente. Aber auch in der innenpolitischen Auseinandersetzung war, wie die Inhaltsanalyse der Bundestagsprotokolle deutlich macht, die Aufmerksamkeit in der ersten Jahreshälfte 1970, insbesondere am 29./30.04. (der Bundestagssitzung mit der quantitativ intensivsten Polendebatte) auf die Grenzfrage ausgerichtet, in der zweiten Jahreshälfte ließ sie diesbezüglich stark nach, sieht man von der nochmaligen Diskussion der Frage Anfang Oktober ab. Sieht man sich daraufhin den zeitlichen Verlauf des Verhandlungsgegenstandes und Themas 'Grenzfrage' an, so ist rezeptionshypothetisch am interessantesten die Entscheidungsprozeßphase vor und nach dem 14. April 1970. Am 14. April wurde die bedeutende strategische Entscheidung über eine neue Grenzformel gefällt, mit der in der Zeit vor solchen Entscheidungen typischen, aus einer Redefinition der Situation resultierenden Unsicherheit der Entscheidungsträger und der daraus folgenden verstärkten Suche nach Informationen, die die Rezeptionswahrscheinlichkeit für Einflüsse seitens der Presseberichterstattung erhöhte, vor allem, da die Presse Äußerungen und Argumente der für die Entscheidungsträger zentralen und daher aufmerksam beobachteten Akteure (vor allem der USA) verstärkend wiedergab. Diese Entscheidungsprozeßphase war in dieser April-Phase zudem durch eine überdurchschnittliche Koordinationsdichte, durch überdurchschnittlich häufige Abstimmungen des Entscheidungszentrums mit Akteuren und der Akteure untereinander gekennzeichnet, was zur Realisierung der Abstimmungen einen verstärkten Informationsbedarf der Entscheidungsträger wahrscheinlich voraussetzte, wenn diese sich mit anderen Akteuren koordinierten (wozu

Informationen über Standpunkt und Meinung des jeweiligen Akteurs benötigt werden), bzw. wenn diese etwas über die Koordinationen zwischen anderen in Erfahrung bringen wollten. Diese Koordinationen betrafen auch die notwendigen Konsultationen des Entscheidungszentrums mit den Verbündeten, insbesondere mit den Vereinigten Staaten, die der neuen Grenzformel wegen ihrer alliierten Vorbehaltsrechte für Deutschland als Ganzes zustimmen mußten. Daher reiste Brandt auch Anfang April nach Washington. Dazu kommt, daß Ende April die Presse sowohl die neue Grenzformel als auch einen geheimen, mit Scheel nicht besprochenen Brief von Brandt an Gomulka publik machte, was die Bedeutung der Presse, der Informationspolitik der Bundesregierung und der innenpolitischen Auseinandersetzung zwischen Regierung und Oppositionsfraktion sehr erhöhte. Gerade dieser innenpolitischen Auseinandersetzung schenkten das Entscheidungszentrum und die Koalitionsredner große Aufmerksamkeit, da sie sich der Notwendigkeit einer innenpolitischen Legitimierung und Durchsetzung des Vertrages bewußt waren. Das zeigt die häufige Nennung der diesbezüglichen Argumente seitens der Bundestagsredner. Inklusive des Entscheidungszentrums erklärten z.B. (SPD-/FDP-)Fraktion und Bundesregierung Ende April mehrmals ihre Bereitschaft zur Zusammenarbeit mit der Opposition, was angesichts der erodierenden Bundestagsmehrheit der Koalition immer dringlicher wurde. Das kam insbesondere in der Bundestagsdebatte vom 29./30.04. zum Ausdruck, die überhaupt quantitativ von der Zahl der Argumentnennungen her die bedeutendste Debatte zur Polenpolitik im Jahre 1970 war.

Diese Ergebnisse riefen, wie die Inhaltsanalyse der Bundestagsreden zeigt, eine verstärkte Aufmerksamkeit der Entscheidungsträger für die Presseberichterstattung, für die Informationspolitik der Bundesregierung und allgemein für die innenpolitische Auseinandersetzung, von der die Presse ein Teil darstellt, hervor, sodaß es nochmals als sinnvoll bestätigt wird, die Grenzfrage bezogen auf diese rezeptionshypothetisch sehr aufschlußreich erscheinende Phase vor und nach der strategischen Entscheidung vom 14. April näher zu analysieren. Dazu sollen nun auch die zwei um diesen Zeitbruch gruppierten matrixtheoretisch und durch historische Interpretation gewonnenen 'cognitive maps' des Entscheidungszentrums herangezogen werden. Sie zeigen das Gewicht und das Aufmerksamkeitspotential für die einzelnen Argumente zur Grenzfrage sowie ihren Gewichtswandel während der Zeit vor und der Zeit nach dem 14. April. Je größer dabei der Wandel, um so größer ist wahrscheinlich die Beeinflußbarkeit dieses Wandels (u.a. seitens der Presseberichterstattung). - Die matrixtheoretisch und historisch interpretativ gewonnenen 'cognitive maps' beziehen sich dabei vor allem auf die Aufmerksamkeitsverteilungen des Entscheidungszentrums, wie sie sich wahrscheinlich mit Blick auf die deutschpolnischen Verhandlungen in ihrem primären Bezug auf den polnischen Verhandlungspartner und dessen Bewertungen ergaben. Demgegenüber betreffen die mittels der Inhaltsanalyse der Bundestagsreden rekonstruierten Situationsdefinitionen vor allem die Aufmerksamkeitsverteilungen der Entscheidungsträger, wie sie sich aus der Sicht der innenpolitischen Auseinandersetzung um die Polenverträge mit primärem Bezug auf die Opposition darstellten. Diese hier analytisch getrennten Situationsdefinitionen ergeben erst zusammen die volle Situationsdefinition der Entscheidungsträger. Sie sollen daher auch zum Schluß der Zusammenfassung zusammengeführt werden. Hier sollen nur die matrixtheoretisch rekonstruierten 'maps' dargestellt werden.

Die Bundesregierung hat die Verhandlungen argumentativ mit der Brandtschen Grenzformel vom Nürnberger SPD-Parteitag 'Anerkennung, bzw. Respektierung der Grenze bis zu einer friedensvertraglichen Regelung' begonnen. Die Polen setzten dem die Forderung nach einer endgültigen Grenzanerkennung entgegen. Auf diese war daher, wie das 'cognitive map' zeigt, im Rahmen des Verhandlungsprozesses, zentral die Aufmerksamkeit des Entscheidungszentrums gerichtet. Diese Forderung mußte entweder, da Kompromisse zur gewünschten Einigung notwendig waren, akzeptiert oder es mußte ihr deutscherseits anderwärtig entgegengekommen werden, da diese Forderung wegen ihres hohen Einflusses auf das gesamte 'cognitive map' nicht zu umgehen war. Das Entscheidungszentrum wählte den zweiten Weg und schlug die Grenzformel vom 14. April vor, die aus der Feststellung besteht, daß die bestehende Oder-Neiße-

Grenzlinie "die westliche Staatsgrenze der Volksrepublik
Polen bildet", und die einen expliziten Friedensvertragsvorbehalt nicht mehr enthält. Damit verlor - wie die Ma-
trixberechnung weiter zeigt - nach diesem Datum die Forderung nach endgültiger Grenzanerkennung an Aufmerksamkeitswert, stattdessen gewann u.a. an Aufmerksamkeit die polnische Forderung nach einem Bezug auf das Potsdamer Abkommen
sowie analog dazu die deutsche Forderung nach Wahrung der
alliierten Rechte, Forderungen, über die noch bis November 1970 verhandelt werden sollte. Diese Forderungen waren
logische Folge der Tatsache, daß sich die Bundesregierung
gezwungen sah, den expliziten Friedensvertragsvorbehalt aufzugeben. Da sie aber zur Sicherung des Vorbehaltes in irgend-
einer Form durch alliiertes Recht, durch Völkerrecht und
durch Verfassungsrecht verpflichtet war, versuchte sie, einen impliziten Friedensvertragsvorbehalt durchzusetzen, indem sie die Rechte der drei westlichen Siegermächte über
Deutschland als Ganzes ins Spiel brachte. Der Friedensvertragsvorbehalt wurde dann auch schließlich indirekt in Noten
der Bundesrepublik an die drei Westmächte statuiert, und zwar
auch verbindlich für die Polen, da sie die Noten notifizier-
ten. Die polnische Regierung erleichterte diesen Kompromiß
durch ihr allerdings anders intendiertes Verlangen nach einem Bezug auf das Potsdamer Abkommen, denn in ihm war die
Vorbehaltlichkeit der Oder-Neiße-Grenzlegung bis zu einer
friedensvertraglichen Regelung festgelegt worden (was die
Polen allerdings als einen nur technisch-administrativen,
nicht als einen völkerrechtlichen Akt bewerteten). Nichtsdestotrotz: Der (explizite oder implizite) Friedensvertragsvorbehalt erweist sich als das dominante, für die Einigung
der Verhandlungspartner zentrale Grenzargument, nicht nur
im Rahmen der matrixtheoretischen 'cognitive maps'; es wird
zudem nach den Ergebnissen der Bundestagsredeninhaltsanalyse
am häufigsten von allen Grenzargumenten sowohl von Koali-
tions- als auch von Oppositionsrednern vorgebracht und kann
daher einen hohen Aufmerksamkeitswert beanspruchen. Allerdings muß hier zeitlich differenziert werden: Nach der April-
Entscheidung ließ zunächst einmal bis Oktober '70 die Thematisierung des Vorbehaltes in der innenpolitischen Ausein-

andersetzung nach. Damit scheint sich hier eine gewisse Auseinanderentwicklung zwischen der auf die Verhandlungen selbst und der auf die innenpolitische Auseinandersetzung bezogenen Aufmerksamkeitsstruktur aufzutun: Innenpolitisch wurde der Vorbehalt kaum besprochen, während er im Rahmen der Verhandlungen aufmerksam verfolgt wurde. Die Fragen sind daher nun: Entsprach die Presseberichterstattung in der Vorbehaltsfrage der differenzierten Aufmerksamkeitsstruktur? Woran orientierte sich die Presse: an der Themensetzung der innenpolitischen Auseinandersetzung oder an der der Verhandlungen selbst?

Die Fragen sind weiter: Entsprach die Presseberichterstattung in der Grenzfrage selbst der Aufmerksamkeitsrichtung und den Aufmerksamkeitsinteressen des Entscheidungszentrums? Thematisierte sie Argumente und Verhandlungsgegenstände, für die das Entscheidungszentrum aufmerksam und bei denen es evt. sogar bereit war, alte Positionen aufzugeben, mit der dadurch gegebenen Möglichkeit eines evt. verstärkten Einflusses von außen, insbesondere seitens der Presse? Stärkte die Presse der Regierung argumentativ den Rücken?

Diese Fragen können erst abschließend beantwortet werden, nachdem wir die Ergebnisse der Presseinhaltsanalyse und der Politikerbefragung diesbezüglich analysiert haben. Vielleicht kann aber hier schon folgende Vermutung aufgestellt werden: Der Ausschluß des deutschen Delegationsleiters Ferdinand Duckwitz aus der 'Kleinen Runde' im Kanzleramt Ende April als Folge der Presseveröffentlichung eines mit Scheel nicht abgestimmten Briefes von Brandt an Gomulka kann (in Verbindung mit der hohen Aufmerksamkeit der Entscheidungsträger für innen- und informationspolitische Themen zu diesem Zeitpunkt und in Verbindung mit den diesbezüglichen Angriffen der Opposition) zum einen - als direkte innovative Wirkung der Presse - auf die Tatsache der Presseveröffentlichung zurückgeführt werden und zum anderen z.B. auf eine kritische und intensive Presseberichterstattung in dieser Angelegenheit zu den Themen von besonderer Aufmerksamkeit für die Entscheidungsträger. Der zweite Fall kann aber erst bei Vorliegen der Ergebnisse der Presseberichterstattung und der Politikerbefragung beantwortet werden.

Der zweite hier resümierend darzustellende Fall, die Verschiebung der Verhandlungen im September, ist gänzlich anders gelagert als die oben analysierte April-Phase. Zunächst: Es handelt sich nicht um eine strategische, sondern um eine taktische Entscheidung, die wegen ihres nicht den prinzipiellen Überzeugungsbereich eines Entscheidungsträgers berührenden Charakters in relativ kurzer Zeit ohne größere Informationssuchphase getroffen wird, die aber - und das ist rezeptionshypothetisch relevant - wegen ihres nicht prinzipiellen Charakters wahrscheinlich um so eher von außen, von der Presseberichterstattung beeinflußbar ist. Inhaltlich gesehen waren die Gründe für die Verschiebung vor allem
1. die noch ungeklärte Frage der Familienzusammenführung, in der insbesondere die FDP (auf ihre national-liberalen Abgeordneten und Wähler bedacht) größere Konzessionen seitens der Polen erwartete,
2. die Notwendigkeit (auf der wiederum auch insbesondere die FDP bestand), angesichts der schwindenden Bundestagsmehrheit der Koalition sich mit der Opposition abzustimmen, die zunehmend Art und Weise der Verhandlungsstrategie der Bundesregierung kritisierte, und
3. die von Innenminister Genscher (FDP) aufgeworfene Frage nach der Verfassungskonformität des entstehenden Vertrages.
Durch diese Konstellation genießen akteurs- und interessenanalytisch vor allem die dissentierenden FDP-Abgeordneten sowie die CDU/CSU wahrscheinlich eine hohe Aufmerksamkeit seitens des Entscheidungszentrums. Diese wird zudem durch Struktur und Funktionsweise eines parlamentarischen Systems erhöht, indem zwar im allgemeinen der parlamentarischen Opposition nur begrenzte Einflußmöglichkeiten gegeben sind, die aber um so größer werden, wenn eine Grundsäule des Funktionierens eines parlamentarischen Systems ins Wanken gerät, nämlich die sichere Abstützung der Regierungskoalition in der Fraktion oder den Fraktionen, die die Regierung bilden. Diese parlamentarische Basis der sozial-liberalen Koalition wurde aber im Laufe des Jahres 1970 zunehmend unsicherer, mit der Folge eines zunehmenden Gewichts und einer wachsenden Aufmerksamkeit für die Christdemokraten, wie die Akteurs- und

Interessenanalyse zeigt, was zudem durch den zunehmenden und insbesondere im September starken Contra-Wert der Oppositionsargumentation unterstrichen wurde. (Dabei wird von der oben entwickelten Prämisse ausgegangen, daß ein starker, die Einigung zwischen Polen und Deutschen potentiell behindernder Contra-Wert vom Entscheidungszentrum bevorzugt wahrgenommen wird, da dieses an einer Einigung im Verhandlungsprozeß interessiert ist).
Vielleicht spielen die Vereinigten Staaten auch noch eine gewisse Rolle bei der Verschiebung der Verhandlungen, insbesondere wegen der von Kissinger gehegten Befürchtungen eines zu schnellen Verhandlungstempos und der Gefahr eines deutsch-sowjetischen Bilateralismus.
Die Bedeutung dieser Akteure wird darüberhinaus noch dadurch gesteigert, daß im November zwei Landtagswahlen anstanden, denen nach den Wahlniederlagen der Koalition Mitte Juni von Seiten der Entscheidungsträger mit Aufmerksamkeit entgegengesehen wurde: Sie stellten quasi den Realitätstest auf die Legitimität oder zumindest die quantitative Fundiertheit ihrer Macht dar. Daher wurden sie auch bewußt vom Entscheidungszentrum schon Anfang September aufmerksam registriert und in die Planungen für den Ablauf der außenpolitischen Verhandlungen einbezogen.
Was den zweiten Grund für die Verschiebung der Verhandlungen angeht, so war die deutsche Seite, sowohl die Opposition als auch das Entscheidungszentrum, sehr sensibel und aufmerksam für eine möglichst reibungslose und großzügige Regelung der Familienzusammenführung. Den Entscheidungsträgern war bewußt, daß sie ohne Familienzusammenführung den Vertrag nicht unterzeichnen, noch innenpolitisch hätten durchsetzen können. Sie wollten das auch nicht. Der interfraktionelle Konsens in dieser Frage bedingt - das sei hier an Ergebnissen aus der Redeninhaltsanalyse zwischengefügt - deren weitgehend mangelnde Thematisierung in der innenpolitischen Kontroverse und daher auch einen darauf bezogenen geringen Aufmerksamkeitswert.
Das gleiche gilt für das Thema 'Innenpolitik der Bundesrepublik', das ebenfalls im September im Bundestag nicht zur Sprache kam (obwohl das über das Instrument der Fragestunde

jederzeit von jedem Abgeordneten ohne Einschaltung des Fraktionsvorstandes möglich ist, wie es ja auch des öfteren zum Thema der Polenverhandlungen gehandhabt wurde). Daß das Thema 'Innenpolitik', bei dem es auf der Argumentenebene vor allem um die Frage der Kooperationsbereitschaft, bzw. -unwilligkeit von Regierung und/oder Opposition ging, nicht angesprochen wurde, liegt daran, daß es mit den Anfang September beginnenden Kooperationsversuchen zwischen Regierung und Opposition nicht mehr kontrovers war und daher auch einen geringen Aufmerksamkeitswert besaß, bezogen auf die innenpolitische Auseinandersetzung.

Dazu war die Bedeutung der beiden Themen, insbesondere des Themas der Familienzusammenführung, in der auf die deutsch-polnischen Verhandlungen und den internen Entscheidungsprozeß bezogenen Situationsdefinition des Entscheidungszentrums um so größer, wie die matrixtheoretische Rekonstruktion zeigt. Die Bundesregierung hatte die Verhandlungen mit der Taktik begonnen, zunächst einmal die Grenzfrage zu lösen, um dann unbeschwerter die Frage der Familienzusammenführung mit den Polen besprechen zu können. Diesem Verlangen stand aber der harte Willen der Polen entgegen, die Familienzusammenführung erst gar nicht zum Gegenstand zwischenstaatlicher Verhandlungen werden zu lassen, da sie aufgrund ihrer schlechten historischen Erfahrungen mit der Minderheitenpolitik der Deutschen befürchteten, daß mit dem Vorwand oder Anlaß der Familienzusammenführung wieder in ihre inneren nationalen Angelegenheiten von außen hineinregiert werden könne. Daher besitzen im diesbezüglichen matrixtheoretischen 'cognitive map' die Argumente, die diese Frage betreffen, in der ersten Jahreshälfte 1970 den höchsten strukturellen Einfluß, d.h. den höchsten Aufmerksamkeitswert für das Entscheidungszentrum. Dabei handelt es sich um die folgenden Argumente:[1]

1. "Es gibt kein Problem der Familienzusammenführung",
2. "Die Behauptung, die in Polen lebenden Deutschstämmigen seien deutsche Staatsbürger, stellt einen annexionistischen Anspruch auf polnisches Territorium dar",
3. "Die Anerkennung der Grenze ist eine Selbstverständlichkeit, für die Polen nicht zu 'zahlen' braucht (auch nicht in Form der Familienzusammenführung)".

---

1 Siehe Kapitel B 5.2

Als dann in der zweiten Jahreshälfte die Polen ihre Einstellung zum Problem änderten und konzessionsbereiter wurden (u.a. als Folge der Verschiebung der Verhandlungen und als Folge des derart deutscherseits den Polen zum Ausdruck gebrachten Unwillens über deren harte Haltung in der Frage der Familienzusammenführung) verloren die genannten Argumente an Aufmerksamkeitswert. Da diese Positionsänderung konform ging mit einer analogen Positionsänderung auf der deutschen Seite dahingehend, die Frage nicht mehr unbedingt zwischenstaatlich und vertraglich regeln zu wollen, gewann nun in der zweiten Jahreshälfte nach Angaben des diesbezüglichen 'maps' die Annäherungs- und schließliche Einigungsposition zwischen beiden Seiten an Aufmerksamkeit, nämlich die die Interessen beider Seiten berücksichtigende Lösung des Problems, indem sich die Polen einseitig und in eigener Souveränität in einer vom Vertrag unabhängigen, aber vertragsnahen Form (der sog. Information) zu einer Regelung der Familienzusammenführung auch im deutschen Interesse völkerrechtswirksam verpflichteten, derart Familienzusammenführung als eine rein innerpolnische Angelegenheit zur Geltung bringend.

Als logische Konsequenz dieser neuen Position wuchs ab September/Oktober die Bedeutung der deutschen Forderungen, daß die in Polen lebenden Deutschen und Deutschstämmigen ihre deutsche Staatsangehörigkeit behalten, bzw. zurückerhalten müßten, daß überhaupt ohne eine Familienzusammenführung eine Vertragsunterzeichnung nicht möglich sei. Denn diese beiden Punkte mußten absolut gesichert sein, wenn die Deutschen schon vertrauensvoll die Familienzusammenführung allein der Kompetenz der polnischen Behörden überließen.

In den folgenden Kapiteln - insbesondere der Presseinhaltsanalyse - muß gefragt werden, inwieweit die Presse die oben genannten Argumente von hohem Aufmerksamkeitswert aufgriff, inwieweit sie sie verstärkte oder inwieweit sie sie konterkarierte.

Was die Abstimmungsversuche der Koalition mit der Opposition Anfang September betrifft, die quasi den Einbezug der CDU/CSU ins Entscheidungszentrum bedeutet hätten (wären sie gelungen), so können zu diesem - neben der Familienzusammenführung - weiteren bestimmenden Grund für die Verschiebung der Verhand-

lungen - aufgrund der entsprechenden matrixtheoretischen
'cognitive maps' zum Problembereich 'taktische Fragen'-folgende Aufmerksamkeitsschwerpunkte festgestellt werden, die
allerdings - wie schon gesagt - nicht auf die innenpolitische Auseinandersetzung bezogen sind (diese fand ja mangels
Kontroverse im September zu diesem Thema nicht statt), sondern auf die Situationsdefinition der Entscheidungsträger,
die sich mit den deutsch-polnischen Verhandlungen selbst sowie deren innerstaatlicher Absicherung befaßten.
Zunächst ist generell festzuhalten, daß infolge der Septemberverschiebung und infolge der damit intendierenden stärkeren Koordination mit der CDU/CSU die Konfrontationsargumente
("Die Opposition will keine Kooperation"; "Die Informationspolitik der Bundesregierung ist schlecht") an Aufmerksamkeitswert nicht unerheblich abnahmen und dadurch ingesamt eine
Änderung des 'cognitive maps' bewirkten, die Argumente zur
Kooperation von Regierung und Opposition ("Zustimmung der
CDU/CSU, wenn Grenzfrage und Familienzusammenführung ohne
Angriffspunkte geregelt") sowie solche Argumente, die eine Kooperation als notwendig erscheinen ließen ("Verhandlungstempo ist zu schnell"; "Westdeutsche Bevölkerung ist gegen Polenverhandlungen"; "Verhandlungen müssen verschoben werden")
in den Mittelpunkt der Aufmerksamkeit brachten. Analog verliert ebenfalls infolge des Wandels das Argument, daß die
bloße Tatsache der Verhandlungen mit Polen wichtiger ist als
der schnelle Erfolg, an Bedeutung, um stattdessen die vor Unterzeichnung zu klärende Frage nach der Verfassungskonformität des entstehenden Vertrages in den Vordergrund zu rücken.

Schließlich sei noch erwähnt, daß die überdurchschnittlich
gewachsene Koordinationsdichte vor der taktischen Entscheidung vom 04.09.1970 - Indikator für eine erhöhte Zahl von Abstimmungen und eines erhöhten Informationsaustausches zwischen den Akteuren und Entscheidungsträgern - das Entscheidungszentrum sensibler machte für Informationen von außerhalb
seiner selbst: seien es nun evt. über die Presse vermittelte
Akteure, mit denen man sich zu koordinieren beabsichtigt,
oder sei es die Presseberichterstattung selbst.

Versuchen wir nun noch ein generelleres Urteil zum wahrscheinlichen, auf die innenpolitische Auseinandersetzung bezogenen,
Aufmerksamkeits- und zum verhandlungsbezogenen Änderungspotential der Si-

tuationsdefinition des Entscheidungszentrums in den beiden
genannten Verhandlungsphasen. Das Aufmerksamkeitspotential
gibt an, in welchem Maße das Entscheidungszentrum bestimmte
Themen und Argumente bevorzugt rezipierte. Je höher dieses
Potential, um so aufmerksamer sind wahrscheinlich die Entscheidungsträger für diesbezügliche Argumente und Themen,
wenn sie von anderen Akteuren, u.a. den Medienakteuren, vorgebracht werden. Das Aufmerksamkeitspotential wird aus den
Ergebnissen der Bundestagsredeninhaltsanalyse gebildet und
ist daher den bei dieser Inhaltsanalyse gemachten Prämissen
unterworfen.

Das Änderungspotential gibt an, in welchem Maße die Entscheidungsträger zu einer Neudefinition ihrer Situationsdefinitionen bereit sind (was ex post durch den Umfang der
real stattfindenden Neudefinitionen festgestellt wird).
Je größer dieses Änderungspotential ist, um so eher ist es
möglich, daß Einflüsse von anderen Akteuren, u.a. den Medienakteuren zu dieser Änderung mitbeigetragen haben. Das
Änderungspotential wird matrixtheoretisch mit den im Kapitel B 5.1 entwickelten und errechneten Stabilitätsindizes
festgestellt (Stabilitätsindex = Zahl der Bewertungsänderungen bei den Argumenten dividiert durch die Zahl der Argumente).
Ein 'cognitive map' ohne Wandel hat einen Stabilitätsindex
mit dem Werte 0.

Der Index für den Wandel der Situationsdefinition im April
beträgt 2.25, für den September 2.44 im Fall der Familienzusammenführung und 8.11 im Fall der taktischen Fragen.
Der Fiktivwert für den totalen Wandel aller Bewertungen des
'cognitive map' hat im April einen Wert von 7.0, im September einen Wert von 8.0, bzw. 13.0.
Das heißt: Da nach dem 04.09.1970 (bezogen auf die beiden
relevanten "September-maps") insgesamt ein stärkerer Wandel
stattgefunden hat (im Vergleich zum fiktiven totalen Wandel
je 'cognitive map'), ist auch in diesem Zeitraum ein größerer
Einfluß anderer Akteure möglich.
Das Aufmerksamkeitspotential der Entscheidungsträger ist
aber wahrscheinlich im April (nach der strategischen Entscheidung vom 14.04.) größer als im September, da in der
April-Phase sowohl die Themen der innenpolitischen Auseinan-

dersetzung (Innenpolitik der BRD, Informationspolitik, Verhandlungen) hohe Aufmerksamkeitswerte für das Entscheidungszentrum (Brandt und Scheel als Einheit genommen) aufweisen als auch die Themen aus den Verhandlungen selbst, hier insbesondere die Grenzfrage. Der April ist sowieso der Monat mit der quantitativ intensivsten Polendiskussion im Bundestag. Der quantitativ hohe Aufmerksamkeitswert wird zudem noch durch die relativ hohe zentrale Tendenz (3.1) der Argumentation der CDU/CSU gesteigert.

Im September erforderten demgegenüber nach der taktischen Entscheidung vom 04.09. die relevanten Themen (Innenpolitik der BRD, Familienzusammenführung) nur aufgrund ihrer Bedeutung für den internen Entscheidungs- und Verhandlungsprozeß Aufmerksamkeit, nicht aber aufgrund der innenpolitischen Auseinandersetzung, die kaum stattfand.

Seit Ende April dürften nach den Situationsdefinitionen der Reden Brandts und Scheels im Bundestag[1] rezeptionshypothetisch vor allem die folgenden Argumente (neben den dominanten Themen 'Innenpolitik der BRD', 'Grenzfrage', 'Verhandlungen') von Aufmerksamkeit erheischendem Gewicht für das Entscheidungszentrum gewesen sein (alle Argumente $\geq$ 4 Nennungen wurden aufgenommen als innenpolitische Aufmerksamkeitsstruktur):
Unterstützung der Polenpolitik durch die Westmächte;
Nichtverletzung der Rechte der vier Siegermächte;
Innenpolitik im allgemeinen, insbesondere die Frage der Kooperation von Regierung und Opposition;
Befürwortung der Anerkennung;
Endgültige Grenzregelung, nicht nur Gewaltverzicht;
Grenzregelung vorbehaltlich eines Friedensvertrages;
Es gibt gute Gründe, nicht umfassend zu informieren;
Informationspolitik im allgemeinen.

Die rezeptionshypothetisch relevanten Argumente aufgrund der matrixtheoretischen Berechnung (ebenfalls nach dem Wandel vom 14.04.) sind inhaltlich ähnlich wie die der Bundestagsredeninhaltsanalyse, vor allem ist hier die Ambivalenz zwi-

---

[1] Siehe S. 317 ff.

schen dem Argument "Wahrung der alliierten Rechte" (d.h.
der Friedensvertragsvorbehaltlichkeitsklausel)
und dem Argument "Endgültige Grenzregelung" hervorzuheben,
was der völkerrechtlichen Position der Bundesregierung entspricht, nämlich für die Bundesrepublik Deutschland die
Grenzfrage endgültig zu regeln, sie aber für Deutschland als
Ganzes unter dem Vorbehalt der Entscheidung einer Friedenskonferenz zu stellen.

Die genannten Argumente sind diejenigen, auf die hin sich
der Wandel der Situationsdefinition vom Zeitraum vor der
strategischen Entscheidung zum Zeitraum nach ihr vollzogen
hat. Es sind also die Argumente, deren Wandel durch die Presseberichterstattung evt. verursacht, gefördert, verstärkt,
abgeschwächt oder verhindert worden sein könnte.

Für die Zeit nach dem 04.09. konnten aufgrund der matrixtheoretischen Berechnungen für das Problemfeld der Familienzusammenführung drei rezeptionshypothetisch einflußreiche
Argumente eruiert werden:
Kompromiß-Regelung der Familienzusammenführung in Form der
'Informationspolitik';
Sicherung der deutschen Staatsangehörigkeit der Deutschstämmigen in Polen;
Ohne Familienzusammenführung keine Vertragsunterzeichnung.

Für das Problemfeld der taktischen Fragen konnten folgende
Argumente mit hohem Aufmerksamkeitswert nach und infolge
des 04.09. matrixtheoretisch ermittelt werden:
Die Wahrscheinlichkeit, daß der Warschauer Vertrag Zustimmung bei der Opposition findet, ist um so größer, je weniger
Angriffspunkte die Grenzformel bietet;
Die Wahrscheinlichkeit, daß der Warschauer Vertrag Zustimmung bei der Opposition findet, ist um so größer, je umfassender die Familienzusammenführung geregelt wird;
Das Verhandlungstempo ist zu schnell;
Die westdeutsche Bevölkerung ist gegen die Polenverhandlungen;
Die Verhandlungen müssen verschoben werden;
Der Polenvertrag darf keinen Widerspruch zum Grundgesetz bilden.

Die Argumente ließen sich zu einem themenzentrierten Aufmerksamkeitskomplex zusammenfassen, der mit folgendem Kürzel bezeichnet werden könnte: Voraussetzungen und Folgen einer verstärkten Kooperation zwischen Regierung und Opposition.